商业伦理学

（第二版）

叶陈刚 ◎ 主编

清华大学出版社
北 京

内 容 简 介

《商业伦理学》一书全面阐述了商业伦理的思想体系、理论框架与实践方法。该书综合运用了哲学、法学、经济学、管理学、社会学和伦理学以及心理学理论、思想与方法，体现了实证研究与规范研究相统一的风格，全面探讨商业伦理现状、商业伦理判断与道德决策、道德契约、信用机制与社会责任应用问题，重点论述商业伦理道德基本原则、商业伦理判断与道德决策、企业内部管理道德规范、企业对外经营伦理道德规范、企业市场诚信营销规范、企业信息科技伦理规范、会计审计职业伦理道德规范、商业伦理道德管理机制、商业伦理道德范畴构建、商业伦理道德实践活动、企业资源环境责任与美丽中国建设等内容，构建了商业伦理理论及其应用体系。

本书可用作高等院校经济、管理、法学、社会学类专业，MBA 及 MPAcc 与 MAud 等专业硕士学位研究生的商业伦理学课程教材，也可供在职经济、管理及法律界等社会人士学习与参考。

图书在版编目（CIP）数据

商业伦理学/叶陈刚主编. —2 版 —北京：清华大学出版社，2023.8（2024.9重印）
ISBN 978-7-302-54922-2

Ⅰ. ①商⋯ Ⅱ. ①叶⋯ Ⅲ. ①商业道德 Ⅳ. ①F718

中国版本图书馆 CIP 数据核字(2020)第 024048 号

责任编辑：杜　星
封面设计：汉风唐韵
责任校对：王荣静
责任印制：宋　林

出版发行：清华大学出版社
　　　　网　　址：https://www.tup.com.cn，https://www.wqxuetang.com
　　　　地　　址：北京清华大学学研大厦 A 座　　　　　邮　　编：100084
　　　　社 总 机：010-83470000　　　　　　　　　　邮　　购：010-62786544
　　　　投稿与读者服务：010-62776969，c-service@tup.tsinghua.edu.cn
　　　　质 量 反 馈：010-62772015，zhiliang@tup.tsinghua.edu.cn
　　　　课 件 下 载：https://www.tup.com.cn，010-83470332
印 装 者：三河市东方印刷有限公司
经　　销：全国新华书店
开　　本：185mm×260mm　　　印　张：21　　　字　数：492 千字
版　　次：2013 年 9 月第 1 版　　2023 年 10 月第 2 版　　印　次：2024 年 9 月第 2 次印刷
定　　价：65.00 元

产品编号：077289-01

前言

当今中国已经迈入全面建设社会主义现代化国家的新征程，弘扬社会公平正义、彰显伦理道德文化、推进国家民主法制建设、倡导社会责任与公民信用成为新时代的主旋律。然而，从美国纳斯达克董事会前主席麦道夫通过"庞氏骗局"制造的美国历史上最大诈骗案，到以黄光裕为代表的"中国福布斯权贵"纷纷被罚巨款、判重刑折射出为数不少的公司高管及政府高官无视责任与法制，缺失道德与文化，毫无诚信，而有关政府监管调控部门失职渎职亦难辞其咎。正如联合国前秘书长安南认为的，由美国次贷危机引发的全球金融危机，本质上就是华尔街金融寡头贪婪、欺诈和无知等商业伦理道德泯灭的结果。

党的二十大报告高举中国特色社会主义伟大旗帜，全面贯彻新时代中国特色社会主义思想，弘扬伟大建党精神，自信自强、守正创新，踔厉奋发、勇毅前行，为全面建设社会主义现代化国家、全面推进中华民族伟大复兴而团结奋斗。党的二十大报告强调必须牢牢把握以下重大原则：坚持和加强党的全面领导，坚持中国特色社会主义道路，坚持以人民为中心的发展思想，坚持深化改革开放，坚持发扬斗争精神。要增强全党全国各族人民的志气、骨气、底气，不信邪、不怕鬼、不怕压，知难而进、迎难而上，统筹发展和安全，全力战胜前进道路上各种困难和挑战，依靠顽强斗争打开事业发展新天地。国家兴亡，匹夫有责，唯有力行"仁义礼智信，信内求财；温良恭俭让，让中取利"的儒商理念，依靠义务、良心、荣誉、节操建立友好关系，并配套法治规范，方能提升商业伦理道德水准，完善公司治理与商业诚信文化，增强企业精神财富，打造美丽企业，建设百年老店，切实履行社会责任，促进市场经济发展，践行社会主义核心价值观，在建设有责任的大国与社会主义和谐社会进程中发挥积极作用，实现中华民族的伟大复兴梦想。

早在18世纪，以《国富论》闻名天下的英国经济学代表人物亚当·斯密（Adam Smith，1723—1790），在其倾注了一生大部分心血的名著《道德情操论》中就向世人强调：人在追求自身物质利益的同时要受道德观念的约束，不可伤害他人，而要帮助他人，人既要"利己"也要"利他"，道德与正义对于社会乃至于市场经济的运行至关重要[1]，并告诫我们，"自爱、自律、劳动习惯、诚实、公平、正义感、勇气、谦逊、公共精神以及公共道德规范等，所有这些都是人们在前往市场之前就必须拥有的"[2]。

19世纪西方思想家傅立叶（Fourier）明确指出，伦理协作是普遍的完善，在经营制度

---

① [英]亚当·斯密. 道德情操论[M]. 北京：西苑出版社，2005.

② [英]亚当·斯密. 财产权利与制度变迁[M]. 上海：上海三联书店，1991.

上有极其光辉一面；它把物质利益与情感的平衡视为善与美、有益与愉快的关系。①西方国家数百年市场经济发展历史表明：商业伦理道德对市场经济的健康运行具有重要意义。因为诚信与道德是市场经济和企业发展的基石。企业违反诚信规则无异于饮鸩止渴，不仅毁了自己，还会危害社会。美国学者理查德·比特纳在其著作《贪婪欺诈和无知—美国次贷危机真相》的导读中认为，美国的次贷市场真的是一个缺失"上帝之城"秩序的"地狱之城"，"次贷市场的很多经纪商是骗子、流氓、无赖、妓女、恶棍，他们形成了混乱的交易网，反映了交易背后的利益勾连，造成美国次贷危机真相就是贪婪、欺诈和无知"②。

纵观当今世界，经济、管理、法律、商务界崇尚伦理道德，已经成为一种新的全球性发展趋势。优秀商业伦理道德的巨大力量向这个时代充分展示了其"秩序与资源"的基本价值，显示其勃勃生机。据有关权威机构的调查与研究发现，大多数世界 500 强企业制定了成文的伦理准则来规范员工的行为。前 100 强中近 90% 的企业都非常重视管理道德，都有明确的伦理手册、伦理章程或管理伦理纲要。不少企业出现一种新型职位：伦理主管。国际企业界改变旧有偏见的经营观念，把企业目标定位在追求利润与推动社会良性循环的变迁上，使企业能够长久持续协调地生存下去，并且发展壮大。

为了全面开展商业伦理道德教育，加强商业伦理道德建设，必须进行相关方面的理论研究和实践分析。然而，长期以来我国学者对这一领域关注不够，研究不多，著述较少，本书的撰写正是为改变这一局面所做的努力。

本书共分十三章，通过全方位、多角度、深层次地对经营活动与企业工作中的道德现象及其规律性，即商业伦理行为与商业伦理道德活动展开全面研究，提出了一系列独到新颖的观点，构建了商业伦理道德理论及其应用体系，以期科学地揭示商业伦理道德的本质特征、职能作用及其发展变化客观规律。本书在编写过程中，力求体现以下特点。

1. 资料丰富，信息量大。在充分占有材料的基础上，本书采用案例研究法，介绍同仁堂公司、华为公司、海尔公司、格力公司、山西天元集团与通用电气公司等成功案例及曹德旺、大信会计师事务所等行业楷模，剖析安然和安达信事件、大众公司尾气造假、瑞华及康得新等公司财务造假案等历程。每一章中都配有内容丰富的引言。这些都将极大地丰富本书的信息量，从而为本书的理论阐述提供大量佐证。

2. 体系完备，便于应用。本书将商业伦理细分为企业内部管理道德与外部经营道德、企业市场诚信营销与会计审计伦理道德、企业信息科技伦理，角度比较新颖，内容也与国内外同类图书有所不同。此外，作者密切联系中国政策动态，提出商业伦理必须借助伦理道德建立强有力的自律机制与他律机制，伦理道德必须在一定程度上与法律法规相配合，以提高企业经营管理水平。最后，作者还关注商业伦理学科比较前沿的研究领域，如电子商务下的新伦理议题、全球商业伦理道德、构建"伦理型企业"等，紧随时代潮流，具有宝贵的应用价值。

3. 版式活泼，易于教学。本书采取弹性的教学内容与学时安排，便于教师根据不同情况授课。结合经济、管理、法律、社会等专业教学特点，每一章都配以经典名言、学习目

① 宋希仁. 西方伦理思想史[M]. 北京：中国人民大学出版社，2004.

② [美]理查德·比特纳. 贪婪、欺诈和无知——美国次贷危机真相[M]. 北京：中信出版社，2008.

标、引言、本章小结、关键术语、案例讨论、练习题，便于学生进行课堂讨论，培养学生解决实际伦理道德问题的能力。

由于商业伦理学是在商业伦理道德实践中发展起来的一门新学科，故本书针对股东、董事、独立董事、监事、公司高层管理者、对企业关注的监管机构、舆论媒体与社会公众、顾客、竞争者、供应商、社区与政府等利益相关者、企业员工等实践主体，探讨了具有可操作性的商业伦理道德管理方法和手段，对我国商业伦理道德实践具有一定的指导意义。为了增强本书的可读性和信息量，我们引用了大量报纸杂志和书籍文献的有关资料作为本书的引言、实例和案例讨论题，在此表示感谢。同时，真诚感谢长期以来关心、帮助和支持作者学习、工作与生活的各位老师、领导、亲人、朋友、同事和同学们。

本书是国家社会科学基金重点项目（13AZD002）、国家社科基金项目"国家审计化解系统性金融风险的机制与路径研究（20BGL079）、国家自然科学基金项目（70672060）与教育部人文社会科学一般项目（06JA630014）的研究成果。本书第二版由对外经济贸易大学叶陈刚博士主编，负责全面设计篇章架构，并执笔第 1 章；武汉商学院经济学院陈文武教授执笔第 2 章，四川外国语大学国际工商管理学院院长代彬博士执笔第 3 章，广州外语外贸大学南国商学院副院长杜勇教授执笔第 4 章，中国船舶重工股份有限公司审计部负责人高婷执笔第 5 章，《商业会计》杂志社编辑部主任钟音执笔第 6 章，北京工商大学李金甜博士与北京创科通联科技发展有限公司秦杨执笔第 7 章，东北大学秦皇岛分校裘丽与上海理工大学王万军执笔第 8 章，宁波大学商学院副教授徐荣华与武汉商学院经济学院段菁菁执笔第 9 章，对外经济贸易大学张琦博士与孙歆惠博士执笔第 10 章，对外经济贸易大学王艳艳博士与刘怡然博士执笔第 11 章，四川外国语大学国际工商管理学院审计系主任刘猛博士和中国农业发展银行江西分行黄冠华博士执笔第 12 章，大信会计师事务所首席合伙人谢泽敏总裁执笔第 13 章。

我们的目标是编写一本具有一定学术水平的《商业伦理学》，以期为培养面向 21 世纪高素质人才发挥积极作用。由于本书选题属于现代管理学科前沿课题，可供借鉴的参考资料有限以及我们的水平所限，撰写难度较大，加之撰写本书时间较紧，书中难免有不妥疏漏之处，衷心希望能够得到学界同人、实务界的朋友以及广大读者的批评指正，以使《商业伦理学》不断得到提高与完善。

叶陈刚

2022 年 11 月 5 日于北京惠园

目录

第一章

绪　论

 经典名言

大道之行也，天下为公。选贤与能，讲信修睦。

故人不独亲其亲，不独子其子。使老有所终，壮有所用，幼有所长。

矜寡孤独废疾者，皆有所养。

男有分，女有归。货恶其弃于地也，不必藏于己。

力恶其不出于身也，不必为己。是故谋闭而不兴，盗窃乱贼而不作。

故外户而不闭。是谓大同。

——《礼运大同篇（天下为公）》

为天地立心，为生民立命，为往圣继绝学，为万世开太平！

——张载

 学习目标

1. 了解商业伦理道德建设的时代意义。
2. 理解道德与社会主义核心价值观的内容与特征。
3. 认识社会公德与职业道德的社会功能与特点。
4. 明确商业伦理与企业责任的定义及关系。
5. 把握商业伦理与企业责任的构成、功能与基本内容。

 导读

蓝图已经绘就，号角已经吹响

党的二十大报告擘画了以中国式现代化推进中华民族伟大复兴的宏伟蓝图，发出了为全面建设社会主义现代化国家、全面推进中华民族伟大复兴而团结奋斗的伟大号召。"新征程是充满光荣和梦想的远征。蓝图已经绘就，号角已经吹响。"习近平总书记在党的二十届中共中央政治局常委同中外记者见面时强调："我们要踔厉奋发、勇毅前行，努力创造更加灿烂的明天。"总书记的铿锵话语，自信、坚定，激发了亿万人民勇往直前，点燃神州大地奋斗的豪情。

十年砥砺前行，征程波澜壮阔。回首过去十年，有涉滩之险、有爬坡之艰、有闯关之难，党和国家事业实现一系列突破性进展，取得一系列标志性成果。近 1 亿农村贫困人口实现脱贫，实现了小康这个中华民族的千年梦想；国内生产总值达 114 万亿元，经济实力实现历史性跃升；建成世界上规模最大的教育体系、社会保障体系、医疗卫生体系，人民生活全方位改善；生态环境保护发生历史性、转折性、全局性变化，我们的祖国天更蓝、山更绿、水更清……新时代十年的伟大变革，在党史、新中国史、改革开放史、社会主义发展史、中华民族发展史上具有里程碑意义。今天，中国人民的前进动力更加强大、奋斗精神更加昂扬、必胜信念更加坚定，焕发出更为强烈的历史自觉和主动精神，中国共产党和中国人民正信心百倍地推动中华民族从站起来、富起来到强起来的伟大飞跃。

在全党全国各族人民迈上全面建设社会主义现代化国家新征程、向第二个百年奋斗目标进军的关键时刻，党的二十大报告明确提出了新时代新征程中国共产党的使命任务，对全面建设社会主义现代化国家、全面推进中华民族伟大复兴进行了战略谋划，对统筹推进"五位一体"总体布局、协调推进"四个全面"战略布局作出了全面部署。"蓝图已经绘就，号角已经吹响。"当前最重要的任务，就是撸起袖子加油干，心往一处想、劲往一处使，把党的二十大作出的重大决策部署付诸行动、见诸于成效。

百年成就无比辉煌，百年大党风华正茂。中国共产党走过了百年奋斗历程，又踏上了新的赶考之路。全面建设社会主义现代化国家，是一项伟大而艰巨的事业，前途光明，任重道远，必须准备经受风高浪急甚至惊涛骇浪的重大考验。"始终保持昂扬奋进的精神状态""始终坚持一切为了人民、一切依靠人民""始终推进党的自我革命""始终弘扬全人类共同价值"，习近平总书记的郑重宣示，深刻彰显了新时代中国共产党人坚定的历史自信、强烈的历史主动精神，深刻展现了我们党不负时代、不负人民的历史使命感和责任感。在新征程上，增强志气、骨气、底气，不信邪、不怕鬼、不怕压，知难而进、迎难而上，统筹发展和安全，全力战胜前进道路上各种困难和挑战，依靠顽强斗争打开事业发展的新天地，我们就一定能在新的赶考之路上创造新的历史伟业。

蓝图恢宏，气吞山河；号角激越，催人奋进。在强国复兴的康庄大道上，我们风雨兼程，我们一往无前。让我们更加紧密地团结在以习近平同志为核心的党中央周围，深刻领悟"两个确立"的决定性意义，增强"四个意识"、坚定"四个自信"、做到"两个维护"，弘扬伟大建党精神，踔厉奋发、勇毅前行，坚定信心、守正创新，奋力谱写全面建设社会主义现代化国家新篇章。

资料来源：《人民日报》，2022-10-24.

随着社会主义市场经济健康发展，在现代企业管理中，商业伦理与企业责任发挥着越来越重要的作用，成为提高企业整体绩效的影响因素。一般认为，市场经济在不同的时代、不同的国家与不同的社会制度中各有特色。不过，有两个特点是非常相似的，即市场优化配置资源与企业自主经营性。这两个共同特点又是以人类共同的伦理价值观如诚信与公平等为基础的，商业伦理存在于市场经济体系的发展过程之中。

第一节　时代呼唤商业伦理道德水准升华

一、当代世界精神道德状况格外令人忧虑

在我国改革开放的巨大社会变迁中，物质财富充裕令人欢欣鼓舞，然而精神道德状况却令人担忧。一方面，无数的高楼大厦拔地而起，众多的大桥道路贯穿东南西北，政策宽松了，物质商品富足了，生活水平提高了，科学技术发达了，社会与时代推陈出新，希望与活力处处可见；另一方面，市场经济大洪流强烈地冲击着过去的传统道德体系，使传统的伦理规范和道德信条无情地受到巨大的冲击，在全新的道德主体和道德规范建设进程中，传统的道德体系经受着多方面的挑战。

较之过去，人们之间的利益关系、人际关系复杂化，为数不少的人在物欲横流的惊涛骇浪里找不到精神支柱，失去了稳定感及自我平衡，或在金钱的旋涡中沉沦起浮，或在贫困的泥塘里嫉恨抱怨，生命之舟失去了方向，社会风气备受污染，在我国一度消失的丑恶现象如权钱交易、行贿受贿、以权谋私、徇私舞弊、中饱私囊、监守自盗、制假贩假、走私贩毒、偷漏税款、贪污盗窃等重新抬头，侵蚀着人们的思想与身体。

近些年来，在某些企业里，会计信息失真，存在着"书记收入""主任成本""厂长利润""经理效益"现象，企业绩效整体低下，商业伦理疲软无力。究其原因，法律不全、执法不严无法约束人们的各种不良行为；而根本原因则是人们的道德标准下滑，真假、善恶、美丑、好坏、是非、忠奸等界限模糊，进而导致不道德行为的产生。我们看到，生活中当弱者需要救助时却无动于衷，在工作岗位上出工不出力，老师上课学生不到堂，铺张浪费、大吃大喝等，这些行为一定是不道德的。

我们看到，法律只针对表面的违法行为，而法律管不到的不良行为唯有依靠道德方能从根本上加以自律和监管。只有做到标本兼治，社会风气方能从根本上好转。

因此，我们要增强道路自信、理论自信、制度自信、文化自信；加强思想道德建设，人民有信仰，国家有力量，民族有希望；深入实施公民道德建设工程，推进社会公德、职业道德、家庭美德、个人品德建设；倡导诚信建设和志愿服务制度化，强化社会责任意识、规则意识、奉献意识。

二、市场经济体现为伦理经济，讲究仁义礼智信、温良恭俭让

（一）市场经济是竞争经济、法制经济，更是伦理道德经济

1. 市场经济从本质上说是伦理道德经济

首先，市场经济体现为竞争经济，竞争的规则是公开、公平、公正，用以规范竞争者的行为活动。其次，市场经济体现为法制经济，通过对各种市场行为的立法、执法来规范市场秩序，采用法律约束控制竞争者的行为。最后，市场经济体现为伦理道德经济，讲究

"仁义礼智信，信内求财；温良恭俭让，让中取利"，依靠义务、良心、荣誉、节操、人格来建立相互交往的友好关系，以确保社会成员的行为合法、合情、合理。

2. 企业从事经营活动，必须遵守商业伦理，承担社会责任

《公民道德建设实施纲要》于 2001 年 9 月 20 日发布，明确提出了"爱国守法、明理诚信、团结友善、勤俭自强、敬业奉献"20 字的公民基本道德规范。中国共产党第十六届三中全会通过的《关于完善社会主义市场经济体制若干问题的决定》指出："形成以道德为支撑、产权为基础、法律为保障的社会信用制度，是建立现代市场经济体系的必要条件，也是规范市场经济秩序的治本之策。"2005 年 10 月 27 日修订颁布的《中华人民共和国公司法》第 5 条明确要求："企业从事经营活动，必须遵守法律、行政法规，遵守社会公德、商业伦理，诚实守信，接受政府和人民的监督，承担社会责任。"

3. 弘扬力行儒商理念，完善公司伦理与商业诚信文化

国家兴亡，匹夫有责，唯有力行"仁义礼智信，信内求财；温良恭俭让，让中取利"的儒商理念，依靠诚实、信用、义务、良心、荣誉、节操与责任等道德范畴建立友好关系，并配套广泛法治约束与从严从快惩戒，方能提升商业伦理道德水准，完善公司治理与商业诚信文化，增加企业精神财富，打造美丽企业，切实履行社会责任，促进市场经济的发展。

（二）市场经济正负两方面的巨大作用

1. 市场经济在发挥巨大正效应的同时也有其天然的负效应

市场经济在推动社会经济发展方面发挥巨大正效应的同时，也有其天然的负效应。市场经济的竞争原则会诱发一些人的投机心理和不正当竞争行为；市场经济的等价交换原则会不自觉地渗透到人际关系之中、渗透到政党的政治生活和行政行为中，诱发新形式的权钱交易和以权谋私；市场经济中适度投机行为的合法性导致某些人的投机诈骗行为；市场经济价值取向在讲效益、讲盈利、讲激励时，也很容易使人滋生极端利己主义思想和个人自私行为，对爱国主义、社会主义和集体主义思想产生巨大冲击。

2. 在经济管理中崇尚伦理道德是一种世界性发展趋势

市场经济这把"双刃剑"的正负两方面同时发挥着巨大作用，关键在于市场经济的主体如何把握和发挥伦理道德与责任在市场经济中的调节作用，从而推动市场经济持续、稳定、协调的发展。在经济管理中崇尚伦理道德是一种正确的世界性发展趋势。"西方主要国家的市场经济发展了这么多年，遇到了不少问题，付出了沉重的代价，最终总结出一个规律：发展市场经济必须加强伦理教育。""我国企业的社会责任问题也开始引起人们的关注，针对一些企业欺行霸市、弄虚作假、制造伪劣产品、污染环境等众多的社会责任缺失问题，企业应负社会责任逐渐成为人们的共识。"①

---

① 张文贤，高伟富. 高级财务与会计理论与实务[M]. 大连：东北财经大学出版社，2005.

3. 合乎伦理道德的企业行为是市场体系有效运作的现实基础

在市场经济中，如果买卖双方不能自由地交换，或是提供的产品和服务信息不准确，那么人们就可能错误地选择购买某些劣质的产品和服务。而市场体系却是按销售量来配置资源的，这样资源将会流向那些低劣的环节之中，使市场体系优化配置资源的运作失去效用而导致"优不胜、劣不汰"。这就造成了始作俑者在企业经营过程中的种种不合伦理的行为。

如果轻视企业伦理与社会责任的约束，就可能导致市场经济的运行极不规范、企业之间竞争不公平，甚至迷失方向，进而演变成"官商权力经济""虚假欺骗经济""贿赂垄断经济"。而那些合法合理经营的企业只有在优胜劣汰的市场机制作用下才能如鱼得水，不断发展壮大。因此，合乎伦理道德的企业行为是市场体系有效运作的现实基础。

三、东西方社会迎来伦理道德教育与实践的新时代

（一）崇尚伦理道德，成为东西方经济社会活动的一道亮丽的风景线

1. 东西方企业迎来了一个伟大的伦理道德时代

从 20 世纪六七十年代开始，社会各界崇尚伦理道德已经成为一种新的全球性发展趋势。东西方企业迎来了伦理道德时代。①在全球化进程中，因政治、经济、技术和文化环境变化而出现的新问题，如利益相关者和企业的伦理关系问题、现代企业跨国经营中的伦理问题、信息技术条件下的伦理问题等，越来越引起社会大众的重视。

2. 大力开展商业伦理道德教育，提升商业伦理与企业责任水准

我国企业的当务之急是要尽快走出经营管理和思想认识上的误区，大力开展商业伦理道德教育，强化职业伦理道德理念，将商业伦理与职业道德作为企业体制改革的一个重要部分和企业文化建设的重要方面，在企业组织框架中建立一套行之有效的伦理监督机制，切实全面提升商业伦理道德与企业责任水准，增强企业核心竞争力；促使企业承担更多的社会责任，共创人间净土，以确保企业间开展良性竞争，在正确的轨道上健康、持续、协调地发展社会主义市场经济。

（二）世界前 100 强企业商业伦理道德现状

1. 许多先进企业内部已逐步建立起严格的商业伦理制度和监督机制

在一些发达国家，许多先进企业内部已逐步建立起严格的伦理制度和监督机制。主要表现为：这些企业的职能、地位、作用均侧重于伦理方面，企业战略、决策与道德相融合，企业整体、企业高层、企业员工在企业实践活动中能强烈感受到伦理道德的感召力和丰厚的社会回报。商业伦理道德的巨大力量以其"秩序与资源"的基本价值充分显示出来，展现出勃勃生机。有关权威机构通过对世界 500 强企业中前 100 强企业（以下简称"前 100强"）的调查与研究发现，前 100 强中近 90% 的企业都非常重视商业伦理与管理道德，有明

---

① 王学义. 企业伦理学[M]. 成都：西南财经大学出版社，2004.

确的伦理手册、伦理章程或管理伦理纲要，通过制定成文的伦理准则来规范员工的行为。

2. 不少企业中出现了伦理主管新职位

许多国际企业把企业目标定位在追求利润与推动社会良性循环上，使企业能够长久、持续、协调地生存下去，并且发展壮大。不少企业中出现了一种新职位：伦理主管（chief ethics officer，CEO），或称首席道德官。伦理主管与我们熟知的首席执行官（chief executive officer，CEO）高度一致，首席执行官首先应该是首席道德官。经营业绩一直不俗的强生、惠普、波音、IBM 等企业，因成功践行商业伦理而受到业界广泛认可。美国微软公司的价值观：正直诚实；对客户、合作伙伴和新技术充满热情；直率地与人相处，尊重他人并且助人为乐；勇于迎接挑战，坚持不懈；严于律己，善于思考，坚持自我提高和完善；对客户、股东、合作伙伴或者其他员工而言，在承诺、结果和质量方面都值得信赖。

（三）国外一流商学院对商业伦理教学的重视情况

1. 商业伦理学成为当今国际 MBA 教学中一门引人注目的课程

1987 年，美国证券交易委员会前主席约翰·沙德成为公众的焦点人物，他将 2 000 万美元捐赠给哈佛商学院时，就建议开设"管理决策与伦理价值"课程。商业伦理学已成为当今国际 MBA（工商管理硕士）教学中一门引人注目的课程，国际商学院联合会（The Association to Advance Collegiate Schools of Business，AACSB）在关于商学院为毕业生提供知识和技能的规定中，第一条规定就是要提供履行伦理和法律责任所需的知识和技能。全美最佳 10 所商学院 MBA 的 9 门核心课程中，就有商业伦理学。

扩展阅读 1-1：商业伦理的重要性

2. 国际一流商学院把商业伦理学相关课程作为 MBA 核心课程的一部分

美国 90%以上的商学院或管理学院及欧洲的许多大学都开设了商业伦理学、管理与商业伦理道德、商业伦理与企业职业道德等方面的课程。尤其是国际一流商学院纷纷把与商业伦理学相关的课程作为 MBA 核心课程的一部分，如哈佛商学院的"领导和企业社会责任"、宾夕法尼亚大学沃顿商学院的"伦理与责任"、斯坦福大学商学院的"伦理与管理"等课程都被列为 MBA 必修课。重视商业伦理教学已成为世界各地商学院、管理学院培养 MBA、EMBA 与 MPAcc 人才的一大特色。

（四）商业伦理学在我国 MBA 等专业硕士学位教学中的受重视情况

1.《中国 MBA 教育西湖宣言》倡导将社会责任教育融入 MBA 教育全过程

2006 年 12 月，全国 MBA 教育指导委员会第三届五次会议暨 MBA 培养学校管理学院院长联席会议发表的《中国 MBA 教育西湖宣言》指出："我国 MBA 教育承担着为中国经济与社会发展培养管理人才的历史使命，在国家现代化建设中扮演着日益重要的角色。我国 MBA 教育以科学发展观为指导，以推进构建和谐社会为目标，秉持可持续发展的理念，强调管理学院（商学院）所应承担的社会责任，并倡导将商业伦理与社会责任教育融入 MBA

教育全过程。"[①]2018 年全国 MBA 教育指导委员会决定把企业伦理学（商业伦理学）列为核心课程之一。

2. 商业伦理与社会责任逐渐成为专业硕士教育核心课程或重要课程

商业伦理学是一门新兴的交叉学科，形成时间短，学科跨度大，发展还很不成熟。与 MBA 教学相比，在 EMBA 中开展商业伦理学教学的时间更短，积累的经验更少，面临的问题更多。如何面向 EMBA 学员有效地开展商业伦理与社会责任相关课程的教学，仍需要有志于该学科教学与研究的专家学者不断探索。商业伦理与社会责任逐渐成为我国众多院校 MBA、MPA、MPAcc 等经济管理类专业硕士教育核心课程或重要课程。

四、大力加强商业伦理与企业责任建设

（一）道德是评价人们行为善恶的标准与尺度

1. 道德行为与败德行为的划分

在现实社会生活中，每名社会成员的行为都会对社会和其他人产生一定的影响。这种影响有两种后果：一是有些行为会给社会和他人带来幸福，因而被认为是合乎道德的行为；二是有些行为会给社会和他人带来痛苦和不幸，因而被认为是不道德的行为，即败德行为。道德在这里被用作评价人们行为善恶的一种标准尺度。

扩展阅读 1-2：得黄金百斤，不如得季布一诺

2. 道德是公民修身养性、提高素质、规范工作、和谐相处的有效手段

需要指出的是，在社会经济关系对道德产生作用的情况下，道德仍然具有相对独立性。这是因为在社会发展过程中，道德并不是一种被动的消极因素，而是一种能动的积极因素；道德也有特殊的内在矛盾和内在要求，从而有自身发展的历史过程；道德也能对其他社会因素（包括经济因素）产生这样或那样的影响和作用。道德对于社会经济基础、对于整个社会生活，都有着重大的能动作用。也就是说，道德是每个公民修身养性、提高素质、规范工作、和谐相处的有效手段，是一切社会的统治阶级维护、巩固自身统治的重要工具。这就是自古以来任何社会的统治阶级都推崇道德、倡导诚信的根本原因所在。

（二）加强商业伦理与社会责任建设势在必行

1. 必须建构新的道德规范体系，重树良好的社会道德风貌

当代社会面临道德危机的困境，必须引起全社会的关注，也促使我们建构新的道德规范体系，以重塑良好的社会道德风貌。同时，我们应该看到，加入 WTO 后，我国金融业、服务业、加工业、农业等领域面对的竞争实际上就是人力资源使用效率的竞争。若要使人力资源发挥更高效率，就必须以道德为依托。

---

① 全国工商管理硕士教育指导委员会编. 工商管理硕士教学大纲[M]. 北京：机械工业出版社，2011.

2. 道德建设有助于提高效率，增强竞争力

事实上，从大的方面来说，道德可以提升整个民族的凝聚力；从小的方面来说，道德可以调动人们工作的积极性。道德建设有助于提高效率，增强企业竞争力。因此，加强商业伦理与社会责任建设意义重大，要提高企业员工的道德素质，使他们把企业道德原则、企业道德规范、企业道德范畴与企业文化精髓转化为内在信念，自觉维护国家和人民的利益，带动整个社会风气的转变。

五、治理商业贿赂，反腐倡廉，纠正企业不正之风

（一）商业贿赂与腐败蔓延现象的特征

1. 近些年来的一些腐败现象触目惊心

社会主义市场经济建设的全面开展，既给企业领域所进行的反腐败斗争提出了新的严峻挑战，又给企业领域治理商业贿赂、创廉洁风尚带来新的课题。由于市场经济是一把"双刃剑"，在微观放开搞活和宏观转变调控方式、国有企业和非国有企业、农村和城市、内地和沿海、国内经济体制和涉外经济体制、中央和地方、政府与企业之间都存在着明显的差异。因此在新旧体制交替、胶着的状态下，存在大量的漏洞、摩擦和冲突。这一切导致了经济秩序的矛盾和混乱，也给各种腐败现象的滋生蔓延以可乘之机，再加上部分政策法规的滞后，造成各种制度管理松散弱化，令广大党员领导干部和人民群众非常痛心。

2. 国内外上市公司十大造假案简表（表1-1）

表 1-1　国内外上市公司十大造假案

上市公司	注册会计师/会计师事务所	造假年份	造假手法	造假金额
美国雷曼兄弟公司（158年历史，2008年破产保护）	安永国际会计师事务所	2007年第四季度，2008年第一、二季度	"回购105"（"Repo 105"）或"回购108"的会计手段粉饰账面	分别隐藏问题资产390亿美元、490亿美元和500亿美元
美国安然公司	安达信国际会计师事务所	1997—2000年	各类子公司和合伙公司数量超过3 000个，虚夸收入和利润，隐藏的债务高达数十亿美元	利用关联交易共虚报5.52亿美元盈利
美国世界通信公司	安达信国际会计师事务所	1999—2002年11月	一般性费用支出计入资本项目	虚增收入38.52亿美元，虚假利润达到90亿美元
美国施乐公司	毕马威国际会计师事务所	1997—2000年	虚报营业收入和税前利润	虚报近30亿美元的营业收入和15亿美元的税前利润

上市公司	注册会计师/会计师事务所	造假年份	造 假 手 法	造 假 金 额
意大利帕玛拉特公司	均富国际会计师事务所	1988—2003年	伪造文件虚报银行存款，然后以高估的资产举债 利用关联方和设立投资基金转移资金 利用衍生金融工具和复杂的财务交易掩盖负债	帕玛拉特公司管理层通过伪造会计记录，以虚增资产的方法掩盖累计高达162亿美元的负债漏洞
科龙电器公司	德勤华永会计师事务所	2002年 2003年 2004年	利用编制虚假银行收付款凭证、银行存款账簿记录、银行对账单等低劣手段，隐瞒每笔资金的转入转出，同时伪造企业印章，虚构科龙的销售收入，并且通过少提坏账准备、少计诉讼赔偿编制虚假报表	分别虚增利润1.2亿元、1.14亿和1.49亿元
金亚科技公司	广东大华德律会计师事务所	2014年	虚构客户、伪造合同、伪造银行单据、伪造材料产品收发记录、隐瞒费用支出等方式虚增利润	金亚科技2014年年度报告合并财务报表共计虚增营业收入73 635 141.10元，虚增营业成本19 253 313.84元，少计销售费用3 685 014.00元，少计管理费用1 320 835.10元，少计财务费用7 952 968.46元，少计营业外收入19 050.00元，少计营业外支出13 173 937.58元，虚增利润总额80 495 532.40元
大智慧公司	立信会计师事务所	2013年	提前确认收入、延后确认成本支出等方式	虚增2013年度利润1.2亿余元
康得新	瑞华会计师事务所	2019年	持续时间长、涉案金额巨大、手段极其恶劣、违法情节特别严重	账面虚假150亿的现金，虚增利润119亿元
长春长生公司	致同会计师事务所	2018年	一是未按规定披露问题疫苗不符合标准以及停产和召回的相关信息；二是披露子公司产品有关情况的公告存在误导性陈述及重大遗漏；三是未披露被吉林药监局调查的信息；四是违规披露狂犬疫苗GMP证书失效致主业停产以及该证书重新获取的情况；五是披露的2015年至2017年年报及内部控制自我评价报告存在虚假记载	"疫苗造假案"尘埃落定，长春长生生物科技有限责任公司宣告破产。2019年11月7日晚间，正处于退市整理期的长生退(原长生生物)发布公告称，公司的全资子公司长春长生宣告破产。长春长生被罚91亿元

资料来源：美国证监会网站、中国证监会网站及《中国证券报》。

从近年国内外证券市场上市公司十大造假案可以看到，企业腐败、参与造假的危害巨大。滋生腐败现象的原因较多。之所以呈现蔓延之势是由于公款支持，而这些公款大多是经企业员工之手流入腐败分子手中的，客观上助长了腐败现象。当然，公款流失的主要责任人是企业负责人，但与企业员工屈从压力、不坚持原则，千方百计地迎合领导心意不无关系。

（二）全国正在开展一场前所未有的反腐败斗争

1. 坚定不移地惩治腐败是全党同志和广大群众的共同愿望

中共中央、国务院明确提出，在全国开展一场反腐败斗争，以确保社会主义市场经济建设顺利进行。要从根本上消除腐败，有赖于经济体制改革和政治体制改革的进一步深化，有赖于社会主义法制建设的健全运行，有赖于市场经济运行机制的完善，更重要的一点就是要对广大党员干部进行廉洁教育，强化廉洁意识。习近平总书记多次强调，坚定不移惩治腐败，是我们党有力量的表现，也是全党同志和广大群众的共同愿望。

2. 坚持"老虎"与"苍蝇"一起打

我们党严肃查处一些党员干部包括高级干部严重违纪问题的坚强决心和鲜明态度，向全党全社会表明，我们所说的不论什么人，不论其职务多高，只要触犯了党纪国法，就会受到严肃追究和严厉惩处，绝不是一句空话。从严治党，惩治这一手绝不能放松。要坚持"老虎""苍蝇"一起打，既要坚决查处领导干部违纪违法案件，又要切实解决发生在群众身边的不正之风和腐败问题。要坚持党纪国法面前没有例外，不管涉及谁，都要一查到底，决不姑息。

3. 加强对权力运行的制约和监督，把权力关进制度的笼子里

要继续全面加强惩治和预防腐败体系建设，加强反腐倡廉教育和廉政文化建设，健全权力运行制约和监督体系，加强反腐败国家立法，加强反腐倡廉党内法规制度建设，深化腐败问题多发领域和环节的改革，确保国家机关按照法定权限和程序行使权力。要加强对权力运行的制约和监督，把权力关进制度的笼子里，形成对不敢腐的惩戒机制、不能腐的防范机制、不易腐的保障机制。

（三）维护财经制度，遵守财经纪律，杜绝腐败和不正之风

1. 加强对"一把手"的监督，遵纪守法

各级领导干部都要牢记，任何人都没有法律之外的绝对权力，任何人行使权力都必须为人民服务、对人民负责并自觉接受人民监督。要加强对"一把手"的监督，认真执行民主集中制，健全施政行为公开制度，保证领导干部做到位高不擅权、权重不谋私。

2. 外部强制性约束条件"内化"为自觉的道德与诚信行为

只有包括企业员工在内的所有工作人员都树立了廉政观念，才能把外部强制性约束条件"内化"为自觉行动，进而从根本上杜绝腐败和不廉洁行为。因此，只有运用企业道德规范来武装企业员工的头脑，使他们用企业道德来规范、指导自己的行为，逐渐形成企业

道德责任感和荣誉感，正确地行使自己的企业权利，忠实地履行自己的企业义务，才能自觉地维护财经制度，遵守财经纪律，有权不搞特殊化，严于律己，清正廉洁。

第二节　加强商业伦理道德建设的重要意义

开展商业伦理结构与道德治理机制等重大问题的探讨和研究具有重要的理论价值与积极的现实意义。

一、道德伴随着社会经济关系的变化而变化

（一）道德理念及其变迁

作为一种根植于社会经济基础的上层建筑和意识形态，道德是通过人们的意识所形成的思想的社会关系，反映着人们社会关系的特殊方面，属于上层建筑的范畴。道德同样受物质的社会关系制约，并伴随社会经济关系的变化而变化。马克思主义伦理学告诉我们，归根到底，包括道德关系在内的人类的思想关系都由物质的社会经济关系所决定，因为它根源于物质的社会关系。各种道德体系的性质直接取决于社会经济关系。各种道德体系的性质直接取决于社会经济结构的性质，道德的基本原则、主要规范和主要范畴直接取决于社会经济关系所表现出来的利益。在存在着阶级的社会里，人们虽然处于同一经济结构中，但因其所处的不同地位和拥有的不同利益，也就决定了各种道德体系的社会地位、阶级属性以及相互之间的矛盾斗争。

由于道德的性质取决于社会经济关系的性质，因此社会经济关系的变化必然会引起道德的变化。在旧的社会经济关系日渐腐朽没落、新的社会经济关系日益发展成熟的同时，新的社会道德关系将随之兴起出现。在这种道德交替兴衰的过程中，旧的没落的道德观念不会自动放弃而退出历史舞台，新旧道德体系之间必然发生着尖锐的对立和斗争。在新的社会经济关系完全代替了旧的社会经济关系后，旧的社会道德关系便迟早会被新的社会道德关系所取代，新的社会道德便居于社会的统治地位，从而在新的时代决定着整个社会的道德面貌。人类社会的道德历史发展表明，各种道德起伏更替，都可追溯至社会经济关系的根本变革。在现实的阶级社会里，这种道德的起伏更替也就体现为不同阶级道德观念的冲突斗争及兴衰更替。由于道德具有连续继承性特征，新的道德观念就会从不同方面或多或少地承续前人的某些优秀道德传统；然而，不同的社会经济环境生活着不同时代的人们，存在着不同的社会经济关系，占有不同的物质利益，居于不同的社会地位；所以相对于旧道德，新道德就有着不同的性质。而社会经济关系的变革体现为从一个从低级形态向高级形态的发展过程，因此比较其社会道德，历史上先后出现过的新的社会道德也就有着不同程度的进步，表现为一个由低级道德形态向高级道德形态发展的渐进上升过程。

（二）在实现经济现代化的同时必须实现道德现代化

还应该看到，即使处于同一社会形态之中，社会道德状况也会随着社会经济关系的某些局部变化而相应地发生变化。生活在某一社会经济关系形态中的人们，在这一社会经济

关系内部的某些方面产生某些或大或小的变化时，就会伴随着对他人和自身利益认识的发展而不断地在自己的社会道德中注入新的时代内容，或者赋予原有的社会道德以新的现实意义，从而体现出现实的时代要求，推动人类及其道德的全面进步。

随着我国政治经济体制改革的不断深入、对外开放的日益扩大，特别是党的十四大报告明确提出、党的十五大报告再次确认我国经济体制改革的目标是建立和完善社会主义市场经济体制，从而使我国传统道德体系面临着前所未有的巨大挑战，也给我国社会道德提出了许多崭新的课题。在社会主义市场经济体制转轨变型的历史进程中，不同于过去的传统，人们更追求个人的人格自由和独立，从而形成法权的、感性的主体，而我国所建设的社会主义市场经济，社会基础有别，国家性质不同。为了保持我国的特色，必须在实现经济现代化的同时，实现道德的现代化。

（三）加强社会主义道德建设要注意做到"两破两立"

我们在进行社会主义道德建设时，首先要注意做到"两破两立"。

"两破"是指：第一，破除"左"的观念。要破除"左"倾思想影响，破除形形色色阻碍社会主义市场经济发展的"左"的观念，主要有重农轻商、重义轻利和平均主义等思潮；第二，破除旧的观念，就是要破除与传统封建小农生产方式相联系的各种伦理道德观念以及资产阶级的腐朽道德观念。

"两立"是指：第一，建立与社会主义市场经济体制相适应的道德规范体系和商品、市场及价值观念体系，以期推进社会主义市场经济建设。党的十一届三中全会以来，在市场经济的推进下，与社会主义市场经济相配套的新的价值思想体系和道德规范体系正在形成，投身建设，讲求效益的价值准则正在逐步取代空谈政治、不讲效果的价值准则；义利并重的价值倾向正在逐步取代重义轻利的价值倾向；独立自主、自强不息的价值主体正在逐步取代自我压制、不思进取的价值主体。人民群众对于道德评价标准发生了本质的变化。衡量某一道德观念和行为是否为进步的和社会急需的，关键是看其是否有利于解放和发展生产力，是否有利于提高我们社会主义国家的综合国力，是否有利于改善人民群众的生活，而不是以过去的世俗与传统的习惯作为道德的衡量标准。第二，建立以共产主义理想教育为代表的职业道德教育、集体主义和爱国主义教育体系。还应看到，越是搞市场经济，就越要提醒人们应有理想，讲道德，要有集体主义、爱国主义和社会主义精神，方能在市场经济海洋中头脑清晰，扬帆远航，否则就可能触礁搁浅，甚至船毁人亡，被市场经济大潮所吞没。过去一度出现过的"一手硬一手软"的现象，就是忽视思想道德建设的体现，在这方面血的教训是很深刻的。不少当事人以身试法，铤而走险，不择手段，中饱私囊，其结果是受到法律的严惩，更令人痛心的是给国家和人民的生命财产造成了重大损失。

（四）社会主义道德建设与精神文明建设同时推进

现在党和国家十分重视精神文明建设，广大人民群众也迫切要求改变前些年出现的道德大滑坡局面。事实上，早在 1983 年邓小平同志就明确指出："现在我们要特别注意建设物质文明。与此同时，还要建设社会主义的精神文明，最根本的是要使广大人民有共产主义的理想、有道德、有文化、守纪律。"[①] 1996 年，党的十四届六中全会专门通过了以社会主义思想道德为性质和方向的《中共中央关于加强社会主义精神文明建设若干重要问题的决议》。在 2001 年 1 月召开的全国宣传部长工作会议上，江泽民同志明确指出在"以法治国"的同时，必须"以德治国"。可以说，现在是我们全面创建有中国特色的社会主义道德体系的时候了，对此我们应该高度重视。

综上所述，社会经济关系的发展变化必然会引起社会道德的发展变化。为了建立社会主义市场经济体制，必然要求建立与之相适应的社会主义道德体系。在企业领域中，就是要建立约束企业活动，调解企业关系的社会主义商业伦理道德体系。

社会主义建设实践经验告诫人们，社会主义现代化建设必须坚持精神文明和物质文明一起抓，两手都要硬的方针。这是因为精神文明建设为物质文明建设指明了发展方向，并为其提供智力条件；而物质文明建设则为精神文明建设提供必要的外在条件和物质基础。因此两者相辅相成，相互依存，密切关联，不可分离，如人之两手、鸟之两翼、车之两轮。

精神文明建设包括两大方面：思想道德建设和科学文化建设。显然，道德建设是精神文明建设的核心内容，其根本目的在于提高人们的思想水平和政治觉悟。而社会主义思想道德集中体现着社会主义精神文明建设的性质和方向，对社会政治经济的发展具有巨大的能动作用。在改革和现代化建设的整个过程中，思想道德建设的基本任务是：坚持集体主义、社会主义、共产主义教育，加强社会公德、职业道德和家庭美德建设，引导人们树立建设中国特色社会主义的共同理想和正确的世界观、人生观、价值观。我们现在建设和发展有中国特色的社会主义，最终目的是实现共产主义，应当在全社会认真提倡社会主义、共产主义思想道德。人类社会发展历史表明，社会文明发展程度越高，人民群众就越会自觉地要求加强道德建设，道德建设也就越发达。而职业道德教育在整个道德建设中居于重要地位，发挥着重要作用。在当前我们的企业工作领域就是要突出强调以企业职业道德为主体的商业伦理道德建设。因此，随着社会主义市场经济体制全面推进和改革开放的不断深入，加强商业伦理道德建设也就成为时代的必然要求。

二、加强商业伦理道德建设的重要性

加强商业伦理道德建设的目的，是为了促进企业员工不断追求崇高的商业伦理道德观念，达到更高的商业伦理道德境界，锤炼出高尚的商业伦理道德品质，从而在企业工作的时候，廉洁奉公、忠于职守、勤俭理财、全心全意为人民服务。

（一）加强商业伦理道德建设是培养企业"四有"新人的重要措施

在建立与完善社会主义市场经济体制的进程中，不仅要发展社会生产力，而且要推进改革开放，而实现这些首先有赖于提高人的素质。在组成生产力的诸因素中，具备高尚的

---

① 邓小平. 建设社会主义物质文明和精神文明//邓小平文选：第 3 卷[M]. 北京：人民出版社，1993.

思想道德素质、熟练的科学文化和业务技能的人是最积极的因素。我国社会主义现代化建设事业需要各行各业劳动者的辛勤耕耘，更需要培养一代又一代有理想、有道德、有文化、有纪律的新人。培养企业的"四有"新人要求全面提高广大企业员工的思想素质和业务技能，把远大理想和我国现阶段各族人民的共同理想与企业员工的职业理想密切结合起来，促进建设有中国特色社会主义事业和社会主义市场经济体制的全面发展。

对于企业员工来说，"四有"新人的要求是："有理想"就是要把全体人民共同的中国特色社会主义理想与本职企业工作紧密结合起来，敬业爱岗，树立企业职业理想；"有道德"就是要把社会主义道德规范落实到本职工作之中，培养高尚的商业伦理道德品质，形成良好的商业伦理道德风尚；"有文化"就是要具有较高的现代科学文化修养，精通企业专业知识，熟悉公司法规法令，能做好企业专业工作；"有纪律"就是要遵守党纪国法，履行单位规章制度。其集中表现为：在坚持四项基本原则的基础上，在企业职业工作中，自觉遵守公司法规，恪守企业岗位准则，完成企业责任工作。以上四个方面的修养是相互促进、相互联系的。因为唯有掌握丰富的企业专业知识和企业基本技能的人，才能独立地解决好本身的实际企业问题，胜任企业岗位的义务工作。但是，仅仅掌握企业科学文化知识是不够的，还必须特别注重商业伦理道德品质的锤炼，才能提高企业工作队伍的政治素质和道德水准，从而在企业后备队伍中造就出一代又一代企业"四有"新人。

（二）加强商业伦理道德建设是提高企业员工道德水平的有效手段

商业伦理道德建设中的一个重要内容就是运用科学的马克思主义伦理道德理论、先进的现代管理理论和知识加强对企业员工的商业伦理道德教育，提高企业员工的商业伦理道德意识。在商业伦理道德品质的形成过程中，客观社会条件、企业活动环境、个人的经历虽然起着重要作用，但人是一个自觉的能动的主体，在企业工作中，企业员工如何行动是有自己的认识和选择的。外部环境只有通过人的内因才能发挥作用，形成优秀道德品质。所以说，一个企业员工道德水平的高低，在很大程度上取决于其商业伦理道德修养的自觉程度。商业伦理道德不同于公司法纪的一个重要方面就是它不是通过强制的、无条件的规定执行，而是通过内心信念力量的作用，反映人们自觉的行动。所以，在商业伦理道德评价中，对依照商业伦理道德要求自觉遵守某种商业伦理道德原则和规范的行为与在社会舆论压力下遵守这些商业伦理道德原则和规范的行为，这两者有所不同。只是前者才是真正的有道德的行为。企业员工在形成和完善自己商业伦理道德品质的过程中，既要解决客观商业伦理道德要求和自己主观认识之间的矛盾，又要解决个人思想中反映不同社会影响的商业伦理道德观念之间的矛盾。

任何企业员工要培养高尚的品格，不仅需要努力地认真学习企业专业文化知识，提高对现代企业的认识，而且要自觉地反省自己，以正确的商业伦理道德观念战胜错误的商业伦理道德观念。如果没有这种商业伦理道德上的自我修养功夫，即使客观条件再优越，也不可能形成高尚的企业品德。所以，一方面因个人对商业伦理道德原则和规范的认识，企业员工在企业工作中就会自觉按照商业伦理道德原则和规范的要求去采取行动，这样就产生了好的行为结果，企业员工主观上感到自己履行了商业伦理道德义务，就能在下一次的企业实践中更自觉地选择同样的行为，一个好的商业伦理道德行为反复地进行，就能形成在商业伦理工作中的习惯行为方式，也就形成了良好的商业伦理道德品质。另一方面，在企业工作岗位上，由于接触面较广，可能遇到各种复杂情况，尤其在当前的经济体制改革中，各种新的复杂的问题时常出现，有可能使企业员工的个人行为与商业伦理道德原则和规范的要求不符合，或不完全符合。在这种情况下，一个商业伦理道德修养较好的企业员工就会按商业伦理道德基本要求来衡量自己行为的正误和善恶，进行自我的商业伦理道德认识，纠正错误的败德行为，进而把商业伦理道德原则和规范转化为内心信念，自觉调节个人行为。

目前，剥削阶级思想的影响有一定的市场，时刻侵袭和腐蚀企业员工的思想，破坏社会风气，这对于我们企业队伍的消极影响不容低估。抵制没落腐朽思想的影响，必然要用先进的商业伦理道德武装企业员工的头脑，提高他们的商业伦理道德水平。而加强商业伦理道德建设，进行商业伦理道德教育和商业伦理道德修养是提高企业员工道德水平的根本途径。

（三）加强商业伦理道德建设，有利于企业领域反腐倡廉，纠正企业不正之风

中华人民共和国成立以来，社会主义道德风尚大大发扬，"路不拾遗，夜不闭户"的太平景象持续了较长时期，各行各业都涌现出大量忠于职守、精益求精、全心全意为人民服务的社会主义劳动者。随着经济的改革和开放，一些西方资本主义腐朽思想开始侵入，混淆了人们评价是非、美丑的标准，使企业队伍中相当一部分人不注意培养良好的劳动态度和服务态度，放松了政治学习和思想世界观的改造，满脑子都渴望金钱享受、吃喝玩乐、利益金钱至上、自私自利，有的甚至利用工作之便收受贿赂，中饱私囊，置祖国人民和集体利益而不顾，不择手段地追逐金钱，搞行业不正之风，给社会、国家、个人造成重大损失，使我们早已形成的良好道德风尚受到了严重的干扰、侵害和冲击，腐败现象日趋严重。

随着社会主义市场经济建设的全面开展，企业领域的反腐败斗争面临新的严峻挑战，也给企业领域创廉洁风尚带来新的课题。因为，市场经济是一把"双刃之剑"。市场经济在发挥巨大效应的同时，也有其天然的负效应。市场经济的竞争原则会诱导一些人的投机心理和不正当竞争行为。

因此，中共中央、国务院明确提出，在全国开展一场反腐败斗争，以确保社会主义市场经济建设顺利进行。要从根本上消除腐败，有赖于经济体制改革和政治体制改革的进一步深化与实际需要，有赖于社会主义法制建设的健全运行，有赖于市场经济运行机制的完善，更重要的一点就是要对广大党员干部进行廉洁教育，强化廉洁意识。只有包括企业员工在内的所有工作人员树立廉政观念，才能把外部强制性约束条件"内化"为自觉行动，进而从根本上杜绝腐败和不廉洁行为。

扩展阅读 1-3：夺取反腐败斗争压倒性胜利

只有运用商业伦理道德来武装企业员工的头脑，使他们能用商业伦理道德来规范指导自己的行为，逐渐形成商业伦理道德责任心和荣誉感，正确地使用自己的企业权利，忠实地履行自己的企业义务，才能使企业

员工自觉地维护财经制度，遵守企业财经纪律，有权不搞特殊化，严于律己，清正廉洁。

所以，加强商业伦理道德建设对纠正企业领域的不正之风，形成反腐倡廉新风尚具有重大意义。只有提高了企业员工的道德素质，才能使他们把商业伦理道德原则、商业伦理道德规范和商业伦理道德范畴转化为内心信念，自觉维护国家和人民的利益，把祖国的利益作为企业工作的出发点和归宿，不搞特殊化，不利用职权和工作之便拉关系，走后门；不支付"关系钱"，不报销"关系款"，不以任何借口向外单位和基层索取紧俏商品或者购买特殊照顾价格的商品货物；不搞请客送礼，吃喝玩乐，接受礼品；自觉抵制资本主义腐朽思想的侵蚀和一切"向钱看"思想的影响，在企业领域不搞不正之风，带动整个社会风气转变，且为之作出积极贡献。

三、加强商业伦理道德建设的客观必然性

在进行有中国特色社会主义现代化建设的今天，加强商业伦理道德建设不仅具有上述的重要性，并且具有其客观必然性。这是因为：

第一，我国目前正处于社会主义初级阶段，经济体制改革的根本目标是建立卓有成效的社会主义市场经济体制，因此与自然经济和产品经济相比，我国经济成分丰富复杂得多，社会生产方式及人们的生活方式有了很大变化，国家、集体与个人三者之间的利益关系及人事关系较过去大大复杂化。社会经济领域的巨大变化对商业伦理道德建设提出了新的挑战，明确了新的任务，这就要求商业伦理道德建设在原则、观念及其他方面，必须适应市场经济建设的需要，因此，为了配合复杂的经济生活和日益频繁交往的人际关系，调整好各方面利益关系，就必须在企业领域加强商业伦理道德建设，强化企业员工的商业伦理道德意识。

第二，改革开放引起了新旧体制的转换交替，在法律、道德等领域也形成了新旧观点得交替。一些旧的道德传统严重阻碍新体制的运行，阻碍了市场经济的健康发展。与此同时，资产阶级利己主义道德思想得到滋生的环境和条件，带来许多突出的社会道德问题，其中以商业伦理道德领域的问题最为突出。特别是社会主义市场经济体制的确立，对商业伦理道德建设提出了更新更高的要求。市场经济是按照价值规律的要求实现社会资源合理配置的经济运行方式。价值规律是商品市场经济运行的基本原则，国家的宏观调控必须通过制定和实施符合价值规律要求的经济政策，以及利用经济杠杆来实现。如果企业员工违背商业伦理道德，不是忠于职守，而是利用职权，索贿受贿、用权力经商、搞权钱交易，那么，生产要素就不会按照价值规律运行，资源和资金也不会朝最佳方向流动，市场经济中就难以形成平等的竞争机制，而是向"权力""金钱""人情""吃喝""关系"倾斜。

第三，规范企业员工职业行为的规则主要体现在各种公司法律、规章、制度之中，但在强调运用公司法规、法令、纪律来规范企业员工职业行为时，仍必须辅之以商业伦理道德规范。原因在于法律的完备总是相对的，再完善的法制总会存在某些"空隙"和"疏漏"以及滞后性。假如企业员工没有良好的商业伦理道德自我约束，就会利用公司法律的某些

不完备的条款，做各种损人利己、损公肥私的勾当，想方设法搞投机钻空子。而且任何公司法规都是要求企业员工去具体执行的，遵纪守法是一项重要的道德规范。如果企业员工没有树立起商业伦理道德观念，法制意识淡薄，很可能会有法不依、执法不严、违法不究，听之任之，甚至知法犯法，搞行业不正之风，破坏社会主义企业活动的正常运行秩序，导致大面积的企业信息严重失真，假账盛行坑人，假表泛滥成灾，书记成本、厂长利润、经理报表、长官指标比比皆是，严重影响生产经营决策和资本投资决策，对于国家的宏观决策和国民经济调控产生重大不利影响。

第三节　道德与社会主义核心价值观

一、道德的含义及其发展

（一）道德的本质属性

1. 道德的定义与本质属性

在现实社会生活中，每个社会成员的行为都会对社会和他人产生一定的影响。这种影响有两种后果：一是有些行为会给他人和社会带来幸福，因而被认为是有道德的行为；二是有些行为会给社会和他人带来痛苦和不幸，因而被认为是不道德的行为，即失德行为。道德在这里成为评价人们行为善恶的一种准则尺度。那么什么是道德呢？

道德是一种社会为了调整人们之间相互关系以及个人与社会之间关系所倡导的行为准则和规范的总和。道德以善与恶、是与非、正义与邪恶、荣誉与耻辱、诚实与虚伪等概念来评价人们的各种行为，通过各种形式的教育和社会舆论的力量使人们心里逐步形成正确的思想观念，培养良好的习惯传统，指导和控制自己践行合理与合法的行为。

2. 道德是一种由社会经济关系决定的、从属于上层建筑的社会意识形态

从本质上讲，道德是一种由社会经济关系决定的、从属于上层建筑的社会意识形态。马克思曾经指出："物质生活的生产方式制约着整个社会生活、政治生活和精神生活的过程。不是人们意识决定人们的存在，相反，是人们的社会存在决定人们的意识。"[①]作为社会精神生活之一的道德深深根植于社会经济生活中，为一定社会的经济基础所决定，并为该社会的上层建筑服务。故恩格斯说："一切以往的道德论归根到底都是当时的社会经济状况的产物。"[②]

马克思主义伦理学科学体系认为，道德反映了人类社会的一种特殊现象，道德是由一定社会的经济关系所决定的，依靠社会舆论、传统习俗和内心信念的约束力量来调整人们之间以及个人与社会之间的行为规范的总和。

[①] 马克思. 政治经济学批判导言//马克思恩格斯选集：第2卷[M]. 北京：人民出版社，1972.

[②] 恩格斯. 反杜林论//马克思恩格斯选集：第3卷[M]. 北京：人民出版社，1972.

（二）道德的特征

道德作为社会意识形态，具有与其他意识形态不同的特点。

1. 规范性

道德是调整人与人之间、以及人与社会之间关系的行为规范。人本质上是社会人。人生活在世界上，要与他人、与社会发生复杂的关系，人们在社会中的行为，均是在一定的社会关系中进行的。作为行为规范的道德，就是指个人与社会应该建立一种什么样的关系，他对社会需要承担什么义务，在处理与他人的关系时应该遵循哪些原则，应该采取什么样的行动，等等。这些都对人们的思想和一言一行起到一种规范性作用。

2. 非强制性

人与人之间的社会关系非常复杂，除了道德关系外，还有政治关系、经济关系、法律关系等。因此，调整人与人之间的关系，除了道德规范，还有政治规范、法律规范和经济手段。但是道德规范不像政治规范、法律规范和经济手段那样需要由政党、国家和经济部门专门制定，并由专门机关监督执行。道德依靠社会舆论、传统习惯和人们的内心信念来维持和发挥作用，具有非强制性，是一种内在的、内心的、内化的、特殊的规范调解方式。

3. 历史性

所谓道德的历史性是指历史上各种人类道德出现，都是当时社会经济关系状况的产物，并且总是与特定的历史阶段相适应的，因而总是带有那个时代的社会内容、社会要求和社会特征。从历史发展进程看，人类已经历了原始社会道德、奴隶社会道德、封建社会道德、资本主义道德，现在正处于社会主义道德阶段。

4. 全人类性

道德的全人类性，就人类历史发展的全过程来说，是指不同时代道德体系之间有着共同的地方；就同一个时代和不同时代的社会关系来说，是指不同阶级或对立阶级道德之间有着共同的地方、以及相互联系之处。历史上各种类型的道德体系都包含着全人类性因素，具有历史的继承性。

5. 社会实践性

道德具有广泛的社会实践性。道德是人类社会特有的现象，是人类有别于其他动物的根本标志。道德贯穿于人类社会的始终。只要有人类社会的存在，就需要有调整人与人之间关系的道德规范。道德遍及社会生活的各个领域，渗透到社会的人与人之间的关系中。道德是人类的实践精神，是人类把握世界的特殊方式，是人类完善发展自身的社会实践活动。

6. 相对独立性

马克思主义伦理学认为，经济基础是第一性的，道德是第二性的，经济基础决定道德；同时又认为，道德同其他社会意识形态一样，一旦形成之后，就具有相对独立性。

道德相对独立性表现之一，是道德与社会经济基础变化的不一致性。

道德相对独立性表现之二，是道德意识的发展和社会经济发展水平的不平衡性。

道德相对独立性表现之三，是道德有其自己本身独立的发展历史过程，在自身发展过程中呈现出历史连续性和继承性。

（三）道德的起源与历史发展

1. 道德的历史起源

道德的起源问题一直被历史上伦理学家们所重视。历史上曾有一些伦理学家，企图离开人类历史的发展和人们的社会实践，去观察和研究道德现象，去寻找道德的起源。他们的观点，大致可归纳为以下四类：

其一，认为道德来源于客观精神和上帝及佛、道、神。

其二，认为道德来源于人类天性、人类同情心等。

其三，认为道德来源于人的自然本性、感觉欲望。

其四，认为道德来源于动物世界。

2. 道德发展的五种历史类型

道德是社会经济状况的产物。道德会随着社会经济状况的变化而不断变化发展。人类社会迄今为止已经先后经历了原始社会、奴隶社会、封建社会、资本主义社会和社会主义社会等五种社会形态，与此相对应，道德的发展也划分为五种历史类型：原始社会道德，奴隶社会道德，封建社会道德，资本主义社会道德，社会主义社会道德。

现阶段我国社会主义社会道德建设要求宣传与践行社会主义核心价值观。

二、社会主义核心价值观

党的十八大报告提出，倡导富强、民主、文明、和谐，倡导自由、平等、公正、法治，倡导爱国、敬业、诚信、友善，积极培育和践行社会主义核心价值观。这与中国特色社会主义发展要求相契合，与中华优秀传统文化和人类文明优秀成果相承接，是我们党凝聚全党全社会价值共识作出的重要论断。富强、民主、文明、和谐是国家层面的价值目标，自由、平等、公正、法治是社会层面的价值取向，爱国、敬业、诚信、友善是公民个人层面的价值准则，这 24 个字是社会主义核心价值观的基本内容，为培育和践行社会主义核心价值观提供了基本遵循。

（一）概念内涵

"富强、民主、文明、和谐"，是我国社会主义现代化国家的建设目标，也是从价值目标层面对社会主义核心价值观基本理念的凝练，在社会主义核心价值观中居于最高层次，对其他层次的价值理念具有统领作用。富强即国富民强，是社会主义现代化国家经济建设的应然状态，是中华民族梦寐以求的美好夙愿，也是国家繁荣昌盛、人民幸福安康的物质基础；民主是人类社会的美好诉求。我们追求的民主是人民民主，其实质和核心是人民当家作主。它是社会主义的生命，也是创造人民美好幸福生活的政治保障；文明是社会进步的重要标志，也是社会主义现代化国家的重要特征。它是社会主义现代化国家文化建设的应有状态，是对面向现代化、面向世界、面向未来的、民族的、科学的、大众的社会主义文化的概括，是实现中华民族伟大复兴的重要支撑；和谐是中国传统文化的基本理念，集中体现了学有所教、劳有所得、病有所医、老有所养、住有所居的生动局面。它是社会主义现代化国家在社会建设领域的价值诉求，是经济社会和谐稳定、持续健康发展的重要保证。

"自由、平等、公正、法治"，是对美好社会的生动表述，也是从社会层面对社会主义核心价值观基本理念的凝练。它反映了中国特色社会主义的基本属性，是我们党矢志不渝、长期实践的核心价值理念。自由是指人的意志自由、存在和发展的自由，是人类社会的美好向往，也是马克思主义追求的社会价值目标。平等指的是公民在法律面前一律平等，其价值取向是不断实现实质平等。它要求尊重和保障人权，人人依法享有平等参与、平等发展的权利。公正即社会公平和正义，它以人的解放、人的自由平等权利的获得为前提，是国家、社会应然的根本价值理念。法治是治国理政的基本方式，依法治国是社会主义民主政治的基本要求。它通过法制建设来维护和保障公民的根本利益，是实现自由平等、公平正义的制度保证。

"爱国、敬业、诚信、友善"，是公民基本道德规范，是从个人行为层面对社会主义核心价值观基本理念的凝练。它涵盖社会道德生活的各个领域，是公民必须恪守的基本道德准则，也是评价公民道德行为选择的基本价值标准。爱国是基于个人对自己祖国依赖关系的深厚情感，也是调节个人与祖国关系的行为准则。它同社会主义紧密结合在一起，要求人们以振兴中华为己任，促进民族团结、维护祖国统一、自觉报效祖国。敬业是对公民职业行为准则的价值评价，要求公民忠于职守，克己奉公，服务人民，服务社会，充分体现了社会主义职业精神。诚信即诚实守信，是人类社会千百年传承下来的道德传统，也是社会主义道德建设的重点内容，它强调诚实劳动、信守承诺、诚恳待人。友善强调公民之间应互相尊重、互相关心、互相帮助，和睦友好，努力形成社会主义的新型人际关系。

（二）发展历史

中华人民共和国成立后，确立了以社会主义基本政治制度、基本经济制度为基础和以马克思主义为指导思想的社会主义意识形态，为社会主义核心价值体系建设奠定了政治前提、物质基础和文化条件。改革开放以来，我国社会主义意识形态建设不断进行新的探索，提出了从建设社会主义核心价值体系到以"三个倡导"为内容，积极培育和践行社会主义核心价值观的重要论断和战略任务。

2006年3月，胡锦涛同志提出了"八荣八耻"的社会主义荣辱观，继承和发展了我们党关于社会主义思想道德建设褒荣贬耻、我国古代的"知耻"文化传统，同时又赋予了新的时代内涵，深化了我们党对社会主义道德建设规律的认识。

2006年10月，党的十六届六中全会第一次明确提出了"建设社会主义核心价值体系"的重大命题和战略任务，明确提出了社会主义核心价值体系的内容，并指出社会主义核心价值观是社会主义核心价值体系的内核。学界对社会主义核心价值观的概括开始深入探讨。

2007年10月，党的十七大报告进一步指出了"社会主义核心价值体系是社会主义意识形态的本质体现"。

2011 年 10 月，党的十七届六中全会强调，社会主义核心价值体系是"兴国之魂"，建设社会主义核心价值体系是推动文化大发展、大繁荣的根本任务。提炼和概括出简明扼要、便于传播践行的社会主义核心价值观，对于建设社会主义核心价值体系具有重要意义。

2012 年 11 月，中共十八大报告明确提出"三个倡导"，即"倡导富强、民主、文明、和谐，倡导自由、平等、公正、法治，倡导爱国、敬业、诚信、友善，积极培育社会主义核心价值观"，这是对社会主义核心价值观的最新概括。

2013 年 12 月，中共中央办公厅印发《关于培育和践行社会主义核心价值观的意见》，明确提出，以"三个倡导"为基本内容的社会主义核心价值观，与中国特色社会主义发展要求相契合，与中华优秀传统文化和人类文明优秀成果相承接，是我们党凝聚全党全社会价值共识作出的重要论断。

2016 年 12 月，中共中央办公厅、国务院办公厅印发了《关于进一步把社会主义核心价值观融入法治建设的指导意见》。其目的是为深入贯彻习近平总书记系列重要讲话精神，大力培育和践行社会主义核心价值观，运用法律法规和公共政策向社会传导正确价值取向，把社会主义核心价值观融入法治建设。

2017 年 10 月，习近平总书记在党的十九大报告中指出，"社会主义核心价值观是当代中国精神的集中体现，凝结着全体人民共同的价值追求。要以培养担当民族复兴大任的时代新人为着眼点，强化教育引导、实践养成、制度保障，发挥社会主义核心价值观对国民教育、精神文明创建、精神文化产品创作生产传播的引领作用，把社会主义核心价值观融入社会发展各方面，转化为人们的情感认同和行为习惯"。

2022 年 10 月，习近平总书记在党的二十大报告中要求"以社会主义核心价值观为引领，发展社会主义先进文化，弘扬革命文化，传承中华优秀传统文化"，将"广泛践行社会主义核心价值观"作为新时代文化建设的重要任务予以突出强调。

（三）时代价值

面对世界范围思想文化交流交融交锋形势下价值观较量的新态势，面对改革开放和发展社会主义市场经济条件下思想意识多元多样多变的新特点，积极培育和践行社会主义核心价值观，对于巩固马克思主义在意识形态领域的指导地位、巩固全党全国人民团结奋斗的共同思想基础，对于促进人的全面发展、引领社会全面进步，对于集聚全面建成小康社会、实现中华民族伟大复兴中国梦的强大正能量，具有重要现实意义和深远历史意义。

从适应国内国际大局深刻变化看，我国正处在大发展大变革大调整时期，在前所未有的改革、发展和开放进程中，各种价值观念和社会思潮纷繁复杂。国际敌对势力正在加紧对我国实施西化分化战略图谋，思想文化领域是他们长期渗透的重点领域。面对世界范围思想文化交流交融交锋形势下价值观较量的新态势，面对改革开放和发展社会主义市场经济条件下思想意识多元多样多变的新特点，迫切需要我们积极培育和践行社会主义核心价值观，扩大主流价值观念的影响力，提高国家文化软实力。

从推进国家治理体系和治理能力现代化要求看，培育和弘扬核心价值观，有效整合社会意识，是国家治理体系和治理能力的重要方面。全面深化改革，完善和发展中国特色社会主义制度，推进国家治理体系和治理能力现代化，必须解决好价值体系问题，加快构建充分反映中国特色、民族特性、时代特征的价值体系，在全社会大力培育和弘扬社会主义核心价值观，提高整合社会思想文化和价值观念的能力，掌握价值观念领域的主动权、主导权、话语权，引导人们坚定不移地走中国道路。

从提升民族和人民的精神境界看，核心价值观是精神支柱，是行动向导，对丰富人们的精神世界、建设民族精神家园，具有基础性、决定性作用。一个人、一个民族能不能把握好自己，很大程度上取决于核心价值观的引领。发展起来的当代中国，更加向往美好的精神生活，更加需要强大的价值支撑。要振奋起人们的精气神，必须积极培育和践行社会主义核心价值观，铸就自立于世界民族之林的中国精神。

从实现民族复兴中国梦的宏伟目标看，核心价值观是一个国家的重要稳定器，构建具有强大凝聚力感召力的核心价值观，关系着社会和谐稳定，关系着国家长治久安。实现"两个一百年"的奋斗目标，实现中华民族伟大复兴的中国梦，必须有广泛的价值共识和共同的价值追求。这就要求我们持续加强社会主义核心价值体系和核心价值观建设，巩固全党全国各族人民团结奋斗的共同思想基础，凝聚起实现中华民族伟大复兴的中国力量。

第四节　社会公德与职业道德概念及其特征

一、社会公德的基本要求与建设途径

（一）社会公德的基本要求

1. 社会公德维护人民大众的共同整体利益

社会公德是指在社会公共生活中为全体公民所公认的、人人都应遵循的起码的公平与正义道德规范的总和。马克思在 1864 年的一次演讲中提出："努力做到使私人关系应该遵循的那种简单的公平道德和正义的准则，成为各民族之间的关系中的至高无上的准则。"①社会公德之所以重要，是因为它维系人们之间的正常社会交往以及和睦相处，坚持社会公共生活的安定有序，并维护人民大众的共同的整体利益。

2. 社会公德与个人私德对立统一

一般情况下，社会公德与个人私德相对立，前者是与集体、组织、阶级以及整个社会、民族、国家有关的道德，后者则是在个人私生活中处理爱情、婚姻、家庭问题的道德，以及个人的品德、作风、习惯等。虽然两者有区别，但并非绝对对立，在一定条件下能相互转化，对立统一。社会公德产生于人类社会中共同生活的客观需要，人们在社会生活中互相联系、互相依存，彼此之间存在着某些一致的共同利益，社会公德就是这种公共利益的反映。

（二）我国社会公德的现状表现与发展完善

1. 我国公民社会公德意识有待提升

当前公民道德建设应针对具体情况，以公德建设为基点，提高全社会的公德水平。社

---

① 马克思. 国际工人协会成立宣言//马克思恩格斯选集：第 2 卷[M]. 北京：人民出版社，1972.

会道德的形成需要主客观条件的成熟。只有在一定社会经济形式中，有了人与人、人与集体之间的社会关系，才有可能产生道德。而社会公德的形成和完善，同样依赖于一定的社会经济形式与特定的社会关系。随着社会的文明进步，人们的衣食住行及工作、劳动、交友、娱乐等生活方式发生了翻天覆地的变化，但公民意识、公共意识、公德意识并未随之加强。

2. 我国传统道德重人伦、重礼教，轻公共道德与公共社会生活规范

从客观上讲，我国是传统的农业社会，其基本特征表现为封闭、稳定、保守和民众生活单一。农业经济决定人们的生活交往圈子狭窄，即使在今天，中国广大农村地区的这种状况也未完全改变。而且，在农业社会实行自给自足的自然经济，人们的衣食住行自行解决，绝大多数人的生活内容简单。所以，长期以来，我国传统道德重人伦、重礼教，狭隘的礼仪道德、家规、乡规民约发展完善，而现代社会所需的公共道德、公共社会生活规范发展缓慢。

3. 社会公德发展完善有赖于全体公民养成自觉的社会责任感和义务感

从主观上讲，社会公德的发展完善还有赖于社会全体公民养成自觉的社会责任感和义务感。我国经历了漫长的封建社会，人的社会角色是依特权、等级来确定的。在这种等级制度中，民众还不具备平等身份。因此，在权利与义务的关系上，作为臣民、子民没有自身的权利可言。这种严重不对等的权利义务关系造成的后果是：从表面上看，百姓虽无权利意识，却有很强的义务意识；但实际上，百姓被动履行义务，内心产生对无权利的义务的强烈抵触，

扩展阅读1-4：宁缺钱，不缺德

权利意识和义务意识都被弱化，在一般情况下，社会责任感不足，对许多事情抱着"事不关己，高高挂起"的态度。

（三）社会公德的建设途径：培育和践行社会主义核心价值观

1. 培育和践行社会主义核心价值观的内容框架

中共中央办公厅于2013年12月23日印发《关于培育和践行社会主义核心价值观的意见》（以下简称《意见》）。该《意见》分培育和践行社会主义核心价值观"富强、民主、文明、和谐；自由、平等、公正、法治；爱国、敬业、诚信、友善"的重要意义和指导思想、把培育和践行社会主义核心价值观融入国民教育全过程、落实到经济发展实践和社会治理中、加强社会主义核心价值观宣传教育、开展涵养社会主义核心价值观的实践活动、加强对培育和践行社会主义核心价值观的组织领导共6部分23条。

2. 社会主义核心价值观的主要功能：国家、社会与公民层面

社会主义核心价值观，符合我国经济社会发展的客观需要，体现了社会主义道德规范的本质要求，对于明辨是非、善恶、美丑界限，推动形成良好社会风气，增强思想道德建设的针对性、实效性，发展社会主义市场经济，繁荣社会主义文化，提高中华民族的整体素质，进而不断开创中国特色社会主义事业新局面，实现中华民族的伟大复兴，具有重要

而又深远的意义。

3. 社会公德建设要抓住重点，找准切入点

针对我国社会公德现状，当前社会公德建设要抓住重点，找准切入点，那就是培育和践行社会主义核心价值观。在我国，作为执政党的中国共产党拥有七八千万党员，他们是中国最广大人民群众利益的代表，他们自然应成为社会公德建设的先锋队。全体共产党人都应该是社会公德建设的楷模，党员领导干部，尤其是党员高级领导干部更应率先垂范。

二、职业道德及其社会功能

（一）职业道德的含义

1. 职业道德的概念

职业道德，是指在一定的职业生活中所应遵循的且具有自身职业特征的道德原则和规范以及分内应做工作的总和。职业道德规定人们在自己的职业生活中所必须遵循的道德规范，规定人们"应该"做什么、"不应该"做什么、"应该"怎样做、"不应该"怎样做。换言之，职业道德是从道义上要求人们在其职业生活中以一定的思想、感情、态度、作风和行为去待人接物、处事，明确工作任务，完成本职工作。

2. 职业道德责任与职业工作规范密切相关

何谓职业？职业是指人们在社会生活中所从事的对社会承担一定的职责，并作为自己主要生活来源的具有专门职能的工作。人们的职业生活作为一个历史范畴，并非从来就有，它是社会分工及其发展的结果，而职业分工的出现与发展，使职业道德的产生成为需要和可能。在此基础上，各职业团体通过其中有代表性的人物的言

扩展阅读1-5：诚信不存，职业精神焉附

论和行为示范，逐步建立起各职业人员应遵守的职业道德。职业道德通过公约、守则、条例等形式，促进职工忠于职守，钻研业务和技术，完成工作和任务，服从秩序和领导，团结协作，推动各项事业的发展。

3. 职业道德推行协调本职业内部和外部社会各方面的关系

职业道德的推行，一方面可以协调本职业和社会各方面的关系，满足社会各方面对本职业的需要；另一方面可以协调本职业内部的相互关系，解决内部矛盾和纠纷，共同完成职业工作，履行职业责任。在我国，职业道德是共产主义道德体系的重要组成部分，是共产主义道德原则与规范在职业行为和职业关系中的特殊表现；同时又受社会公德的约束，体现社会公德的要求。近代西方研究职业道德的学科被称为职业伦理学，包括律师伦理学、教师伦理学、医生伦理学、科学伦理学、管理伦理学。本书研究企业领域中因企业活动的发生所引起的商业伦理道德、社会责任及其发展变化的规律，即"商业伦理与企业责任"。

（二）职业道德的特点

职业道德作为职业生活领域特殊行为的调节手段，具有以下特点。

1. 鲜明的行业性

职业道德和职业生活是密切相连的，它具有鲜明的职业和行业的特点。职业道德是人们在其职业活动过程中形成的特殊道德关系的反映。各行业都有自己的特殊道德规范、特殊的活动内容和特殊的活动方式。所以行业性是职业道德最显著的特点。

2. 范围的有限性

职业道德的适用范围不是普遍的，而是特殊的、有限的。其约束的对象是一定职业活动的从事者，超出这个范围，对他人行为就不具有道德调节作用。

3. 形式的多样性

由于社会分工的不同，人们所从事的职业多种多样，职业道德呈现多样性，以规章制度、工作手册、服务公约、公规民约等多种简明适用、生动活泼的形式教育来约束各职业的从业者。

4. 稳定的连续性

由于职业道德和职业劳动、职业要求紧密结合，因此，道德有较强的、稳定的连续性。这种稳定的连续性，常常表现在世代相传的职业传统中，形成人们比较稳定的职业道德、职业心理和职业习惯。

总之，由于职业道德具有以上特点，因此职业道德能够对人们的行为活动发生经常性的、深刻的影响，形成强大的职业道德力量，促进各项事业的发展。

（三）职业道德的社会功能

职业道德对于社会发展有着重要的社会功能。

1. 职业道德是推动物质文明建设的重要力量

为了建设物质文明，人类社会形成了严密的分工和协作关系。各行各业的分工和协作，都直接或间接地影响着社会物质文明建设。怎样才能保证人们自觉地做好本职工作，为建设社会主义物质文明尽职尽力呢？职业道德起着特殊的、重要的作用。职业道德的基本要求是"忠于职守"。当人们确立了相应的职业道德观念，并且转化成人们自己的信念、良知、义务和荣誉感，形成高尚的思想觉悟和精神境界时，就能正确地认识和处理个人与社会、本职业集体与其他职业集体之间的关系，在自己的岗位上尽职尽责地工作，只有这样，国家和民族的物质文明建设才可能硕果累累；相反地，如果一个社会、一个国家的公民职业道德观念淡薄或不讲职业道德，不能很好地履行自己的职责，那么国家和民族的物质文明建设就会停滞不前。

2. 职业道德是形成和改造社会风尚的重要因素

社会风尚是人们精神面貌的综合反映，归根到底是现实社会关系的综合反映。职业道德要求人们在从事职业活动时，把正确认识和处理人与人之间的关系放在重要位置。一方面通过职业活动创造物质财富；另一方面为建设精神文明承担自己应尽的义务。各种职业都有特殊的权利和义务。如果人们有高尚的职业道德，能够正确地认识和使用自己的权利，履行自己的义务，能够遵循自己的职业道德规范，那么就可能在从事物质资料生产的同时，营造良好的社会关系和社会风尚。反之，如果人们不遵守职业道德，就可能在从事物质资料生产的同时，不自觉地形成尔虞我诈、制假贩假、不择手段、追逐名利等各种不良社会风尚。当然，在阶级社会里，社会风尚归根结底是由经济关系决定的。但是，职业道德对社会风尚的作用是不容抹杀的。

3. 职业道德可以促使人们自我完善

一个人是否成才、是否对社会有贡献，其在职业生活的实践中学习和锻炼非常重要。职业道德是人们职业生活的指南，对人们的思想和行为产生深刻和经常性的影响。职业道德规定了具体职业的社会责任，指导人们在具体的职业岗位上，确立具体的职业生活目标，选择具体的职业生活道路，形成具体的人生观和职业理想，培养具体的职业道德品质。

历史和现实生活告诉人们，一个人能否成才常常不在于其是否有优越的客观条件，而在于是否有高尚的职业道德。有些很有才华的人之所以昙花一现，一个重要的原因是他们不注重职业道德修养；而一些本来资质平凡的人之所以能对人类社会有较大的贡献，其中重要的原因是他们长期注重职业道德的锤炼。

第五节　商业伦理学的研究内容任务与对象方法

商业伦理学是介于伦理学和管理学之间的一门崭新的边缘学科。在伦理学学科体系中，它属于一门具有实用价值的应用伦理学学科；在管理学学科体系中，处于企业理论的最高层次，是企业实践的精神指南，是研究商业伦理道德的新学科。

社会主义商业伦理学是研究社会主义市场经济体制下企业领域内的商业伦理道德现象及其发展规律的学科，是马克思主义伦理学的重要组成部分。学习和研究商业伦理道德，不仅对培养企业员工高尚的商业伦理道德品质和商业伦理道德行为，促进商业伦理科学的发展，推动企业改革的深入进行意义重大，而且对丰富和发展马克思主义伦理学，建设我国社会主义初级阶段的物质文明和精神文明，都具有十分重要的现实意义和深远的历史意义。商业伦理学的涉及面广，内容丰富，自成体系，结构完整。

一、商业伦理的研究内容

（一）商业伦理研究内容的三个层次划分

商业伦理研究商业伦理道德这一特定的社会现象，不仅要研究善恶规范及其作用、形式，而且要研究商业伦理道德规范的建设、商业伦理道德评价和商业伦理道德品质的塑造等。美国堪萨斯大学教授理查德·T.蒂·乔治把商业伦理研究内容划分为三个层次。

（1）对经济制度进行道德评价。

（2）对商业行为进行道德评价。

（3）对个人行为进行道德评价。

乔治的这种内容规定与广义的商业伦理道德是一致的。我们认为，商业伦理的研究内容应充分考虑商业伦理道德的基本内容，也就是说，商业伦理的研究内容应包含商业伦理道德的所有内容。商业伦理研究内容展开方式主要有以下几种。

（二）按利益关系展开商业伦理的研究内容

按照企业形成的主要利益关系，相应的伦理道德问题主要有以下几种。

（1）企业与顾客关系中的伦理道德问题。

（2）企业与供应者关系中的伦理道德问题。

（3）企业与竞争者关系中的伦理道德问题。

（4）企业与政府关系中的伦理道德问题。

（5）企业与社区关系中的伦理道德问题。

（6）企业与环境关系中的伦理道德问题。

（7）企业与所有者关系中的伦理道德问题。

（8）企业与管理者关系中的伦理道德问题。

（9）企业与员工关系中的伦理道德问题。

（10）员工与员工关系中的伦理道德问题。

（三）按企业职能展开商业伦理的研究内容

企业职能是指企业所要履行的职责，主要包括采购、研发、生产、营销、财务、人事、后勤、管理等。所有这些活动中都存在伦理问题。

（1）材料采购中的伦理道德问题。

（2）产品研发中的伦理道德问题。

（3）生产管理中的伦理道德问题。

（4）市场营销中的伦理道德问题。

（5）财务与会计及审计中的伦理道德问题。

（6）人事招聘中的伦理道德问题。

（7）后勤保障中的伦理道德问题。

（8）经营管理中的伦理道德问题。

（四）按典型伦理问题展开商业伦理的研究内容

企业在经营过程中存在一些典型的伦理问题，商业伦理可以围绕这些问题进行讨论。

（1）产品安全性与不安全性的道德抉择问题。

（2）广告真实性与不真实性的道德抉择问题。

（3）市场正当竞争与不正当竞争的道德抉择问题。

（4）男女性别歧视、同工不同酬与同股不同价的道德抉择问题。

（5）环境污染与资源节约的道德抉择问题。

（6）回扣与佣金的道德抉择问题。

（7）对企业及员工忠诚与不忠诚的道德抉择问题。

（8）道德经营行为与不道德经营行为的道德抉择问题。

（9）会计假账、财务舞弊与审计失败的道德透视。

（五）按基本伦理范畴展开商业伦理的研究内容

（1）公正、平等、诚实、自由、守信等是几个重要的商业伦理道德范畴。

（2）诚信原则是企业经营活动所要遵循的基本原则，结合企业经营管理原则实践对它们进行讨论也是很有意义的。

二、商业伦理学的作用和任务

（一）商业伦理学的作用

商业伦理学是从伦理的角度对商业行为目的性、合理性、义务性等问题的道德规范，是一种规则、标准、惯例或原则，是对企业的经营理念、发展战略、管理方式、制度机制、伦理道德、职能权限设置等问题作出决策时所依据的价值观、道德观、准则和方法，是为了建立和维系合理的、和谐的关系而设计的一套企业组织内外人际、群际、环境关系互动与相互承诺的准则。商业伦理规范是一个企业道德诚信规范化的过程，使"企业管理"以"规范"的形式和内容成为企业行为遵循的依据，最终通过制定"商业伦理道德规范"将商业伦理落到实处。

（二）国外商业伦理学任务的观点

关于商业伦理学的任务，国外有两种不同的观点。

1. 纯理论的观点

如理查德·T. 蒂·乔治认为："商业伦理能够证明不道德的企业行为为什么不道德，并指出取代这种不道德行为的可能选择是什么，但其本身作为一门学科并不使企业和企业中的个人更道德，商业伦理学研究的客观性应得到保证，它不能用于捍卫商业伦理现状，也不能用于对商业伦理现状进行攻击。"

2. 纯功利的观点

W. A. 弗兰切等人主张："商业伦理通过激发道德想象、促进道德认识、整合道德与管理、强化道德评价等手段培养企业中个人的道德推理能力，最终达到澄清和化解企业活动中存在的利益冲突的目的。"

（三）我国商业伦理学任务的观点

我们认为，商业伦理作为指导实践的理论、具有理论指导的实践，仅仅指出什么是道德的，什么是不道德的，或仅仅研究解决企业的不道德行为问题，都未包括商业伦理的全部任务。对商业伦理任务的理解，应结合理论和实践要求。

具体来说，商业伦理需要承担以下五方面的任务：

1. 描述企业道德现状，提升企业道德水准

了解企业道德的实际状况，比如，哪些企业道德规范遵守得比较好，哪些没有得到遵

守；有哪些不道德现象，其严重程度如何；产生不道德经营行为的原因是什么；企业与哪些利益相关者的关系处理得比较好，与哪些利益相关者的关系处理得比较差；企业经营者的道德素质如何；企业如何扬长避短，抑恶扬善，从而提升企业道德水准，等等。

扩展阅读1-6：崇尚道德模范 发挥道德力量

2. 明确企业道德规范，引导企业健康发展

市场经济条件下的企业是面向市场、自主经营、自负盈亏、自我发展和自我约束的市场竞争主体和法人实体，具有自主性、趋利性、竞争性和平等性等特点。企业与利益相关者的关系逐渐形成并趋于规范，企业经营有其自身的特点，因而，不能照搬一般伦理规范。例如，诚信作为一般伦理规范，在许多商业活动中无疑是我们需要遵守的，但在具体的经营实践中，我们需要区别对待，如企业尚在研制中的新产品的详情、企业计划中的广告策略、企业的成本及构成等，显然不能公之于众，因此，商业伦理的任务之一是建立一套能充分考虑企业经营特点的道德规范，从而引导企业健康成长，使企业步入持续、稳定、协调发展之路。

3. 对企业及其成员的行为进行道德评价

运用规范并根据行为的动机和效果来评价企业及其成员行为的善恶，特别应从理论上对似是而非的问题进行分析，明辨是非。例如，要分析买卖双方自愿的经营行为有没有道德问题，更重要的是证明"正当的行为"为什么是正当的、"不正当的行为"为什么是不正当的。正如威廉和伯瑞所说，"道德规范的有效性并不取决于权威的命令，而取决于理由的充分性"。

4. 探索新颖的、既符合企业道德又能给企业带来利益的经营管理模式

商业伦理不能仅仅停留在评判现状，而应该具有创造性，并能开拓经营管理者的新视野。企业的目的是双重的，既要追求利润，又要对社会作出贡献。没有利润，企业不可能生存和发展，但追求利润并不是企业的唯一目标。因此，企业需要设计和提出能促使经营行为既符合企业道德要求又能给企业带来利润的经营目的、经营思想、决策程序、组织结构、报酬制度等。

5. 造就"道德的个体"，形成正确的金钱观

造就"道德的个体"是商业伦理的归宿。所谓"道德的个体"，是指其经营行为是善意的、理应作出的、符合道德规范要求的个体。商业伦理要充分发挥企业道德的独特调节作用，充分运用一系列监督、控制、激励等措施，使企业、个人等个体成为"道德的个体"，摆正义利关系，形成正确的金钱观。

三、商业伦理学研究的对象

（一）伦理学与道德

伦理学是人类知识体系中一个既古老而又引人入胜的领域。公元前5世纪至2世纪的古代中国就有"人伦""道德""伦类以为理"等说法，并出现了《道德经》《论语》《墨子》《庄子》《孟子》《荀子》等具有丰富伦理思想的著作；秦汉之交，产生了"伦理"概念，

出现了《孝经》《礼记》等伦理著作。但长期以来中国的伦理学内容与哲学、政治教育结合在一起，直到近代才分化成独立的学科。

在西方荷马时代，德谟克利特和柏拉图开始了对伦理道德的研究，公元前4世纪，古希腊哲学家亚里士多德在雅典学园讲授关于道德品性的学问，创造新名词"Ethic"，即伦理学，撰写了《尼各马可伦理学》等专著，从此以后伦理学作为独立的学科在欧洲各国不断地发展。

关于伦理学的定义，在历史上人们从不同角度做过多种解释和说明。亚里士多德认为伦理学是研究善与善的终极目的即至善的科学。中世纪经院哲学家阿伯拉德认为伦理学主要是研究心灵的善恶意向的科学。18世纪的法国唯物主义者爱尔维修和19世纪德国唯物主义者费尔巴哈都以为伦理学是"达到幸福的科学"。黑格尔则表示他的伦理学就是法哲学。边沁和穆勒从功利主义出发，认为伦理学是"求得最大幸福之术"。此外，也有人认为伦理学是"人生理想之术"。

在中国伦理思想史上，中国古代的老子、孔子、孟子、庄子，直至近代的康有为、梁启超、蔡元培等圣人、大师都把研究道德诸问题视作己任。他们有的认为道德学（即伦理学）是关于人性善恶的学问，有的则认为是关于天理人伦的学问，还有的认为是王霸义利的学问，或人生理想的学问。上述很多说法颇有价值，但都没有对伦理学定义给出科学的回答。马克思主义伦理学认为，科学的伦理学是通过对道德现象的全面研究，揭示道德关系的矛盾，指出道德的本质、特点、作用及其发展规律的科学。

"道德"二字最初是分开使用的。古人云"道者，路也"，古人以"道"表示事物发展变化的规则、规律，做人做事的道理和规矩；"德者，得也"，古人把认识了"道"内得于己，外施于人，称为"德"。战国末期的荀子将二字连用，他在《荀子·劝学篇》中说："故学至乎礼而止矣，夫是谓之道德之极。"以后就这样延续下来。在西方古代文化中，"道德"一词起源于拉丁语"摩里斯"，意为风俗和习惯，引申其也有规则和规范行为品质和善恶评价等意义。在当今社会，所谓道德指的是人类生活中特有的、由经济关系决定的、依靠人们内心信念和特殊社会手段维系的、并以善恶进行评价的原则规范、心理意识和行为活动的总和。

在现实生活中，人们常常把"伦理""道德"两个概念相互混用，有时连在一起叫作"伦理道德"用以说明道德现象。之所以如此，是因为作为科学概念，两者有相互交错的部分。伦理学包含道德规范的内容，这些与道德有直接联系。道德本身包含道德思想内容，这便是一种尚未展开的伦理学。但从科学研究的角度讲，两者不能混淆，必须严格区别开来：伦理学是研究道德的科学，而道德则是伦理学研究的对象。在哲学上，人们将研究道德的伦理学称为道德哲学。

（二）商业伦理学的定义

商业伦理学是一门职业伦理学。但它与人们常说的企业职业道德有所不同。"企业职业道德"一般是指以通俗、具体的职业守则、章程、职权条例、岗位责任制等表示的企业职业行为规范。而商业伦理学并不仅仅局限于企业领域的职业道德规范。它是用一系列概念定义、规范体系、活动体系等对商业伦理道德的发生、发展及其作用进行系统的理论研究和表述，使之成为论述商业伦理道德问题的理论和学说。简言之，商业伦理学是研究商业伦理道德本质及其发展规律的科学。

应该看到，商业伦理学是将管理学和伦理学相结合的一门新兴的边缘科学，同时它还涉及哲学、美学、心理学、社会学等学科的知识，具有综合性的特点。商业伦理学把长期以来企业活动中的道德现象理论化、系统化。它既是企业员工衡量自身道德价值的尺度，又是调节企业员工职业道德行为的科学。

（三）商业伦理道德是商业伦理学的研究对象

商业伦理学有其特殊的研究对象，这就是企业活动中的道德现象及其规律性，即商业伦理道德。商业伦理学就是通过对企业活动中道德现象的全面研究，科学地揭示商业伦理道德本质、作用及其发展的客观规律。马克思主义伦理学原理告诉我们，企业活动的道德现象，是企业领域内道德关系的具体体现。

道德关系是被经济关系决定的一种个人与个人、个人与集体之间的社会关系。恩格斯说过："人们自觉地或不自觉地，归根到底总是从他们阶级地位所依据的实际关系中——从他们进行生产和交换的经济关系中，吸取自己的道德观念。"[①]这表明，道德关系是随经济关系的改变而改变的。相对于经济关系，它是第二性的。而道德意识、道德原则、道德规范、道德职责则是人们对这种道德关系的认识和反映。所以，道德关系又是由道德意识、道德原则、道德规范形成的，体现为企业员工之间、企业员工与其他社会成员之间，以及企业员工与国家、集体、社会之间的特殊的社会关系。反映这种商业伦理道德现象是多方面的，包括商业伦理道德意识现象、商业伦理道德规范现象、商业伦理道德活动现象。商业伦理道德意识现象指的是企业员工的道德思想、道德观点和理论体系。商业伦理道德规范现象指的是评价和指导企业员工职业道德行为善恶的准则。商业伦理道德活动现象则是指企业员工按照一定的道德善恶现象所形成的商业伦理道德评价、商业伦理道德教育、商业伦理道德修养、商业伦理道德行为。这些企业领域的道德现象就是商业伦理学所要研究的内容。

（四）商业伦理道德的概念与适用范围

商业伦理道德就是运用诚信道德观念调整企业员工在企业活动中所形成的相互关系的行为原则和规范活动的总和。商业伦理道德就其适用范围而言，可分为企业经理职业道德、企业员工职业道德和企业的社会道德。前两者是在企业工作人员中间倡导推行的商业行为道德，作为调整企业工作人员行为的准则和规范，它是企业工作人员在职业生活中的社会关系的反映。而后者则要求不能仅仅将商业伦理道德视为职业道德，而要把它作为社会道德的一部分，以便社会公众与企业相关人员能理解、接受、遵守商业伦理道德，监督其实施，形成社会诚信氛围。

扩展阅读 1-7：诚信乃"国之大纲"

---

① 恩格斯. 反杜林论//马克思恩格斯选集：第 3 卷[M]. 北京：人民出版社，1972.

四、商业伦理学的研究方法

商业伦理学有两类：一类是规范商业伦理学——研究"应该或不应该"；另一类是实证商业伦理学——研究"是或不是"。规范商业伦理学是以一定的价值判断为基础，提出某些标准，作为分析处理管理问题的指南，树立管理理论的前提，作为制定管理政策的依据，并研究如何才能符合这些标准。实证商业伦理学大多是与事实间的客观关系相关的分析，回答"是"什么，是关于客观性的论述。它避开价值判断问题，研究、确认事实本身，探讨管理运行客观规律与内在逻辑，分析管理变量之间因果关系，还要对有关现象未来会出现的情况作出分析预测。

在研究商业伦理学时，要把规范分析与实证分析两者结合起来。规范分析要以实证分析为基础，实证分析也离不开规范分析的指导。越是具体问题，越需要实证分析；越是带有决策性问题，越具有规范性。实证分析将探讨社会中企业做假的原因，描述企业做假活动的特点，找出企业做假的规律；规范分析探讨企业做假行为对社会造成的影响和应采取的政策。这些都是形成企业职业道德活动的客观环境，对商业伦理与企业职业道德产生重大影响。

从商业伦理学研究的内容来说，它关注社会经济生活中的效率与公平、独立与公正、契约与道德、信任与竞争、产权交易、宏观经济政策目标、个人消费行为、个人投资行为、经济增长的代价、合理的经济增长率等，并进而研究它们对商业伦理与企业职业道德的影响，从伦理学角度来探讨经济中的伦理道德问题，所以，它同时也是一门应用商业伦理学。又由于商业伦理在一定程度上涉及社会体制，包括政治体制在内，因此，它又可能涉及政治体制改革的一些敏感问题。实证分析与规范分析关系如下所示：

实证分析与 ⎰ 实证商业伦理学→对事实客观关系分析→回答"是"→客观性
规范分析   ⎱ 规范商业伦理学→价值判断→回答"应该是"→主观性叙述

我们认为，商业伦理学研究的方法论主要有：

（一）归纳法与演绎法

与一般社会科学一样，研究商业伦理道德同样需要采用归纳法与演绎法。两者各有千秋。但大多数学者认为，从特殊到一般的归纳法，得出的结论不可能全真，仅仅是一个概率问题，归纳法包含了较大的任意性；从一般到特殊的演绎法，是一种较为科学的方法，但需要演绎前提的假设。经验内容越多，越具可检验性。在分析企业做假根源时，我们以演绎法为主，辅之以归纳法。

科学研究 ⎰ 演绎法→从一般到特殊→理论是否能够容纳或包含更多经验的内容
方法   ⎱ 归纳法→从特殊到一般→理论与经验证据是否相匹配

（二）"方法论的个人主义"与"方法论的集体主义"

方法论的个人主义认为：个人是分析和规范化的基础，社会则是个人追求自身利益的一种机构。因此，对所有社会做假现象，只能通过考察个人的行为、愿望、信仰来解释，即我们通常说的"行为科学"。但同时我们应当看到，个人并不等于把每个人视为孤独的、抽象的个人。个人的偏好要受到其他人或他所属的集体或阶级的影响，同时还要受到与此有关的制度环境的约束。方法论的集体主义认为，集体中的每一个"经济人"都具有"搭便车"的动机，而不会为集体的共同利益采取行动，从而使集体行为陷入困境。这时，利益主体之间是一种零和博弈，甚至可能是负和博弈。

事实上，任何利益集团都是由一群人组成，其联合行动属于集体行动。但即使是利益集团，基础也还在于个人利益。所以，当个人从自身利益出发，认识到采取集体行动的潜在收益时，分散的个人行动才有可能汇总成集体行动。此时，利益主体之间是一种正和博弈。因此，集体行动不过是个体利益得以实现的工具。诚然，假账是通过企业人员的手产生，但它绝不是企业人员个人的产物，一般来说商业行为不是个人行为，而是集体行为，是一个利益集团重复博弈的表现和结果，其代表人物应该是《公司法》规定的——商业行为的法律责任主体，即单位负责人。

（三）成本—效益法

"成本—效益法"（cost-benefit，CB）是分析企业做假动机时常用的基本方法。因为在市场经济条件下，"经济人"的行为取决于边际条件，即

$$边际效益 = 边际成本$$

每个人的基本行为动机没有什么不同，都是追求效用最大化。人们行为的差异主要在于其净收益的差异，而这种差异来源于各人的价值观的不同。对于同一事件，不同的人对于效益和成本的主观评价是不同的。因此，需要分析人们的成本函数、收入函数与效益函数。

1. 商业行为的成本函数

成本是为了获得收益而付出的代价，包括一切给自己带来负效应的各种因素。它同时具有机会成本的特性。"经济人"具有随机应变、投机取利、用一切机会为自己谋取更多利益的倾向，因此除生产性支出外，还来自别的"经济人"损人利己的经济行为。在市场交易中，就产生度量、界定和保证产权（即提供交易条件）的成本，包括：

$$交易成本 \begin{cases} 发现交易对象或寻找交易伙伴的成本 \\ 获得交易价格和讨价还价的成本 \\ 订立交易契约的成本 \\ 履行契约的成本 \\ 监督契约履行的成本 \\ 违约损失的制裁的成本 \\ 维护交易秩序的成本 \end{cases}$$

这些都表现为时间、脑力、体力的消耗，对实物形态的各种资源的消耗以及对货币财富的消耗，即：人力成本、物力成本、财力成本。企业做假还有一种机会主义行为成本：

$$机会主义行为成本 \begin{cases} 法律制裁 \\ 舆论谴责 \\ 良知自谴 \\ 名誉扫地 \\ 单位处罚 \end{cases}$$

这些因素引发的心理成本，因人而异。一般来说，商业伦理道德好的人，往往是风险的厌恶者，其机会主义行为心理成本较高；反之，则心理成本较低。因此，采取机会主义以谋取私利，要冒种种风险：有的人面对相同的收益，会认为得不偿失而放弃机会主义的行为；而有的人则会认为有利可图，采取机会主义行为。其结果受机会主义行为成本影响而表现为作假的程度不同：过失、严重过失、违纪、违法直至犯罪。虽然作假"不作白不作"，但最终是"作了也白作"，而且还要付出更大的代价。商业行为的成本函数可表示为：

$$C = \sum_{i=1}^{n}(\text{BC}_i) + \sum_{i=1}^{n}(\text{PC}_i) = \sum_{i=1}^{n}f_i(r,w,c) + \sum_{i=1}^{n}f_i(p,q,d) \tag{1-1}$$

式中 C 表示商业行为的总成本，BC 代表交易成本，包括消耗的人力成本 r、物力成本 w 及财力成本 c；而 PC 代表心理成本，其数额由机会主义商业行为被查处的概率 p、商业行为发生次数 q 及处罚程度 d 等因素所决定意识形态的影响主要体现在心理成本上。

2. 商业行为的收入函数

收入是能够给"经济人"带来正效用的一切因素。收入用于满足生理需要、安全需要、社交需要和自我成就需要等方面的开支，其构成因素有：

收入因素 $\left\{\begin{array}{l}\text{物质因素→较低层次的需求→拥有较差意识形态人的偏好}\\\text{精神因素→较高层次的需要→拥有较好意识形态人的偏好}\end{array}\right.$

$$R = \sum_{i=1}^{n}f_i(\text{SR}) + \sum_{i=1}^{n}f_i(\text{MR}) \tag{1-2}$$

式中 R 表示商业行为的总收入；SR 代表精神因素收入，主要指各项精神奖励；而 MR 代表物质因素收入，具体表现为各种实物形态收入。

3. "成本—效益"计量模型

无论成本还是收入都将以效益得失的形式出现，因而都以个人保留价格形式加以计量。企业作假成因分析的主要方法，采用"成本—效益法"能够比较清楚地说明作假发生的根源。所谓企业作假的利益驱动，就是按上述"成本—效益"计量出来的。"成本—效益"计量模型可表示如下：

$$E = \left(\sum_{i=1}^{n}P_i\right)\Bigg/\left(\sum_{i=1}^{n}C_i\right) = \sum_{i=1}^{n}(R_i - C_i)\Bigg/\left(\sum_{i=1}^{n}C_i\right); \tag{1-3}$$

$$\text{而} \sum_{i=1}^{n}P_i = \sum_{i=1}^{n}(R_i - C_i) \tag{1-4}$$

式中 E 表示商业行为的效益；P 表示商业行为的利润，由于 $P = R - C$，因而商业行为的"成本—效益"计量模型可以表示为以上（1-3）的关系式。

（四）问卷调查与统计分析

为了获得社会大众对企业履行资源环境责任与企业可持续发展相关问题看法的第一手资料，发现实施中存在的问题，总结已有的经验，探析企业履行资源环境责任与可持续发展能力提高之间正相关的联系，本书作者采取了问卷调查的方法。问卷由 28 道选择题及 1 个收集被调查者相关信息的表格组成。问卷内容主要涉及被调查者对我国资源环境现状的看法和对企业履行资源环境责任现状、问题与未来的反思。

在亲人、老师、朋友及同学的帮助下，本书作者进行了广泛的问卷调查，在 2010 年 12 月到 2011 年 3 月的四个月内的时间里通过纸质、网络媒介向外发放调查问卷共计 500 份，回收有效问卷 451 份，有效问卷率达 90.2%。笔者还专程亲自前往河北，河南开封，湖北武汉、黄冈、蕲春，以及福建厦门等地了解企业履行资源环境责任现状，获得不少感性认识。

本次调查资料具有较强的代表性和广泛性。从被调查者地域分布来看，地域涵盖北京、上海、天津、重庆四大直辖市，香港、澳门特别行政区，深圳、厦门特区和全国各省（除西藏、台湾地区）省会及部分地级市；问卷中有个别问题是相同的，但调查对象的回答有的大致相同，有的却大相径庭，显然这是因为各自的职业、角度、所处地位不同所致。相关分析详见第十三章。

（五）案例研究法

为了使本书更贴近企业现实状况，作者收集了前人相关的大量现实资料与案例，以便开展可资借鉴的案例分析。在系统的商业伦理道德理论阐述同时辅以正面案例佐证，有时解剖反面案例。

 **关键术语**

诚信　　道德　　社会公德　　职业道德
伦理学　商业伦理　商业伦理学　以德治国

复习思考题

1. 简述商业伦理学的研究对象及其主要研究方法。
2. 怎样理解加强商业伦理道德建设的客观必然性？
3. 国内外商业伦理道德发展状况如何？
4. 简述精神文明建设与物质文明建设的内在联系。
5. 怎么理解社会道德与社会经济之间的内在关联？

第二章

道德契约、信用机制与社会责任

 经典名言

道可道，非常道。名可名，非常名。

道生之，德畜之，物行之，势成之。是以万物莫不尊道而贵德。

人法地，地法天，天法道，道法自然。

上德不德，是以有德；下德不失德，是以无德。

上德无为而无以为；下德无为而有以为。

善者，吾善之；不善者，吾亦善之；德善。

信者，吾信之；不信者，吾亦信之；德信。

上善若水，水善利万物而不争。

天道无亲，常与善人。

圣人常无心，以百姓心为心。

——老子《道德经》

 学习目标

1. 了解契约经济与道德契约含义及其关系。
2. 掌握基于道德的企业信用机制构建的思路与步骤。
3. 知晓企业社会责任的内涵与外延，掌握企业社会责任所包括的基本内容。
4. 理解伦理责任是企业社会责任的本质要求。
5. 认识法德并举与重德守法是培育信用制度的根本之路。

 导读

山西天元集团"助人成功"，更要"助人成长"

山西正和天元科贸集团（以下简称"天元集团"）坐落于山西省阳泉市，创建于1982年，2002年经过股份制改革，成为按照现代企业制度标准成立并规范运作的股份制公司。

作为集团创始人，我坚持学习践行儒家商道智慧，并将其融入企业经营和管理实践，逐步形成了"帮助人成功"的企业精神和"公益、慈善、仁爱、感恩"的企业文化，收获了企业和员工的幸福，实现了企业文化生态、产业生态、环境生态和社会生态的和谐统一，集团也成为实现达己与利他和谐共进的平台。

每一个人、每一个企业的成功都不是偶然的，天元集团40年的发展就是顺应了历史，时刻与党和国家同频共振。在发展中，我逐渐形成个人价值观，并进一步形成天元经营理念，成功塑造了"天元精神"和"天元文化"。

1982年，我用仅有的3万元承包经营了阳泉供销社电器门市部，历经16年发展，当年的路边小店已发展成为营业面积为1.2万平方米的家电商场。20世纪90年代供销社改制，我毅然辞去了阳泉市供销社副主任（副县级）的领导职务，自断后路，全身心投入企业股份制改革。2002年阳泉天元家用电器有限责任公司成立，成为阳泉市首家股份制企业。

公司成立后，我将公司股权全部分配给员工，让每一个员工都做企业的主人，享受改革带来的红利。公司以现金形式退还了全部国有资本，完成了企业所有制和员工身份的"两个置换"。

公司改制，做到了没有一名员工下岗、没有一分钱的国有资产流失、没有一分钱的债务悬空，成为阳泉市成功改制的标杆企业，载入阳泉市七十年大事记，我本人也被授予"庆祝中华人民共和国成立70周年纪念章"。

秉持"帮助人成功"的企业精神，在公司这个平台下我想为所有渴望成功的人搭建平台、创造机会，帮助他们快速成功，帮助他们赚钱。于是，公司制定了"三百愿景"——培育百名经理人、培养百名百万富翁、打造百年老店。

通过这样一个一个地帮扶，公司内部涌现出一批市场开拓能手和经营人才，公司的业务步入正轨，很快百名经理人有了，百万富翁也相继出现。"三百愿景"里的前两个愿景逐一实现。

公司效益好了，经理人也挣钱了，但新的问题出现了：有的人开始享乐至上、唯利是图，不讲道义；有的人滥用职权、公私不分，触碰了道德和法律的底线；也有的人在财富面前迷失自我，家庭出现危机甚至破裂；还有的人自我膨胀、盲目自信、脱离企业、单干发展。

总之，这些人或被市场经济的大潮淹没，或被追究法律责任，或被自我淘汰。面对经营中面临的新情况、新问题，我躬身自问，帮助人赚钱错了吗？带着这些疑问，我去清华大学和北京大学寻找答案。

2004年，我去北大读MBA。老师说，中国民营企业平均寿命6至7年，个体企业平均寿命只有2.9年。我就问自己，我的企业到底要成为一家什么样的企业，怎么做才能持续经营，做到百年？经营企业的目的和企业存在的价值究竟是什么？

为此，我开始研究企业的生命，研究"我是谁，我要到哪儿，我要怎么走"。直到接触了国学和儒家文化，才让我豁然开朗，感觉终于找到了方向。我领悟到，企业要想持续发展，就要依道而行，这个道不是利润或财富，而是要有比利润更高的目标和追求。这个目标，就是承担更多的社会责任；真正的财富不是钱，而是人格和品德；企业不仅要让员工富口袋，更要让员工富脑袋，为员工创造物质和精神两方面的幸福。

从北大学习归来，我将企业文化建设作为公司首要战略，以儒家文化作为企业文化的精神源泉，重新构建了企业文化体系，明确提出企业使命、目标、愿景，形成了天元"成人达己"的文化理念，确立公司第一目标是"实现员工幸福、为社会创造价值"，以"家"文化落地"成人达己"。

公司立家规、树家风、传家训，构建了"四代、四用、五看、六法则、八心、十修在当下"的文化体系。

在天元文化墙上有五个醒目的大字：净、静、敬、境、镜。这五个字，是天元人修为自己的次第。

干净，是环境干净、自己的内心干净、做事与做人的干净；

安静，知止而后有定，定而后能静，静而后能安，安而后能虑，虑而后能得，平实谦虚不浮躁；

恭敬，爱岗敬业，恭敬万物，"畏则不敢肆而德已成"；

环境、境界，站位要高，格局要大，不仅关爱身边的人，还要有民族大义、家国情怀，要有为国家、为社会、为人类创造价值的目标和追求；

镜，以史为镜，以人为镜，对照内观自省，使自己向上向善，做一个高尚的人，一个纯粹的人，一个有道德的人，一个有益于人民的人。

（注：本文为专题《新儒商的治理智慧》之三）

专家点评

天元集团秉承"帮助人成功"的企业精神，将中华优秀传统文化落实到企业，成功转化员工、顾客、合作厂商、社区群众乃至社会大众的思想，为中国企业经营提供了宝贵的经验：企业既要为员工创造幸福，也要为社会创造价值，成为提升能量造福众生的"公器"；企业既要"助人成功"，也要"助人成长"，实现物质与精神的双丰收；企业既要"化废为宝"，也要"化恶为善"，承担自然与社会的双责任。而在不断付出爱心的过程中，企业自然得到了发展。成人而成己，成己而成物，企业经营形成了良性的循环，企业精神也得到了善性的积累，这正是新儒商企业的成长之路。（中山大学黎红雷教授）

资料来源：李景春，《企业管理》杂志，2022-05-15.

企业伦理与社会责任理论起源于公司治理、企业管理与社会责任实践。本书将深入研究企业伦理与社会责任（使命）的内涵与外延，如何起源，公司在承担社会责任时应当遵循什么基本原则，企业社会责任的范围与限度等理论问题；探讨企业与社会、政府、社区、股东、投资者、债权债务人、消费者与员工等各利益相关者的社会责任关系，尤其是关注企业与利益相关者责任关系模型与边界划分。图2-1为企业和利益相关者的社会责任关系。

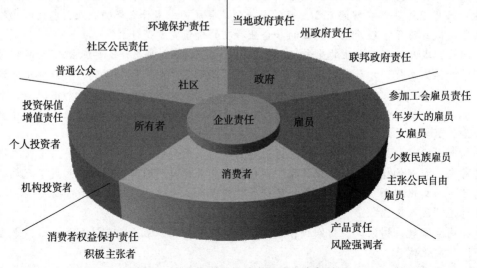

图 2-1　企业和利益相关者的社会责任关系

第一节　契约经济与道德契约

一、市场经济是契约信用经济

（一）市场经济活动与企业行为通过契约信用来确认和实现

从契约论的角度来看，企业具有的伦理特征是企业履行与利益相关者长期隐含契约的客观内在要求。我们发现，人类社会、经济体系及企业的进步和发展与企业是否合乎伦理的经营观念及行为息息相关、密不可分。为了使市场经济中的利益驱动合理合法，保证市场运作能够按公平公开公正原则进行，并能真正发挥义利共生理论的作用，应该用道德契约规范市场各方面主体行为，建立强有力的信用机制，从而优化企业伦理道德环境。

市场经济从这种意义上说是契约信用经济。契约道德是市场经济重要的道德基础。据工商行政部门统计，目前我国经济契约的签约率仅为63%，而履约率仅为50%，这在世界上也是很低的。签订契约和履行契约的基础是契约道德，即通常所说的信用。契约失效就是经济失信。所以，企业伦理道德中的一个重大问题就是如何确立守信。

（二）市场经济秩序混乱深层次原因是没有道德约束的可怕人心

1. 市场经济秩序混乱，重要原因之一是企业缺失伦理道德

在市场经济社会，人们之间的利益关系与人际关系日趋复杂，不少人在物欲横流的世界里失去了精神支柱，或在金钱的旋涡中沉沦升浮，或因贫困而嫉恨抱怨，生命之舟迷失了方向。在我国，一度消失的丑恶现象如权钱交易、行贿受贿、以权谋私、徇私舞弊、中饱私囊、监守自盗、制假贩假、走私贩毒、偷漏税款、贪污盗窃等重新抬头，侵蚀人们的思想，违背道德契约，进而发生道德失范行为。

市场经济秩序混乱的重要原因之一是企业伦理道德缺失，而企业伦理道德缺失尤以契约道德缺乏最为明显。层出不穷的造假案就是例证。利用资产重组、债务重组、关联方交易等做假，其渊源皆出于此。在相当长一段时间内，人们将市场经济视为"逐利经济"，只知道逐利，不讲究规则，甚至无视道德与法律。不受任何约束的利益驱动是造成市场秩序混乱的根本原因，不仅要从道德根源上分析，还要从制度根源上分析。

2. 道德败坏后可怕的人心才是所有社会问题的毒根

造成市场经济秩序混乱的深层次原因是经济体制转型期间，由于市场秩序失控，缺乏道德约束，导致人心涣散，这才是一切社会问题的毒根。世界上各种社会问题层出不穷，危机四伏，人类不知从自己的本性上找原因，看不到道德败坏后人心涣散才是社会问题的源头，总是愚蠢地从社会的表现上找出路。这样一来，人类怎么也想不到给自己制造的一切所谓出路正是在封闭自己，由此更无出路，随之带来更糟的新问题。

二、道德契约的规范性要求

在市场经济中，经济活动所依据的契约（合同）从本质上讲是道德契约。图 2-2 显示了企业道德契约的关键问题。道德契约的规范性要求包括以下几个方面。

（1）买卖是建立在交易各方意见一致的合意基础上的。契约对所有当事人都有约束力，各方必须对自己的行为负责，必须信守。

（2）买卖是在交易各方在地位平等的基础上，按各自的意志自由选择的结果。任何第三者包括国家在内，都必须尊重当事人的自由意志。

（3）改善实现道德契约的环境。这既需要公平竞争的客观环境，同时也需要法律的保护。只有在充分竞争的环境里，契约道德才能被人们普遍接受。只有在这样的条件下，谁遵守契约，谁就能从交易中获得最大效用；而谁不遵守契约，谁就会被淘汰。

扩展阅读 2-1：胡雪岩：帮助左宗棠收复新疆，为国理财

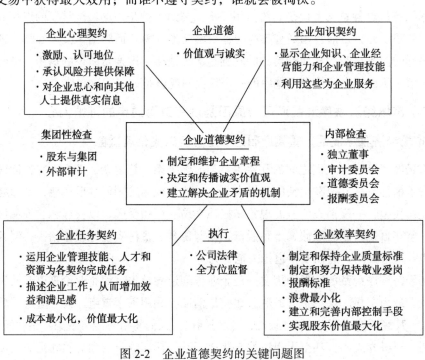

图 2-2　企业道德契约的关键问题图

第二节　权钱交易、腐败寻租与不公正经济

一、对权钱交易现象的制度分析与博弈论

（一）对权钱交易现象的制度分析

社会游戏规则称为制度。从制度角度考查经济运行，本小节分析制度产生和变迁对资

源配置的影响。制度是约束、激励、保护个人行为的规则，人在不同的制度环境中，将表现出不同的行为方式，人的行为方式是制度的函数。经济制度对人们的经济行为起决定性作用，并需要很长时间反复实践，在多次博弈中才能逐步形成和完善。

（二）对权钱交易的博弈论理论

通俗地看，博弈论分析是研究决策者在某种竞争过程中，当最终结果无法由自己控制而需要取决于其他竞争者来参与选择策略，个人为了取得最佳结果而应采取何种策略的数理和方法。

博弈论
分析 { 合作博弈→存在制度对局中任何人都有约束力→强调群体
非合作博弈→不存在制度约束，只存在自我实施协议→重点在个体

（1）两种博弈的特点：合作博弈，在于探讨合作的形成过程以及合作中的成员如何分配他们的支付，因此强调集体理性，强调效率、公正、公平；非合作博弈，在于揭示个体在其他局中人的策略给定的条件下所应选择的策略，因此强调个人理性、个人最优决策，其结果可能是有效率、也可能是无效率的。

（2）价格制度的重要性："经济人"在最大化自身效用时需要相互合作，而合作中又存在冲突。为了实现合作的潜在利益和有效地解决合作中的冲突，人们制订了各种规章制度，以规范行为。其中价格制度是最重要的制度之一。

（3）博弈与契约：现实中，市场参与者之间的信息一般是不对称的，这就使得价格制度常常不是实现合作和解决冲突的最有效的制度安排。企业、家庭、政府等非价格制度便应运而生，其显著特征是参与人的相互作用。

（4）信息的重要性及其影响：由于在他人信息不完全的情况下，自利的"经济人"往往会利用一切在现行体制下可能的机会，以损害他人或公众利益的办法为自己谋取利益，即具有私人信息的一方，可以利用自己在信息上的优势，采取机会主义的行为。所以，信息在人群间的不对称分布，对于个人选择及制度的安排有着重要影响。

（5）委托代理理论，即非对称信息的博弈论，它包括两类：道德风险和逆向选择。道德风险是指双方签约后，具有私人信息的一方，会产生机会主义行为的风险；逆向选择是指在双方签约前，具有私人信息的一方所进行的机会主义行为产生的后果。通常地，我们把具有私人信息的一方视为代理人，不具有私人信息的一方视为委托人，因此产生了委托代理关系。黑色经济的"假账丛生"就是产生于这种委托代理关系之中的。

二、权钱交易是企业造假丛生的社会根源

"官员腐败"是现代社会各个国家面临的通病。笔者认为"官员腐败"是企业造假丛生的重要社会根源。据一位知名经济学家提供的研究成果表明，假如贪官本人贪污金额为1，那么给国家造成的损失则为1 000，"权钱交易"的"代价"一般比例为1:1 000。

产生腐败的微观原因，是公共权利委托—代理合同的不完善。腐败是发生在某个特定个人身上，与其对时间观念、消费观念、法制观念等个人偏好密切相关，但腐败的普遍存在必然有其制度原因。转型经济中制度的诸多特点，特别是其过渡性和不完善性，尤其为腐败的发生和泛滥提供了"肥沃的土壤"。腐败不仅与宏观的社会背景有关，作为一种行为

选择，腐败实际上是建立在个人得失、个人效用算计基础上的一种个人行为选择。一般的腐败作为社会的常态，其产生主要是既定偏好下个人理性处理的结果。而在特定的社会背景下，作为社会问题出现的特定的腐败，源于体制改革未完全到位。

我们需要从微观到宏观、从个体到整体、再到改革时期特殊的制度条件，这样层层深入分析，才能完整、全面、深刻、透彻地认识到腐败及假账的根源。

扩展阅读 2-2：关于钱的忠告

三、腐败及寻租是企业造假滋生的内在动因

（一）腐败的概念及层次

腐败行为一般是指个人在公共领域和私人领域违背社会道德、法律和传统规范的行为，是指运用公共权力来达到个人谋取私利的目的，主要发生地集中在公共领域。

腐败现象当前正在蔓延，其存在范围有三个层次：

$$腐败的三个层次\begin{cases}权力腐败。以职权非法谋取私利是腐败的核心层。\\ 行业腐败。以职业非法谋取私利是权力腐败的延伸和扩张。\\ 社会腐败。消费行为的扭曲、人际关系的恶化。\end{cases}$$

是国家公共权力不能正常运作的结果。

在一切社会中，腐败总是与公共权力结合在一起，人们通过运用、影响操纵公共权力来达到私人目的，获取私利。只要存在公共权力，就难免产生腐败行为。公共权力的非规范、非公共的使用，是腐败行为的核心。英国历史学家艾克（Ecton）有句名言："权力倾向于腐败，绝对的权力倾向绝对的腐败。"因此，对于权力的监督和制约，是遏制腐败的核心，也是制止做假账的核心。

$$腐败三要素\begin{cases}主体：公职人员（包括国有企业、事业单位领导）。\\ 动机：谋取私利。\\ 手段：滥用职权。\end{cases}$$

官员滥用权力，是长期以来人们对公理性的信仰的逆反结果。在早期的人类心理中公共政府是天生的道德，在其中任职的官员也必须是有道德、有公益心的。而当官员出现滥用职权、营私舞弊时，就会丧失道德、丧失公益心，导致腐败。

（二）寻租的含义、层次及其活动

1. 人类追求自身经济利益的分类

人类追求的自身经济利益大概分为生产性的、增进社会福利的活动和非生产性的、有损社会福利活动，即腐败。

2. "寻租"与"避租"

权钱交易是一种非生产性活动，是一种个人或利益集团为了自身经济利益而对政府决策或政府官员行为施加影响的活动。在我国经济生活中，各级政府官员对国有企业的经营施加着各种干预和影响，其目的有的可能是为了增进公益，有的则是为了谋取个人私利。

企业讨好顾客不如讨好"婆婆"，这就使企业经理、厂长不得不费心尽力地"走后门"拉关系，耗费了大量资源。这就产生"寻租"。

经济学上所谓的"经济租"，是指在一种生产要素投资者所获得的收入中，超过这种要素的机会成本的剩余。"机会成本"是一种生产要素用于某种生产时，所放弃的用于其他生产活动所带来的最高收益。从理论上说，只要市场是完全竞争的，要素在各产业之间的流动不受阻碍，任何要素在任何产业中的超额收入都不可能长久存在。但在实践中，大量存在利用行政法律手段阻碍生产要素在不同产业之间的自由流动、自由竞争以维护既得利益的行为。

如一个企业开拓一个市场后，它可能寻求政府干预，维护其垄断地位。或有的企业施展各种手段，使政府以特殊政策"优惠照顾"，让这一部分企业享受其他企业对其的输血，从而获得"经济租"。政府官员在这些活动中，享受特殊利益。由此引发追求行政权力的非生产竞争。跑官、要官、买卖官，就是这类"寻租"竞争。而利益受威胁的企业，就会采取"避租"行动。"寻租""避租"最后的结果是"两败俱伤"，浪费社会资源。

3. "寻租"的三个层次

第一层次：向政府官员使用游说、行贿等手段，促使政府对经济干预，从而产生租金，并获取租金的活动；

第二层次：由于第一层次的活动给政府官员带来好处，使人们看到了权力的含金量，从而吸引更多人去争夺官职；

第三层次：各社会利益集团为争取这些超额利益而展开竞争。

4. 政府与"寻租"活动

由于政府创"租"与抽"租"的存在，增添了"寻租"活动的普遍性和经常性。因为"寻租"的存在，市场竞争的公平性被破坏了，人们对市场的合理性和效率产生了根本怀疑。于是，人们更多地要求政府干预来弥补收入分配不均的现象。由此反而提供了更多的寻租机会，产生了更多的不公平竞争，这是当今假账丛生的沃土。

"寻租"成为对既有产权的一种重新分配方式。政府的作用在于定义或维护产权。人们可以通过正常的市场交换来处理产权，也可以通过政府来重新界定或分配产权。与法律手段不同，用行政手段来保护产权，会诱使有关的个人和利益集团争相影响政府决策，从而造成社会资源浪费。

政府一项政策造成的市场扭曲越严重，有关人员和利益集团享有的"租"或剩余就越多，于是这项政策就越是难以得到矫正，任何矫正都会遇到来自既得利益集团的强有力的抵抗。这就是假账为什么屡禁不绝的社会根源。

为什么在一些地区和部门，反腐败越反却越腐败？这需要从管理伦理学角度去研究。腐败现象存在于历史上的各种阶级社会和各种不同社会制度的国家之中，既非资本主义的产物，也非社会主义的必然。在转型经济中，腐败表现为具有经济人特征的代理人凭借委托人授予的权力，用非法手段去满足自己的私欲，利用公共权力非法谋求私利。

在发达国家以钱谋权，是被动腐败；在发展中国家以权谋钱，是主动腐败。"有富人的腐败，也有穷人的腐败"。社会的公共权力是通过成千上万个职位来控制和分配社会资源的。谋私者，只要处在其中一个职位上，就有腐败的客观条件，即外因。腐败最终是否发生，要取决于主观条件——经济人"成本—收益"计算。

"寻租"实际上是政府官员与政府以外的利益主体之间的双向寻租，政府官员利用特权进行创租，目的在于"寻租"，而其他想获取特权或想购买特定生产要素产权的利益主体，便以与政府官员分享"租金"为条件，从政府官员处获取"租金"。没有受贿官员与行贿者的合谋，"租金"是无法寻觅的。

四、不公正经济与企业造假成因探析

当前，在全世界范围内有五种比较突出的不公正经济，这五种不公正经济都是企业造假产生的直接条件。

1. 权力经济

权力者用手中之权同企业做交易，借助"关系""批文""差价"获得不义之财。企业靠权力之助等"寻租"行为破坏了市场经济活动中的起点公平，从而不用通过公平竞争就轻易获得非法利润。这种经济不公正的社会存在，反映在人的意识中，就是掌权者中流行的"有权不用，过期作废"。此种腐败属于结构性的"政经勾结"和"权钱交易"，需要从体制上解决。

2. 人情经济

人情经济或称经济人情化。借人伦、人情为中介，在权力者协助下，干预经济过程以中饱私囊。于是就出现金融领域里的大量人情贷款，企业与企业之间的人情供给、人情销售，企业内部用人方面的裙带、故旧关系充斥其中。人情经济本质上又是长期计划经济一统天下局面的延续。

3. 地方保护主义经济

地方保护主义经济只关注地方利益、部门利益，而不顾国家和全局利益，搞地区封锁和部门垄断。

4. 短期经济

如果社会上流行的是个人拼命巧取豪夺，谁也不去关心，就注定了这种短期经济将以牺牲长远的、全局的利益为其成本，那么长久下去，这个社会在精神上就会沉沦。短期经济行为既有道德上的短缺，又有体制上的原因。作假就是短期经济的突出表现。

5. 贿赂经济

行贿、受贿均属腐败，是经济上的黑洞，也是产生企业造假的温床。

第三节　基于道德的企业信用机制的构建

一、规范市场有序竞争，必须加快企业信用机制的建立

有契约必须履行，必须讲究信用。有契约而不履行，就是不守信。"信"是一种德行、一种道德规范。为了规范我国经济生活，当务之急就是启动全社会的企业与个人信用机制，

建立企事业单位及个人信用档案，为有序竞争创造条件。

信任，作为一方对另一方的期待与责任，本身就蕴含着一方对另一方的评价。信任是一种主体评价，代表着一种社会交往模式。在市场经济发达社会，信用概念不是超功利，却又有信任、责任、期待对方的含义。但这种信任要有一定的物质作保证，它同纯粹道德范畴的"信"的区别在于是从功能分析的视角去把握的。

在人类社会中，对他人的期待与责任是社会公共生活中所不可缺少的，否则公共生活不可能存在。但这种期待与责任的实现可以有两种方式：一种方式是通过外在机制来实现，即采取以法律的和社会的制裁方式来强制实施某些规则。在这种情形下，期待与责任总是比较容易获得回报。另一种方式则是靠内在机制通过信任来实现。但后者所起的作用是有限的。有时，无论是道德范畴意义上的信任还是经济学功能分析形成的信用都会失灵，这时，期待与责任便会落空，即会产生信用危机。

在当前我国的市场经济条件下，竞争似乎与信任格格不入。谁都对自己今后的命运缺乏信心，往往采取捞一把就走的心态。市场上充斥着以假充真、以次充好，甚至一锤子买卖。竞争取胜变成欺诈取胜。如果竞争是健全而有序的，它就应当以优质产品取胜，淘汰劣质产品。这样的竞争自然会同信任联系在一起，竞争与信任可以互为作用的。

因此，建立企业信用，加强企业信用管理应成为社会信用管理体系建设的重中之重。企业信用的缺失和不足，不仅构成企业自身发展的巨大障碍，而且直接影响社会主义市场经济健康发展。然而，改善企业信用状况的关键在于有效的制度安排。推进我国企业信用制度建设，需要各部门密切配合，通力协作，制定各项政策措施，建立运行机制，完善运行环境。因此，我国企业信用管理的核心制度应主要包括：抓好政府、企业、社会信用中介服务机构这三大主体信用建设；以建立明晰化的产权制度和个人信用制度为突破口，坚持法德并举；加强信用人才培育工程。这些都是重要制度安排，对建立企业信用制度体系发挥着关键性作用。

二、建立企业信用制度的基本原则和总体思路

我国现阶段信用制度的设计前提与依据是中国特色社会主义市场经济体制，最大特色在于将市场经济和社会主义初级阶段理论与实践有机融合，既具有市场经济的共性，又兼顾中国具体国情，有别于西方国家市场经济制度。因此，中国信用制度建设应以法律规范为先。依据信用的二重属性，信用及信用体系的构建必须同时从制度建设与道德建设两方面着手。建立社会信用体系不可单纯地建立在诚实守信的道德规范基础之上，重要的是要建立对市场主体之间的信用关系进行管理的整套法律、准则制度和有效信用市场形式，以制度信用建设引导道德信用的形成，将制度设计基础和依据的法律规范作为制度信用建设的先决条件。

建立企业信用制度大致有两条思路：一是建立外部企业信用等级评价机构以及相应的指标体系，即建立企业信用的外部社会保障体系。也就是由国家建立，用于监督、管理和保障企业信用活动健康、规范发展的一系列具有法律效力的规章制度和行为规则。其目的主要是建立良好的市场经济运行秩序。二是从企业本身来说，要改善和健全信用制度，着

力解决企业当前管理的缺陷和部门之间信息不畅通的问题，加强对客户信用的了解，加强对客户应收账款管理和追款力度，必须建立企业内部信用制度。健全的企业信用制度体系包括信用管理政策、客户资信管理制度、内部授信制度、应收账款监控管理制度。此外，要建立信用管理部门，以形成信用风险防范和约束机制。

从企业外部来说，必须加快我国社会信用制度建设。既要优化企业信用制度的前提，即道德、法制、社会等环境，又要建立和健全相关的配套制度，如改善公司法人治理结构，建立企业信用信息披露、奖惩、评级等制度。从企业信用制度内在联系出发，可将我国企业信用制度体系分为三大部分，即核心制度建设、制度环境建设和配套制度建设。

三、我国政府、企业与社会信用中介服务机构的信用制度建设

建设有中国特色的企业信用制度体系，涉及的重要主体有政府、企业和社会信用中介机构等。这些部门实际运作和协调配合的效果，决定着我国企业信用制度建设的进程。只有当企业、政府和市场化的社会信用服务机构共同协作，彼此扶持，三管齐下，我国的企业信用管理体系才有可能在意识形态、专业人才、信用法律环境等各方面健康运行。为此必须从以下三个方面着手努力。

（一）塑造信用政府，发挥政府在社会信用制度建设中的主导作用

在社会中，政府行为通过人们的预期而影响信用机制，我国当前之所以缺乏信用机制，与政府功能失调有密切关系。目前我国仍属于非征信国家，政府在企业信用制度建设中的组织保证作用举足轻重。因此，政府要在重塑社会信用关系中发挥主导和协助作用，必须廉洁自律，以身作则，依法规范行政行为，避免盲目干预，真正提升政府公信力，发挥立法、执法、服务、监督、维护市场秩序等职能作用，建立政府信用制度。具体说来，政府应从以下几个方面着手。

1. 转变职能，加大执法力度，加强政府监管职能

实现对政府制定和执行政策的监督，提高政府决策特别是政策制定和执行过程中的透明度，做到执法公正廉洁，取信于民。对从事企业信息服务的会计、审计、法律服务等中介机构和某些负责企业有关方面认证、评定等的政府部门进行严格的监控。但政府要注意既要有所为也要有所不为，防止介入太深而产生寻租行为。

2. 充分利用政策的导向和感召力，营造良好信用体系运行的外部环境

在全社会倡导诚实守信，侧重抓好信用立法，制定并执行相关的法律法规，扶持和推动市场化信用企业健康快速成长；推动商业银行等与信用体系建设相关的行业和部门加快改革。

3. 广泛应用信息技术加强信息资源开发，强化公共信息资源共享

政府有关职能部门应当建立动态的企业信息数据库，尽快实现信息共享。目前企业和个人的信用信息主要集中在银行、工商、税务、法院等部门，这些部门应率先行动，完善资信档案登记机制，规范资信评估机制，建立严密和灵敏的信用风险预警、管理及转嫁

系统。

4. 加强公务员的思想道德品质和业务素质的教育和培训

提高公务员的道德水平和业务水平，避免因为公务员素质的低下而导致政府信用失常行为。建立政府信用失常赔偿制度，切实落实好《中华人民共和国行政诉讼法》《中华人民共和国国家赔偿法》，从制度建设和法制完善角度杜绝政府的不良行为，提高政府的信用失常成本，真正维护政府信誉。

（二）建立企业信用档案，加强企业内部信用风险管理制度建设

作为企业要练好内功，遵纪守法，提高企业核心竞争力，增强企业自身信誉度。按照现代企业管理要求，当前应建立"三机制一部门"的全程信用管理模式，迅速弥补企业在信用管理上的缺陷。全程信用管理模式中的"三机制"是指在企业内部建立系统完善的信用机制，包括前期管理的企业资信调查和评估机制、中期管理的债权保障机制、后期管理的应收账款管理和回收机制。"一部门"是指在企业内部设立独立的信用管理部门，负责企业信用管理工作。

1. 强调严格事前、事中、事后信用管理，规范化、制度化处理各项程序

要从控制交易全过程中各个业务环节的信用风险出发，强调严格的事前、事中、事后信用管理，规范化、制度化地处理各项程序。从供销合同签订前的资信调查，到合同（协议）条文的拟订，从合同（协议）的商谈，到合同执行的全过程，要进行不间断的跟踪、监控，一旦发现问题，就及早采取措施。

2. 应使相关的信用风险管理工作专业化

企业的风险管理工作做不好，是因为缺乏专业化信用管理人才，未对信用管理进行专业化管理。为此，企业急需建立以下内部信用风险管理制度。

（1）前期信用管理——企业资信调查和评估机制，即客户动态资信管理制度。以客户风险控制为核心制定整套具体的管理制度是企业信用管理工作的基础。应建立以客户的信息资源和资信调查为核心的规范化管理方法，对客户的资信状况进行全面的掌握和控制，避免企业在经营过程中因客户信用不良所带来的损失，有效避免商业银行经营过程中出现大量赖账、欠账等现象和交易人员主观盲目决策。还应根据客户信用信息对客户作出信用等级的评定，并按信用等级及发展潜力归类管理。

（2）中期信用管理——债权保障机制，即客户授信制度。这项制度以控制客户的信用额度为核心，建立科学的交易审批程序，使企业内部交易决策科学化、定量化，减少人为主观因素造成的决策失误和信用失控。应建立严格的担保审批制度，避免被担保方信用恶化后连带到企业，造成不必要的财产损失。中期债权保障的手段有担保、保理和出口信用保险等。其中，保理是中期信用管理中重要的债权保障形式。

（3）后期信用管理——应收账款管理和回收机制，即应收账款监控制度。包括建立完整的应收账款信息记录制度、账龄监控制度、赊销客户的跟踪管理制度以及拖欠账款的催收制度等。这是企业信用管理的关键和难点。我国企业应收账款中存在账龄长、金额大等非常严重的问题。实行应收账款管理，企业必须建立应收账款第一责任人制度，实施终身

跟踪追责。

3. 设立独立的企业信用管理部门与人员

设立信用部门既可控制业务部门只追求数量、不考虑风险，防止坏账的产生，又可推动企业使用更灵活贸易方式寻找商机、扩大业务。只有将信用部门与财务部门及销售部门并行设立，才能保证信用管理人员的客观、公正和独立性，充分发挥其应有的作用。在工作实践中，因专业岗位众多，对信用管理从业人员的教育背景要求也各不相同，但业务人员至少应受过财务管理和市场营销的基本教育。

（三）培育社会信用中介服务机构，尽早实现企业信用评价的市场化

随着现在企业信用风险意识的日益增强，必然会扩大对信用信息的需求，相应地带动征信、评级等资信机构的发展，而社会也迫切需要独立的、公正的、权威的资信机构。随着我国加入世界贸易组织，国外的资信机构纷纷进驻中国，寻求商机，我国政府应该发挥推动作用，大力培育信用服务中介组织，为企业信用评价的市场化提供主体基础。

（1）信用中介服务行业的发展必须在政府的有效监督和管理之下，实行严格的准入、限量和管理制度，对机构的进入与资质条件加以规范，使其真正成为体现公平、公开、公正原则和品格的社会信用管理服务机构。

（2）政府部门应积极扶持通过市场手段建立发达的信用服务业。鼓励中外合资、合作兴办信用管理服务机构，鼓励多元投资主体设立资信调查、信用征信，信用评价、资产征信等服务企业；以法律和经济手段促使从业行为规范化，在市场竞争中树立公正、中立形象，坚决杜绝政府垄断行为。

（3）政府部门应对信用管理公司实行联合年检，加强对信用中介行业的监管，确保年检结果客观、公正。可借鉴美国资信评估业的做法：对同一受评对象，投资者可自行选择两家以上独立的专业评级分析公司评估，使投资者不只依赖于一家评级机构的判断意见。

（4）重视信用服务中介机构的规范发展。在通过向客户提供所需的信用报告帮助客户防范信用风险的同时，还要通过信用中介机构特有的信用信息传递机制。通过政府、市场、企业等不同主体对信用服务中介机构的重视，可以有效的加快社会惩罚机制的形成，使败德企业的失信成本要大大超过其失信所获得的"收益"，促使社会信用秩序的根本改善。

四、我国企业信用制度建设切入点的选择

（一）产权制度是企业信用制度建设的突破口

在我国，必须改革产权制度，使企业成为独立财产的真正拥有者。只有将国有产权制度改造成真正的公有产权制度，使企业成为拥有独立财产的真正的产权主体，根据自己的意愿运用和处置本身所属的财产，通过平等协商一致所缔结契约，出入市场独立地进行真正的产权交易，企业就会有真正内在的自我信用约束机制，及时偿债或履行合同将会自然变成企业必须共同遵守的信用准则，于是随意违约或毁约、赖账等严重破坏信用秩序的现象将不会经常出现或难以长久存在。

要调整和改革企业产权制度，避免失信惩罚落空。抑制失信行为重要的经济基础在于失信的行为要直接由失信者承担，否则必然产生失信的败德行为。要使经济责任直接且有力地约束失信行为，最根本的在于企业产权制度改革。信用的基础就是产权，产权制度的基本功能是为人们提供追求长期利益的稳定预期。如果企业没有真正的个人所有者，就不会有积极性去维护企业的信誉，企业就不可能讲信用。如果所有者没有办法以普通的激励机制和监督机制来规范员工的行为，就应采取产权激励的办法。这就是当前股票期权如此受欢迎的重要原因。必须完善企业的进入和退出机制，如果企业不能自由进出，不讲信用的企业就不能被讲信用的企业淘汰，就会破坏信用秩序。

（二）建立完善的个人信用制度体系，为企业信用管理体系打下坚实基础

建立和完善个人信用制度是健全中国企业信用体系的核心工作与突破口。个人信用制度是指能证明、解释与查验自然人资信，由国家建立的用于监督、管理与保障个人信用活动规范发展的一系列具有法律效力的规章制度与行为规范。结合我国国情和国外先进经验，个人信用制度体系的建立应着力于以下工作。

1. 在全国范围内建立个人基本账户体系

加强以实现个人信用信息共享为目的的互联网络建设，形成统一协调、联系紧密的以身份证号码为唯一识别号的信用卡支付、结算网络，实现信用卡的"一卡通"。将个人的一切资金往来置于基本账户下，统一管理个人的资产、负债等业务，为个人提供所需的一切金融服务。

2. 建立统一的以身份证号码为唯一识别号的个人信用实码制

逐步建立区域性、行业性乃至全国性的个人信用计算机联网查询系统，以保证个人信用信息的真实性。以身份证号码为唯一识别号的个人信用实码制是将可证明、解释和查验个人信用的所有必要的资料锁定在一个固定的编码上。在个人需要向相关者提供自己的信用情况时，只要出示个人信用实码，对方就可以查询所需的资料，以衡量和评估其借款的偿付能力，减少信用风险。

3. 建立个人信用管理机构

建立设置科学、机制灵活、管理方便的个人信用管理机构。在遵守有关保护个人隐私的法律前提下，利用商业性的中介资信机构，实现个人信用信息的开放和商业化。

4. 建立和完善个人信用担保制度

由政府部门出面筹集资金组建消费信贷担保基金公司，专门为消费信贷尤其为长期消费信贷提供担保，以规避借款人违约风险，同时完善《中华人民共和国担保法》并制定相应实施细则，增设专门消费信贷担保条款。

5. 培育专业性的个人信用调查与评价的中介机构

对这类专业性机构在我国的注册资格、法律形式以及责任与业务加以规范，制定相应的制度，以促进其健康发展。创建必要的外部环境，建立健全个人有形资产的评估体系，

建立个人财务会计体系、个人破产制度，以及对违背个人信用制度者的制裁措施。

6. 建立科学、严谨的信用评价指标体系

个人信用评估就是通过建立针对不同客户类别的信用评级模型，运用科学合理的评估方法，在建立个人信用档案系统的基础上对每一位客户的授信内容进行科学、准确的信用风险评级。

7. 健全信用法律法规建设，构建守信联合激励和失信联合惩戒协同机制

可制定和颁布《公平信用报告法》《公平信用机会法》《个人破产法》等，用法律的形式对个人账户体系、个人信用的记录和移交、个人信用档案的管理，个人信用级别的评定、披露和使用，个人信用主客体的权利义务及行为规范作出明确的规定，构建守信联合激励和失信联合惩戒协同机制。

扩展阅读 2-3：构建守信联合激励和失信联合惩戒协同机制

五、法德并举与重德守法是培育信用制度的根本之路

市场经济实际上就是以契约为基础的信用经济，要求经济主体遵守法律规则，诚实守信。市场法规是保证市场有效运作的基本原则，但法律并不是万能的。在犯罪与不犯罪之间存在着大量的法律空白地带，即使在法律管辖的范围内，缺少道德支撑的法律条款往往效用非常有限。市场经济越发达，商品交换越频繁，就越要求企业诚实守信。

道德与法制是信用建设的两大柱石，其中道德是核心，法律是保障。而信用是现代社会道德的重心。市场经济演进的历史表明，人的经济行为和道德行为总是相互联系与相互渗透的。信用要求人们对经济利益"取之有道"，要求经济活动参与者在为社会、为他人创造价值的过程中获取正当的物质利益。此外，信用建设要依赖法制来维护，市场经济行为中的信用问题蕴含着丰富的道德内容和严肃的法律内涵。

信用缺失，从现象上看说明我国市场经济基础较薄弱，发育尚不健全；从实质上看说明法律、法规不齐备和不落实。有了法律保障下的信用制度，才能提醒与规劝人们，教育和规范大家；才能使信用受到尊重，得到回报，使不守信者失去谋生的"饭碗"和参与社会的"通行证"。目前，许多反欺诈和反不正当竞争的法规已出台并予以实施，依法严查、严惩假冒伪劣和惩治侵犯知识产权已成为法制化工程的重要内容。在重构信誉、塑造信用以及由道德经济向信用经济过渡的过程中，人们强烈呼唤建立社会信用评估和失信惩戒体系，用法制建设保障信用建设的健康发展。

（一）制度伦理化

人们在社会中的道德状况，通常取决于社会为此相应设计的制度安排。这就要求营造一种合理的制度环境，把合理性与正义性融入社会制度系统，使社会制度符合伦理精神和道德原则，实现制度伦理化。制度伦理化在一定意义上是指制度的合乎伦理性、合乎道德性以及制度本身蕴含的伦理追求和价值判断与道德要求。

制度伦理化由制度内在的系列社会基本权利和义务的原则、规范构成，并通过社会基本的政治制度、经济制度、文化制度等以及各种体制、法规、典章和条例、公约、守则等

具体社会生活规范来表现。真正的制度应包含自己的道德性，即内在道德或程序自然法，同时还应对社会和人民提倡的德行给予保护和支持，对利益失衡进行监督和制约，对危害社会发展的失德行为严加惩处。

（二）道德法律化

信用道德建设作为复杂的社会系统工程，既要靠教育宣传，也要靠法律制度。由于公众对道德规范的认同除依靠社会舆论和人们自觉外，最有效的方法就是将部分必须遵守的基本道德规范上升为法律。法律能明确地告诉人们能做什么，不能做什么，对社会成员具有普遍的约束力与强制性，可使道德规范发挥应有的社会作用。

当前我国道德法律化的实践主要有两种途径。一是为基本道德（即维持社会生活所必需要求的最低限度的道德）诚信立法，以有利于社会守法和减少违法的程度。基本道德立法还必须深入社会的各个领域，包括社会公德、职业道德、家庭美德等。二是加强实现道德法律化的制度管理和制度约束。道德法律化后的效力并不在于法律本身，而在于社会成员对道德的认同和遵守。

实现道德的法律化、政策化，必须有强大的实施机构来具体执行，以及相应的检查、监督机构，必须有舆论、行政和组织上的保障措施。道德法律化的履行还需要专门为其配置硬约束手段，围绕这些道德法律规范来安排制度管理和约束机制，以使道德规范真正成为社会公众的普遍的行为选择。

六、培养信用专业人才是企业信用制度建设的迫切需求

推进我国企业信用制度建设，要求决策者及执行者必须具备个人信用专业的素质。是否拥有高水平的信用人员队伍和造就信用专业人才的教育环境，关系企业或个人信用制度建设的成败。随着我国经济的快速发展，特别是加入世界贸易组织后，国内的信用市场亟待开发，我国对信用专业人才的需求不断增加。然而我国的信用教育无论在长期教育还是在短期培训方面都极为缺乏，培养信用专业人才、加强我国的信用教育刻不容缓。

要把尽快培养高质量的信用管理人才队伍作为企业信用管理体系建设的重要工作。在企业未来发展中，要有专门部门负责信用管理工作并配备相应的信用管理人员；要通过各种方式，培养、培训一批企业信用管理人才；要建立信用人才的资格考核和认证制度。要发展信用管理专业正规大学教育，指导高等院校的经管学院开设信用管理专业教育，同时和发达国家的信用管理教育单位进行合作办学和交流培养。可开展多种形式的理论研究和在职行业培训，并参考其他行业的职业资格考试，举办信用管理从业人员执证考试。要利用新闻媒体加大舆论宣传力度，引导企业或个人诚实守信。

政府要引导企业采用市场化的人力资源管理模式吸引信用专门人才，并进行优胜劣汰的动态管理，依靠科学机制激励信用专门人才的创造性，推动信用科技创新、信用管理创新。要大力吸引国内外高层次企业信用管理人才和企业信用管理机构来我国工作和投资，营造良好的企业信用发展生存环境。

第四节　企业社会责任的本质要求

企业社会责任（corporate social responsibility，CSR）这一概念最早于 1924 年由英国学者欧利文·谢尔顿提出，其基本含义是指企业应该为其影响其他实体、社会和环境的所有行为负有责任。事实上，企业社会责任概念自其诞生之日起就饱受争议，褒贬不一。

随着 2006 年 10 月 15 日由招商银行、万科集团、诺基亚、惠普等 13 家国内外知名企业共同发起的中国企业社会责任同盟宣布成立，企业社会责任这一名词也快速地在中国企业间流传开来。企业社会责任，对我国企业来说既熟悉又陌生。在计划经济体制下，企业承担的多是"政治任务"，但其中却分担了许多的社会责任；改革开放后，"以经济建设为中心"让大多数企业无暇他顾，"社会责任"在 GDP 的追逐中"失语"。

而恰在此时，企业社会责任经过多年的发展，在经济全球化的背景下，成为各跨国公司和大型企业竞相追捧的国际潮流，已经上升为世界一流跨国公司的核心竞争力的重要组成部分，成为大型公司继价格竞争、质量竞争之后新一轮国际竞争的重要标志。在这场全球化的企业社会责任建设中，总体上中国企业和欧美跨国公司都存在巨大差距，这不但造成了中国企业在面对诸如 ISO 26000 等企业社会责任标准时的被动局面，而且从长期来看，还将弱化中国企业乃至中国在全球的竞争力和影响力。可以说，企业社会责任是影响中国企业发展壮大的必修课，这门课程修的好坏直接关系企业能否持续健康发展下去。

一、企业社会责任的积极功能作用

（1）企业社会责任理论对企业管理的成功具有重要的指导意义。首先，企业重视社会责任有利于增强企业的竞争优势。企业从事生产经营与公共事业的目标，从表面上看是为了博得更多的认同和社会影响，实质上则应该专注于公司竞争力的增强。其次，企业重视利益相关者，开展对利益相关者的可持续管理，对他们切实负起伦理道德的责任，考虑各利益相关者的要求，可以大力增强企业可持续发展的能力。

（2）企业社会责任是企业战略和企业目标的重要组成部分。首先，企业社会责任是企业价值观、经营理念和行为准则的反映，是企业使命的重要组成部分。其次，企业应从自身的使命和宗旨出发，把履行社会责任纳入其目标管理体系，以实现企业经济目标和社会目标的和谐统一。

（3）重视企业社会责任有利于降低企业的管理风险。在风险管理中，企业社会责任发挥着十分重要的作用。一是规避风险：坚持不懈地承担社会责任，一方面可以赢得良好的社会声誉，长期获得政府、公益团体、社会公众、社区特别是消费者的支持和肯定；另一方面可以为企业创造更广阔的生存与发展的空间。二是减少风险损失：长期主动承担社会责任的企业，一方面可以降低风险发生的概率，另一方面也可以在风险发生后用最短的时间平复风险，从而降低风险损失。

二、企业社会责任的古典观和社会经济观

一般认为，仅仅把利润最大化作为企业的唯一目标是不可取的，企业还应当对社会其他利益相关者负责，并由此引发了 20 世纪 30 年代著名的伯尔和多德以"董事对谁承担义务"为主题的激烈论战。随后，对企业社会责任的不同认识，逐渐形成了两种相对的观点，即古典观和社会经济观。

（一）企业社会责任的古典观

古典观的最重要倡导者是 1976 年诺贝尔经济学奖获得者、美国经济学家米尔顿·弗里德曼。弗里德曼认为：在自由企业制度中，企业管理者必须要对股东负责，而股东想尽可能多地获取利润，因此，企业的唯一使命就是要力求达到这一目的。当管理者将企业的资源用于社会产品时，可能会破坏市场机制的基础。企业承担社会责任，生产社会产品，实际上是一种资源的再分配，有人必要为这种分配付出代价。

如果企业的社会行为降低了利润和股利，也就是说，企业管理者在未经股东许可的情况下把股东的钱花在公众利益上，那么股东的利益将遭受损失；如果企业通过降低工资来消化企业社会责任行为的成本，那么员工将遭受损失；如果企业通过提高产品或服务的价格来补偿其从事社会活动的花费，那么顾客将遭受损失。

最后，如果市场不接受更高价格，销售额将大幅度下降，那么企业也就不能生存，结果只能是企业的全部组成要素都将遭受损失。因此，企业承担社会责任将使其成本增加，从而在激烈的市场竞争中处于不利的地位。更重要的是，正如弗里德曼指出的：当企业管理者追求利润以外的目标时，他们实际上是将自己置于非选举产生的政策制定者地位，而他们并不具有制定公共政策的专长。

（二）企业社会责任的社会经济观

针对古典观的观点，社会经济观明确主张企业应自觉地承担起社会责任。持社会经济观观点的学者认为：时代的变化使公众对企业的社会预期发生了改变，而企业的法律形式就是对此最好的说明。在美国，企业要经过州政府许可才能成立和经营，同样地，政府也有权解散企业。因此，企业已不再是只对股东负责的独立实体了，它必须对建立和维持他们的社会负责。

在持社会经济观观点的学者看来，企业管理者应该关心其长期的资本收益最大化。为了实现这一目标，企业在创造财富、追求利润最大化的同时，还要承担起对政府、员工、消费者、社区和环境的社会责任，包括遵守法律法规和企业道德、注重生产安全、保障职业健康、保护劳动者合法权益以及保护环境资源、支持慈善事业、捐助社会公益、保护弱势群体、倡导良好社会风气等。

三、企业社会责任的内涵与外延

尽管企业社会责任问题已经越来越多地受到企业界和理论界的关注，但是由于其含义

本身的模糊性，加之不同学者研究的视角不一样，因此，企业社会责任目前还没有统一定义。表 2-1 列出了西方学者对企业社会责任定义不同看法。

但是，阿奇·卡罗尔关于企业社会责任的定义相对来说更加全面、合理。阿奇·卡罗尔的企业社会责任定义包括四个具体方面，即企业社会责任指某一特定时期社会对组织所寄托的经济、法律、伦理和自由决定（慈善）的期望。

表 2-1　西方学者对企业社会责任定义的主要观点

时间	代表人物	主 要 观 点
1924 年	谢尔顿	把企业社会责任与经营者满足产业内外各种人类需要的责任联系起来，并认为企业社会责任含有道德因素在内
1963 年	迈克·伽尔	社会责任的观念意味着企业不仅具有经济和法律的义务，而且还具有某些超出这些义务之外的对社会的责任
1975 年	塞思	社会责任暗指把企业行为提升至这样一个等级，以至于与当前奉行的社会规范、价值和目标相一致
1979 年	卡罗尔	企业社会责任囊括了经济责任、法律责任、伦理责任和慈善责任
1985 年	霍德盖茨	社会责任是指企业为了所处社会的福利而必须关心的道义上的责任，要对不同集团承担特定的社会责任，这些不同集团主要有股东或业主、顾客、债权人、员工、政府、社会
1998 年	维尔翰	企业具有超出于对其业主或股东狭隘责任观念之外的对整个社会所应承担的责任

（一）经济责任

企业必须承担经济责任，把经济责任称为社会责任看起来有点不可思议，但是，实际情况就是如此。美国社会规定企业首先是一个经济机构，也就是说，企业应该是一个以生产或提供社会需要的商品和服务为目标，并以公平的价格进行销售的机构。

（二）法律责任

既然社会已准许企业负担起前面提及的生产职责，去履行有关的社会契约，那么，社会就会相应制定一些基本规则——法律，同时希望企业在法律的框架内开展活动。遵从这些法律是企业的社会责任，但是，法律责任涵盖不了社会对企业的所有期望行为。其主要原因有以下几点。

（1）法律应付不了企业可能面对的所有话题、情况或问题。

（2）法律常常滞后于被认为是合适的新行为或新观念。

（3）法律是由立法者制定的，可能体现立法者个人利益和政治动机。

（三）道德责任

道德是内心的法律，法律是外在的道德，法律是重要的，但永远不够用，有滞后性。道德契约是道德责任的基础！道德责任包括那些为社会成员所期望或禁止的、尚未形成法律条文的活动和做法。消费者、员工、股东和社区认为公平、正义的同时也能尊重或保护利益相关者道德权利的，凡能反映如此信义的所有规范、标准、期望都是伦理责任所包括的。从某种意义上讲，伦理规范或价值观的变革在立法之前，即使伦理责任可能反映的行为标准比眼下法律所要求的要高，也可能只被看作包含和反映新出现的、社会期待企业去迎合的价值观和规范。

（四）慈善责任

企业的慈善活动或行为被视为责任是因为它们反映了公众对企业的新期望。这些活动是自愿的，也就是说，是非强制性的，并非法律要求的，也不是寄予企业一般伦理方面期望的，只取决于企业从事这些社会活动的意愿。不过，社会确实期望企业多行善，慈善从而成了企业与社会之间契约关系中的一个构成部分。这样的一些活动包括企业捐赠、赠送产品和服务、义务工作、与当地政府和其他组织合作，以及企业及其员工自愿参与社区或其他利益相关者的活动。企业社会责任定义的大致外延是由经济、法律、道德和慈善这四个方面构成的，具体如表 2-2 所示。

表 2-2　企业社会责任定义的实质内涵

责任类别	社会期望	实　例
经济责任	社会对企业的经济要求	盈利；尽可能扩大销售，尽可能降低成本；制定正确的决策；关注股息政策合理性
法律责任	社会对企业的法律要求	遵守所有的法律、法规，包括环境保护法、消费者权益法和雇员保护法；完成所有的合同义务；兑现保修承诺
道德责任	社会对企业的道德期望	避免容易产生问题的做法；对法律的精神实质和字面条文作出回应；做正确、公平和正义的事；合乎伦理地开展生产经营工作
慈善责任	社会对企业的公益期望	成为一个良好的企业公民；对外捐助，支援社区教育，支持健康/人文关怀、文化与艺术、城市建设等项目的发展；帮助社区改善公共环境；自愿为社区工作

资料来源：阿奇·B.卡罗尔，安·K. 巴克霍尔茨. 企业与社会：伦理与利益相关者管理[M]. 徐小娟，等，译.北京：机械工业出版社，2004.

另外，卡罗尔的企业社会责任的定义可用一个四层次的金字塔（图 2-3）加以形象地说明表示。

该金字塔图描绘了企业社会责任的四个层次。经济责任是基本责任，处于这个金字塔的底部。同时，社会期望企业遵守法律。法律是社会关于可接受和不可接受行为的法规集成。再上面就是伦理责任这一层次。在这一层次上，企业有义务去做那些正确的、正义的、公平的事情，还要避免或尽量减少对利益相关者（雇员、顾客、环境等）的损害。在该金字塔的最上层，期望企业成为一位好的企业公民，也就是说期望企业履行其慈善责任，为社区生活质量的改善作出财力和人力资源方面的贡献。

从这个金字塔图中不应该得出这样的理解——企业按由低到高的秩序履行其责任。而事实上，企业是同时履行其所有社会责任的。

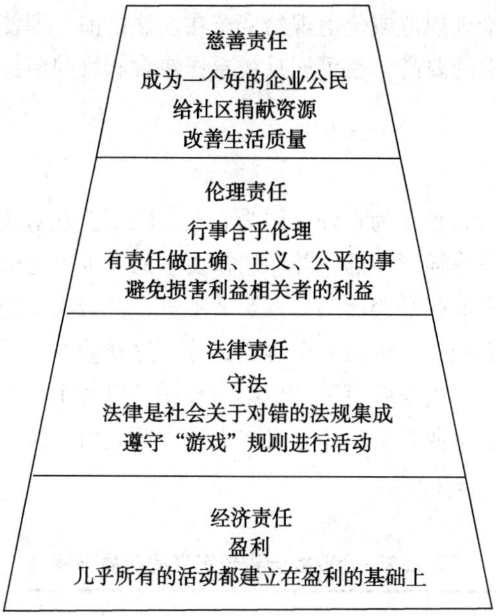

图 2-3   企业社会责任金字塔

第五节   企业社会责任框架与内容要求

企业社会责任的本质内容就是要求企业必须履行其对社会的道德责任。

一、企业对员工的责任

员工是企业财富的创造者，企业的发展离不开员工的贡献。一个富有社会责任感的企业应该善待自己的员工，充分尊重员工的价值，发挥员工的创造性。

（1）为员工提供安全、健康的工作环境是企业的首要责任。员工为企业工作是为了获得报酬以维持自己的生存和发展，企业不应以为员工提供工作为由而忽视员工的生命和健康。

（2）在招聘、报酬、培训、升迁等方面为员工提供平等的机会。企业要为不同性别、年龄、民族、肤色和信仰的员工提供平等的机会，不得人为地划定界限。

（3）为员工提供民主参与企业管理的渠道，为实现自我管理企业创造机会。员工在企业中虽然处于被管理者的地位，但同样有权利参与企业的经营管理。企业应当尊重员工民主管理的权利，重视员工的意见和要求，有助于调动其工作积极性。

二、企业对消费者的责任

企业是为获得最佳经济效益而向消费者提供某种产品或服务的组织。消费者是企业产品或服务的购买者，对企业的生存发展具有重大意义，它是企业生存的基础和发展的前提与保证，企业利润的最大化最终需要依赖消费者的认同来实现。因此，企业的一切行动都要以消费者的利益和要求为导向，尊重消费者合法权益，因为顾客就是企业的上帝，是企业的衣食父母。

（1）向消费者提供优质的产品和服务是企业最基本的责任。消费者购买企业提供的产品和服务是为了满足自身的某种需求，按照公平交易的原则，企业必须为消费者提供令其满意的产品和服务。

（2）企业应尊重消费者的知情权和自由选择权。消费者在购买产品前有权通过企业提供的产品信息对产品进行全面的了解，以便在多种商品中作出选择。企业应当通过广告、宣传材料和说明书等方式向消费者提供真实的产品信息。

（3）企业应该通过各种途径了解消费者的需求，利用消费者的意见和建议等来对产品、服务和流程进行改进和创新，最大限度地满足消费者的需求。随着人们生活水平的提高和消费观念的转变，随着卖方市场向买方市场的进一步过渡，一种新型的以人为本、消费者至上的理念正逐步强化。这种新理念要求企业不仅要以消费者作为整个生产过程终点，也要以消费者作为整个进程起点。

扩展阅读 2-4：食品安全监管要零容忍

三、企业对所在社区的责任

社区是企业赖以生存的环境，没有一个好的环境，企业将难以生存，更谈不上持续健康的发展了。企业与社区的关系就好像鱼和水的关系一样，鱼离不开水，只有水才能为鱼提供生存发展的机会和空间，它们一荣俱荣、一损俱损。企业关爱社区就是关爱自己。只有社区支持企业的发展，企业才能如鱼得水、畅游自如。因此，企业要实现自己的发展目标，就必须促进社区的发展。

在推进社区发展的过程中，企业不仅要扮演好"居民"的一般角色，还要力争充当主要角色。通过了解社区的具体需求以及企业自身所具备的资源，选择能够使社区的需求与企业拥有的资源相匹配的社区活动项目，制订切实可行的社区活动计划，从而在社区这个大舞台中找准自己的定位，最大限度地发挥自身的积极作用，为社区的建设作出自己应有的贡献。另外，企业还应积极参与慈善公益事业，如资助文化、教育、体育事业的发展；帮助老弱病残；支援老少边穷地区发展经济；对遭受自然灾害的地区进行捐赠等。

四、企业对政府的责任

政府和企业之间不是单纯的管理和控制，更多的是监督、协调和服务。

（1）企业应当遵守法律法规，依法诚信纳税。企业如果想做强做大，长久地经营下去，遵守国家的法律法规是一个基本的前提条件。否则，即使企业经营得再出色，也将失去社会的认可，遭到社会舆论的谴责，严重的可能会导致整个企业的灭亡。实践证明，遵守政府法律法规的企业常常能被国家或当地政府给予更多的自由，甚至一定的认可和奖励，有利于企业保持持续稳定的发展。

（2）企业应当支持政府、社区与社会公益活动、福利事业和慈善事业，以此服务于社会。政府是代表国家对社会进行组织、协调、监督和管理的组织，它所代表的是社会公众利益。企业积极参与政府组织的社会公益活动、福利事业和慈善事业，是企业服务社会、造福人类的积极表现。

五、企业对股东的责任

企业与股东的关系实际上是企业与投资者的关系，这是企业内部关系中最为重要的内容。企业对股东的责任是通过对股东负责的方式体现出来的。

（1）企业对股东的最基本责任是对法律所规定的股东权利的尊重。法律的规定是每一个企业必须遵循的、应当履行的最基本的责任。企业若是违背了法律的规定，侵犯了股东的利益，就是对股东严重的不负责任。

（2）企业要对股东的资金安全和收益负主要责任。投资人希望通过对企业的投资而获得丰厚的回报，企业应当满足股东的这个基本期望。

（3）企业有责任向股东提供真实的经营和投资方面的信息。企业必须保证向投资者公布的信息是真实可靠的，任何瞒报和谎报企业信息、欺骗股东的行为都是不道德的，企业对此要负道德和法律的双重责任。

六、企业对资源环境的保护责任

习近平总书记明确提出："我们既要绿水青山，也要金山银山；宁要绿水青山，不要金山银山，而且绿水青山就是金山银山。"企业对资源环境的保护，责无旁贷。

然而，企业对环境的污染和对资源的消耗起了主要作用，是环境问题的主要责任者。大大小小的企业每天都在吞噬着自然资源，排放着有害废弃物。当今大多数的环境问题，如不可再生资源的耗竭、可再生资源的衰减、环境污染加剧、生态平衡的破坏等都与企业活动有关系。因此，作为环境问题的主要责任者，企业为了与环境和谐发展，更为了自身可持续发展，应当主动承担对环境的责任。

（1）企业对环境的首要责任体现为树立天人合一、人与自然和谐发展的价值观，努力做到尊重自然、爱护自然，合理地利用自然资源。企业必须遵循环境保护与经济发展同步原则，不能以牺牲环境来换取经济增长。企业应该以保护环境优化经济增长，在保护环境中求发展，实现经济和环境双赢。

（2）企业要以绿色价值观为指导，强化绿色意识，实施绿色管理，积极倡导绿色生产和绿色消费。企业应积极构建绿色供应链管理，实现循环生产模式。绿色供应链是把环境融入整个供应链中，通过资源综合利用和环境保护，降低整个生产活动给人类和环境带来的危害，最终实现经济效益和环境效益最大化。绿色供应链的管理体系模式包括绿色设计、绿色采购、绿色生产与绿色回收。

七、企业对供应商的责任

企业的供应商参与了企业价值链的形成，对企业的生产经营有着举足轻重的影响。因此，企业应该恪守信誉，严格执行合同。此外，企业应当建立对供应商的核查和评估机制，促进供应商履行企业社会责任，确保形成与供应商共同承担社会责任的一体化战略。

企业应该采用国际上通用的标准，由专人对供应商的情况进行评估检查并与供应商保持顺畅的沟通，如定期召开供应商会议，定期公布核查结果；对不符合标准的供应商提出限期改进的建议；在规定期限内仍达不到要求的将被解除合约；挑选优质供应商，保持长期合作关系。

八、企业对竞争者的责任

在市场经济中，企业与企业之间既相互竞争又相互依存，双方都在为获得或维持自己的利益而相互较量，任何一种旨在削弱或剥夺竞争对手利益的行为都将遭到对方的强烈抵制，要么两败俱伤，要么虽然一方获胜，但可能无法获得消费者的信任。

一个富有社会责任感的企业应当遵循公平竞争的原则。公平竞争是指竞争者之间所进行的公开、平等、公正的竞争，它对市场经济的持续健康发展具有重要作用。它可以使社会资源得到合理的配置，并最终为整个社会带来巨大的福利。因此，在市场竞争中，企业应当采用合理合法的竞争手段，杜绝贿赂与低价行为的发生。

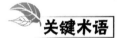 **关键术语**

契约经济　　道德契约　　道德责任　　企业社会责任

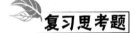 **复习思考题**

1. 契约信用经济与伦理道德契约有何关系？
2. 如何理解伦理责任是企业社会责任的本质要求？
3. 企业社会责任基本内容包括哪些？
4. 简述企业信用制度建设内容与要求。

案例分析　　　　　　　　即测即练

自学自测　　　　　　　　扫描此码

第三章

商业伦理道德基本原则

 经典名言

人而无信，不知其可也！

大车无輗，小车无軏，其何以行之哉！

——《论语·为政》

诚者，天之道也；诚之者，人之道也。

诚者不勉而中，不思而得，从容中道圣人也。

诚之者，择善而固执之者也。

博学之，审问之，慎思之，明辨之，笃行之。

诚则明矣，明则诚矣。

——《中庸》

 学习目标

1. 了解企业推行集体主义原则，旨在打造优秀团队。
2. 明确企业诚实守信原则的内在要求。
3. 理解企业坚守先义后利有序原则是现代企业强大之源泉。
4. 掌握公平与效率兼顾原则的含义及要求。
5. 坚持公开公正公信原则。

 导读

广东泰威公司独特的"天地人和"股权设计

广东东莞市泰威电子有限公司（简称泰威公司）在成立初期经历了种种磨难。有人说，害一个人就送他一家企业。这句话虽有夸大的成分，但也从侧面说明了经营企业的艰辛。作为泰威公司的创始人，我总在思考，有没有一条长治久安的企业经营之道？能不能让企业领导者、员工及其家人都成为最幸福的人？企业经营的意义到底在哪里？

我在国外读 MBA 期间，发现西方前沿的管理学家也在学习、借鉴东方文化，研究中华传统文化的智慧所在。2005 年开始，我全力以赴深入钻研中华传统文化智慧，孜孜不倦，上下求索，率领全体同仁在实践中探索中华传统文化在企业管理中的应用。

一、"天地人和"之道

"谋事在人，成事在天"。泰威公司51%的股权会回馈天地万物，天地万物为大股东。孟子说："民为贵，社稷次之，君为轻。"民即天地万物，阳光空气等一切众生，万物一体，都是企业的投资者。企业运营要听从天地万物的声音，遵循规律，并回报天地的恩德，照顾好天地自然。企业中的"社稷"即全体员工，"水可载舟，亦可覆舟""人心齐，泰山移"。

泰威公司25%股权属于全体员工，全体员工为企业的第二大股东，全员形成命运共同体，依照51%大股东的旨意来运营企业。企业中的"君"即企业主，泰威公司24%的股权归企业主所有，企业主将自己的利益放在最后，聆听51%天地万物大股东及25%全员股东的需求，修身齐家，成为世人的榜样。

51%支持25%，25%支持24%，即《易经》之"厚德载物"。原始股东舍76%（51%＋25%）的股权，得到全体员工及天地万物的支持，大舍即大得。

51%为公即是善，49%为私即是恶，51%－49%＝2%是纯净纯善，累积源源不断的善即福报，常言道"福至心灵""积善之家必有余庆"。这是《了凡四训》带给企业管理者的智慧。

1. 企业生命的维度

从企业经营的角度，落实《大学》中的八目：格物、致知、诚意、正心、修身、齐家、治企、利天下，思考这其中的含义。

格物：格除企业运营中不合理、不合规的理念与行为。

致知：恢复企业运营的良知良能，让企业良性运转。

诚意：去除不良念头，至诚感通，企业经营动机至善。

正心：端正每一个心念，正大光明经营。

修身：规范制度、流程、标准。

齐家：全员心连心，成为一家人。

治企：企业运行井井有条，自然而然，无为而无不为。

利天下：切实履行企业社会责任，兼顾所有利益相关者的利益。

2. 泰威的维度

从1997年成立开始，泰威公司的制度、流程、标准就一直在完善当中，1998年启动信息化建设，1999年实践JIT生产方式等精益管理，2005年构建企业文化体系，包括使命、愿景、价值观、企业精神等，2011年启动自动化建设，同期推动了以下事件。

阳光工程：2009年3月启动。杜绝腐败，清净交易，不行贿受贿，让一切在阳光下进行。如果想要杜绝自己企业的采购吃回扣，为何要给客户的采购送回扣呢？

足额纳税：2012年3月启动。足额纳税，不做国贼，不占国家便宜，占小便宜吃大亏。"上梁不正下梁歪"，如果企业偷了国家的税，则无论如何也杜绝不了企业内部的偷盗。不义之财不可取。

全员健康：2013年2月启动。《大学》中讲"仁者以财发身，不仁者以身发财"。健康是最大的财富，逐步去除让身体生病的各种不良习惯，自己的健康自己做主。

高等自考：2013年9月启动。引领全体同仁参加国家高等自学考试，"活到老、学到老"，形成自强不息的成长氛围。人才的成长是企业成长的源泉。

水库式经营：2014 年启动。现金为王，量入为出，保持底线思维，做好危机管理，稳扎稳打，不透支未来。孙子曰"昔之善战者，先为不可胜，以待敌之可胜，不可胜在己，可胜在敌。"意思是要让企业先立于不败之地，然后再图谋发展，不能用赌博、侥幸的心态来经营企业，要能以不变应万变。

3. 时代的维度

时代的维度，求利当求天下利。

升旗仪式：2002 年 8 月启动。每周二早上升国旗、唱国歌，升厂旗、唱厂歌，国旗下演讲。家是小的国，国是大的家，没有国的强大，哪有企业的发展？

离职感恩：2013 年 6 月启动。离职员工可以得到一份额外的感恩金，工作两年以上的同仁离职时以工龄一年补一个月的薪水为标准，让离别充满欢喜。

道义流通：2014 年 4 月启动。"以利相交，利尽而交疏。以道相交，天荒地老"。企业的经营要以道义为准绳，要从互惠互利的角度出发。生意是生生不息之意，而不能仅仅停留在买卖的层面，会导致一买一卖恩断义绝。

乡村建设：2006 年 5 月启动。乡村建设的关键是年轻人回归，首先应由当今社会有影响力的企业家群体来引领命运共同体。因此，企业家的觉醒是关键。

4. 历史的维度

经典诵读：2005 年 9 月启动。俗话说："不听老人言，吃亏在眼前。"经典是我们与祖先智慧连接的文化脐带。读经典可以唤醒我们的文化基因，恢复生命本来的智慧，让我们活在祖先的智慧之光里，让生命充满力量。

教学培训：2009 年 1 月启动。"建国君民，教学为先"，企业的可持续经营离不开教学为先。"非圣书，屏勿视"，共修圣贤智慧，而不能越来越自私。

青少年教育：2009 年 7 月启动。造产品之前，先造人。企业的经营应是成就人，而不是淘汰人。重立人根，让青少年热爱生活是教育的出发点，从被父母、师长要求做转变为自己欢喜去做。兴趣是最好的老师，生活是最好的老师，经典是最好的老师。培养青少年从生活中找到真正持久的兴趣，从古籍经典中获取源源不断爱的力量。

中式婚礼：2010 年启动。婚礼是天作之合，合两姓之好。家庭是讲道的地方，不是讲理的地方。讲道是各自责天清地宁，讲理是各相责天翻地覆。夫妻应是相互成全，丈夫领妻学道，妻子助夫成德。

祭祖祭孔：2011 年启动。《左传》中说"国之大事，在祀与戎"。祭祖是孝道，连根养根，根深才能叶茂。《论语》中曰："其为人也孝悌，而好犯上者，鲜矣；不好犯上而好作乱者，未之有也。君子务本，本立而道生。孝悌也者，其为仁之本欤？"父母给我们生命，圣贤给我们慧命。祭孔是师道，是连接圣贤智慧，圣贤能够开启人生的智慧。

中医智慧：2011 年启动。医者意也，医者父母心，仁心仁术，上医治国、中医治人、下医治病，上医治未病，从医入道。范仲淹倡言"不为良相则为良医"，因为良医、良相皆可救人。

5. 命运共同体的维度

企业命运共同体取决于人类命运共同体。2009 年 1 月，泰威公司落实全员素食。有数据显示，一人吃一天素食，可减少碳排放 4.1 千克，相当于一棵成年树木 150～350 天减少的碳排放。泰威员工吃素13年，以每年300天全员400人计算，为地球减少了约6396吨的碳排放，延缓了地球温度的上升。地球是我们唯一的家园，全人类应共同努力应对全球变暖。

6. 人与自然的维度

天人合一，人与自然形成命运共同体。我们要对未知世界充满敬畏，敬畏一切有形无形的生命。2009年，泰威公司倡导、践行有机农业，杜绝农药、化肥、除草剂等有害种植，让大地恢复健康。2013年，泰威启动全员吃有机粮食与蔬菜，通过自身行为带动有机作物的种植，2017年实现全部主粮及蔬菜的有机化。

2021年11月，笔者作为泰威的核心创始人，成为公司的首席信仰官。泰威从1.0物质管理时代、2.0精神管理时代正式进入3.0信仰管理时代——构建有信仰的企业。

泰威3.0信仰管理体系目标：让企业的管理更简单、更容易、更自然、更欢喜。让企业更有生命力，能更好地回报社会，让世界更美好。经过泰威3.0管理体系的引导，最终实现智慧、欢喜的人生，主动接受变化，成为德才兼备的社会栋梁。

二、"天地人和"实践感悟

1. 四个命根子

乡村是城市的命根子；

农业是工业的命根子；

有机农业是农业的命根子；

中华文化是有机农业的命根子。

有机农业或称生态农业，即停止使用化肥、农药、转基因、除草剂等伤害土壤、种子的方法，以保护土壤及种子为根本，将农业恢复其本来面目：安全、活力、健康、可持续。大地是人类的母亲，有机才有未来。

中华文化天人合一的智慧，让我们明了万物与我们一体，保护大自然即保护我们自己。中华文化即天道，是万事万物的规律，违背规律必将受到规律的惩罚。《论语》中讲"获罪于天，无所祷也"，顺道者昌，逆道者亡。因此，"君子谋道不谋食，忧道不忧贫。"《中庸》上说："道不可须臾离也。"

2. 企业的经营

企业经营目的：企业不是家胜似家，家是有爱的地方，有爱的地方才是家。企业不是学校胜似学校，学校是让人成长的地方，只有成长才是真实的生命。企业不是道场胜似道场，道场是让人活明白的地方，人生是一场悟道的旅行。让每个人都能成就明明白白的人生，才是企业终级的目标。

企业经营的使命：为社会培养浩然正气的谦谦君子、德才兼备的社会栋梁。

企业经营的愿景：成为践行儒家思想的学校型企业。

企业价值观：深信因果，践行弟子规。

企业经营的次第：精、久、强、大。精是回归本质、久是地久天长、强是内圣外王、大是格局智慧。

企业经营的精神：精、妙、绝、伦。精是精益求精、妙是妙不可言、绝是独一无二、伦是无以伦比。

3. 人才的培养

企业人才培养目标之五长合一：要培养集"家和万事兴的家长、为孩子一生幸福着想的校长、世外桃源的村长、医者父母心的医院院长、真正懂事的董事长"为一体的综合型人才。

人才培养机制：道德、能力、知识合一，工作、生活、学习合一。道德是做人的功夫，能力是做事的功夫，知识是对世界的认知，可以扩大人生的维度。要在工作、生活、学习中历练道德，铸就能力，扩展知识。历事炼心，知行合一。

人才培养标准：君子不器、上善若水、随方就圆、安在当下。君子坦荡荡，无为而无不为，学习水利万物而不争的智慧，合五色合五味，随方就圆。孟子曰"学问之道无他，求其放心而已矣。"孔子曰"君子无终食之间违仁，造次亦如是，颠沛亦如是。"安于每一个当下，成为大写的人。

4. 企业经营数据

企业充满生机，2021 年泰威公司销售额相比 2008 年增加 238%，利润增加 244%，人均薪酬增加 185%。

曾经有人问我，泰威公司这么多年坚持学习与践行中华传统文化最重要的收获是什么？我觉得最重要的收获并不是看得见的销售额、利润、纳税额等，而是看不见的人与人之间的信任，全体员工上下一心的凝聚力，带来"上下同欲者胜"。

专家点评

泰威公司依据企业和员工的实际状况，从教育入手，学习国学经典，引导员工持续不断地学习和成长；践行传统文化，引导员工树立"敬天爱人"的理念；设立"祖宗堂"，引导员工尊天敬祖；提出"天地人和"股权方案，为"敬天爱人"的理念提供坚实的制度保障；设立"企业首席信仰官"，形成"天地人和"的企业精神体系，为解决员工的思想问题作出了可贵的探索，实现了企业的长治久安。（中山大学黎红雷教授）

资料来源：李文良，《企业管理》杂志，2022-05-15.

商业伦理道德的基本原则有：集体主义原则、诚实守信原则、先义后利有序原则、公平与效率统一原则和公开公正公信原则。

第一节　集体主义原则

从计划经济体制转向市场经济体制，同时也是个人义务本位转向个人权利本位。因此，在市场经济体制下，个人利益更加突出。这种市场经济不是放任自由的传统市场经济，而是国家宏观调控的现代市场经济，是以公有制为主体的社会主义市场经济。我们认为，现代商业活动参与者中，不仅仅是各级监管部门，更主要的是企业，企业作为商业活动的价值主体和功利主体，是兼容伦理性和经济性的协作利益集合体。集体主义精神在企业中就表现为企业的凝聚力、向心力和命运共同体，公司行为及其结果既具有直接的经济意义，同时又具有重要的伦理意义。

2001 年 9 月 20 日，中共中央印发《公民道德建设实施纲要》，明确提出"爱国守法、明礼诚信、团结友善、勤俭自强、敬业奉献"20字的公民基本道德规范，纲要指出"公民道德建设的主要内容，从我国历史和现实的国情出发，社会主义道德建设要坚持以为社会公众服务为核心，以集体主义为原则，以爱祖国、爱社会公众、爱劳动、爱科学、爱社会主义为基本要求，以社会公德、职业道德、家庭美德为着力点。在公民道德建设中，应当把这些主要内容具体化、规范化，使之成为全体公民普遍认同和自觉遵守的行为准则"，并特别指出，"集体主义作为公民道德建设的原则，是社会主义经济、政治和文化建设的必然要求。在社会主义社会，人民当家作主，国家利益、集体利益和个人利益根本上的一致，使集体主义成为调节三者利益关系的重要原则。要把集体主义精神渗入社会生产和生活的各个层面，引导人们正确认识和处理国家、集体、个人的利益关系，提倡个人利益服从集体利益、局部利益服从整体利益、当前利益服从长远利益，反对小团体主义、本位主义和损公肥私、损人利己，把个人的理想与奋斗融入广大社会公众的共同理想和奋斗之中"。显然，集体主义原则是我们建设商业伦理道德规范系统的基本原则，旨在形成公司的团队精神。

一、商业活动推行集体主义原则的理论依据

集体主义原则成为社会主义道德的基本原则并不是偶然的，在道德理论方面具有充足依据。从社会主义道德最一般原理上看，集体主义原则必然是社会主义道德基本问题的具体体现和集中反映。所有的道德问题都是围绕集体主义这一道德基本问题展开的，最后必须借助道德基本原则方能解答其他道德理论问题。所以，集体主义原则是一切道德理论的核心，是解答疑难道德理论的基本原理。从这个意义上讲，集体主义原则贯穿于马克思主义道德理论体系的始终，必然成为马克思主义伦理学的基本道德原则。从社会主义道德规范体系上看，集体主义原则在本质上是该体系的规范之一，且高于别的具体规范，是说明和统驭别的具体规范的最高道德规范，处于该道德体系的最高层次，并对其以下层次的具体道德规范和道德范畴起着指导的作用。从社会主义道德评价体系上看，人们将评价善恶的尺度、评价利益的尺度作为劳动力标准的尺度往往具体化为集体主义尺度。也就是说，集体主义原则是衡量人道德境界高低的最基本评判标准。

集体主义原则成为社会主义道德的基本原则，这在我国现实道德生活中是可行的，同时也应该是调整我国现实道德关系的主要手段。一方面，从可行性角度看，以生产资料公有制占主导地位的社会主义经济形式为集体主义原则的运行奠定了切实的经济基础；以中国共产党为核心的政治体制、以工人阶级为主体的国家体制和以乡村镇街农民居民组成的最基层政权组织为集体主义的实施奠定了可行的组织基础；有一定程度社会主义觉悟的广大社会公众思想道德水平为集体主义的实施创造了直接的思想前提。另一方面，从道德调节的手段角度看，长期以来，无论是道德理论还是道德实践，人们争论及分歧的焦点总是围绕集体与个人的关系来展开的。人类道德发展的历史表明，相对于利己主义、功利主义和个人主义，集体主义具有巨大的道德价值和旺盛的生命力，它在提高公民的道德品质和改善社会风气等方面发挥着巨大的作用，推动了社会政治经济的全面健康发展，也加快了个人物质生活及精神生活的全面自由发展。

二、集体主义原则辩证统一集体利益与个人利益

社会主义的集体主义原则的首要任务是辩证地统一集体利益与个人利益之间的关系。在我们社会主义国家，实现集体利益与个人利益的辩证有机统一，是社会主义的集体主义原则所追求的最高道德目标，是社会主义道德的最核心内容。

所谓集体利益是以无产阶级为核心的所有劳动社会公众的整体利益，是由无产阶级与

扩展阅读 3-1：GE：个人利益必须服从公司的利益

广大社会公众所组成的利益集体在政治、经济、精神、文化诸多方面利益的总和。其系统价值目标与共产主义理想的集体利益保持一致，是介于理想的集体利益与虚幻的集体利益之间的一种现实的集体利益。什么是个人利益呢？个人利益是劳动者个人全部需求的总和。这种个人利益首先体现为解决个人在经济上需求的个人经济利益，在今天分别体现为满足个人在政治、文化、精神等诸多方面需求的个人政治利益、个人文化利益和个人精神利益。

个人利益在任何时候、任何地方都是一种客观存在，且有正当个人利益与不正当个人利益之分。在一定的历史条件下这两种个人利益有时还会相互转化。还应明确，只有社会、国家、民族根据社会生产力的实际情况相对公平地提供和分配给个人的利益，才是正当的。我们每个人则应当根据社会的道德尺度合理恰当地节制个人的无穷尽欲望，克制个人无穷尽的物质与精神需要，追求正当的个人利益，放弃且排斥不正当的个人利益，从而与集体利益保持道德目标和手段上的协调一致性。集体主义原则从三个方面体现了集体利益和个人利益的辩证统一。

1. 集体主义原则强调集体利益与个人利益关系的辩证性

集体利益与个人利益是辩证的关系，既有统一性又有不一致性。统一性表现在两方面：一方面，集体利益是个人利益总和的载体，是个人利益最直接、最现实、最权威、最集中的代表。另一方面，个人利益是构成集体利益的必要元素，是健康发展的、极其活跃的；不一致性表现为集体利益会偶尔与个人利益相冲突。但是从长远和整体来看。集体利益与个人利益是根本一致的。

2. 集体主义原则强调集体利益与个人利益的统一性

首先，从集体利益角度看，集体利益不是虚构的，不是完全凌驾于个人利益之上的利益实体，而是实实在在的由集体中各个具体成员所追求的个人利益在集体方面所表现的总和。其次，从个人利益角度看，个人利益不是孤立的，不是完全脱离集体之外的利益个体，不是独立于集体利益之外的纯粹个人利益，而是实实在在的个人利益，但是这些个人利益应该体现集体主义精神并且被集体所认同。集体主义原则最高目标就是促使集体利益与个人利益相互依赖、和谐共生、同步实施、共同完善，实现集体利益与个人利益的根本统一。

3. 集体主义原则强调集体利益高于个人利益

集体主义原则要求集体利益和个人利益辩证统一赖以存在的基础是集体利益高于个人

利益。也就是说，只有实现了集体利益才有可能实现个人利益，集体利益的实现是个人利益实现的前提条件，是个人利益实现的基础。对于集体利益至上性这一点，我国有源远流长的传统，俗语有云："皮之不存，毛将焉附"。集体主义原则倡导集体利益至上性，其出发点和归宿也是为了兼顾集体利益与个人利益两个方面。

三、集体主义原则强调和颂扬自我牺牲精神

集体主义原则在强调集体利益与个人利益的辩证统一、明确集体利益至上性的同时，也强调个人利益应该服从集体利益，甚至不惜牺牲个人利益来维护集体利益。为了准确地坚持、维护集体主义原则，我们必须摒弃各种形式的不合理功利主义原则、极端个人主义原则和利己主义原则，使集体主义原则真正发扬光大。

四、商业活动推行集体主义原则的目标

商业活动推行集体主义原则的目标是培养优秀的团队。

任何团队都是一个有机的整体。正如利皮特博士所说的："人的价值，除了具有独立完成工作的能力外，更重要的是赋有和他人共同完成工作的能力。"在现实的市场竞争环境下，根本就不可能只凭个人的力量来大幅度地提升企业竞争力，而团队力量的发挥已成为赢得竞争胜利的必要条件，竞争的优势在于你能比别人更能发挥团队的力量。一个优秀的公司团队，能更好地保障企业的经营和达成企业的质量目标；一个优秀的公司团队，也能更好地达到顾客的满意度；一个优秀的公司团队，还可以把企业带到永续经营的境界。

优秀团队的影响力是深远的。第一，它能够对团体内个体的行为产生约束及潜移默化的影响，逐渐形成自身的行为及行事规范。并且团队会形成一定的行事风格与准则。第二，它能调整每个个体的期望值，尽力使其保持高度一致，而这个高度一致的期望值正是这个团队所要达成的目标。第三，团队内个体间的互助及影响能产生集群效应，即个体在团队的影响下往往能发挥超出个体原本的能力，这种影响不是主管与部下一对一的互动能够替代的。也正是这种超常规的发挥使得优秀企业更加优秀，极大地提高了创造价值的能力。而个体间的信息共享，又有效地解决了团队或是企业内部的沟通和协调，从而对工作效率起了深远的影响。第四，优秀的团队通常具有很强的凝聚力，而这绝对是团队成败的关键。

组建优秀的团队必须符合以下几个条件。

其一，要有共同的目标、共同的期望，这是形成一个团队的首要条件，也正是伦理道德规范的重要组成部分。商业活动参与者的伦理道德规范是一整套共享的观念、信念、价值和行为规则，以至得以促成一种共同的行为模式。共同的目标、共同的期望亦是达成个体对一个团队、一个组织忠诚的重要方式。影响商业活动参与者团队意识的关键问题有以下几个：商业活动参与者是否了解企业的发展目标？他们能否直接影响企业的成功？能否明确他们的职责？在创新制胜的知识经济时代，你是否意识到商业活动参与者的忠诚奉献已成为组织发展的关键？唯有切实了解员工的期望和需求，发展新型的员工与企业关系，才能让员工释放出自己的能量。只有这样，一个团队、一个组织才能够茁壮成长，不断地从一个胜利走向另一个更伟大的胜利！

其二，团队内部良好的沟通协调。我们知道沟通是团队有效合作的前提。正如沃尔玛总裁所说的："如果你心须将沃尔玛体制浓缩成一个思想，那可能就是沟通，因为它是我们成功的真正关键之一"。丹佛大学斯蒂芬·艾尔布思克（Stephen Erbschloe）所作的一项研究表明，他所研究的46家企业之所以面对互联网带来的商业机会行动迟缓，最主要的两个原因就是：交流的贫乏和行政上的混乱。要使交流成为一个团队、一个组织里的优先事项，并且让每个员工都知道你重视交流；为员工提供同管理层交谈的机会；建立互相信任的氛围。这是优秀的团队要达到有效的沟通协调至关重要的三个条件。为了实现良好的沟通协调，领导应该为员工提供更多的交流平台；并且走出办公室与员工近距离亲身交流，而不是仅仅聆听汇报。

其三，要形成一个优秀的团队，还必须具有优秀的激励机制。因为只有通过激励，才能极大程度地调动员工的积极性和创造性。在优秀的激励机制下，能使一个团队始终以高昂的士气、进取的精神来达成组织的目标，是管理不懈追求的境界。因此要实行"赛马"机制，通过"赛马"，可以让优秀人才脱颖而出并且得到锻炼。在这样的一个优秀团队内，每个人都有自己的海洋，每个人手中都有一张航海图、一个罗盘，以便发挥自身的最大潜能。总之，在这样的一个优秀团队内，每个人的精力、兴奋、热情、努力、活力甚至是开支等都被统统激发了出来。

扩展阅读3-2：为什么腾讯每次遭遇瓶颈，定会杀出一个团队，改变公司格局？

其四，一个优秀的团队必须具有创新能力，没有创新能力的团队就不能称为优秀团队。现今，组织面对的是独具慧眼并且具有高智商的客户群，客户的需求日趋多样化，这就要求团队具备高度的弹性以及敏捷的创新能力，以更好地满足客户的要求。在创建这样的团队时，就要把弹性以及创新能力根植在团队意识内，使每一位员工都习惯于改变并且用于改变。

第二节　诚实守信原则

一、诚信建设是我国商业活动的最根本基础建设

（一）诚信建设是提升商业活动各方主体核心竞争力的法宝

诚实守信是市场主体增强核心竞争力、实现可持续发展的竞争方略和经营之道。"诚信有价"与"诚信无价"都蕴含着诚信的双重含义；巨大的诚信价值与沉重的失信代价。从正面看，诚信是资本，诚信创造价值，诚信品牌会给市场主体带来溢价。诚信理应成为现代商业活动的通行证。与失信者相比，诚信者交易成本更低，市场机会更多，市场份额更大，融资渠道更广，社会形象更好。因此，诚信溢价具有正当性、合法性和可操作性。从反面看，失信者最终要付出沉重代价。有些商人缺乏正确的荣辱观，利欲熏心，唯利是图，见利忘义；有些商人热衷于"活学活用"三十六计和厚黑学，而将商业活动法律与伦理抛之脑后。此种做法虽能图利一时，但行之不远。

（二）诚信建设关系到我国商业活动改革与发展的成败

经过改革开放以来四十多年的不懈努力，我国社会主义市场经济体制虽已建立，但仍不完善。社会主义市场经济本应是诚信为本的市场经济，而非尔虞我诈、坑蒙拐骗的市场经济；诚信化、法治化、透明化与市场化是我国深化商业活动改革的基本方向，并以诚信化为主导。但我国商业活动中仍存在道德严重滑坡、"劣币驱逐良币"的混乱现象。形形色色的欺诈行为（包括但不限于上市公司及其董监高的虚假陈述以及券商对客户的误导交易）、不公平交易行为（内幕交易、操纵市场、控股股东与上市公司之间严重不公允的关联交易）、上市公司恶意不分红、市场专业人士（含保荐人、资产评估机构、会计师事务所和律师事务所）的助纣为虐等失信"毒瘤"直接侵蚀着我国商业活动的肌体。要进一步推进我国商业活动的改革，促进我国商业活动的可持续健康发展，必须大力加强商业活动诚信建设。

（三）诚信建设是落实依法治国、建设社会主义法治国家的重要组成部分

大国崛起的历史就是法治国家崛起的历史。法治国家无一不是诚信大国。法治国家必须弘扬诚信文化。而商业活动诚信水准的高低是衡量一个国家或地区法治状况优劣的核心指标。完善的法治有助于捍卫诚信、制裁失信；诚信环境的改善也会加快推进市场经济法治化进程。失信背信行为不仅损害了善意市场主体（包括债权人、投资者与消费者）的民事权利，而且损害了社会公共利益，亵渎了法治的尊严，侵蚀了诚信原则和公序良俗，滋生了超越于法律规则之上的潜规则。商业活动欺诈根源于数千年封建文化和"文化大革命"遗毒的影响，不仅严重影响了诚实守信的商业活动文化，而且严重阻碍了法治国家的建设进程。因此，为真正建设社会主义法治国家，必须大力加强商业活动诚信建设。

（四）诚信建设是落实以人为本的科学发展观、构建社会主义和谐社会的重要内容

从我国历史看，和谐盛世都是诚信文化彰显、夜不闭户、路不拾遗的时代。没有诚信，就没有和谐社会。当前商业活动中的失信现象颠覆了和谐共赢的阳光盈利模式，培植了单赢独享的阴暗盈利模式，人为地制造了市场主体之间的利益冲突与不信任因素，提高了市场主体之间交易与合作的成本，降低了公众投资者的幸福指数。有些市场主体不仅欺诈普通投资者，还欺诈离退休人员和低收入人群等弱势投资者，既不道德，也不厚道，更不合法，屡屡触犯公怒。

（五）诚信建设是全球化背景下，提升我国国际软实力的战略举措

我国作为历史文明古国，又是泱泱诚信大国，"言必信，诺必践"的传统文化源远流长。我国企业在贯彻"走出去"战略、对外开展贸易与投资等商事活动中的一言一行直接影响着外国商业活动伙伴、消费者和东道国政府对我国商人和民众诚信度的评价。遗憾的是，我国商人涉足海外商业活动时良莠不齐。在海外上市的中概股公司频频遭受东道国监管者调查和谴责的丑闻不断见诸报端。任何一家中国企业、任何一位中国公民的失信行为

都会引发国际社会对中国、中国人乃至海外华人的诚信株连效应。为打造诚信中国品牌，改善国际形象，维护国家利益和民族利益，必须加强商业活动诚信建设。

总之，大力加强商业活动诚信建设具有重大的经济意义、政治意义、法治意义、社会意义、国际意义与文化意义。商业活动诚信体系建设是一个庞大复杂的系统工程，需要政府有关部门、市场主体、行业协会和广大投资者等社会各个层面的共同努力。其中，制度建设是法治建设最为重要的一环。

二、商业活动参与者贯彻诚实守信原则的内在要求

由于社会的发展和历史的进步，诚信理念伴随着社会经济关系的变化而与时俱进。古人在《史记·货殖列传》感叹道："天下熙熙，皆为利驱；天下攘攘，皆为利往。"在诚信面临利益冲突之时，孔子告诫后人"见利思义，见危授命，久要不忘平生之言，亦可以成人矣"；对"子以四教：文、行、忠、信"；还说"君子喻于义，小人喻于利"；"君子之仕也，行其义也"。在诚信与利益对立而不可兼得之时，孟子说："生，亦我所欲也；义，亦我所欲也；二者不可得兼，舍生而取义者也。"在生意场上，虽赚钱发财天经地义，但切不可见利忘义；利义舍取，应舍利取义。晚清著名商人胡雪岩财源亨通的奥秘就在于他始终秉持"以义取利"和"以德经商"的商贾理念，他讲究"君子爱财，取之有道；战必以义，信而服众；利义统一，仁富合一"，从而成为富甲清末且名扬天下的大财神，进而赢得"红顶商圣"的桂冠。在当今市场经济时代，"温良恭俭让，让中取利；仁义礼智信，信内求财"的儒商思想和正当的功利主义已被不少企业家接纳吸收，付诸实施，且带来了辉煌的经济效益和社会影响。这样的成功人士为数甚多，华人首富李嘉诚人如其名，是靠勤勉与诚信取得事业成功的。他经商成功的理念主要有：做生意首要讲诚实信用，无信不立；名利不是最重要的，道义至上；与人方便、与人为善才能财源广进；耐心及决心是制胜法宝，它的企业的名字长江即是取万涓汇入之意。

世界 500 强企业之一的默克公司（Merck）曾经投入巨资开发生产一种根本不能赚钱的产品，却让很多深受某种病痛折磨的人们摆脱了痛苦，这是典型的基于商业伦理道德的选择。经过 7 年的研究和无数次的临床试用，默克公司终于开发出供人体服用的治疗河盲患者的新药，默克公司专门和世界卫生组织合作，共同出资成立了一个委员会，负责将这些药品安全地送到第三世界国家的病人手里，并且保证这些药品不回流到黑市移作他用。有人曾问，默克公司为何投入巨资开发生产一种根本不能赚钱的产品？默克公司主席魏格洛斯的回答是，当公司发现一种药品可能用来治疗一种足以把人折磨变疯狂的病痛时，唯一符合商业伦理的选择就是去开发这种产品。

创立于 1669 年的北京同仁堂药业给我们的启示就是仁者无敌，诚信常青；依托仁德诚信铸造同仁堂金字招牌，今日之同仁堂集团企业名列全国医药企业 50 强之首，成为中华民族医药产业的骄傲。张瑞敏倡导"真诚到永远"的海尔理念取得巨大效益就是诚信成功的生动典范。党的十六届三中全会通过的《关于完善社会主义市场经济体制若干问题的决定》明确提出"增强全社会的信用意识，政府、企事业单位和个人都要把诚实守信作为基本行为准则"。

《中庸》认为，诚是客观规律的反映，是事物发展规律的本质规定。天道之诚作为天理之本然，是人性的价值本源。在市场经济的伦理道德要求中，诚信是最重要的也是最核心的伦理准则。古人云"诚于中而形于外"。没有内心之至诚至信，"做理性的经济人""合作意识"和"合作精神"都将失去实践基础，因此，诚信是上面所说的各种伦理要求的进一步深化。和上面所提是伦理要求相比，诚信更突出了行为主体的自觉性。

"诚"是指诚实，"信"是指信用、信誉、信念。诚与信是中华民族的传统美德。中国古代思想家十分重视这两种德行，认为两者是人的安身立命之本。诚与信是紧密相连的，凡是真正的诚实之举，本身就显示着信用，也肯定能得到别人的信任；而真正守信用的行为，本身就是当事人诚意的反映，所以在评价人的行为时，人们往往将"诚信"连用。在人们的实际生活中，诚信一直作为基本的道德准则。欺诈、虚妄、投机取巧的行为总是被人所不齿。竞争行为是市场经济条件下人们活动的主要方式，而诚信是评价竞争行为的道德准则。

竞争行为中的"诚"一般具有以下三方面含义：一是凭自己高质量的产品、技术、信息、服务参与竞争，而不是搞花拳绣腿、哗众取宠。这样的"诚"表现为凭自己的诚实劳动和努力工作去获取利益。二是以诚待人（包括竞争对手）。这表现为遵守市场的基本规则，通过正当的竞争手段去取得竞争优势。三是以诚待事，即以充分的诚意对待自己所从事的事业。企业或个人参与市场竞争，既是检验自己的生产、经营与管理的手段，也是自己事业得以延续和发展的一种方式，而不是为竞争而竞争。这个意义上的"诚"体现为一种敬业精神。总之，如果把竞争视为发展自己、体现自身价值的方式，就会以真正的"诚"对待竞争。

如果说"诚"在竞争中更多地体现为主体的一种道德观念和精神境界的话，那么"信"在竞争中更多地体现为一种为人处世的态度和行为作风。两者互为映射，前者是后者的基础，后者是前者的反映。只要以诚待人，以诚为事，就一定能以信取人，以信成事。这样，在竞争活动的各个环节，如生产经营、产品质量、市场营销、企业洽谈、履行合同及服务方式等，就能本着诚信原则，开展公开、公平、公正的竞争。

我们将"信"诠释为"信用""信誉"和"信念"，实际上是说明"信"在竞争活动中所展示的不同精神境界。"信用"是最一般层次的境界。在具体的竞争行为中，信用只是表现为一定的活动方式和行为态度，即表现为行为的客观状况。

讲究信誉则更多地依靠商业活动参与者的清醒意识和自觉行动，即商业活动参与者为了自己的良好信誉而恪守信用。在市场竞争中，商业活动参与者的良好信誉本身就是一笔无形的资产。对信誉的追求表明商业活动参与者认为竞争活动不仅仅在于自己获取正当利益，而且更重要的是要展示自己良好的形象和为人处事的品格，把求利和做人结合起来。

信念是"信"中最高层次的境界。信念不仅体现了商业活动参与者充分的自觉性，而且表明了其明确的价值目标。商业活动参与者恪守信用原则，其动机不是出于业务的需要和功利的考虑，也不仅仅是为了顾及自己的形象和信誉，而是出于内心深植的信念，是信念的外化。

三、诚实守信是商业活动参与者的根本要求

对于广大的商业活动参与者来说，坚持诚实守信原则就是要求立足商业活动实践，力行诚实守信。如果把诚信二字分开要求，我们认为，"诚"相对于商业活动参与者至少有以下三层内容：

忠诚于自己所承担的事业，热爱本职岗位；

诚恳善待与自己工作有关和无关的人们；

热诚勤勉地做好本职工作，精益求精，追求卓越。

而"信"相对于商业活动参与者至少也有以下三层内容：

讲究信用，信守诺言，实话实说；

树立信誉，创建品牌，提高知名度，让公众信服；

信任他人，像相信自己一样相信同行和他人。

从整体看，诚信品质的内容包括良好的商业伦理道德和企业操守、完善的信息质量和优质服务。所以完全可以说，诚信是商业活动参与者立业之根本。诚信建设是一项庞大的系统工程，需要多方面的共同努力。但无论如何，外因只是变化的条件，内因才是变化的根本。从这个意义上讲，商业活动参与者的道德诚信素质将对商业活动诚信建设发挥决定性影响。

为贯彻诚实守信原则，作为商业活动主要参与者的企业来说，应具备优秀企业诚信品质，其内在要求包括以下几个方面。

（一）正直客观立场

保持正直客观立场是商业活动参与者具备优秀诚信品质的首要要求。正直是社会公众信赖商业活动参与者的一个关键品质因素，这种品质很难评价，因为商业活动参与者一个特定的疏忽或委托失误，可能是由于无意的失误，也可能是由于缺乏正直品质；而企业大案要案更多的是当事商业活动参与者缺乏正直品质、共同舞弊所导致的。客观指的是商业活动参与者在经营时保持不偏不倚公正态度的能力。由于这种态度包括个人的意识活动，因此对客观性的评价主要基于在弄清事情来龙去脉过程中观察到的商业活动参与者行为及其相互关系。应该看到，正直和客观程度是无法准确度量的。然而，作为为人之首要品质，商业活动参与者必须牢记在心，并付诸于企业实践活动中去。

（二）公正平等意识

在社会主义市场经济条件下，建立以诚信为核心的道德秩序，首先要求商业活动参与者应具备公正平等意识。如果商业活动参与者没有追求公正平等的意识，就不可能有对诚信的强烈要求；没有公正平等的参与机会，就不可能有公正平等的交易，也就不可能有企业权利和企业责任相对应的契约，诚实守信原则也就不可能得到贯彻执行，这样的经济也就不是信用经济、伦理经济，也不是健康可持续发展的经济。

（三）笃信虔敬态度

在讲究公平与效率的市场经济社会中，商业活动参与者要想得到社会及人们的尊重和

信任，必须对自己所处的社会、对自己所从事的企业、对社会交往的规则持一种笃信虔敬的态度。市场经济社会中的商业活动参与者，要靠对自己对本职工作的敬业精神和职业能力来获得社会的尊重、信任。商业活动参与者如能诚心诚意地怀着笃信虔敬的态度对待自己的本职工作，会更有效率，也会产生更多先进的企业思想。商业活动参与者个人信用首先是一种对诚实守信原则的敬畏，即把诚实守信原则看成自己的安身立命之基础。其次具体体现为企业工作、个人信贷、个人消费以及个人与他人、银行等交往时的恪守态度。

（四）企业经营判断与责任能力

诚信素质，并非仅指人们的人品和情操意义上的信任，对人的经营判断及责任能力的信任。在市场经济中社会所要求的"诚信"是以经营判断及责任能力为基础的。企业经营判断与责任能力简单地说就是指商业活动参与者负责任地执行企业业务的判别能力。商业活动参与者仅有企业诚信意义上的责任感还不够，还需要具备实现自己企业诚信诺言的企业经营判断与责任能力。我们到

扩展阅读 3-3：上市公司
呼唤诚信法则

市场上买商品，首先不是看经营者是否老实忠厚，而是看商品和服务本身是否令人满意；银行和金融机构在货币、商业活动上进行信贷活动时，首先不是视其人品是否端正，而是考察其是否具有偿还能力；财务、企业及审计机构在发布财务与企业信息，提交审计报告时，首先不是看其有多少资格证书以及品质德行如何，而是看其能否严格进行质量控制，坚决不做假账而出具真实客观的财务、企业及审计报告，不断提高企业经营判断与责任能力。

第三节　先义后利有序原则

一、义与利的关系

义与利的关系是一个长盛不衰的伦理学话题。现代企业为了谋求持续稳定协调地发展，必须寻求义利相统一，实现道德与利益的最佳结合。而传统文化的"义利之辩"值得我们把握。"利"应以合"义"为导向；只有合理的"利"为"义"，"义"之所在才是真正的"利"。新时代的商业活动参与者应确立以下三个"义利观"。

第一，公众利益是终极目的，个体利益不应逾越凌驾于社会公众利益之上

譬如，从形式上来看，企业与客户签订业务合同，似乎应唯客户利益是从。然而，企业服务从本质而言，其业务约定的最终委托人是社会公众。尤其是上市企业，众多的现实投资者与潜在投资者、债权人等公众利益是天然合理的，只有"公众利益"至上，即在面临不同方案选择的情况下，毫不犹豫地选择社会效益最大化方案，现代企业才会不负公众的期望，最终得以持续的发展。

第二，个体利益有其现实合理的存在性，"义"不必在游离于"利"之外

强调"公利"（义）为本，并非固守虚假的社会本位主义，以否定"私利"的合理性及其道德上的遵循性，从而否定个体利益作为道德目的所具有的本质意义。事实上，个体

利益的获取才是使一个社会、一个道德模式的合理性得以确证的最后依据。正因为如此，现代社会承认其商业活动参与者个体利益有其现实合理的存在性，正当之"义"不必、也不应该游离于"利"之外。

第三，当短期利益与长期利益发生冲突时，弃短就长，方为"合义"

制度创新，不仅取决于职业界内部的自主选择，还取决于外部的约束偏好。走合伙制之路，可能使短期利益受损，因为对于给定的利益而言，合伙制比有限责任制获利少。因此，业内人士缺少选择合伙制的强烈动机。但一味指望用有限责任换取公众的无限信任，显然难以奏效。是应付现在还是放眼未来，企业不难作出回答：短期利益的土壤里生长不出信用文化，长期利益才是滋养信用文化的雨露。

由此，可以初步形成新义利观的框架：公众利益是企业永远的旗帜，个体利益是"义"的物质支撑，短期利益服从于长远利益。企业应记住伟大的思想家孔子的话，他说，虽然富与贵，是人之所欲，但"不义而富且贵，于我如浮云"！伦理学者欧阳润平在其论著《义利共生论——中国商业伦理研究》中认为，义利统一原则的要求包括以下内容。

（1）奉行利己不损人、谋利不损义及谋义不损利原则的义利共存，为己必先为人、谋利必先谋义原则的义利共融，不为谋利而谋义原则的义利共生等三个层次。

（2）义利共生型商业伦理及其运行的基本要求是将人道主义、集体主义和科学求是精神贯穿于企业的人员、生产、交换、分配及沟通准则之中，体现于企业决策、激励、监督和教育机制之中。

（3）企业实践义利共存价值理想的基本保证是公平正义的法律秩序、合理有效的政治经济制度和良好的社会信用体系。

中西方优秀企业的发展壮大历史也从事实上证明：商业活动参与者义利共存、义利共融和义利共生是商业伦理发展的必经之路。

二、义利统一原则的意义

我国经济体制改革的重大成果之一就是推翻了以政府指令性计划为导向的计划经济体制，建立了以契约自由为导向的市场经济规则。市场经济发达国家不但坚持契约神圣原则，还弘扬契约正义原则，注重当事人权利与义务之间的实质公平。我国在这方面仍然停留在契约自由的浅层次上，误以为"契约自由＝契约正义"。换言之，人们往往强调形式上的契约自由，而忽视实质上的契约自由，更忽视了契约正义。从而导致契约自由与契约正义的严重失衡。

先看建筑物区分所有权领域的契约自由依赖症。例如，《中华人民共和国物权法》第76条第2款规定："会所、车库的归属，有约定的，按照约定；没有约定或者约定不明确的，除建设单位等能够证明其享有所有权外，属于业主共有"。这条规定看似尊重了开发商与消费者之间的契约自由，但与财大气粗的开发商相比很难享有对等的谈判地位，导致立法者赋予消费者的契约自由往往被开发商滥用，消费者的契约自由只不过是与虎谋皮的梦呓而已。

同样的，在投资者无法通过契约自由实现自我保护的情况下，如果立法者不能通过强制性规范对投资者提供适度倾斜的法律保护，则投资者权益不可能受到尊重，不仅契约正义难以实现，真正的、实质的契约自由也往往沦为形式。在市场经济体制不完善、市场竞争不充分的情况下，片面注重契约自由的思维很容易为"霸王条款"的盛行提供制度温床。"霸王条款"的提供方完全可以堂而皇之地告诉投资者："既然契约自由，你要么签字，要么走开。"人在屋檐下，不得不低头。在没有选择的情况下，投资者一旦违心地在"霸王合同"上签字，就很难寻求法律救济了。

鉴于在市场经济体制不完善、竞争不充分的情况下，契约自由容易被滥用，契约正义容易被践踏，《中华人民共和国公司法》《中华人民共和国证券法》和《中华人民共和国证券投资基金法》等相关法律进一步弘扬契约正义精神，实现契约自由与契约正义的有机统一，既注重形式上的契约自由，也注重实质上的契约自由。仲裁机构与人民法院旗帜鲜明地对"霸王条款"进行法律审查，及时确认格式条款提供方单方增设自身利益、免除自身义务、责任与风险，片面加重投资者义务、责任与风险，剥夺投资者权利与利益的条款无效。行政监管机构建立健全对格式合同的行政审查和纠偏机制，引入公众听证程序，积极发挥行政指导职责，敦促格式合同提供方见贤思齐。公众与媒体的监督和谴责也会对遏制"霸王合同"现象发挥积极作用。

三、构建以义利统一为基础的商业活动信用文化

我们看到，传统的"信"是与"义"结合在一起的，或者说"信"随"义"走，"义"指向哪里，"信"就实践到哪里。所以，对于部分商业活动参与者遗失了信用的问题，应从"义"的迷惘中去寻缘由。

一旦"利"成为社会关系的基本内容的时候，传统与现实便从此发生了剧烈冲突，并引发了信用文化和信用秩序的迷失。学术界的观点之一是商业活动参与者以盈利为目的，似乎必须做到舍利取义；观点之二是商业活动参与者作为市场经济微观机制运行的实体，体现着竞争规则和职业精神，既利他又利己，义必须在利前；观点之三则认为在通向超然独立的殿堂的途中，不必守身如玉，某些失信行为是可以理解的，也是难以避免的。

显然，第一种观点会导致义与利的对立；第二种观点代表着新义利观导向；第三种观点可能导致实务中对信用的放纵。

正直守信，率先垂范，是现代信用文化的基石。一位经营大师说，人本正直，不应被迫正直。譬如，会计师事务所经常面临着如何让客户认可其出具的鉴证报告的问题，此时，应诚实地表达自己的专业判断，正直地恪守道德标准，威武不屈、富贵不淫、挫折不馁、诱惑不移!始终守护心中对"义"的那份坚持。企业的职责毕竟非同一般，其"信用指数"有理由高出社会平均水平。

讲究良知，崇尚理性，是现代企业信用文化的主体。有时，客户会提出超越专业规范的要求，试图购买鉴证意见；有时，客户会发掘专业规范的空白地带，获取非信用利益……企业要么屈服于感性，"食君之禄，分君之忧"，要么登高望远，让良知弹劾盲从。显然，后者是商业活动参与者的正确选择。

四、肯定合理合法的功利主义

（一）经济与道德相互依赖的基础——正当功利

我们假设的前提是把一切经济活动定义在"经济人"或"社会人"的基础之上，因此，经济与道德具有可分、不可分的两重性，急需解决的突出问题是：如何正确认识功利，如何解决功利性与超功利性、自律性与他律性的统一？

1. 功利性与超功利性的两面性

市场经济具有功利性，它排斥超功利的道德，而不排斥那些允许个体追求、保持或争取自己正当功利的道德规范。如在一桩对交易双方都能带来利益的买卖中，货真价实、童叟无欺是必须有的——这里起作用的是诚实与平等的道德；在借贷活动中，守信用，及时付息还贷是必须的——这里起作用的守信、负责任的道德；在市场的良性、有序竞争中，机会均等、排斥垄断和特权是必须有的——这里起作用的是公平、公正的道德；在独立审计中，委托与被委托是一种买卖关系，但它应当是独立、客观、公正进行的——这里起作用的是商业伦理道德和注册企业师审计职业道德……。对这一类道德，不能称为超功利道德，因为它并不要求人们完全放弃自己的正当功利，而只是要求人们放弃对市场经济带来负效应的不正当功利。这一类道德之所以是市场经济需要的，是因为市场经济正常运转的基本前提是建立在机会均等基础之上的公平竞争。为了保证竞争的公平性，必须确立这样的市场规则：它一方面允许每个个体在竞争中追求自己的正当利益；另一方面防止以一己之私的追求堵塞了他人的利益追求。体现在这些规则中的道德便是社会公认的公德。企业市场的伦理道德认同功利性道德，排斥超功利性道德。

2. 自律性与它律性的对立和统一

自律性是正当功利的道德本性。自律——把行善视为目的，他律——为达到自己的物质利益而给他人提供好处的行为。自律是同行为的功利性相一致，但作为纯粹"经济人"，自律与他律又是排斥的。而在实际经济生活中的人，在扮演"经济人"的同时，依然具有"道德人"的一面。在市场中就有可能出于某种非功利性的考虑而放弃追求最大限度的物质利益，仅满足于适度利益。在这样的市场经济参与者的行为中，既有他律，也有自律的成分。处理得好，两者是一致的；处理不好，两者则是相互矛盾的，而且呈现此消彼长的状态。"企业假账"就是在两者矛盾无法统一条件下而产生的。超功利性是产生"企业假账"的根源之一。

（二）正确理解功利主义

（1）功利主义不等于利己主义。功利主义是调整个人利益和公共利益的关系，从而达到两者之间的和谐统一。功利主义包括功利利己主义，也包括功利利他主义。事务所受企业委托进行审计，需要收费，如果出具审计报告是独立、客观、公允、真实的，这既是利己功利主义，也是利他功利主义，是完全正当的，也有利于市场经济的发展，受法律保护，符合职业道德原则。反之，见利忘义，为了追求利益出具了虚假审计报告，既损害了自身的功利，也损害了企业功利，更损害了社会公众的功利。

（2）为了发挥功利主义的正面效应，限制了它的负面效应，以公正原则来补充功利原则，以公平原则来补充效益原则，防止出现损人利己的功利主义行为。

（三）市场经济转型期正确运用功利主义的对策

我国经济体制正处于转型期，人们的功利原则的价值取向，既有积极的一面，促进了社会的良性运行；也有消极的一面，妨碍社会的健康发展。应当采取以下对策。

（1）宽容。宽容不是恩赐、施舍，它的前提是平等，承认多元化的价值取向。宽容是有原则的。

（2）批判。批判不是专制，是一种平等基础上的竞争。

（3）建设。一是反对极端个人主义和纯粹利己主义；二是容忍温和个人主义和合理利己主义；三是在一般条件下提倡现实集体主义和温和利他主义；四是在特殊条件下鼓励理想集体主义和极端利他主义。

（四）功利主义的两种导向的约束机制

（1）内在机制：培养人们的社会责任感和义务感，形成心理—意识机制，自觉选择正当功利主义行为。

（2）外在机制：包括社会经济、政治政策导向，社会赏罚和社会舆论，鼓励和宣传正当功利主义行为。

价值主体归根到底是利益主体。因此，价值取向归根到底是利益导向。如果人们利益失衡，就会导致人们的价值观念失衡，是没有用好这两种机制的表现。

第四节　公平与效率统一原则

效率与公平是各种经济社会制度都要追求和平衡的两大目标，商业活动作为实现资源配置和财富分配的重要制度，应该有效地为实体经济服务和使全民都能分享经济增长的好处。

市场经济需要机会均等的、效率均等的公平原则要求表现在以下几个方面。

（1）机会均等。作为市场竞争机制实现的必要条件均等，机会均等是作为垄断与特权对立物而存在的。

（2）效率优先。效率优先的前提包含在公平公正公开之中。

（3）兼顾公平。社会通过政府调控对市场经济的结果进行伦理道德调节。通过这种调节，对人们从市场经济活动中直接得到的收入进行一次再分配，如征收个人所得税。再分配所贯彻的精神就是使原来不平等程度较大的收入趋于更公平一些。

（4）经济公平公正公开公信观，首先与经济发展的价值取向有关，是经济发展战略抉择问题，必须引起高度关注。

（5）市场经济的本质是体现公众信用为主体的信用经济，以诚信为核心的伦理道德是市场经济建立的基石。

一、重新认识"效率优先、兼顾公平"

如何认识公平与效率之间的关系，是立法工作中争议已久的老大难问题。传统发展观认为，效率优先、兼顾公平；或者在初次分配阶段强调效率，在二次分配阶段强调公平。长期以来，重效率、轻公平的思维定式潜移默化地影响着各类要素市场的法律规则。

在证券市场，层出不穷的"包装上市"现象之所以屡禁不止，就是由于此种上市模式虽不公平、不诚信，但具有巨大的圈钱效应，能在瞬间为上市公司和控制股东聚敛亿万资本。至于投资者遭受虚假陈述的损失问题似乎只是一个公平问题，而公平问题仅次于且让位于效率问题。正是由于我国商业活动立法长期片面追求效率而漠视公平，我国投资者信心严重受挫，致使股指退回十年之前的历史水平。

在消费品市场包括房产和汽车领域，立法中效率优先的理念和一系列制度安排导致消费者的知情权、选择权、公平交易权、隐私权等权益不断受损。由于某些法律对效率的痴迷和对公平的漠视，监管者和法院面对"霸王合同"等消费欺诈行为时往往无能为力。例如，航空消费者在托运的电脑丢失时只能按照电脑重量获得象征性赔偿，邮局消费者在邮件丢失时也只能请求赔偿邮寄费，铁路乘客托运行李丢失时铁路运营主体的赔偿责任也有限额。其实，若法院援引《消费者权益保护法》裁判案件，消费者当然可以获得实际损失赔偿；但问题是，被告市场主体往往辩称《邮政法》《民用航空法》和《铁路法》是《消费者权益保护法》的特别法，而特别法优于一般法适用。恰恰由于这些漠视公平价值的特别法或者行业保护法的存在，导致许多消费者在维权诉讼中往往一败涂地。

改革开放以来的实践表明，重效率、轻公平的传统思维会导致公平正义、诚实守信的主流价值观受到污染，公平公正的市场秩序遭到破坏，效率目标也很难实现。殊不知，公平与效率既有差异、冲突的一面，也有相容、共生的一面。在和谐的市场环境中，公平价值与效率价值同等宝贵。公平培育效率，效率成就公平。国不以利为利，国以义为利。立法与政策方案越公平，就越能激发人们创造价值和积累财富的内驱力，商业活动就越有效率。

实际上，公平价值的弘扬不仅考虑了市场谈判强势方的效率，也考虑了市场谈判弱势方的效率，因而会推动多赢共享的商业活动模式的可持续性。睿智的立法者与监管者应当通过民主、科学、透明的决策机制优选公平与效率两全的方案。如果实难两全，只能优选符合公平价值的方案。注重市场中的公平正义，并不是说效率不重要，相反地，效率价值很重要。只不过，效率价值不能对抗公平价值而已。

和谐的商业活动不能容忍破坏公平的效率。例如，对于上市公司与其控制股东之间的关联交易的规制以及对于高管"肥猫"高薪的确定机制，都要遵循公平与效率兼顾的精神。治本之策是清理现行法律中有悖公平原则的各类"恶法"条款。

二、公平与效率统一原则的内涵与要求

为了使市场经济中的公平公正公开公信规则得到切实贯彻，最重要的是应遵循公平与效率兼顾原则。由于资源的有限性和需求的无限性，管理本身作为一种资源的分配行为，

包括对人力资源和物质资源的再分配，在进行企业资源的分配和管理时，怎样处理和兼顾公平与效率的问题，是商业伦理的一项重要任务。

商业伦理中的公平至少包含以下四层含义。

第一，地位的平等。在市场经济中，各类商业活动参与者，譬如企业，不管其规模大小、成立先后、地处何方、经营性质如何，它们都应享有经营地位的平等对待；而作为自然法人的个人，不管其学历高低、年龄大小、资产多寡，他们都应享有工作地位的平等对待。

第二，权力的平等。这种权力体现在多方面，如对组织信息的了解程度、在组织内部的自由程度、对组织工作的参与程度等都应拥有平等的权利。

第三，机会的平等。包括一切机会平等地面向全体成员，每个成员都有平等选择各种机会的权力；

第四，分配的平等。分配中的平等不等于平均主义、不等于吃"大锅饭"、不要求均分。管理中的公平直接影响员工的发挥积极性、主动性和首创精神，直接影响管理的绩效和效益。

效率问题是企业壮大的关键要素和企业发展的根本问题，效率是企业组织活动的出发点和衡量标准，是企业高层必须经常思考和长期面对的问题，效率最终来源于生产要素提供者的积极性、主动性的发挥。"效率实际上有两个基础，一个是物质技术基础，一个是道德基础。只具备效率的物质基础，只能产生常规效率。有了效率的道德基础，就能产生超常规的效率[①]。"

公平与效率是无处不在的，而且常常处于两难境地。公平与效率相统一的原则就是要求在商业行为过程中坚持"效率优先，兼顾公平"这一伦理原则。反对"平均主义"，反对"不患寡而患不均"的习气，反对以公平或不道德方式不讲效率地去追求绝对公平，同时反对"效率至上"，反对以不公平或不道德方式去追求所谓效率。应该在注重效率的同时，重视公平，使组织内部人际关系的日趋和谐，使企业获得长久发展。

为了体现公平与效率兼顾的原则，应该做到以下几个方面。

（一）竞争与合作协调统一

市场经济既是竞争经济，同时也是分工协作经济。商业活动中各类经济组织可以在竞争与合作中去追求公平与效率相统一。虽然，竞争是市场经济的题中应有之义，但市场竞争并非是纯经济的行为，它在内容、目的和手段上不仅有"合法"与"非法"之分辨，而且还有"义"与"不义"之区别。作为人类在经济生活中的一种现象，市场经济基本特征是促使企业利用价值规律和市场规则，以自己的优质产品和服务扩大市场占有额；与此同时，企业通过降低成本使自己凝结在商品中的个别劳动量低于社会平均必要劳动量，从而获得比其他企业更多的利润和收益。在市场中，企业发展的机会是无限的。因此，即使在激烈的商场如战场的市场竞争中，企业之间也不是人们所想象的那种你死我活的关系。市场竞争的目的也不是为了消灭对手，更不得为此不择手段坑人利己。

在现实经营活动中，商业活动参与者之间的竞争一方面必须接受法律法规的约束，另一方面也必须受到经营伦理道德的约束，并以此形成规范的、有序的良好竞争，确保市场

---

① 厉以宁. 道德是调节经济运行的第三种方式[N]. 新华日报，1999-05-06.

经济合法且合理运行。一个经济组织，如果它不讲道德，不合伦理，即使能一时获利，也难以在市场上长期立足，最终会失去顾客而自毁前程。

商业活动参与者之间总在寻求双赢的共荣关系，不仅在竞争中合作，同时也在合作中竞争。采用既合乎市场经济规律的运作方式和手段又符合社会主义精神文明和优秀文化传统的伦理道德准则的行为来加强经营管理和商业伦理，才能有利于整个社会文明的进步，也才能真正使组织获得长久的发展，从而实现公平与效率的统一。

（二）控制与自由协调统一

从总体看，现代社会在广泛自由中追求大众的高度民主，但其间不可能缺乏有效的控制，否则可能会乱套。只有通过控制与自由的协调统一，方能追求真正意义上的公平与效率的统一。

经营管理实践表明，控制对于维持一个组织正常的生产经营活动是必不可少的。控制的根本目的是保证组织的实际活动符合计划的要求，以有效地实现预定的发展战略。但由于各方面的影响，在商业伦理活动中，表现更多的是过度控制或控制不足。过度控制会对组织员工造成伤害，可能扼杀他们的主动性、创造性与积极性，会抑制他们的创新精神，从而影响他们个人能力的发挥和工作热情的提高，最终会降低企业的效率。通用电气前总裁韦尔奇明确指出："旧组织建筑在控制之上，但是世界已经今非昔比。世界变化得太快，使得控制成为限制，反而使速度慢了下来"。[①]而控制不足就不能使企业活动有序地进行，不能保证各部门活动进度和比例的协调，会造成企业有效资源的浪费。此外，控制不足可能使商业活动参与者无视组织的要求，我行我素，不提供组织所需的贡献，甚至利用在企业中的便利地位谋求个人利益，导致企业的涣散和崩溃，最终也会降低企业的效率。

控制与自由的协调统一就是要求企业把控制在范围、程度和频度等方面做到恰如其分、恰到好处，既能满足对组织活动监督和检查的需要，又能充分尊重员工的变化和差异性，给予员工自由畅想发挥的空间，从而充分调动员工的积极性、主动性和创造性，防止组织与员工之间发生强烈的冲突。组织一方面要严格管理员工的言行举止，使其与组织的思想保持一致，体现组织的精神风貌；另一方面又要向员工提供较大的行动自主权。我们看到，实行思想控制旨在维护组织的价值观，而员工行动自由则促进了企业事业的发展。所以，韦尔奇指出，"必须在自由和控制之间取得平衡，但是你必须拥有以前想象不到的自由"。[②] "如果你想从员工身上获取利益，你必须给他们自由，让每一个人都成为参与者。每个人都知道所有事情，那么他们自己就可以作出最适当的决定"。[①]而企业只有在员工的自由和控制之间取得平衡，才能达到公平与效率的统一。

（三）权力与权威协调统一

因为经营实践的需要，组织管理者往往会被赋予一定的权力，包括领导权、指挥权、决策权、财务权和用人权等。在组织运行中，如果组织管理者不拥有这些权力，管理的职能就难以实现，整个组织也就可能无法有序运行而陷于混乱状态。但作为一个企业经理层，

---

① 秦朔. 传播成功学[M]. 广州：广州出版社，1998.
② 秦朔. 传播成功学[M]. 广州：广州出版社，1998.

仅拥有权力是不够的，光靠权力的作用去指挥别人，并不能使人心服口服，而且仅仅依靠权力的指挥棒去指挥别人，这种行为本身就是不道德的，也是不符合伦理标准的。对于组织管理者来说，权力只是一种外在的东西，要有效地管理，除了拥有权力之外，还需要树立相当的权威。

随着社会经济的发展，在越来越富有理性和独立思考的员工面前，一味运用权力的影响去强制实行对被管理者的控制，不仅是不道德的，而且也越来越行不通的。西方著名管理学家巴纳德指出："管理者的权威完全取决于下级人员接受命令的程度。""只有注重管理者自身的道德修养，充分体现管理者的人格魅力，才能真正实施管理的权威"。[①]这种人格的影响力可能会越来越大，直至可能抵消或削弱一个人权力的影响。组织管理者的人格对于被管理者的影响力和号召力比权力大得多。所以，权力与权威的协调统一就是要求加强组织管理者的人格塑造，提高组织管理者的品质修养，在商业伦理过程中要把握权力与权威的伦理界限，正确运用权力和权威，实现公平与效率的统一，以更好地达到组织的目标。

第五节　公开公正公信原则

市场经济中的公开公正公信规则是一种社会的历史范畴，是一种侧重调解人们交往关系的行为准则。公开公正公信观是对社会规范的价值评价。应该明确：公开公正公信不是一个抽象的、永恒不变的范畴。公正公开公信在不同社会领域里表现为不同形式。在经济领域里，表现为等价交换；在政治领域里，表现为权利平等；在道德领域里，表现为机会均等。作为历史范畴，受生产力发展程度影响；作为阶级范畴，受阶级关系影响。虽然，公开公正公信等呼吁很吸引人，但没有充分的物质技术基础来保证它们的实现，就只能流于空洞的形式。

一、公开原则

在商业经济中，公开性原则包括信息公开制度和管理公开制度。信息公开制度又称信息披露制度，是指上市公司必须按照法律的规定，报告或公开其有关的信息、资料（包括财务、经营状况方面），以使投资者能获得充分的信息，便于作出投资判断的一系列法律规范的总称。管理公开制度是为了配合信息公开制度，更好地体现公开性原则，证监会、银监会等证券监管部门必须依照法律的规定，报告或公告上市公司监管有关的管理信息，实现对上市公司的有效监管，以防止管理部门的失职与舞弊行为。

关于信息公开制度，《上市公司信息披露管理办法》第 8 条规定，"依法披露的信息，应当在证券交易所的网站和符合中国证监会规定条件的媒体发布，同时将其置备于上市公司住所、证券交易所，供社会公众查阅"。《非上市公众公司信息披露管理办法》第 7 条规定，"挂牌公司依法披露的信息，应当在符合《证券法》规定的信息披露平台发布"。《证券法》第 78 条规定，"发行人及法律、行政法规和国务院证券监督管理机构规定的其他信息披露义务人，应当及时依法履行信息披露义务"。

---

① 苏勇. 管理伦理学[M]. 上海：东方出版中心，1998.

关于管理公开制度，《中国证监会派出机构监管职责规定》第 3 条指出："派出机构负责证券期货市场一线监管工作，按照恪尽职守、敢于监管、精于监管、严格问责的监管精神，切实维护资本市场公开、公平、公正，维护投资者特别是中小投资者合法权益，防范和依法处置辖区市场风险，促进辖区资本市场稳定健康发展。"

《证券法》总则第 3 条明文指出："证券的发行、交易活动，必须实行公开、公平、公正的原则"。其中，公开性原则是"三公原则"的基础，是"公平、公正"原则实现的保障。没有"公开"性原则的保障，"公平、公正"便失去了衡量的客观标准，也失去了得以维持的坚实后盾。只有公开，才能有效杜绝证券市场的舞弊行为，保障证券市场的健康运转。

遵循公开原则是维护商业活动健康发展的必要条件，是各国法律法规的重要内容。公开原则是适应现代化大生产和资本社会化的客观需要，是保障市场经济健康发展的客观需要。坚持公开性原则有利于约束上市公司的行为，改善其经营管理；有利于上市公司股票发行与交易价格的合理形成；有利于维护广大投资者的合法权益；有利于进行证券市场监管，提高证券市场效率。

对我国商业企业有关公开性原则的完善需要从本国实情出发，认真分析我国基本情况，有选择、有限度地吸收国外先进经验，需要注重以下两个方面。

（1）加大信息公开制度执行力度。国内外企业整体素质的差异，使得我国现有的借鉴国外的信息公开制度往往流于形式，完整性尚可勉强，真实性、准确性和及时性标准却并没有真正引起各方面重视。主要原因在于我国仍处于改革阶段，旧的体制已被打破，而新的体制尚未建立，企业的各项制度仍处于不断的完善之中，未形成稳定而统一的企业制度。虽然《证券法》等相关法规已颁布了许多年，但由于我国传统的淡薄的法律意识及落后的经济、政治体制，经济市场改革举步维艰，至今成效仍不显著。因此，建议证券法以及司法机关必须加大信息公开制度的执行力度，对违反证券法公开性原则的行为绝不姑息，逐步落实我国的企业信息公开制度。

（2）注重管理公开制度。就立法侧重点而言，有些国家的立法更注重信息公开制度，这是由各国的国情决定的。市场机制的相对完善使其更注重对上市公司的微观的管理，强调个体行为的合法与有序；政治体制的相对成熟使其管理体制得以顺畅的运作，只需维持正常的管理程序即可。而我国包括证券市场在内的市场体系的不完善，要求我们必须对证券市场的管理体制予以格外的重视，尽量寻求一种既适合于我国现阶段证券市场的需要又能对证券市场的成熟与完善起指导作用的管理方式；寻求一种既可借助行政力量来加强自身的监管又可具有某种独立性来避免不合理的行政力量干预的管理方式。这有赖于我国管理领域的理论突破及制度学的进一步发展。其中，管理公开制度将会起重要作用。管理公开制度改革可以从这几个方面入手：管理机构从业人员相关信息公开制度、直接行政政策指导的公开制度、违规事件处理的公开制度。

二、公正原则

（一）分配公正

分配公正的基本原则是：相同的人应该受到相同的对待，不同的人应该受到不同的对待。但是，这个原则过于笼统，它并没有告诉人们哪些差异可以合理构成区别对待的基础。究竟哪些差异和分配利益与负担有关，存在不同的看法。

1. 平均分配

平均主义者视平均分配为公正。但是这种分配制度也存在严重缺陷。第一，人与人之间的能力、智力、品德、需要、欲望等千差万别，人与人之间并不相同。第二，没有把需要、能力、努力考虑进去是不恰当的。这样，很可能造成吃"大锅饭"，导致社会生产率和效率降低。

2. 按贡献分配

一些学者认为，一个人获得的利益与他所作的贡献成比例才是公正的。社会或群体的利益分配原则应该是：利益应该按着每个人对社会、群体、任务的贡献大小进行分配。工作独立性较强的群体中，成员一般希望按贡献大小支付报酬。按贡献分配，成员之间的合作程度会下降，甚至会形成竞争，人们不大情愿分享资源和信息。但是，按贡献分配也面临一个重要的难题就是如何衡量一个人的贡献大小。例如，市场给歌星的回报比给从事基础科学研究的科学家的回报要高得多，谁能说前者比后者对社会的贡献一定要大得多呢？

3. 按需要和能力分配

按需要和能力分配的原则是：应该根据人的能力分配负担，根据人的需要分配利益。充分发挥人的潜力是有价值的，因此，应该按着一个人能尽可能提高生产能力的方式分配工作。通过工作产生的利益应该用于促进人类的幸福。

在决定如何在成员之间分配利益和负担时，确实需要考虑需要和能力。多数人都同意，应该把个人放在最能发挥自己长处的岗位上，应该帮助迫切需要帮助的人。但是，这一分配原则也受到了批评。首先，根据这一原则，工作努力程度与报酬之间没有任何联系，干多干少一个样，没有必要多干，导致员工失去了努力工作的动力。其次，根据个人的能力而不是自由的选择来分配工作，则个人自由受到了限制。如一个人有能力成为一名优秀的研究员，但他却想当公务员，按能力分配工作，他只能做研究员。一个人需要得到一块面包，但他想要一瓶啤酒，如按需要分配利益，他只能接受面包。

4. 罗尔斯的分配观

在约翰·罗尔斯（John Rawls）的《正义论》中，有一个重要的理论——无知之幕。无知之幕是一种对特定道德问题判断的方法，过程是做以下思想实验：从对本人在社会秩序中特长、爱好与位置无知的原初状态出发，思考问题。罗尔斯认为，只有保证任何人在作出选择时，不会由于天然机会的结果或社会环境中的偶然事件而面临有剩或不剩的情形。这个概念是为了在分配社会合作的原则正义与否时抹除一己之私而创造的。

约翰·罗尔斯要求人们采用"无知之幕"的思维方式来寻求分配公正原则。

罗尔斯认为，当且仅当符合下列原则时，利益和负担的分配才是公正的。

原则一：每个人对于所有人所拥有的最广泛平等的基本自由体系相容的类似自由体系

都应有平等的权利。

原则二：社会和经济不平等应该这样安排，使它们：①给处于最不利地位的人的提供最大的利益；②给所有人提供均等的机会。

原则一称为平等原则，原则二的第一部分称为差别原则，原则二的第二部分称为机会均等原则。当原则一与原则二产生冲突时，原则一优先，即平等权利优先；当原则二的两部分产生冲突时，第二部分优先，即机会均等优先。

（二）交易公正

个人与个人之间，组织与组织之间，个人与组织之间不断地发生交易，交易必然产生权利与义务，双方权利和义务的保障取决于契约规范。契约规范是保证个体信守诺言的一种途径，使得企业活动得以开展。

托马斯加兰特对规范契约的伦理规则概括为以下四条：①双方必须对契约的性质有充分的了解；②任何一方都不能向对方提供有意歪曲的事实；③任何一方都不能被强迫签订契约；④契约不能约束双方从事不道德行为。

（三）程序公正

程序公正的基本特征大致有以下几点。

1. 普惠性

每一个社会群体、每一个社会成员的尊严和利益都应当得到有效的维护，任何一个社会群体尊严和利益的满足都不得以牺牲其他社会群体和社会成员的尊严和利益为前提条件。

2. 公平对待

公平对待包含两层含义。第一层含义是在处理同样的事情时，应当按照同一尺度，如果是有所差别的话，也应当是因事而异，而不能因人而异。第二层含义是类似于法律界所说的"无偏袒地中立"，即"与自身有关的人不应该是法官"，解决纠纷者应当保持中立，结果中不应包含纠纷解决者的个人利益。

3. 多方参与

在制定法律和重要的公共政策时，必须让多方人员参与，尤其是要允许相关社会群体有充分的参与和表意的机会。使之能够充分地表达自己的意见，维护自己的利益。

4. 公开性

公开性主要体现在利益相关者对信息知晓权利的平等性。在制定和实施政策的过程中，如果信息不对称，就会对其他社会群体造成各种类型的欺骗和误导，而信息缺乏的一方难以做到有效的参与，无法得到公平对待，程序公正也就无从谈起。

5. 科学性

程序公正还包含一些技术方面的要求，一般应该包括两个方面的内容：其一，相关信息充分、准确；其二，应当具有必要的评估机制和修正机制。

（四）惩罚公正

惩罚公正关心的是对一个做错事情的人怎样惩罚才算公正的问题。可以说犯同样或同等程度错误的人应该受到同样或同等程度的惩罚。但是必须考虑可以免除或减轻道德责任的情况。而免除或减轻道德责任的条件就是所谓的谅解条件。谅解条件分为三大类型：①缺少行为可能性条件；②缺少必要认识条件；③缺少必要自由条件。

（五）补偿公正

当一个人损害了另一个人的利益时，则加害者有道德义务给予受害者某种补偿。补偿多少才算合适呢？这是一个较难回答的问题。有人认为，补偿的量应等同于加害者有意使受害者遭受损失的量。可是，有些损失很难计量，例如，一个人诽谤他人，使他人名誉受损，这个损失怎么计量？有的损失根本无法弥补，如失去生命或失去双眼，这种情况下我们只能要求加害者至少对受害者或其亲属给予物质补偿。

三、公信原则

（一）约束行政行为，以保证监管执法公信力的不断提升

1. 健全公众参与制度，确保行政决策规范高效

要求重大决策、重大制度建设都必须经过公开征求意见的程序，政府相关部门应定期召开新闻通气会，回答记者提问，听取社会公众的意见。譬如证监会出台的《证券期货规章草案公开征求意见试行规则》，对制定规章和规范性文件要向社会公开征求意见、公开反馈意见，作了强制性要求。

2. 遵循"程序正当"的理念，全程规范执法行为

程序正当要有相应的程序规则来保障，需要出台专门的程序规定。针对监管决策、信息公开、行政许可、日常监管、案件调查、强制措施、案件审理、处罚听证、市场禁入、复议诉讼、信访处理等全部监管执法行为均提出了程序规范的工作要求。

3. 强化公开透明要求，全面推进政务公开

政府相关部门应认真贯彻政府信息公开条例，认真落实主动公开和依法申请公开的要求。证券公司和基金公司相关行政许可从申请受理到作出行政决定的审核流程全部在网上公开，并明确时限要求，行政许可进展到什么阶段，申请人和社会公众可以在网上查询，从而有效保障了对行政许可的实时监督。

（二）弘扬诚信政府文化，提供廉洁高效的行政监管服务

在加强商业活动诚信体系建设中，各级政府应当有所作为，而且大有可为。各级政府是市场主体和社会的道德楷模与行为标兵。各级政府若要认真践行以人为本的科学发展观，就必须率先垂范，以身作则，切实建设好诚信政府、服务型政府、法治政府、透明政府、廉洁政府和勤勉政府。各级政府还要充分运用市场准入、行政保护、行政指导、宏观调控、行政处罚、行政给付和行政促成等多种行政手段，推动商业活动诚信体系的

建立与健全。

投资者友好型的政府是和谐商业活动的重要特征。要打造在全球范围内具有竞争力的中国商业活动，必须倾力打造在全球范围内具有竞争力的服务型政府。弘扬股权文化，商业活动监管者责无旁贷，更要以身作则。监管者要带头树立尊重投资者、敬畏投资者的服务型政府意识和法治政府意识。

当前，要倾力建设服务型证监会和法治型证监会。在公开公平公正的证券市场秩序受到破坏、投资者权益和信心严重受挫时，中国证监会要旗帜鲜明地与广大投资者站在一起。我国的社会主义市场经济体制已经建立，但还很不完善。因此，我国的商业活动还存在不理性甚至失灵的现象。当契约自由、市场博弈机制失灵或者被强者滥用时，中国证监会就不应继续迷信契约自由与市场博弈，而应有所作为。从法理上看，当市场主体能够慎独自律、市场自身能够理性自治时，理应尊重市场的自由选择与公司的内部治理，政府干预应当越少越好；但当市场自治与公司自律失灵时，政府干预必须到位——当然干预的目的是恢复市场自治与公司自律。

针对当前商业活动打击违法犯罪过程中的新问题，建议在监管机构与司法机关之间建立信息共享、快捷高效的联动执法司法合作机制，实现行政执法机制与刑事司法机制的无缝对接。

监管者要运用行政手段积极引导商业活动主体建立诚信体系，督导企业见贤思齐、改恶向善。中国证监会最新颁布的《证券期货市场诚信监督管理暂行办法》是我国商业活动首部专门的诚信监管规章。根据该办法，一般违法失信信息的效力期限为5年，因证券期货违法行为被行政处罚、市场禁入、刑事处罚类信息的为10年，超过效力期限的将不再通过诚信档案公布、披露和对外接受查询提供。该部门规章需要在证券市场大张旗鼓地宣传，不折不扣地予以落实。

在对诚信市场主体的激励和对失信者的惩戒上，政府应当赏罚分明，坚持"胡萝卜"与"大棒"并用政策。就"胡萝卜"政策而言，政府要以物质和精神奖励手段，激励诚信市场主体。建议各级政府设立诚信市场主体激励基金，提高政府财力支持的可操作性和可持续性，起到切实激励诚信市场主体、惩戒失信者的作用。例如，在政府采购中，可以加大诚信供应商的评标权重，使之依法获得不诚信供应商无法企及的竞争优势。建议修改《政府采购法》，允许政府采购机构优先采购诚信记录良好的供应商提供的货物、服务和工程；并在行政法规和部门规章中细化优先采购的操作标准（包括优惠幅度）。又如，对于诚信记录良好的公司，政府应当降低对该公司的行政监管成本，放松行政监管要求，减免行政处罚。在这方面，美国的经验值得借鉴。《美国联邦处罚指引》规定，政府机构可以对那些已经实施良好的公司居民行为并推出有效的伦理遵守项目的公司从轻或者免除处罚和罚金。美国联邦和各州负责监管环境与工作场所的政府机构对那些积极采取措施降低环境、健康与安全损害的公司予以奖励。在许多情况下，这些公司接受的行政检查要少一些，向政府机构报送的书面文件要少一些。在申请经营许可证、变更规划或者其他政府许可时，可以享受优惠待遇或快车道待遇。政府还应当对诚信公司予以必要的精神奖励，包括但不限于授予光荣称号、颁发奖状等。

就"大棒"政策而言，监管者应当更新政府执法手段，加强对商业活动诚信的监管力度。违法的失信行为应当承受相应的法律制裁，既包括市场禁入，也包括行政处罚和刑事处罚。执法机关应及时对失信者启动行政调查程序，依法行使法定的行政监督权限、行政调查权限和行政处罚权限，坚决制止和打击商业活动欺诈行为。失信者情节严重，构成犯罪的，要及时移送司法机关，"稳、准、狠"地追究其刑事责任。

扩展阅读 3-4：政府要做守诚信担责任的表率

 关键术语

集体主义原则　　诚实守信原则　　企业义利统一原则　　公平与效率兼顾原则

复习思考题

1. 什么是商业伦理道德规范系统？它是如何构成的？
2. 组建优秀的公司团队必备的条件？
3. 公平与效率兼顾原则如何实现？
4. 市场经济转型期如何正确运用功利主义的对策？
5. 怎样理解企业活动中诚实守信原则？
6. 如何熟练运用商业伦理道德的先义后利有序原则？

案例分析

即测即练

自学自测　　扫描此码

第四章

商业伦理判断与道德决策

经典名言

大学之道，在明明德，在亲民，在止于至善。

知止而后有定，定而后能静，静而后能安，安而后能虑，虑而后能得。物有本末，事有终始。知所先后，则近道矣。

古之欲明明德于天下者，先治其国；欲治其国者，先齐其家；欲齐其家者，先修其身；欲修其身者，先正其心；欲正其心者，先诚其意；欲诚其意者，先致其知。致知在格物。物格而后知至，知至而后意诚，意诚而后心正，心正而后身修，身修而后家齐，家齐而后国治，国治而后天下平。

君子先慎乎德。有德此有人，有人此有土，有土此有财，有财此有用。

德者本也，财者末也。

国不以利为利，以义为利也。

——《礼记·大学》

学习目标

1. 了解个人的最佳选择并非团体最佳选择；掌握社会道德领域中的囚徒困境现象。

2. 理解道德风险的特征以及产生的原因、道德风险和逆向选择的关系以及防范方法。

3. 认识功利主义、权利论、公正论、关怀论和美德论五大伦理评价理论，以及影响人们作出道德评价的因素。

4. 掌握商业伦理道德决策中的布莱查德和皮尔伦理检查模型、道德决策树模型、"九问式"模型、纳什模型、利益相关者分析模型这五大主要模型；了解商业伦理道德决策原则和步骤。

从传统儒家思想到新儒商精神

传统的儒家思想强调"以仁为本"，孔子将"仁"定义为"爱人"，认为一个人如果能够做到恭敬、宽容、诚信、勤慧、慈爱，那就算是"仁"。

儒家经典《大学》中说："生财有大道，生之者众，食之者寡，为之者疾，用之者舒，则财恒足矣。仁者以财发身，不仁者以身发财。"意思是：生产财富有正确的途径。生产的人多，消费的人少；生产的人勤奋，消费的人节省，如此财富才会保持充足。仁爱的人仗义疏财以修养自身德行，不仁的人不惜以生命为代价敛钱发财。

中国古代涌现了以子贡、范蠡、白圭、王亥等为代表的商人群体，这些人身上都烙印着深刻的儒家痕迹，特别是孔子门生子贡，他被誉为"儒商之祖"，支撑起儒家思想在经商方面的高度。

所谓"儒商"，并不是指读书人经商或商人有读书人的气质，而是商人要以儒家"人为本""和为贵"的理念为基础，有家国天下的情怀，经商则是取财有道的一种途径和方法。

党的十八大以来，习近平总书记在重要讲话中多次提及"企业家精神""企业家作用""企业家才能"等关键词，充分体现出党中央对企业家群体的高度重视，加之中华优秀传统文化复兴掀起时代热潮，促使"儒商精神"在近年迅速升温，备受推崇。

面对全球经济复杂多变的发展趋势以及高质量发展的现实要求，企业家亟须通过新思路、新方法实现突围。向历史要智慧、要经验、要启示——正是在这样的背景下，"儒商精神"被许多中国企业家运用到日常经营管理中，助推企业转型升级，提升企业凝聚力、品牌影响力、产品竞争力，"儒商精神"也在此基础上不断发展形成"新儒商精神"。

"新儒商精神"在践行儒家经营管理理念、弘扬儒家伦理道德精神、履行儒家社会责任和使命的同时，更加强调创造性转化和创新性发展，使古人的智慧符合时代和中国发展现状的需求，并与现代商业模式有机结合，构建具有中国特色的商业文化。

作为新时代的中国企业家，有责任也有义务用中国优秀传统文化为企业把脉、引航，"新儒商精神"便是一种积极而有意义的尝试。相信在不远的将来，会有更多中国企业家以"新儒商精神"为指引，将中国商业文化不断推向新高度。

资料来源：李公绥，《企业管理》杂志，2022-05-15.

由于企业不遵守道德伦理的现象加剧，人们日益关注企业的道德品质，逐渐也学会必须惩罚不道德的企业。就企业自身而言，要想企业可持续发展，不断做强做大，也必须将商业伦理道德问题纳入战略决策当中。

第一节　"囚徒困境"

目前中国商业伦理"道德滑坡"最严重现象表现为食品安全领域中层出不穷的恶性事件，导致这一严重问题的根本原因是市场经济体制的不完善。深入分析道德领域中的"囚徒困境"现象，是正确作出商业伦理决策的重要前提之一。

一、"囚徒困境"理论揭示个人最佳选择并非团体最佳选择

"囚徒困境"最早是由美国普林斯顿大学数学家阿尔伯特·塔克（Albert Tucker）于1950年提出来的。他当时编了一个故事向斯坦福大学的一群心理学家们解释什么是博弈论，这个故事后来成为博弈论中最著名的案例。故事内容是：两个嫌疑犯（A 和 B）作案后被警察抓住，隔离审讯；警方的政策是"坦白从宽，抗拒从严"，如果两人都坦白则各判 8 年；如果一人坦白另一人不坦白，坦白的放出去，不坦白的判 10 年；如果都不坦白则因证据不

足各判 1 年。

单次发生的"囚徒困境"和多次重复的囚徒困境结果不会一样。在重复的囚徒困境中，博弈被反复地进行。因而每个参与者都有机会去"惩罚"另一个参与者前一回合的不合作行为。这时，合作可能会作为均衡的结果出现。从而可能导向一个较好的、合作的结果。作为反复接近无限的数量，纳什均衡趋向于帕累托最优。

"囚徒困境"的主旨为，囚徒们虽然彼此合作，坚不吐实，可为全体带来最佳利益（无罪开释），但在资讯不明的情况下，因为出卖同伙可为自己带来利益（缩短刑期），也因为同伙把自己招出来可为他带来利益，因此彼此出卖虽违反最佳共同利益，反而是自己最大利益所在。但实际上，执法机构不可能设立如此情境来诱使所有囚徒招供，因为囚徒们必须考虑刑期以外的因素（出卖同伙会受到报复等）而无法完全以执法者所设立之利益（刑期）作考量。

"囚徒困境"是博弈论的非零和博弈中具代表性的例子，说明个人最佳选择并非团体最佳选择。虽然困境本身只属模型性质，但现实中的道德领域也频繁出现类似情况。

二、社会道德领域中的"囚徒困境"现象

在私家车还没有普及的自行车盛行时代，多数人都经历过从"买新车"到"买赃车"的过程。"赃车市场"还有一个很响亮的名字叫作"二手车市场"。"二手车市场"在哪个城市都很出名。为什么大家都热衷于买"二手车"呢？这可以从"囚徒困境"理论中得到解析。

当"买赃车"成为一种公众行为的时候，很多人因此责怪公众知赃买赃，助长了盗车者的气焰，导致"自行车族中没有人不丢几辆自行车"现象的产生。"买一辆赃车"尽管比"买一辆新车"成本低，但如果大家都买赃车，就提供了庞大的赃车需求，刺激了盗车现象的增多，赃车又很快丢失。结果，"反复买赃车"的成本很快超过了"买一辆新车"的成本。其中包括经常丢车给工作、生活带来的不便以及心理上的挫折感等在内。但是你又无法拒绝买赃车。因为在别人都买赃车的情况下，你拒绝买赃车将会使你的损失最大化：你不得不付出"买新车"的成本，所以作为"理性经济人"的你应该选择买赃车；在别人都不买赃车的情况下，你买赃车的成本显然比别人低，所以作为"理性经济人"的你也应该选择买赃车！大家都这样想，就产生了大规模的"囚徒困境"。

道德领域中的"囚徒困境"屡见不鲜。大家常见的上车挤抢、汽车抢道、排队加塞、司空见惯的见义不为、大家痛恨的行贿成风，都是囚徒困境的"表现"。在现实生活中，谁都希望有一个良序社会，享有一个好的道德环境，但"经济人"的自利天性又使其不想对良好的道德环境付出必要的成本。于是，一部分人在提供道德产品为全社会创造福利的同时，另一部分人却"搭便车"免费使用，导致谁提供谁亏损，谁不提供谁盈利。从而使得德行收益与德行成本不一致，非德行者比德行者获得更高的收益。最后，就德行者而言，如果在德行成本与收益的理性选择中找不到充分的根据，就会弃善从恶。久而久之，道德环境只会越来越坏，最终导致道德的无序状态，反德行的盛行也就不足为怪了。

三、道德领域"囚徒困境"的相关问题分析

（一）经济人、道德人与"囚徒困境"

英国古典经济学家亚当·斯密在他的《道德情操论》和《国富论》中，形成了"经济人"和"道德人"的悖论。在现存的经济理论和实践中，人们总是从"经济人"的角度去看待、管理、要求社会公众，把人的自爱、利己、逐利本性作为经济活动的前提和基础；在现存的道德理论和实践中，人们又总是从"道德人"的角度去看待、管理、要求社会公众把人的仁爱、利他、为他本性作为道德活动的前提和基础。这就在现存的理论和实践中，形成了"经济人"和"道德人"的悖论。

尽管"经济人"自身的特点决定了它必然会陷入"道德困境"，但是，人们都希望"经济人"与"道德人"能够走上结合的道路。

一方面，"经济人"和"道德人"存在统一的一面。如果经济人的自利行为并不妨碍人类整体利益的实现，那么，这样的"经济人"的自利性特点与"道德人"为他、利他和考虑群体利益的特性不仅不冲突，而且是统一的。同时，从亚当·斯密著名的"看不见的手"的原理中可以看出，只要有良好的法律和制度保证，"经济人"在追求自身利益最大化的过程中，就会无意识地促进社会公共福利事业的发展，从而实现"经济人"和"道德人"的统一。也就是说，一个好的社会制度必须具备这样一个特征：纵然被管理者自私自利，一心为自己打算，最终也不得不自动作出有利于社会公益的抉择。

另一方面，随着人们在现实中理性的提高或递增，行为主体对于合作的意识会得到改善。多次重复博弈的过程是一个不断学习、探索和思想境界提高的过程。人们在多次重复博弈的过程中认识到，必须采取基于回报的合作策略，才能实现自己的长期利益，从而产生"人利我、我利人"的互惠互利的利他精神。人类正是在博弈实践中不断学习、探索和自我教育，实现从追求短期利益到追求长远利益、再到追求共同利益的转变，人类社会也由此从混乱、野蛮走向秩序、文明，从低级走向高级。

（二）个人理性、集体理性与"囚徒困境"

"囚徒困境"反映了个人理性与集体理性的矛盾。经济人的个人理性，驱使单个的人围绕个人利益最大化这一目标而行为，但导致了集体利益的最小化（其实质也是个人利益的最小化）；理性的个人，加在一起成了非理性的集体、非理性的社会；个人的理性导致了集体的非理性。但是在以下三种情况下两者也可以统一起来。

第一，多次重复博弈可以实现个人理性和集体理性的统一。经过多次重复博弈，自利的个人追求的并不是在某一次博弈中期望的收益最大，而是在多次重复博弈中期望的收益总和为最大；人们从追求自己的短期利益最大化的目标转变到追求长期利益最大化的目标，再转变到追求共同利益最大化的目标。这样，个人理性和集体理性实现了统一。

第二，由于外部环境压力而凸显集体的重要性时，可以实现个人理性和集体理性的统一。由于外部环境的威胁，使得集体成员之间的依存关系相当紧密，个人利益和集体的共同利益高度统一，理性的个人如果不相互合作，就会导致集体所有成员（包括其本人）的失利。在此情况下，个人理性和集体理性就会走向统一。

第三，引入人工博弈规则，使得理性的个人有追求德行的动力和外部约束，可以实现个人理性和集体理性的统一。如果一种制度安排不能满足个人私利、个人理性的话，就不能贯彻下去，所以解决个人理性与集体理性之间冲突的办法不是否认个人理性，而是设计一种机制，在满足个人理性的前提下达到集体理性，在满足个人私利的同时实现集体的公利。

（三）道德回报与"囚徒困境"

如果能够实现善行得益（底线是善行不能失益）、恶行失益（底线是恶行不能得益），那么"囚徒"们就能够走出道德困境。"道德回报"就是指道德行为主体因其道德行为（善行或恶行）的作用和影响而获得相同性质、相当程度的后果回报。道德回报可以分为奖善和惩恶两个方面，可以通过物质上的奖惩和精神上的奖惩两种方式实施，道德回报是建立和维系良序社会的前提条件。

通过社会氛围和制度环境的创设来提高非道德行为的道德负成本，使无德失利、有德得利，使不道德行为人"下次不敢"或"下次不愿"，引导公众在追求利益的互动和博弈中感受到合作博弈比不合作博弈更为有利；在全社会范围内建立刚性的社会补偿制度，降低道德成本，打消德行主体践履道德义务的后顾之忧，让德行主体在不付出或付出很少代价的同时去行善，避免"救人"必将"舍己"、"行善"必将"失益"和"英雄流血又流泪"现象的发生；充分利用个人行善的利益动因，从制度、机制设置上满足个人行善的利益需要，尊重、维护德行背后的世俗权益，保证行善不仅能"谋义"，而且能"得利"，从而实现德行相通、德福一致。

如果一个社会大量存在甚至普遍存在"得不必德""德不能得"甚至"德必定失"的德福分裂现象，或者存在可能的暴利，人们从成本—收益比较中就会修正自己已有的道德意识或弱化自己的道德意志，选择恶行。在一个社会中，如果行为者基于德行成本—收益分析而普遍弃善从恶，则说明道德回报未能得到实现。道德得不到回报，在本质上就是剥夺了德行者的道德收益权，就是在引导乃至强迫人们弃善扬恶，就是引导和强迫人们"搭便车"，从而形成"囚徒困境"。

第二节　道德风险与逆向选择

了解道德风险和逆向选择理论，掌握两者之间的区别和联系以及防范措施，也是作出商业伦理道德判断和决策的重要前提之一。

一、道德风险概念与特点

（一）道德风险内涵与外延

道德风险（moral hazard）是指参与合同的一方因对方可能改变行为而损害到本方利益所面临的风险。一般可分为社会道德风险与个体道德风险。道德风险并不等同于道德败坏。

道德风险是 20 世纪 80 年代西方经济学家提出的一个经济哲学范畴的概念，即"从事经济活动的人在最大限度地增进自身效用的同时作出不利于他人的行动。"或者说是，当签约一方不完全承担风险后果时所采取的自身效用最大化的自私行为。道德风险亦称道德危机。

在经济活动中，道德风险问题相当普遍。2001 年度诺贝尔经济学奖获得者——斯蒂格里茨在研究保险市场时，发现了一个经典的例子：美国一所大学学生自行车被盗比率约为10%，几个有经营头脑的学生发起了一个对自行车的保险，保费为保险标的的 15%。按常理，这几个有经营头脑的学生应获得 5% 左右的利润。但该保险运作一段时间后，这几个学生发现自行车被盗比率迅速提高到 15% 以上。造成这种变化的主要原因是自行车投保后学生们对自行车安全防范措施明显减少。在这个例子中，投保的学生由于不完全承担自行车被盗的风险后果，因而采取了对自行车安全防范的不作为行为。而这种不作为的行为，就是道德风险。可以说，只要市场经济存在，道德风险就不可避免。

（二）道德风险的特点

1. 道德风险的客观性

美国学者威雷特（A. H. Willett）博士曾于 1901 年说过："风险是关于不愿发生的事件发生的不确定性的客观体现。"在企业中人与人的关系是现实的、不可改变的，因此就可能存在道德风险。所以，企业的道德风险是一种客观存在，不能回避并且不以人的意志为转移。

2. 道德风险的隐蔽性和不确定性

在企业中，有些人际关系和道德观念不是我们一眼就能够看出的，它们具有一定的隐蔽性，因此商业伦理道德风险也相应地具有隐蔽性。而这种隐蔽性无疑又增加了商业伦理道德风险的不确定性，使得管理层及所有者在决策中要更加谨慎小心，全面考虑企业面临的各种风险。很多逃废银行债务的企业，明知还不起也要借，例如，许多国有企业决定从银行借款时就没有打算要偿还。

3. 道德风险的长期性

观念的转变是一个长期的、潜移默化的过程，尤其是我国从计划经济向市场经济转变的这一过程将是长久的阵痛。切实培养银行与企业之间的"契约"规则，建立有效的信用体系，需要几代人付出努力。

4. 风险的破坏性

思想道德败坏了，事态就会越变越糟。不良资产形成以后，如果企业本着合作的态度，双方的损失将会减少到最低限度；但许多企业在此情况下，往往会选择不闻不问、能躲则躲的方式，即使银行耗费大量的人力、物力、财力，也不能弥补所受的损失。

5. 风险的复杂性

基于系统论的观点，商业伦理道德风险之所以具有复杂性是因为企业的发展涉及人—社会—自然这一复杂系统。在企业中我们不可能脱离人际关系来对企业进行管理，而人际关系的复杂性又决定了道德风险具有复杂性。因此，企业的发展及其成果不仅直接影响经济发展、环境和人民的日常生活，同时，考虑到道德风险存在的复杂性，企业在发展中还会遇到由复杂人际关系和道德观念而引起的风险，从而给企业带来的不必要的损失。

6. 风险的可变性

在现实社会中人与人之间的关系不是一成不变的，而每个人的道德观念是随时随地变化的，因此企业中存在的道德风险也会相应地发生变化，也就是说商业伦理道德风险具有可变性。在企业的发展中，管理者要用与时俱进的眼光来看待企业中的道德风险，在日常管理中注意用人际关系和个人道德观念的变化来规避由于道德风险的变化而带来的损失；同时，管理者可以对员工进行道德观念的培训来提高员工的思想道德从而使企业获益，与此同时，企业的管理层和所有者应当起模范带头作用，遵守对员工的承诺。

（三）商业伦理道德风险产生的原因

造成商业伦理道德风险原因有很多，主要有以下几个方面。

1. 利益驱动性是道德风险产生的前提

根据经济学的经典假设即理性人的假设，人们都是为了自身利益而参与经济活动的，因此人们都希望自己获得的利益更多而付出的成本更少，所以有时候在利益的驱动之下有些人就会违背伦理道德以寻求自身利益的最大化，为企业和社会带来道德风险。所以说，利益驱动性是道德风险产生的前提。

2. 委托代理关系及信息不对称是道德风险产生的关键

在现代企业中，委托代理称为所有者与管理者、管理者与员工之间的基本关系，由于他们之间的这种关系，所以就会产生所有者与管理者、管理者与员工之间的信息不对称。因此有人就会利用他们之间的这种信息不对称来寻求自身的利益，从而为企业带来道德风险。所以说，委托代理关系及信息不对称是道德风险产生的主要原因之一，也是道德风险产生的关键。

3. 所有权的不完整是道德风险产生的重要原因

在我国经济转轨时期，大量内生系统性风险的产生与积累源于国有产权的不完整性与同质性。由于所有者缺位，企业的利益由于制度的原因很可能被人（管理者及授权方）瓜分，而由此带来的风险却没有明确的承担者，这最终将损害与企业密切相关的特定群体的利益。因此，所有权的不完整会促使企业中道德风险的产生，使企业面临巨大的威胁。

4. 企业本身组织结构不合理与组织文化建设滞后是道德风险产生的温床

企业本身组织结构这个问题解决不好，将会造成企业内部有关部门利益的不一致及权责不对等，加剧有关主体在企业利益上的争夺以及对组织预警防范系统和传导机制的破坏。有关主体在企业利益上的争夺会削弱道德的约束作用，组织预警防范系统和传导机制的破坏将会使组织的内部控制系统形同虚设。在我国，有些企业又不注重商业诚信文化的建设，往往员工的价值观会与企业的目标发生冲突，使企业遭受由于道德风险带来的损失。因此，企业本身组织结构不合理与组织文化建设滞后是道德风险产生的温床。

5. 不完全市场竞争的体制弊端为道德风险产生提供了便利

不完全竞争市场是一种比较常见的市场结构。在不完全竞争市场下，供方可能会采取种种手段（如产量领导、价格领导、联合定产、联合定价、串谋等）来谋求个体或行业利益的最大化。不完全竞争市场会导致竞争的不公平性。竞争的作用在于它能产生诸如代理人努力程度等信息。而在不公平的竞争下，信息会被扭曲，而且，竞争越不公平，信息被扭曲的程越大，这会导致业已存在的信息不对称问题更加严重，从而使道德风险的产生更加隐蔽，因而企业的代理人作出不伦理行为的胆子就越大，道德风险产生的可能性也就越大。

6. 地理区域和历史文化的差异也是道德风险产生的主要原因

不同地理区域和历史文化会造成不同的社会价值观念、伦理规范和风俗习惯。跨国、跨地区的公司，其母国文化和价值观会和东道国有很大的差别。那些在母国被认为是不道德和不正当的事情，在东道国却可能符合当地文化和价值观。例如，一些国家要求严格的环保制度，另一些国家的环保制度却相对宽松。母国公司可能会利用这种文化和制度的差异在东道国做不道德的事情。

二、逆向选择含义与表现

（一）逆向选择概念及存在市场

"逆向选择"是指由于信息不对称所造成的市场资源配置扭曲现象。具体而言，市场交易的一方如果能够利用多于另一方的信息使自己受益而使对方受损时，信息劣势的一方便难以顺利地作出买卖决策，于是价格便随之扭曲，并失去了平衡供求、促成交易的作用，进而导致市场效率的降低。

在现实的经济生活中，存在一些和常规不一致的现象。按常规降低商品的价格，该商品的需求量就会增加；提高商品的价格，该商品的供给量就会增加。但是，由于信息的不完全性和机会主义行为，有时候，即使降低商品的价格，消费者也不会作出增加购买的选择；提高价格，生产者也不会增加供给的现象。这种"逆向选择"行为经常存在于二手市场和保险市场中。

（二）逆向选择模型与"柠檬"理论

乔治·阿克劳夫（George Akerlof）在 1970 年发表了题为《柠檬市场：质量不确定性和市场机制》的论文，被公认为是信息经济学中最重要的开创性文献。在美国俚语中，"柠檬"俗称"次品"，这篇研究次品市场的论文因为内容浅显先后被三四家杂志社退稿。然而，乔治·阿克劳夫在这篇论文中提出的逆向选择理论揭示了看似简单实际上却非常深刻的经济学道理。逆向选择问题来自买者和卖者有关车的质量信息不对称。在旧车市场，卖者知道车的真实质量，而买者不知道。这样卖者就会以次充好，买者也不傻，尽管他们不能了解旧车的真实质量，只知道车的平均质量，愿意根据平均质量出中等价格，这样一来，那些高于中等价的上等旧车就可能会退出市场。接下来的演绎是，由于上等车退出市场，买者会继续降低估价，次上等车会退出市场；演绎的最后结果是：市场上成了破烂车的展览馆，极端的情况连一辆车都成交不了。现实的情况是，社会成交量小于实际均衡量。这个过程称为逆向选择。

为更加清楚地说明逆向选择模型。可以考虑最简单的情况，假定卖者出售的旧车有两种可能类型：①$P = 6\,000$（高质量）和 $P = 2\,000$（低质量），每一种车的概率分别是 1/2；②买卖双方有相同的偏好且对车的评价等于车的质量。显然，如果买者知道车的质量，均衡价格 $P = 6\,000$（高质量）或 $P = 2\,000$（低质量）。买者不能知道车的真实质量，如果两类车都进入市场，车的平均质量 $E[P] = 4\,000$，由于买者不敢保证出高价就能买到高质量 $P = 6\,000$ 的车，所以愿意出的最高价格 $P = 4\,000$，希望能够买到 $P = 6\,000$ 的车。但在此价格下，高质量车的卖者将退出市场，只有低质量车 $P = 2\,000$ 的卖者愿意出售。买者知道高质量的车退出以后，市场上剩下的一定是低质量的卖者。唯一的均衡价格是 $P = 2\,000$，只有低质量的车成交，高质量的车才能退出市场。如果市场上是 $P = 6\,000$ 到 $P = 2\,000$ 的连续分布，尽管推理稍微复杂一些，但同样证明了这一理论。

这个例子尽管简单，但给出了逆向选择的基本含义：

（1）在信息不对称的情况下，市场的运行可能是无效率的，因为在上述模型中，有买主愿出高价购买好车，市场——"看不见的手"并没有实现将好车从卖主手里转移到需要的买主手中。市场调节下供给和需求是总能在一定价位上满足买卖双方的意愿的传统经济学的理论失灵了。

（2）这种"市场失灵"具有"逆向选择"的特征，即市场上只剩下次品，也就是形成了人们通常所说的"劣币驱逐良币"效应。传统市场的竞争机制导出的结论是——"良币驱逐劣币"或"优剩劣汰"；可是，信息不对称导出的是相反的结论——"劣币驱逐良币"或"劣剩优汰"。

逆向选择模型的意义主要表现为以下两个方面。

（1）逆向选择理论深刻地改变了分析问题的角度，可以说给人们提供了逆向思维的路径，会加深对市场复杂性的认识，由此能改变很多被认为是"常识"的结论，使市场有效性理念又一次遭受重创。

（2）由于信息不对称在市场中是最普遍存在的最基本事实，因而乔治·阿克劳夫（George Akerlof）的旧车市场模型具有普遍经济学分析价值。他讲的故事虽然是旧车市场，但可以延伸到烟、酒等所有产品市场、劳动市场和商业活动等。也能解释为什么假冒伪劣产品充斥这些市场，是因为交易双方的信息不对称，一方隐藏了信息。逆向选择的理论也说明如果不能建立一个有效的机制遏止假冒产品，就会使假冒伪劣泛滥，形成"劣币驱良币"的后果，甚至市场瘫痪。

三、道德风险与逆向选择的联系、区别以及防范

（一）道德风险与逆向选择的联系、区别

逆向选择与道德风险的相互关系主要表现为两个方面：①根源相同，都源于信息不对

称；②本质一样，都是一方利用信息不对称欺诈另一方。

道德风险与逆向选择的相互区别：道德风险指的是进入市场后的行为；逆向选择指的是"进入市场前的行为"，选择不进入市场，交易消失。

（二）如何防范道德风险

1. 树立以人为本的管理理念，创造良好的工作环境

企业应尽可能为员工提供宽敞、明亮、整洁、安全的工作场所，拓展管理者与员工的沟通渠道，营造一个充分沟通、信息知识共享的环境。维护员工的合法权益，为各类人才设计挑战性的工作、竞争性的职位。使员工有更多的发展机会和更广阔的发展空间。同时，加强商业诚信文化建设，营造融洽的企业人际关系，提高员工的认同感和归属感，提高员工的工作满意度，从而减少员工的道德风险。

2. 建立监督机制

建立各种机制，加大对员工的考核力度、加强对员工的监督和管理，通过各种制度的规范来减少道德风险。例如，为防范财务资金流失，我们采取会计与出纳分开，互相牵制和监督来规避财务人员违背职业道德挪用或转移资金的风险。又如采购部，我们可以利用招投标的方法．或利用询价与采购分开的方法来解决采购部的道德风险问题。

3. 建立激励机制

激励可以诱使员工采取经理所希望的行动，因而它能够在很大程度上有效地解决员工道德风险问题。其主要原理是通过改变经理人激励模型来改变员工的行为，这主要是通过"纳什均衡"的原理，加大其道德风险的成本。这样就可以让员工在选择的时候选择回避"道德问题"。

4. 建立道德风险基金

这一项主要是针对中高层管理人员而言，企业和管理人员签订道德风险合同，如果发现有违反道德风险现象，就取消管理人员的期权或其他的福利。这样大大增加了管理人员违反道德的成本，从而令他们选择规避道德风险。

（三）"逆向选择"问题的解决方法

在传统市场上解决"柠檬"问题的方法大致有以下几种。

1. 根据商品的开价来推测商品的质量

因为"柠檬"原理告诉我们，在非对称信息环境中，商品质量依赖于价格，也就是说高价格意味着高质量。或者更进一步地讲，我们可以将价格作为传递和判断质量高低信号，这也是市场参加者以价格判断商品质量的信息经济学解释。

2. 制造与传播信号

制造与传播信号是最为重要和最为常用的手段，主要通过品牌、广告或者向客户提供质量保证书、保修、退回等办法，来使消费者把自己的产品与"柠檬"产品区别开来，让消费者相信自己的产品是高质量的。

3. 中介为买卖方提供信息

中介利用其专业知识为买方提供信息，通过它来"撮合"买卖双方，如券商、经纪人等，当然中介所获收益取决于其提供信息的质量。

4. 政府、消费者协会

政府、消费者协会等建立的质量合格标准。通过这个标准来保证产品的质量。

5. 搜寻

这种方法就是消费者自己通过信息搜寻来改变其所处的逆向选择地位，比如走访、调查、函询等。

第三节　商业伦理判断及其影响因素

只有准确掌握了功利主义、权利论、公正论、关怀论和美德论等主要商业伦理评价理论，以及个人、组织、行业和职业、社会等因素如何影响人们对伦理道德的判断，才能够有效地作出伦理决策。

一、商业伦理判断

商业伦理判断也称为商业伦理道德评价，指人们依据一定的商业伦理道德原则，运用相应的方式方法，对他人或自身的商业行为进行善恶的判断。一般可以将商业行为分为道德的商业行为和非道德的商业行为，或也称商业伦理道德行为与商业伦理失德行为。

道德的商业行为是指人们在一定的道德意识支配下作出有利于或有害于他人和社会的商业行为；或者说，是指具有道德意义、可以进行道德评价的商业行为。具体指可以进行道德评价的商业行为。非道德的商业行为是指不受一定道德意识支配，也不涉及有利或有害于他人和社会的无道德意义、不能进行道德评价的商业行为。如由不可抗力原因而产生的商业违约行为。具体指不可以进行道德评价的商业行为。

可以进行道德评价的商业行为，分为符合道德的商业行为和违背道德的商业行为或不道德的商业行为。人们经常说，"这个人不讲道德""这样做不应该"，实际上这就是在进行伦理判断。一般的人都会进行这样的道德评价，但如果反问他评价的依据是什么时，就很难讲清楚了。答案很可能多种多样，有的人根据利害得失，有的人根据自己的感觉，有的人根据是否合法，而有的人则根据是否能为社会所接受。

商业活动中绝大多数判断是基于一些公认的伦理原则或规范，如诚信、公正等。

既然已经有了现成的判断原则或规范了，为什么还需要伦理学理论呢？有三个方面的原因：

第一，尽管一般伦理规范在通常情况下可以应付自如，但也确实存在一些无能为力的情况。对于几种伦理规范相冲突的情形，对于那些所遵循的伦理规范可能导致不道德行为的情形，对于新出现的现象、行为，我们如何作出评价和选择呢？伦理学理论对判断行为的对与错，善与恶的理由加以解释，为疑难问题和有争议问题的解决提供了依据。如果一个人掌握了伦理学理论，就可以在理论指导下进行道德推理，这将有助于个人或组织解决自身面临的复杂道德问题。

第二，对于一些常常需要作出道德评价的人来说，掌握道德推理的一些工具有助于他们向他人阐述自己行为的依据及合理性。管理者在聘用、解雇或提升某位员工时，其行为的公正性可能会遭到质疑，在这种情况下，简单地以"我们认为这样做很公平"作为理由显然是不够充分和缺乏说服力的。因此有必要列举出种种具有说服力的理由和观点来为自身行为进行辩护，而这就是道德推理的过程。

第三，如果我们遵循的都是传统道德准则，如何对传统道德进行客观的评价呢？伦理学理论致力于对传统道德合理性的探讨，借助于伦理学理论，我们可以解释为什么我们所接受的部分应当被接受，为什么对其他一些内容却要修正或摒弃。从这个意义上讲，伦理学理论体现了批判性的特征。

二、商业伦理判断的影响因素

1. 个人因素影响个人的道德评价

个人的道德观念是指个人对什么是正当行为的看法。一个人在成长过程中逐渐形成了一定的道德观念。根据美国心理学家劳伦斯·科尔伯格的研究，个人道德发展与生理发育一样，经历了从幼儿到成年人的过程。在成长过程中，他们的道德推理一般要经历由低到高的六个阶段。

（1）逃避惩罚导向：认为能逃避惩罚的行为是正当的。

（2）寻求奖赏导向：认为能获得奖赏的行为是正当的。

（3）良好关系导向：认为那些能获得家庭、朋友、上司、同事赞同或能使他们高兴的行为是正当的。

（4）守法导向：认为履行个人的义务、尊重权威、遵守法律、维护社会秩序的行为是正当的。

（5）社会契约导向：认为虽然规则和法律在大多数情况下应该遵从，但一些根本的价值，如生命、自由更应该得到维护。

（6）普遍伦理原则导向：认为正当行为是由个人基于普遍伦理原则的良心决定的。

道德推理方式不同，对行为的道德评价结果不可能总是一致。

D. R. 福尔斯（D. R. Forsyth）认为，个人之间的道德判断和行为各异，这是由于道德决策观念差异所致。他从两个维度来阐述不同的道德决策观念：一个维度是理想主义，即一个人相信合乎道德的行为总能带来好的结果的程度；另一个维度是相对主义，即一个人相信道德规范是因情景而异的程度。

情景主义者（高理想主义、高相对主义）：拒绝运用普遍的或个人的道德原则，而是具体情形具体分析，并根据分析确定什么是合乎道德的行为；主观主义（低理想主义、高相对主义）：依据个人而不是普遍的道德原则作出道德判断；绝对主义者（高理想主义、低相对主义）：相信遵循严格的普遍的道德原则能取得最佳的结果；例外主义者（低理想主义、低相对主义）：把普遍道德原则作为指导，但需要根据实际情况，允许例外发生。

2. 组织因素影响个人的道德评价

组织的伦理政策客观存在是因为组织必然要面对如何看待经营与伦理关系的问题、必然要面对在道德上追求到何种程度的问题、必然要面对如何处理与利益相关者关系的问题，而组织对这些问题的看法和规定，不论是否以正式的成文的形式出现，也不论以单独的政策出现或是渗透在其他政策中，都会影响组织成员的道德评价。

组织风气通过向组织成员提供明确的或隐形的可接受的行为指南而影响他们的行为。按着差别关系理论，人们倾向于采纳与其交往更频繁的人的行为和观念。因此，组织成员会受到关系密切的同事和上司的行为和观念的影响。而根据相对权威理论，某人拥有的职位权力越大，对决策的影响就越大。因此，管理者特别是组织中拥有最高权力的管理者对员工的道德观念影响最大。

3. 行业、职业因素影响个人的道德评价

行业政策或职业准则（或职业道德）会影响行业内成员或职业从业人员的道德评价。例如，国际投资管理与研究协会（Association for Investment Management and Research，AIMR）对会员及注册金融分析师的职业行为准则作了详细规定。要求在处理与公众、委托人、潜在的客户、雇主、雇员和同事的关系时，应以能给会员及职业带来良好声誉的、专业的和合乎道德的方式开展工作，并鼓励他人也这样做。由于规定十分详细，什么是允许的、什么是禁止的，从业人员知道得清清楚楚。

4. 社会因素影响个人的道德评价

从众心理广泛存在，从众是指人们采纳其他群体成员的行为和意见的倾向。社会舆论对某种行为是否合乎道德的看法越是一致，对个人的道德判断的影响就越大。

第四节　商业伦理评价理论

伦理学理论归纳起来有两大流派，即目的论或结果论和义务论或道义论。道德评价理论通常也是从这两个方面展开阐述的。商业伦理道德行为的评价应该遵循一般道德评价理论。为了分析的便利，本教材采用曼纽·G. 维拉斯奎在其《商业伦理学：概念与案例》一书中从功利主义、权利论、公正论、关怀论和美德论五个方面来讨论道德评价理论的方法。

一、功利主义

（一）功利主义原则

功利主义原则是：当且仅当行为所产生的总效用大于行为主体在当时条件下可能采取的任何其他行为所产生的总效用时，该行为才是道德的。功利主义原则假设我们能够衡量并加总每项行为产生的快乐（利益），减去该项行为带来的痛苦（损害），从而确定哪项行

为所产生的快乐最多或痛苦最小。

（1）功利主义原则所说的快乐最多或痛苦最小，并不仅仅针对行为人自身，而是对受该行为影响的所有人（包括行为人）而言的。在选择行为时，功利主义并不要求我们放弃我们自身的快乐，当然也不应该加大自身快乐的权重，自身的快乐和痛苦与他人是同等重要的。

（2）功利主义原则不是说，只要某项行为产生的快乐大于痛苦就是道德的，而是说在特定情形中所有可供选择行为中产生效用最大的行为才是道德的行为。

（3）"最大快乐"并不是说不考虑痛苦。如果几个行为既有快乐又有痛苦。那就选择净快乐最大的那个行为，如果几个行为都只有痛苦没有快乐，而且没有别的选择，那就选择痛苦最小的那个行为。

（4）同一行为对不同的人有不同性质、不同程度的影响。例如：一个人把录音机音量放得很大，受其影响的有 5 人，其中 2 个觉得有些愉快，2 个觉得不舒服，1 个觉得既不喜欢也不难受。功利主义原则不是让每个人投票，然后根据得票多少来判断行为，而是把各种快乐和痛苦加起来，其中那个能够带来最大净快乐的行为就是应该选择的行为。

（5）功利主义原则所说的快乐或痛苦不仅仅指行为产生的直接的、眼前的快乐或痛苦，也包括间接的、长远的快乐或痛苦。

扩展阅读 4-1：访美国安利公司总裁德·狄维士

（6）功利主义者承认我们常常不能确切地知道行为的未来结果，因此，我们必须尽量使期望的利益最大化。

（二）对功利主义批评

对功利主义的指责主要有两个方面：一是衡量困难；二是不符合权利、公正原则。其中，衡量困难主要集中在以下几个方面。

（1）行为给不同的人带来的效用难以衡量和比较。例如，甲乙两人都想要某个岗位，怎么确定谁从该岗位中获得的效用最大呢？如果这一点确定不了，也就难以确定把岗位给谁能产生最大的效用，功利主义原则就不适用了。

（2）有些利益和成本难以计量。例如，假设在车间里安装一套昂贵的通风系统可以大大改善室内环境，工人的寿命能延长，生活质量能提高，假设部分工人因此能多活 5 年，那么，这增加的五年值多少钱呢？生活质量改善又值多少钱呢?如果无法定量计算安装通风系统带来的利益，怎么与成本相比较呢？

（3）许多利益和成本无法可靠地预测，因而也就不能确切地计量。例如，假设一项研究有可能获得理论性很强但没有直接用途的关于宇宙的知识，那么，怎么衡量这种知识的未来价值呢？

（4）有些东西非金钱可以衡量。如生命的价值、健康的价值、美丽的价值、公平的价值、时间的价值、人的尊严的价值等。

有批评者指出，一些根据功利主义原则被认为是道德的行为，事实上可能是不公平的或违反人的权利的。功利主义关心的是利益的总和而不考虑利益怎么分配，这就可能产生不公正的结果。在南非实行种族隔离政策时，一些白人辩解说，如果黑人执政，就有可能出现内战、经济萧条、社会混乱等。如果这种说法成立的话，按照功利主义原则，种族隔离政策就是道德的，但显然这是不公正的。

由于功利主义者根据行为的结果衡量行为，而行为在不同的情景中会产生不同的结果，因此，从理论上讲，几乎任何行为在某一特定情景中都可能是善的。

功利主义只考虑行为结果而不考虑行为本身。为了使利益最大化，功利主义不仅允许甚至纵容一些不道德的行为。有人指出，如果完全按照功利主义原则行事，就可能导致任何一个有良知的人所不能容忍的欺骗、说谎、不公正等行为。

二、权利论

（一）道德权利的特点

权利分法律权利和道德权利两类。我国宪法规定，公民有人身自由、人格尊严不受侵犯的权利等，这是法律权利。道德权利通常被认为是作为人，不管是哪个国家、哪个民族的人都应该享有的权利。这一点与法律权利不同。

道德权利有两个方面：一是消极的权利或自由的权利，如隐私权，生命不被剥夺权、处置私有财产权等。它们之所以称为消极的权利，是因为每一项权利都要求我们履行不干涉他人的义务。二是积极的或福利的权利，包括受教育的权利、取得食物的权利、医疗服务的权利、住房的权利、工作的权利等。积极的权利要求我们履行积极的义务，即主动地帮助他人拥有某种东西或帮助他做某些事。

道德权利具有三个特点。

第一，道德权利与义务紧密联系。一个人的道德权利至少部分地可以定义为他人对这个人承担的义务。如小孩有受教育的权利，家长有义务让小孩接受教育。如果我有道德权利做某件事，那么，其他人就有道德义务不干涉我做这件事。一个人的道德权利意味着其他人的道德义务，相应的道德义务不一定针对某个人，有时是针对整个社会。例如，一个人有工作的权利，但不是说这个人所在的单位有道德义务给他工作岗位，而是说社会中所有成员，通过公共机构，有义务给工人提供工作岗位。

第二，道德权利赋予个人自主、平等地追求自身利益的权利。承认一个人的道德权利，就是承认在权利允许范围内，我的意志不能强加给他，而且他的利益并不从属于我的利益。也就是说，在一定范围内，我们是自主平等的关系。

第三，道德权利是证明一个人行为正当性及保护或帮助他人的基础。如果我有道德权利做某件事。那么我做那件事在道德上是正当的，他人干涉我做这件事就是不正当的。相反地，他人阻止任何不让我行使权利的人和事才是正当的，或者他人有义务帮助我行使我的权利。

权利论的道德原则是：当行为人有道德权利从事某一行为，或从事某一行为没有侵害他人的道德权利，或从事某一行为增进了他人的道德权利，则该行为是道德的。

（二）道德权利的基础：康德的绝对命令

我们怎么知道人有哪些权利呢？对于法律权利，这个问题很好回答，因为法律有规定。对于道德权利，问题就不是那么简单了。关于人的道德权利的基础，德国哲学家康德的观点是最重要和最有影响力的解释之一。康德试图说明有一些道德权利是所有人都拥有的，不论行使这些权利是否会给他人带来利益。

康德的理论是建立在被他称为"绝对命令"的道德原则基础上的，即每一个人都应该作为平等的、自由的人来对待。康德的绝对命令包括两条：康德的第一条绝对命令，即当且仅当一个人愿意把自己在特定条件下从事某一行为的理由作为每个人在相同条件下的行为理由，该行为才是道德的。

这一绝对命令包含两个规则：一是普遍性，即一个人的行为理由必须能够成为每个人的行为理由；二是可逆性，即一个人的行为理由必须是他愿意且其他人也遵循这样的理由反过来对待他。假设因为不喜欢某一个雇员的肤色，我正在考虑是否解雇他。根据康德的原则我必须问问自己，作为一个雇主，我是否愿意在任何时候仅仅因为不喜欢某个雇员的肤色而解雇他。特别是，我必须问问自己，假如雇主不喜欢我的肤色，我是否愿意被解雇。如果我不希望每个雇主都这么做，那么，我这样对待他人是不道德的。因此，一个人从事行为的理由必须是可逆的，即一个人必须让其他所有人都同样用这样的理由。

换句话说，当行为者与受行为影响的其他人交换位置，行为者愿意接受同样的对待，那么该行为是善的，否则是恶的。例如，一位制造商尽管知道产品有潜在的不安全性缺陷，即便顾客不知道这一事实，但仍然推销该产品，根据普遍道德规律，判断制造商这种行为是否道德，只要问"当他是不知情的顾客时是否乐意企业推销该产品"？

康德的第二条绝对命令，即理性人应该永远同时把人看作目的，而永远不要把人只看作实现目的的手段。这一绝对命令可以表述为以下伦理原则：当且仅当一个人从事某一行为，不是把他人仅仅作为实现自身利益的工具，而是尊重并发展他人自由选择的能力时，该行为才是道德的。

把人应该同时看成是目的，并不意味着不能让雇员从事艰苦的甚至是危险的工作，如果这位雇员事先知道该工作的内容和性质，且自愿承担该工作，那么让雇员从事艰苦甚至危险的工作是完全可以的。但是，如果事先并未告知危险，或是雇员不是自愿的，则是不道德的。一般地说，欺骗、强迫/没有尊重他人 d 选择自由，是不道德的。

三、公正论

当分配利益和负担时、当制定和执行政策时、当群体成员间相互合作或竞争时、当人们因为做错了事情而受到惩罚时、当人们因他人的原因遭受损失得到补偿时，往往会涉及公正、公平问题。公正（justice）与公平（fairness）常常不加区分，有人认为公正涉及的是更为严肃的事情，也有人认为，公平概念更为基本。有关公正的问题包括分配公正、交易公正、程序公正、惩罚公正、补偿公正，上文已逐一进行讨论，本节不再赘述。

四、关怀论

一般的伦理学说都假设，伦理应该是不偏不倚的，在决定做什么时，对与个人有特殊关系的人，如亲属、朋友、同事、下属等也应该一视同仁。有些功利主义者主张，一个陌生人与父亲同时落水，而你只能救一个，你是救陌生人还是救父亲？如果救陌生人比救你父亲能产生更大的效用（假如这个陌生人是个著名的外科大夫，能救许多人的生命），那么，你的道德责任应该是救陌生人而不是救父亲。而许多学者指出这样的观点是不合情理的，是错误的。在上述例子中，你与你的父亲之间特殊的关怀、爱护关系决定了你对父亲负有特殊关怀义务，这种义务应该超过对陌生人承担的义务。

对与我们有密切关系，尤其是有依靠关系的人，承担特别的关怀的义务，是关怀伦理的关键。关怀伦理强调了以下两个道德需求。

（1）我们每个人都生活在关系之中，所以应该培育和维护我们与特定个人建立起来的具体的、可贵的关系。

（2）我们每个人都应该对那些与我们有实实在在的关系的人——尤其是那些易受损害的、仰仗我们关怀的人，给予特殊的关怀，关心他们的需要、价值观、欲望和福利，对他们的需要、价值观、欲望和福利作出积极的反应。

关怀伦理与中国传统文化非常吻合。但是，关怀伦理还是受到不少批评。认为关怀伦理容易导致偏袒和不公正。关怀伦理要求人们对孩子、父母、配偶、朋友等给予特别的关怀，似乎在要求人们为了他人的福利而牺牲自己的需要与欲望。

五、美德论

美德论通常又称德性论。何谓美德？

美德是习得性的、体现在个人行为习惯中的、构成道德高尚的人的特征的一种品质。例如，诚实被认为是道德高尚的人的一个特征，如果一个人习惯性地讲真话，而且之所以这样做，是因为他相信讲真话是对的，是因为在讲真话时他感到愉悦，在说假话时他感到难受，那么，我们可以说这个人拥有诚实的美德。相反地，如果一个人偶尔讲真话，或者之所以讲真话是因为出于错误的动机，如为了博得他人的欢心，那么，就不能说这个人拥有诚实的美德。此外，美德必须是习得性的，而不仅仅是一种天生的特征，如智力、美丽、强健的体魄等。

在我国古代，人们除了把仁义礼智信作为五常德之外，还提出礼义廉耻、忠孝节义等要求。孙中山先生在辛亥革命时提出了忠孝、仁爱、信义、和平等标准。有人提出当今社会主义道德品质体系应该包括忠实、无私、勇敢、勤奋、仁爱、公道、诚信、节制等道德标准。

美德论对行为的指导原则：如果实施某项行为能使行为主体实践、展示和培育高尚的品德，那么该行为便是道德的，如果通过实施某项行为，行为主体实践、展示和发展了邪恶，那么，该行为是不道德的。美德论不仅可以用于评价行为，还可以用于评价制度。例如，有人认为，一些经济制度使人变得贪婪，大型的官僚组织使人变得不负责任，这种评价的基础便是美德论。

第五节　商业伦理道德决策流程设计

为了有助于企业作出正确的道德决策，不少学者研发和设计了许多道德决策模型。准确把握布来查德和皮尔伦理检查模型、道德决策树模型、"九问式"模型、纳什模型、利益相关者分析模型等主要道德决策模型，遵循一定的决策原则和步骤，是企业作有效出道德决策的重要保证。

一、商业伦理道德决策的主要模型

为了将理论融入企业决策活动中，西方学者和企业还提出并运用了一些简明易行的决策模型帮助经理们作出符合道德的决策。由于信奉的理论基础不同，相应采用的决策模型也不同。主要的模型有以下几种。

（一）布莱查德和皮尔伦理检查模型

伦理检查模型由肯尼斯·布莱查德和诺曼·Q. 皮尔在 1988 年提出，包括三个伦理检查项目。该模型主要依据合理利己论和显要义务论，优点是简单实用，无须掌握在不少人看来比较抽象的伦理原则，便可进行大致符合伦理的决策。因此，被很多企业采用。该理论模型如图 4-1 所示。

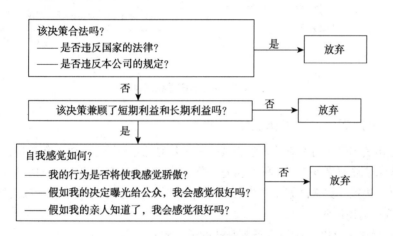

图 4-1　布莱查德和皮尔伦理模型

企业在运用该模型制定伦理决策时，首先要进行合法性检查。依据合理利己论，个人或本企业利益的实现应当在合乎良心与法律规范的前提条件下进行。伦理与法律是一致的，不合法的也通常是不道德的（当然也有例外）。其次，检查一项决策是否兼顾了长远利益和短期利益。其理论依据是，具有长远利益的行为不大可能是不道德的行为。最后，企业决策者对一项决策进行自我感觉检验和曝光检验。这里，模型实际上假定决策者知道对他人、对社会应有的义务，如果决策违反了诸如诚实、感恩、公正、行善、自我完善、不作恶等当然的义务，决策者应该会感到良心的谴责和无法面对其他人。

（二）道德决策树模型

此模型是 1981 年由杰拉尔德·卡瓦纳等人设计的，如图 4-2 所示。

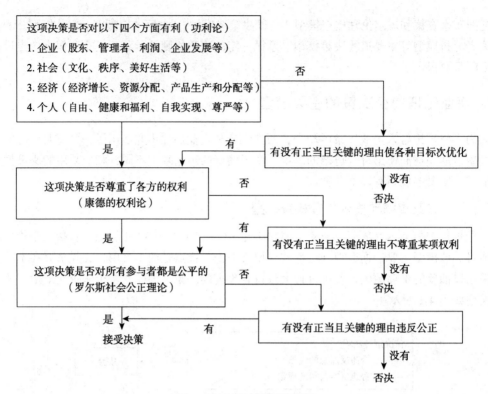

图 4-2　卡瓦纳道德决策树

（三）"九问式"伦理道德模型

该模型由美国马奎特大学营销学教授基恩·拉克兹尼亚克于 1983 年提出的。模型在 9 个问题中运用了显要义务论、相称论和公平公正论。企业决策者可以通过回答这些问题来制定符合道德的决策。如果回答全部为否定，则该决策是道德上可接受的。该模型的问题是：

（1）该行动违法吗？

（2）该行动违反以下任意一条普遍性的道义吗？

——诚实的责任

——感恩的责任

——公平的责任

——仁慈的责任

——自我完善的责任

——无伤害的责任

（3）该行动侵犯由组织类型而相应产生的特定义务吗？

（4）该行动的动机是邪恶的吗？

（5）采取该行动会不会发生某种"大恶"？

（6）是否故意否定了可以比该行动产生更多的善、更少的恶的另一行动？

（7）该行动侵犯了消费者不可剥夺的权利了吗？

（8）该行动是否侵犯别的组织的权利？

（9）个人或组织是否已经没有相关的权利了？

我们可以看出，这个模型遵循的设计思路是，从法律检验开始，依次进行显要义务检验、特殊行业责任检验、目的检验、结果检验、过程检验、权利检验、公正检验。它不仅照顾到了一般性的问题，还顾及了特定行业、特定产品面临的特殊问题，这是该模型的一个优点。

（四）纳什伦理道德模型

纳什模型由美国学者劳拉·L. 纳什于 1989 年提出的，该模型提出了衡量企业决策伦理性的 12 个问题。

（1）你已经准确地定义决策问题了吗？

对决策问题必须有清楚理解，掌握的事实越多，越准确，处理时就越少感情用事。

（2）如果你站在他人立场上，会怎样定义问题？

从可能会对决策是否道德提出质疑或最有可能受决策不利影响的人的角度审视一下决策问题，问问自己，在定义问题时是否做到了客观，不偏不倚。

（3）问题是怎样产生的？

考察问题的形成过程，搞清问题的实质。

（4）作为一个个人和公司成员，你忠诚于谁，忠诚于什么？

每个管理者都会遇到忠诚冲突，如自己的良心与履行公司职责之间的冲突，还有同事要你参与违反公司政策的事情等。

（5）你做该决策的意图是什么（目的）？

为什么要这样做，如果得不到满意的回答，就不要选择该方案。

（6）你的决策意图与可能的结果相符合吗？

有时意图很好，但结果可能是有害的。

（7）你的决策会损害谁的利益？

即使产品有正当用途，但如果使用不当或落入一些人手中，会对消费者造成伤害，管理者就得重新考虑是否生产和销售该产品。

（8）你能在做决策前与受影响的各方讨论该决策问题吗？

例如，你要关闭某个工厂，是否能在事先与受此影响的工人和社区讨论这一问题，以评估决策的后果。

（9）你认为从长远来看，该决策会像现在看上去那样有成效吗？

你能坚持你的承诺吗？你能预见可能改变你的想法的条件吗？今天的好决策到明天会是一个失误吗？

（10）你能毫无顾忌地与你的上司、高层管理者、董事、家庭以及整个社会谈论你的决策吗？

你做的决策在电视上报道，你会感觉如何？你会乐意接受采访吗？

（11）如果理解正确，人们会对你的行为产生什么样的看法呢？误解了又会怎么样？

这一问题涉及真诚与他人对行为的看法。

（12）在什么样的条件下，你会允许你的立场有例外（即稍稍改变你的立场）？

你发现一个员工挪用了 1 000 元，随后归还了，公司员工手册对挪用公款有严格规定，一经查实，立即开除，假如这笔钱是用于支付紧急医疗费用，你会怎么办？如果是用于赌博呢？对于这名员工在公司里工作 12 年或者 18 个月这两种情形，你的决定会有什么不同？

（五）利益相关者分析模型

利益相关者分析应考虑以下 8 个问题。

（1）谁是我们现行的利益相关者？

（2）谁是我们潜在的利益相关者？

（3）利益相关者想从我们这里得到什么？

（4）我们想从利益相关者那里得到什么？

（5）我们的决策会对哪些利益相关者带去利益？利益有多大？

（6）我们的决策会给哪些利益相关者造成伤害？伤害有多大？

（7）利益相关者受到损害后会不会采取行动？如果会，将会采取什么样的行动？

（8）可能采取行动的利益相关者的影响力有多大？

二、商业伦理道德决策原则

决策原则是反映决策过程的客观规律和要求，是在决策工作中需要遵守的基本准则。商业伦理道德决策除了必须坚持"以人为本"原则之外，也应该遵循一般决策的基本准则。

决策原则分为两类：一类是在决策整个过程都需要掌握的原则；另一类是在决策各个阶段中需要掌握的原则。两类分别有十个原则。

（一）在决策过程中需要掌握的原则

（1）信息原则。信息是决策的基础，对信息的要求是准确、完整、及时，有的信息还要求保密。

（2）预测原则。科学的预测是决策可靠性保证，也是选择实施途径的重要方法。

（3）系统原则。要用系统论考虑决策所涉及的整个系统和相关系统、决策对象之外的相互联系及相互作用。

（4）可行性原则。决策途径都要同主客观条件符合，有很大的现实可能性。

（5）优选原则。要从两个或两个以上方案中，对比分析选择最优或满意方案。

（6）效益原则。选出的方案要有明显济效益、社会效益、生态效益。花费代价小，而取得的效果大。

（7）外脑原则。重视利用参谋、顾问、智囊团的作用，发挥集体智慧的优势。

（8）行动原则。决策是要付诸行动，否则无价值可言。

（9）跟踪原则。对决策实施跟踪反馈，及时进行控制调节，使决策实现。

（10）科学原则。自始至终都必须体现决策科学性，保证决策的正确和目标的实现。

（二）在决策各个阶段需掌握的原则

（1）差距原则。决策目标应该着眼于解决应有现象与实际现象之间的差距，也就是需要与现实之间的差距问题。所谓应有现象，是指人的更高要求的现象，这种现象或者是人们美好的追求，或者是其他国家、社会、地区已出现到的现象，或者是标准规定。实际现象是指现实的现象。应有现象同实际现象之间通过对比找出了差距。而缩短差距、消除差距就是决策目标所要解决的问题。

（2）紧迫原则。决策目标所要解决的差距问题是紧迫性的问题，这个紧迫性有两方面的含义，一是现在就要解决的问题，是说它的重要性。二是现在有利于问题的解决，表明它的机遇性。如我国与发达国家经济发展水平相比是落后了，落后就是差距。解决这个差距就是把经济建设搞上去，这是紧迫的任务，而且要抓住现在的机遇，不能错失良机。

（3）力及原则。决策目标应具有实现的可能，既要充分发挥主观能动性，又要充分利用客观可能性，两者结合下能实现的目标有其可行性、可能性。

（4）弹性原则。决策目标在实施过程中有伸缩的余地。对于在顺利进行中情况越来越好可以提前或超额完成目标，应有准备。同样地，对于在不顺利中进行，或出现了意外而使目标难以如期实现的就要留有余地。

（5）瞄准原则。方案必须瞄准目标、准确度越高越好，不能南辕北辙。瞄不准目标的方案是无意义的方案。

（6）差异原则。关于几个备选方案，在路线、途径、方法、措施上会存在明显的差异，只有有差异才具有选择性，雷同就无法选择。

（7）时机原则。在信息充分、论据充分、论证充分的基础上及时选定方案、当断必断、不能贻误时机。

（8）排斥原则。在对不同的方案排斥的意见中充分听取合理化建议并进行抉择。

（9）追踪原则。决策实施后要随时检查验证，不能认为一经决策就放手不管。

（10）反馈原则。实施决策过程中的进展情况，新情况、新问题，及时反馈给决策者，以便掌握情况，对新出现的问题作出对策。

（三）反映商业伦理道德决策过程的基本原则

1. 经济性原则

经济性原则就是研究经济决策所花的代价和取得收益的关系，即研究投入与产出的关系。决策者必须以经济效益为中心，并且要把经济效益同社会效益结合起来，以较小的劳动消耗和物资消耗取得最大的成果。如果一项决策所花的代价大于所得，那么这项决策是不科学的。

2. 可行性原则

可行性原则的基本要求是以辩证唯物主义为指导思想，运用自然科学和社会科学的手段，寻找能达到决策目标的一切方案，并分析这些方案的利弊，以便最后抉择。可行性分析是可行性原则的外在表现，是决策活动的重要环节。只有经过可行性分析论证后选定的决策方案，才是有较大把握实现的方案。掌握可行性原则必须认真研究分析制约因素，包括自然条件的制约和决策本身目标系统的制约。可行性原则的具体要求，就是在考虑制约因素的基础上，进行全面性、选优性、合法性的研究分析。决策的内容特别要符合现行的法律法规，并且决策要经过一定的合法的组织程序和审批手续。

3. 科学性原则

科学性原则是一系列决策原则的综合体现。现代化大生产和现代化科学技术，特别是信息论、系统论、控制论的兴起，为决策从经验到科学创造了条件，领导者的决策活动产生了质的飞跃。决策科学性的基本要求是：①决策思想科学化；②决策体制科学化；③决策程序科学化；④决策方法科学化。科学性原则的这几个方面是互相联系、不可分割、缺一不可的。只有树立科学的决策思想，遵循科学的决策程序，运用科学的决策方法，建立科学的决策体制，整个决策才可能是科学的；否则，就不能称为科学决策。

4. 民主性原则

民主性原则是指决策者要充分发扬民主作风，调动决策参与者甚至包括决策执行者的积极性和创造性，共同参与决策活动，并善于集中和依靠集体的智慧与力量进行决策。

5. 整体性原则

整体性原则也称为系统性原则，它要求把决策对象视为一个整体或系统，以整体或系统目标的优化为准绳，协调整体或系统中各部分或分系统的相互关系，使整体或系统完整和平衡。因此，在决策时，应该将各个部分或小系统的特性放到整体或大系统中去权衡，以整体或系统总目标来协调各个部分或小系统目标。

扩展阅读 4-2："诚信高于一切"原则：创业之本、兴业之本

6. 预测性原则

预测是决策的前提和依据。预测是由过去和现在的已知，运用各种知识和科学手段来推知未来的未知。科学决策，必须用科学的预见来克服没有科学根据的主观臆测，防止盲目决策。决策的正确与否，取决于对未来结果判断的正确程度，不知道行动结果如何，则会造成决策失误。所以决策必须遵循预测性原则。

三、商业伦理道德决策的主要步骤

决策是管理过程当中的核心问题之一。决策的过程因人而异。不少学者在努力探讨比较科学合理的决策过程，以便尽量减少决策的失误。比较著名的有西蒙的决策三步骤和德鲁克的决策六步骤。一些著名的大公司也形成了自己独特的决策步骤，如 IBM 的最佳决策五步骤。本教材在探讨商业伦理道德决策步骤时主要借鉴德鲁克的决策六步骤方法。

"现代管理学之父"德鲁克认为，有效的决策主要有六个步骤。

（1）对商业伦理道德问题进行分类，明确问题是普遍性问题、特例性问题或是新问题。高效决策者首先会对问题进行分类，对于普遍性问题、新问题（即新问题的早期表现）则采取普遍性的解决方案，也就是制定某种规则、政策或原则，并结合实际来处理问题。而真正的特例性问题则必须个别处理。

（2）对商业伦理道德问题进行定义，即我们遇到的是什么问题，明确所做的定义是否能解释已发生的情况、是否能解释所有情况。

高效决策者明白，对问题进行定义的这一步骤中，应该避免出现貌似合理、实则不全面的定义，并且明确定义所要促成的目标。

（3）明确决策的限定条件。"限定条件"即决策必须实现什么目标？决策的最低目标是什么？必须满足什么条件？只有满足了限定条件的决策，才能是有效的决策。

（4）判断哪些是符合限定条件的"正确"决策，而不是先考虑决策可否被接受。若从一开始就考虑"什么样的决策会被接受"那么决策往往会丢掉重点，这将不利于作出有效的决策，更不用说正确的决策。恰当运用前面所述的道德决策模型可有助于决策的正确性和有效性。

（5）在制定商业伦理道德决策时将实施行动考虑在内。要将决策转化为行动，在制定决策时就必须确认：将决策告知哪些人？采取哪些行动？由谁来执行？为了使执行者能够胜任，任务应该是什么样的？

（6）对照实际执行情况检验决策的正确性和有效性。决策过程中还必须建立信息跟踪和汇报机制，不断将决策的预期目标与实际情况进行对照。高效管理者往往通过一个要素明确、步骤清晰的系统化过程来进行重大决策。

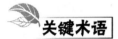 关键术语

道德滑坡　　囚徒困境　　道德风险　　逆向选择　　道德判断　　道德决策

 复习思考题

1. 分析经济人、道德人与"囚徒困境"，个人理性、集体理性与"囚徒困境"的相互关系。

2. 商业伦理道德风险产生的原因有哪些？

3. 试述道德风险与逆向选择的联系区别及解决方法有哪些？

4. 试述伦理评价理论中的公正论。

5. 分析商业伦理判断的影响因素。

6. 简述商业伦理道德决策的主要模型与步骤。

案例分析　　　　　　即测即练

自学自测　　　　扫描此码

第五章

企业内部管理道德规范

 经典名言

子曰：夫孝，德之本也，教之所由生也。复坐，吾语汝。身体发肤，受之父母，不敢毁伤，孝至始也。立身行道，扬名于后世，以显父母，孝之终也。

夫孝，始于事亲，中于事君，终于立身。

夫孝，天之经也，地之义也，民之行也。

故不爱其亲而爱他人者，谓之悖德。

不敬其亲而敬他人者，谓之悖礼。

孝子之事亲也，居则致其敬，养则致其乐，病则致其忧，丧则致其哀，祭则致其严，五者备矣，然后能事亲。

事亲者，居上不骄，为下不乱，在丑不争，居上而骄，则亡。为下而乱，则刑。在丑而争，则兵。三者不除，虽日用三牲之养，犹为不孝也。

孝悌之至，通于神明，光于四海，无所不通。

——《孝经》

 学习目标

1. 知道企业的投资者是企业的上帝。
2. 了解董事会、独立董事与监事会的道德责任。
3. 掌握企业管理者道德人格的塑造。
4. 理解企业与员工之间存在同舟共济的关系。

 导读

泰威独特的"天地人和"股权设计

东莞市泰威电子有限公司（以下简称泰威公司）在成立初期经历了种种磨难。有人说，害一个人就送他一家企业。这句话虽有夸大的成分，但也从侧面说明了经营企业的艰辛。作为泰威公司的创始人，李文良总在思考，有没有一条长治久安的企业经营之道？能不能让企业领导者、员工及其家人都成为最幸福的人？企业经营的意义到底在哪里？

李文良在国外读 MBA 期间，发现西方前沿的管理学家也在学习、借鉴东方文化，研究中华传统文化的智慧所在。从 2005 年开始，李文良全力以赴深入钻研中华传统文化智慧，孜孜不倦，上下求索，率领全体同仁在实践中探索中华传统文化在企业管理中的应用。

"天地人和"实践感悟

1. 四个命根子

乡村是城市的命根子；农业是工业的命根子；有机农业是农业的命根子；中华文化是有机农业的命根子。

有机农业或称生态农业，即停止使用化肥、农药、转基因、除草剂等伤害土壤、种子的方法，以保护土壤及种子为根本，将农业恢复其本来面目：安全、活力、健康、可持续。大地是人类的母亲，有机才有未来。

中华文化天人合一的智慧，让我们明了万物与我们一体，保护大自然即是保护我们自己。中华文化即天道，是万事万物的规律，违背规律必将受到规律的惩罚。《论语》中讲"获罪于天，无所祷也"，顺道者昌，逆道者亡。因此，"君子谋道不谋食，忧道不忧贫。"《中庸》上说："道不可须臾离也。"

2. 企业经营

企业经营的目的：企业不是家胜似家，家是有爱的地方，有爱的地方才是家。企业不是学校胜似学校，学校是让人成长的地方，只有成长才是真实的生命。企业不是道场胜似道场，道场是让人活明白的地方，人生是一场悟道的旅行。让每个人都能成就明明白白的人生，才是企业终级的目标。

企业经营的使命：为社会培养浩然正气的谦谦君子、德才兼备的社会栋梁。

企业经营的愿景：成为践行儒家思想的学校型企业。

企业价值观：深信因果，践行弟子规。

企业经营的次第：精、久、强、大。精是回归本质、久是地久天长、强是内圣外王、大是格局智慧。

企业经营的精神：精、妙、绝、伦。精是精益求精、妙是妙不可言、绝是独一无二、伦是无以伦比。

3. 人才的培养

企业人才培养目标之五长合一：要培养集"家和万事兴的家长、为孩子一生幸福着想的校长、世外桃源的村长、医者父母心的医院院长、真正懂事的董事长"为一体的综合型人才。

人才培养机制：道德、能力、知识合一，工作、生活、学习合一。道德是做人的功夫，能力是做事的功夫，知识是对世界的认知，可以扩大人生的维度。要在工作、生活、学习中历练道德，铸就能力，扩展知识。历事炼心，知行合一。

人才培养标准：君子不器、上善若水、随方就圆、安在当下。君子坦荡荡，无为而无不为，学习水利万物而不争的智慧，合五色合五味，随方就圆。孟子曰"学问之道无他，求其放心而已矣。"孔子曰"君子无终食之间违仁，造次亦如是，颠沛亦如是。"安于每一个当下，成为大写的人。

4. 企业经营数据

企业充满生机，2021年泰威公司销售额相比2008年增加238%，利润增加244%，人均薪酬增加185%。

曾经有人问李文良，泰威公司这么多年坚持学习与践行中华传统文化最重要的收获是什么？李文良觉得最重要的收获并不是看得见的销售额、利润、纳税额等，而是看不见的人与人之间的信任，是全体员工上下一心的凝聚力，带来"上下同欲者胜"。

专家点评

泰威公司依据企业和员工的实际状况，从教育入手，学习国学经典，引导员工持续不断学习和成长；践行传统文化，引导员工树立"敬天爱人"的理念；设立"祖宗堂"，引导员工尊天敬祖；提出"天地人和"股权方案，为"敬天爱人"的理念提供坚实的制度保障；设立"企业首席信仰官"，形成"天地人和"的企业精神体系，为解决员工的思想问题作出了可贵的探索，实现了企业的长治久安。

资料来源：企业管理杂志公众号，标题：泰威独特的"天地人和"股权方案。

第一节　企业与股东

世界上存在不同的企业形态及股东表现形式，不同国家或地区、不同时期同一类型企业的股东形式各具特点，即使是同一国家同一时期的不同企业的股东形式也有差异。相应地，这些股东与企业的伦理关系、所承担的责任和所享受的权利也不可能完全相同，所以对股东形式进行合理的分类将有助于我们全面理解企业与股东之间的伦理关系，为我们科学地认识每一类股东的权利和责任提供切实可行的思路。

一、企业与股东的形式及组成

（一）企业组织形式的演进与特点

对于各类个体而言，为了充分地利用各自拥有的资源，从其自身利益来讲，就有必要相互联系起来组成一个个企业。这同时也就决定了现实生活中的企业形态及其与股东所形成的特定关系。因此为了揭示和理解企业与股东之间的伦理关系，我们有必要从企业与股东的角度对企业形态进行科学的分析。从企业与股东的关系来看，企业可分为个体制企业、合伙制企业和公司制企业。

个体制企业指一个股东拥有并独立经营的企业。作为股东的个人和经营单位之间没有法律上的区别，企业的目标也正是业主个人所追求的目标，是历史最久、最简单的企业形式。股东对企业财务、人事等重大问题拥有完全的控制权，同时对企业债务负无限责任。

合伙制企业是由两个或两个以上的股东为盈利而组成的经济实体。合伙人有两种：有限责任合伙人和一般合伙人。有限责任合伙人不直接管理企业，对企业债务负有限责任；一般合伙人对企业负无限责任，承担企业的管理职责。对于这类企业来说，是由多个合伙人共同出资拥有企业，共同控制、支配企业，共同享有收益权，共同对企业债务负责。

公司制企业指按公司法登记成立的、以盈利为目的的社团法人组织。在这类企业中，企业的股东一般不再直接管理企业，而是将资产的实际占用权和支配权交给了公司法人；股东享有选择并监督企业的经营企业管理者的权力，享有剩余索取权、企业的最终控制权并以其投入的股本对企业债务负有限责任，从而极大地减少了其承担的风险，但企业股东不得退股。

实际上，企业的经营管理是通过企业中相互制约的机制实现的，即企业中一般设立董事会、监事会、股东会三个机构，分别代表了经营权、监督权和所有权。这种三权均衡配置，严格分工，适当突出经营权的结构有利于各种权力发挥其独立作用而又相互制约，一方面保证了股东通过用"手"投票（通过股东会和董事会）或用"脚"投票（通过股市）选择、监督企业管理者，保护自身利益的权利，另一方面又保证了企业生命的延续性，为企业各利益主体谋求企业长远发展创造了前提条件，有利于社会资本的集中和经营管理科学化。正如 20 世纪初形成的所有权与经营权分离理论指出的："企业的成败掌握在职业经理手中，而股东则投资于表现出非凡管理技能和盈利的企业。"然而，实际上并非如此简单。各个国家源于不同的文化、信仰以及政治经济背景等因素，在企业制中仍存在着不同形式的企业所有权。根据企业拥有控制权的主体的不同，企业可以分为以下几种形式：家族控制型企业、金融控制型企业、经理控制型企业和国家控制型企业。

由于世界上存在着不同的企业形态及股东表现形式，不同时期、不同国家或地区、不同企业的股东又各有其特点，但就其对企业的控制程度的性质而言，无非只有管理股东和投资者股东这两大类。

管理股东指拥有全部或大部分企业产权从而对企业具有很大的经营控制权的股东，这类股东主要存在于个体制企业、合伙制企业（有限合伙人除外）、家族控制型企业、金融控制型企业中。投资股东指拥有相对较少的产权从而对企业控制程度较弱甚至不去控制企业的股东。主要是有限合伙人。

（二）企业股东的权利和责任

尽管股东与企业的伦理关系因不同的企业而异，但一般来说，股东因其对企业的所有权而应当享有的权利和承担的责任都有其共性。

1. 企业股东的权利

对企业资产的拥有权（其中包括了转让其资产的权利），是作为股东应享有的受法律和道德保护的最基本的权利，是企业对股东承担的最基本义务。

拥有剩余控制权，即拥有企业中除了那些属于员工（包括高层企业管理者）享有的权利以外的权利控制权。具体表现为股东在制定企业使命、决定经营目标、实施经营策略以及亲自经营企业或委派评价监督高层企业管理者等方面的权利。

拥有剩余索取权，即取得与其所担风险相应的企业收益中扣除用来支付各项主要要素报酬和投入品价格之后的余额的权利。

在企业解散时参加分配并有权获得份额内的剩余财产。

企业制的股东还有获得企业经营情况方面的信息（财务、报告）和新股摊认权。

企业股东还拥有企业章程或其他有关法规、规则规定的其他权利。

实际生活中损害股东权利的现象不胜枚举，尤其是中国的许多国有企业和一些改组而来的股份有限企业、有限责任企业，表现为：忽视企业股东的存在，追求企业管理者个人报酬的最大化，即企业管理者福利和利益最大化。有的企业还能够操纵利益账户，通过建立假账（常常是两本账），保留"小金库"，乱摊成本等形式变相地减少股东收益。因循守旧，不能采用新的技术成果改进和更新设备，不能保证固定资产正常维修，不能有效利用固定资产，造成闲置。

2. 企业股东的主要责任

企业股东的主要责任就是及时如数供应所应提供的财务资源。

企业股东还应对企业经营成果最终负责。股东既然享有剩余控制权，就决定了其必然对公司行为的最终结果负责；股东必须促使企业同与之有关的各利益主体保持协调一致的关系；股东还应有较强的民族责任心和自豪感；企业股东还需承担法律、法规、企业章程或企业其他利益相关者期望股东承担的其他责任。

实际中常有违背上述股东责任的股东行为发生。有些事情表面上看好像能给股东带来好处，但事实上只要跟踪观察和分析就会发现这些行为损害了企业、产品形象，严重地危及了企业的正常发展乃至生存，最终无疑会导致包括股东在内的各利益相关者遭受损失。

二、企业与股东的内在利益关系

以企业制为主要形式的现代企业制度，是经过市场经济上百年的筛选和塑造逐步形成、发展和完善起来的。它一方面可以体现公有制的利益要求；另一方面又适应市场经济的运行要求。因此，建立现代企业制度，是为今后我国国有企业在市场经济条件下的长期、稳定、健康、快速的发展提供根本性的制度保证，是实现公有制与市场经济结合的基本形式，符合国有企业的现实要求和长远发展要求。

建立现代企业制度是发展社会化大生产和市场经济的必然要求，我们所要建立的现代企业制度，就是在社会主义市场经济条件下，根据现代企业固有的性质和要求，按照世界通行的国际惯例和标准，来塑造适应社会主义市场经济发展要求的、能自主经营、自负盈亏、自我发展、自我约束的法人实体和市场竞争的主体。现代企业制度的特征是产权明晰、权责明确、政企分开、管理科学。在这里我们重点分析以企业制为主要形式的现代企业的内部利益关系。

（一）现代企业的内部利益关系协调与制衡

商业伦理结构是现代企业制度的核心，现代企业区别传统企业的根本点在于所有权和经营权的分离。商业伦理结构的全部内容，是指在契约制度的基础上，通过各种机制，既充分调动各种企业内部利益主体的积极性，又对各种内部利益主体形成有效的约束，即形成相互制衡，保证各种利益主体自身的应有利益与权力，从而实现企业决策的科学化与最优化。因此，商业伦理结构是一个复杂的制度体系。一般来讲，商业伦理结构主要包括以下内容。

1. 法人治理结构

法人治理结构主要是界定股东与企业管理者的相互关系。法人治理结构的核心是契约制，其内容包括三个方面，首先是经济契约，即在股东与企业管理者之间形成责权利内在统一的相关关系。人对利益和权力的追求是无限的，靠什么约束？只能靠责任来约束。其次是道德契约，指将股东与企业管理者之间的经济契约贯彻到股东与企业管理者的道德规范中，其主要内容是指在没有任何外在监督的条件下，双方都不会索取不该归自己所得的利益和权力。最后是环境契约，指经济契约贯彻到股东与企业管理者的整个社会环境中，即股东与企业管理者不应在外部交往中索取不属于自己的利益。

2. 委托经营结构

作为委托人的股东将财产授予代理人经营，由于委托人和代理人的目标函数不一致，以及不对称信息的因素，代理人就可以利用自己的信息优势，采取机会主义行为来谋求自身利益，从而损害委托人利益。因此，尽管所有权与经营权的分离可以产生代理收益（分工效果和规模效果），但委托人为使其效用最大化而通过合约监控代理人的行为而产生的代理成本也是必然发生的。只要存在委托经营关系，就会产生利益冲突，如果这种冲突不可能通过完备的契约得到解决，则商业伦理结构问题必然会在企业中产生。商业伦理之所以成为必要，关键在于企业中存在的两个问题：一是代理问题，二是不完备合约（契约）。

（二）商业伦理与股东利益相互影响

商业伦理的目的就是要适应企业内外部环境变化的要求，公正、合理地处理好各利益相关者之间的复杂关系，使权利责任关系在各个利益相关者之间重新进行合理分配，推动企业健康成长，而绝不是削弱股东的权利，减少股东的收益。

1. 商业伦理维护股东的合理利益

首先，从根本上讲，股东的利益与企业利益是一致的，只有企业兴旺发达才能给股东带来更多的利益。股东建立企业的最原始动机之一就是追求尽可能多的利益，也正是这种对利益的追求，决定了企业是一个营利性组织，而非社会公共福利机构，从而客观上推动了企业的成长壮大，为社会积累财富，推动了经济的发展和社会的进步。

其次，企业本质上是利益相关者缔结的一组合约，有股东投入的物质资产，也有职工投入的人力资产以及债权形成的资产等。按照谁贡献谁受益的原则，这些产权主体都有权参与企业"剩余"分配。这就意味着股东并不是企业获利过程中起支配作用的唯一主体，任何企业的获利过程都是在与内外部环境交换物质和信息的基础之上在各利益相关者的共同参与下实现的。

最后，企业经营环境的巨大变化，特别是信息社会的到来，客观上也要求企业必须突破原来服务于股东单方面利益的狭隘局限，建立起体现各利益相关者利益的合理的企业经营思想。这是因为：

（1）资本的相对充足，相对地降低了股东在企业中的地位。正如美国金融界新秩序的建筑师米歇尔·米尔肯所说："在工业社会，资本是一种稀有资源，但在当今的信息社会中资本却十分充足。"

（2）资本的可替代性，事实上也弱化了股东在企业中的地位。在财富的生产过程中，资本本身的地位趋向削弱，知识的地位稳步上升。

（3）企业的目标并不在于使用资本，而在于谋利，故能影响利润的才是关键性的因素。今天，大多数产品的真正价值取决于产品的知识含量，价值是全体努力的结果，而非某个人努力的结果。

（4）新的经济正以加速度向前发展，企业必须在它的竞争对手把它挤垮或模仿它的产品之前，以更快的速度把它的新产品投入市场。

（5）商业伦理也保护股东切身利益。信息革命加大了金融和经营之间的鸿沟，使得金融资本相对集中而经营权力大量分散，出现践踏股东权利的迹象。而商业伦理可以保护股东的切身利益。

2. 股东道德对商业伦理具有举足轻重的影响

首先，股东特别是管理型股东对于企业目标、企业宗旨、企业发展战略的形成具有重要影响，其经营理念、行为模式将会极大地影响企业的经营行为。其次，股东特别是管理股东是商业诚信文化的倡导者和表率。自日本首次引入商业诚信文化导致企业成功以来，商业诚信文化已成为促进企业发展的巨大动力和手段。商业诚信文化建设是否成功虽然取决于很多因素，但最重要的还在于股东。他们把企业的价值观和信念传输给员工并率先作出表率，会产生巨大的带动效应。由于商业诚信文化的核心就是商业伦理，所以企业股东也是商业伦理的倡导者和表率。日本松下电器的创始人松下幸之助认为自己肩负了经营企业的社会责任，他明确提出日本松下电器的目标是促进整个企业的成长及增进社会福利，与此同时还要进一步致力于世界文化的发展。正是在松下幸之助的倡导和示范下，松下电器由一个手工作坊逐渐发展为世界一流的著名企业。

第二节 股东与管理者道德规范

一、股东与企业管理者之间的关系

股东与企业管理者之间的关系可以视为一种契约关系，在这种关系中，股东把企业委托给企业管理者，让企业管理者经营，实现其利益。这里，真正的问题是如何通过一定的机制来保证企业管理者服务于股东的利益，保证股东与企业管理者之间"契约"的实现。在经济契约之外，股东与企业管理者之间还存在重要的伦理道德规范。

由于企业管理者目标和股东目标的不一致性，以及二者之间明显的信息不对称性导致了股东主要面临以下风险。

（1）股东只能观察到经营结果，而不能直接观察到企业管理者的行为，这时就存在着隐性行为的道德风险。

（2）企业管理者在给定的自然状态下作出选择行动，股东能观察到企业管理者的行动，但却观察不到自然的选择状态，于是就存在着隐形信息的道德风险。

（3）企业管理者为了实现自己的目标故意错误地报告信息，使股东面临"逆向选择与道德风险"，如企业管理者装饰豪华办公室、买高档汽车等。

对于股东而言，总是希望企业管理者按其利益来选择行动，但股东不能直接观察到企业管理者究竟选择了什么行动，所能观察到的只是另一些变量，而这些变量则是由企业管理者的行动和其他外生随机因素共同决定的。所以，股东面对的问题是如何根据所观察到的信息来监督和奖惩企业管理者以激励其选择对股东最有利的行动。

（一）股东对企业管理者的监督与奖惩

为了避免道德风险和逆向选择，股东就必须获取更多的信息，制定各项规章制度，建立各种监控机制，约束企业管理者的权限，监督企业管理者的行为，在发现其背离股东目标时给予一定的处罚甚至解聘。但这要产生昂贵的成本，既包括由于监督而直接增加的费用，又包括由于监督而使企业管理者不能及时采取措施丧失时机所带来的损失，因此应在这种监督成本和因为监督可能给股东带来的收益之间进行权衡。

企业管理者的个人报酬要同企业的运营成果挂起钩来，从而鼓励他们采取符合企业最大利益的行动。这也涉及成本问题，如果激励成本过低，则不足以激励企业管理者，股东的权益得不到有效的保护；如果激励成本过高，股东又得不到应得的收益，因此只有适当的激励才能在一定程度上调整股东与企业管理者之间的利益冲突。

对企业管理者的激励可以采用与企业产出相关的工资、奖金等货币形式，也可采用股票期权等形式，但对于行为和绩效难于监督的高层企业管理者而言，可以让其拥有部分剩余索取权和控制权，如使之拥有企业股票或债券，成为企业的股东或准股东，他的报酬就会直接同企业运行的绩效和结果挂钩；另外如果某些人员的产出难以计量，就可以用等级制的提升职位制度来监督其努力程度。对于股权分散情况，似乎没有人能够监督高层企业管理者，此时可以给予等级制的高级经理一揽子的津贴，并使这些津贴取决于企业的整体经营绩效，为高层企业管理者提供动力。

但现代商业伦理学认为，企业管理者仍需肩负着对股东的伦理道德责任，才能更完美地终结与股东之间的委托经营关系。

（二）企业管理者为全体股东利益服务

任何企业，一旦利润达到最大点的时候，如果还没有采取应变的措施，就会超越这个利润最大化的点，企业就会出现亏损。

因此作为企业管理者，当企业达到利润最大点的时候，就要为企业、为股东重新绘制一幅边际利润的底线，这样才可以保证企业的利润长线。这是企业管理者的责任。

作为企业的企业管理者，有必要而且有责任认识到，在哪个方向、企业应该采取何种措施和社交手段，使企业向边际利润最大化方向发展，以及发展的途径是什么。

（1）卓越的企业管理者做事情首先要有目标，要把目标作为企业的战略核心。知道自己的企业要做什么，为什么要这样做，并且要把企业的目标通过员工贯彻到企业的各个方面。这些都是事情的本源问题。目标的三大要素分别是使命、远景目标和价值。使命，就是通过大家共同努力，达到某个既定的目标；远景，是通过可以衡量的目标来说明解释结果；价值则为结果提供了非常具有意义的原因。

（2）企业管理者应十分清楚企业的目标，与股东利益保持一致，为股东利益服务。而一个企业的价值，就是改变他人的生活。企业管理者应该意识到企业对他们意味着什么，除了完成工作以外，重要的是你为这个企业作出贡献。

企业管理者必须为了结果进行管理，并且要通过与他人的共同努力来实现利润的增长，这是商业的精髓所在。因为利润是一种深层的条件，如果一个企业没有利润，就无法生存，所以作为以盈利为目的的企业不能从事没有利润的亏本工作；利润，同时也是一种成本，以及未来要达到的某种指标。但是利润不是最终的目的，只是一种手段。

二、股东企业管理者的伦理道德规范

企业利益相关者是指受公司行为影响或可影响公司行为的任何个人、群体和组织，通常包括顾客、供应者、竞争者、政府、社区、股东、员工等。企业股东与利益相关者的关系是客观存在的，没有了这种关系，企业也就不复存在了，企业股东的利益就无法实现。如何协调企业股东与利益相关者的关系，我们可以借鉴荣事达企业集团 1997 年 5 月 18 日通过的《荣事达企业竞争自律宣言》。

企业股东与利益相关者之间的伦理道德规范，是以社会为前提条件的。

（1）企业通过对社会作出贡献的方式谋求利润的最大化，企业在满足股东利益的同时，还要考虑其他利益相关者的利益。

（2）企业经营活动与商业伦理规范有关，用商业伦理规范评价企业经营活动。

（3）法律是最低限度的道德标准，应按高于法律要求的伦理规范从事经营活动。

支持企业股东与利益相关者之间的伦理道德规范的主要理由如下。

（1）企业与利益相关者存在休戚与共的关系，只有考虑了利益相关者的利益，企业的利益才能得到保障。

（2）由于不完全竞争、外部效果和信息不对称的存在，股东利益最大化不一定能给社会带来最大好处。以空气污染为例，当一家工厂排放出有害气体危害当地居民的健康，而该企业又不为此支付任何费用时，实际上就等于把成本转嫁给他人和社会。

（3）法律是人们必须共同遵守的最起码的行为规范，它只能对触犯了"最起码的行为规范"的行为予以追究，对一般不道德行为并不追究，法律只规定什么是不应该的、禁止的，而没有指明什么是应该的、鼓励的。然而，除了禁止的，不受鼓励的，中间还有既不禁止也不鼓励的行为：法律反映的是昨天的道德准则，不一定符合今天和明天的社会期望。法律是数年一次修订，而社会则是在不断发展变化的，因此，难免会出现法律滞后于现实的情形，仅仅靠守法是不大可能激发员工责任感、使命感、不大可能赢得顾客、供应者、政府、社区、公众信赖、支持，也就不可能取得卓越成效。

（4）利润与道德既有对立的一面，也有相辅相成的一面，利润与道德是可以兼得的。企业经营道德性假设是客观存在的，尽管企业管理者不一定考虑过这一问题，但事实上，他们的每一项决策、每一个行为却总是受特定的道德性假设支配的。道格拉斯、麦格雷戈视人性假设为管理的理论假设，同样地，企业经营道德性假设也是一种管理理论假设，因为所持假设不同，管理实践也将随之大不一样。

第三节　董事会、独立董事与监事会的道德责任

由于企业生产规模的不断扩大，企业股东人数越来越多，经营业务日益复杂，加之股东管理能力、管理经验与时间、精力等种种客观条件的制约，不可能所有的股东都会参与企业的日常经营管理，只能由专业经营人员（管理者）来负责经营，从而使企业所有权与

经营权产生分离。企业所有权当然归全体股东所有，而企业经营权则归管理者所有。股东人数众多，受管理成本的限制，只能每年举行为数不多的几次股东会，而无法对企业的日常经营作出决策，因此企业需要一个常设机构来执行股东会的决议，并在股东会休会期间代表全体股东对企业的重要经营进行决策。这个机构就是董事会。显然，董事会责无旁贷地承担了对全体股东的道德责任。

从委托—代理理论的角度看，在股东与董事关系中，股东是委托人，董事则是代理人；而在董事与经理的关系中，董事是委托人，经理则是代理人。显而易见，股东与经理之间是比较复杂的双层委托—代理关系。在股东、董事及经理的委托—代理关系中，股东（委托人）所关心的是自己财产的安全、保值和增值，董事、经理（代理人）却有着他们自己的利益目标（如相互攀高的年薪报酬与奢华的在职消费等）。可以肯定，如果没有高尚的诚信品质与道德修养、有效的约束和监督，他们很难站在股东的立场上追求企业资产的有效使用。当董事、经理自身的利益与企业的利益发生偏离甚至冲突的时候，就可能会牺牲企业及股东的利益而追求自己的最大利益，由此而作出的经营决策不当、滥用权力乃至中饱私囊等逆向选择行为必然会引发道德风险，导致企业及股东利益的损失，这种损失就是"代理成本"。"代理成本"概念的提出，把如何在保证企业经营者拥有一定权力的条件下，对其进行有效的监督约束，以减少代理成本和控制代理风险、控制逆向选择以降低道德风险的难题摆在了各国立法者面前。在这种背景下，企业的独立董事制度与监事会制度就由大陆法系国家[①]孕育而生，并通过各国企业立法制度的发展逐步走向成熟与完善。

一、董事会的道德义务与独立董事的道德责任

（一）保持独立性，形成独立自主人格

所谓保持独立性，是指董事与独立董事在履行董事会业务、参加董事会决策时应当在精神上和形式上超出一切界限，独立于企业经理等管理层，其目的是取信于企业各种利益相关者。这种独立性需要有两层含义，即精神上的独立与形式上的独立。

精神上独立，是要求董事和独立董事明确，他们表面上虽受聘于委托单位，但在精神层面董事和独立董事受托于社会公众。董事和独立董事只有与委托单位保持精神上的独立，保持独立自主人格，才能够以客观、平等的心态陈述董事和独立董事意见。

形式上的独立，是对第三者而言的，董事和独立董事必须在第三者面前呈现一种独立于委托单位和企业经理等管理层（少数执行董事例外）的身份，即在他人看来董事和独立董事是独立的、无倾向性的。由于董事和独立董事意见是外界人士决策的依据，因而董事和独立董事除了保持精神上的独立外，还必须在外界人士面前表现出形式上的独立，只有这样才会得到社会公众的信任和尊重。

董事和独立董事尽管接受委托单位的聘请开展董事和独立董事业务，并且向委托单位

---

① 大陆法系，又称为民法法系，法典法系、罗马法系、罗马－日耳曼法系，大陆法系首先产生在欧洲大陆，后扩大到拉丁族和日耳曼族各国，它是以罗马法为基础而发展起来的法律体系的总称。大陆法系典型代表国家主要指法国和德国，还包括过去曾经是法、西、荷、葡四国殖民地的国家和地区，以及日本、泰国、土耳其等国家。

领取报酬，但董事和独立董事应始终牢记自身所承担的是对整个社会公众的责任，这就决定了董事和独立董事必须与委托单位和外部组织之间保持一种超然独立的关系。因此，可以说，独立性是董事和独立董事的灵魂，对于独立董事而言其重要性更是不言而喻。

（二）勤勉尽责，客观求是，真诚为企业谋取正当利益

勤勉尽责、客观求是就是指董事和独立董事对有关企业事项的调查、判断和意见的表述应当基于客观中立的立场，以企业客观存在的事实为依据，勤勉尽责、实事求是，不掺杂个人的主观意愿，也不为委托单位或第三者的意见所左右，在分析问题、处理问题时，决不以个人的好恶或成见、偏见行事；在工作中必须一切从实际出发，注重调查研究、分析，只有深入了解实际情况，兢兢业业，认真负责，才能取得主观与客观的一致，做到董事和独立董事的意见与结论有理有据。

真诚地为企业谋取正当利益，主要是要求董事和独立董事必须忠诚于受聘的企业，提高董事和独立董事对企业的忠诚度。真诚为企业谋取正当利益对董事和独立董事的具体要求是：模范遵守企业章程，忠实履行董事和独立董事职务，在保障社会公众利益前提下维护企业正当利益，对那些明知危害社会公众利益而违规违法、不择手段追求企业不正当利益的行为，董事和独立董事必须想方设法加以制止，不得利用在企业的地位和职权为自己谋取私利；不得利用职权收受贿赂或者其他非法收入，不得侵占企业的财产；除依照法律规定或者经股东会同意外，不得泄露企业秘密。企业董事和独立董事应当向企业申报所持有的本企业的股份，并在任职期内不得转让；企业董事和独立董事应当向企业对利益作出说明。

（三）善管守信，维护企业资产，审慎行使决议权

善管守信义务源于董事和独立董事与企业之间的委任关系。董事和独立董事作为受任者，在执行职务中应尽善管人的关注守信义务。尤其在企业所有权与企业经营权分离的情况下，董事和独立董事对企业的正常运转负有高度的道德责任以及不可推卸的法律责任。所以，强化董事和独立董事的善管守信义务是十分必要的。董事和独立董事的善管守信义务可以分为以下四条。

1. 董事和独立董事必须维护企业资产安全

企业资产是企业业务活动的前提，维护企业资产的安全、完整、保值、增值是对董事会这个业务执行和经营决策机关组成人员的最基本要求。为此，董事和独立董事必须做到，不得私自挪用企业资金或者擅自将企业资金借贷给他人；不得将企业资产以其个人名义或者以其他个人名义开立账户存储；不得以企业资产为本企业的股东或者其他个人债务提供担保。实现这些要求，可以防止将企业资产化为个人资产，保证企业财产的安全。

2. 董事和独立董事在董事会上有审慎行使决议权的道德义务

董事和独立董事不仅负有上述对企业的善管守信义务，也应承担因未尽到义务而应负的责任。董事和独立董事不得从事损害本企业利益的活动。否则，企业可对其行使归入权，即将从事上述活动的所得收入归企业所有。董事和独立董事执行职务时如违反法律、行政法规或者企业章程的规定，给企业造成损害的，应当承担赔偿责任。董事会的决议违反法

律、行政法规或者企业章程，致使企业遭受严重损失的，参与决议的董事和独立董事应对企业负赔偿责任。从董事和独立董事与企业的委任关系看，可将董事和独立董事对企业的赔偿责任视为因债务不履行所致。但是，如果就董事和独立董事违反善管守信义务和危及企业资产而言，董事和独立董事损害本企业利益的行为可能是侵害企业财产权的行为，因而将赔偿责任视为侵权责任也是有道理的。由此，董事和独立董事对企业的赔偿责任已不再是单一性质的，而是多元性质的问题。

扩展阅读 5-1：深交所公开谴责四家公司及其董事不诚信

3. 对董事和独立董事竞业禁止的道德义务

这里的竞业禁止，即对竞业行为的禁止，是指特定地位的人不得实施与其所服务的营业具有竞争性质的行为。在股份有限企业中，董事和独立董事是具有特定地位的人之一。依《公司法》规定，董事和独立董事不得自营或者为他人经营与其所任职企业同类的营业。其行为要素是董事和独立董事自营或为他人经营的营业与所任企业的营业同类。

一旦企业董事和独立董事违反上述竞业禁止义务，企业就可以依法行使归入权。《公司法》之所以作出这些规定，主要是基于这种行为对企业的危害性。董事和独立董事从事上述竞业行为，就很有可能夺取企业的交易机会，还可能利用对企业商业秘密的了解，对企业造成损害。无疑，《公司法》对董事和独立董事竞业禁止义务的规定尚需进一步完善：一是要明确董事和独立董事实施此种行为应向股东会说明其重要事实，取得股东会的认可；二是仅应禁止股东会未认可的上述行为；三是要确认企业行使归入权的程序和时效；四是上述行为如果给企业造成损失，还应赔偿企业损失。

4. 对董事和独立董事私人交易限制的道德义务

这里的私人交易，是指有特定地位的人为自己或为他人而与企业进行交易。在股份有限企业中，董事和独立董事是特定地位的人之一。《公司法》规定，董事和独立董事除企业章程规定或者股东会同意外，不得同委托的本企业订立合同或者进行交易。这表明，董事和独立董事的私人交易是受《公司法》约束的。具体地说，董事和独立董事欲与企业订立合同或进行交易应以企业章程的规定作为依据。如企业章程无此规定，董事和独立董事应向股东会说明事实，取得股东会的同意。如果股东会同意，则可进行此种交易，否则不能进行。如果股东执意进行此种交易，则该交易在法律上无效。《公司法》作出这一规定的目的，是为了防止董事和独立董事为谋私利而牺牲企业利益，从而成全自身私人交易业务。

我国《公司法》第 47 条明确董事会对股东会负责，行使下列职权：

（一）召集股东会会议，并向股东会报告工作；

（二）执行股东会的决议；

（三）决定企业的经营计划和投资方案；

（四）制订企业的年度财务预算方案、决算方案；

（五）制订企业的利润分配方案和弥补亏损方案；

（六）制订企业增加或者减少注册资本以及发行企业债券的方案；

（七）制订企业合并、分立、解散或者变更企业形式的方案；

（八）决定企业内部管理机构的设置；

（九）决定聘任或者解聘企业经理及其报酬事项，并根据经理的提名决定聘任或者解聘企业副经理、财务负责人及其报酬事项；

（十）制定企业的基本管理制度；

（十一）企业章程规定的其他职权。

二、监事会的组成、职权与道德责任

监事会制度源自西方大陆法系国家，监事会是监督理事会的简称。根据西方国家公司法的规定，监事会具有以下特点：监事会是股份有限企业的常设监督机构，负责监督董事会、管理者执行业务的情况。一般不参与企业的业务管理，对外一般无权代表企业。

监事会是公司法人治理的制衡机构。在企业治理结构①中，股东会是企业的最高权力机构。但股东会是一个会议体机构，只是在例会期间行使权力，日常实际行使企业权力的则是董事会、管理者。股东会为了避免失信于董事会、管理者，必须建立一个机构来监督董事会、经理人的受托代理行为是否与股东的意志相符，从而使股东的利益得到保障。这个行使监督权的机构就是监事会。

我国《公司法》第52条规定：有限责任企业设立监事会，其成员不得少于3人。国务院颁布的《国有企业监事会暂行条例》（2000）第2条规定：国有重点大型企业监事会由国务院派出，对国务院负责，代表国家对国有重点大型企业的国有资产保值增值状况实施监督。我国各地在《国有企业监事会暂行条例》的框架下对国有企业监事会的人员有各自不同的要求。例如，《上海市国有企业监事会管理暂行规定》中要求：（国有企业）监事会成员的数目应为不少于3人的奇数。监事会成员一般应包括以下人员：一是出资者的代表（或股东代表）；二是有关方面的专家；三是职工代表。

我国《公司法》第54条规定，监事会或者监事行使下列职权：

1. 检查企业财务；

2. 对董事、高级管理人员执行企业职务的行为进行监督，对违反法律、行政法规、企业章程或者股东会决议的董事、高级管理人员提出罢免的建议；

3. 当董事、高级管理人员的行为损害企业的利益时，要求董事、高级管理人员予以纠正；

4. 提议召开临时股东会会议，在董事会不履行本法规定的召集和主持股东会会议职责时召集和主持股东会会议；

5. 向股东会会议提出提案；

6. 依照本法第一百五十二条的规定，对董事、高级管理人员提起诉讼；

---

① 公司治理结构，狭义地讲是指投资者（股东）和企业之间的利益分配和控制关系，包括公司董事会的职能、结构、股东的权利等方面的制度安排；广义地讲是指关于公司控制权和剩余索取权，即企业组织方式、控制机制和利益分配的所有法律、机构、制度和文化的安排。它所界定的不仅是所有者与企业的关系，而且包括利益相关者（包括股东、债权人、公司职工、顾客、供应商、当地社区居民、政府等）之间的关系。公司治理结构决定企业为谁服务（目标是什么），由谁控制，风险和利益如何在各个利益集团中分配等一系列根本性问题。

7. 企业章程规定的其他职权。

在以下特殊情况下，监事会有权代表企业：一是当企业与董事间发生诉讼时，除法律另有规定外，由监督机构代表企业作为诉讼一方处理有关法律事宜。二是当董事自己或他人与本企业有交涉时，由监事会代表企业与董事进行交涉。三是当监事调查企业业务及财务状况、审核账册报表时，代表企业委托律师、会计师或其他监督法人。《公司法》首次明确监事会、不设监事会的企业的监事行使职权所必需的费用，由企业承担。监事会、不设监事会的企业的监事发现企业经营情况异常，可以进行调查；必要时，可以聘请会计师事务所等协助其工作，费用由企业承担。

那么，如何履行监事会的道德责任？

（一）遵纪守法，尽职尽责，严格监督

当前，我国企业也面临全面实施法治的任务。由于遵纪守法是每个公民应尽的义务和责任，作为监事人员必须以身作则，应严格遵守国家的财经纪律（财政纪律、信贷纪律等）和财务制度（如费用开支标准、成本开支范围），贯彻执行国家的法律规定，如经济合同法、公司法，特别是公司法，要牢牢树立公司法治的思想，使企业工作早日走上全面法治的轨道。

所谓尽职尽责、严格监督，是指监事人员不屈服于任何人的意志，严格按照国家有关法律、法规、财经政策与制度，精通业务，尽职尽责，通过审核凭证、账簿、控制预算或计划的执行，对本单位的每项经济活动的合理性、有效性进行监督，制止损失浪费行为，维护财经法纪，提高经济效益。

1. 明确企业的监督职能

企业监督是企业的基本职能之一，是我国经济监督体系的重要组成部分。有效发挥企业监督职能不仅可以维护财经纪律和社会经济秩序，对健全企业基础工作，建立规范的企业工作程序也起到重要作用。企业监督职能又称控制职能，是指监事人员在对特定对象经济业务的合法性、合理性进行审查。合法性是指保证各项经济业务符合国家的有关法律法规，遵守财经纪律，执行国家的各项方针政策，杜绝违法乱纪行为；合理性审查是指检查各项财务收支是否符合特定对象的财务收支计划，是否有利于预算目标的实现，是否有违背内部控制制度要求等现象，为增收节支、提高经济效益严格把关。

在社会主义市场经济条件下，必须加强企业监督。市场经济是法制化的经济，活而有序的社会主义市场经济要求各单位的经济活动必须在法律、法规、制度规定的范围内进行。搞违法活动，是任何一个成熟而健全的市场经济国家所不允许的。企业监督作为我国经济监督体系的重要组成部分，必须在维护社会主义市场经济秩序、保障财经法律、法规、规章贯彻执行中发挥重要作用。

加强企业监督，必须以财政经济法律、法规为依据。开展经济工作必须以财政经济法律、法规为规范，这是经济工作顺利进行的重要保证。监事人员和单位负责人应当明确地辨别经济业务是否合法，要以财政经济法律、法规、规章为依据作出准确的判断，并据此作出恰当的处理，对不认真履行企业监督职责，干扰、阻挠监事人员履行企业监督的行为，

要坚决依法予以追究，扭转企业监督弱化的现象。

2. 监事人员应以身作则，模范遵守财经法规

为了做到严格监督，监事人员必须培养自己具有公正、客观的品质和忠于职守的精神，从国家和人民的利益出发，以有关政策和法规为标准，不带任何成见和偏见去开展企业监督工作。实施严格监督，更为重要的是监事人员必须从自己做起。故对监事人员有以下要求。

（1）自觉遵守财经纪律和经济法规，严于律己，大公无私，不谋私利。

（2）积极主动宣传解释财经法规和制度，使有关人员了解、掌握并自觉遵守。

（3）在工作中严格把守关口，从实际出发，善于区别各种情况，宽严结合。进行严格监督，最后必须落实处。

（4）积极支持促进生产，搞活流通，开发财源的一切合理、合法开支，坚持抵制揭发违反财经纪律、偷税漏税、铺张浪费、假公济私、行贿受贿、贪污盗窃等不道德的行为，不怕打击报复，维持监事人员的尊严，忠实地执行法律所赋予的权利和义务，以促进社会主义建设的发展。

3. 对经济活动实施严格的事前监督、事中监督和事后的监督

企业监督工作要始终贯穿于经济活动的全过程中，要把企业监督寓于决策之中、寓于管理之中、寓于日常的财务业务之中，这样，既可以防患于未然，又能及时解决出现的各种问题，避免造成大的损失。具体来说，这一规定就是要监事人员运用一定的方法、手段和企业资料对本单位的经济活动进行严格的事前、事中和事后的监督。

事前监督是指在企业各项经济业务活动的准备阶段，以财经政策、制度和企业计划为准绳，对企业经济合同、经营计划等所做的合法、合理、合规、经济性审查，使之符合规定要求。

事中监督是在企业生产经营过程中以计划、定额、预算等为标准，对生产消耗、成本升降、资金使用、收益大小加以控制，及时发现并校正执行中的偏差，以促使预定目标的实现。

事后监督则是指在一个生产经营过程完结之后运用企业资料进行检查，对经营全过程作出评价，并检查企业工作的质量，为下一个生产经营过程做好全面准备。

4. 把握企业监督工作重点，增强监督工作的有效性

企业监督工作的重点应该根据党和国家对经济工作的要求来保证经济工作沿着正确的轨道运行，不断提高经济效益。因此，企业监事人员要围绕这个重点，抓住经济活动中的重要环节，开展监督工作。

要积极发挥把关作用。目前在国家经济政策尚不健全并存在执行不力的情况下，个别领导立足于单位的小天地，无视财经纪律的现象到处可见。有的为了"创政绩，捞选票"往往置国家政策、纪律不顾，任意挥霍国家财产，有的为了搞福利，谋私利，随意侵吞，违法违纪，企业监事人员决不能睁只眼、闭只眼，类似问题都是非常有害的，是与企业职责格格不入的，必须予以坚决纠正。

（二）公正审查，廉洁执法

1. 公正审查，正确处理各种不同类型的经济利益关系

公正审查是指监事人员应当具备正直、诚实的品质，公平正直、不偏不倚地对待有关利益各方，不以牺牲一方利益为条件而使另一方受益。

监事人员在处理审查业务过程中，要正确对待与被审查单位有利害冲突的各方面关系人。诸如：债权人、所有者、政府、企业职工、商业伦理当局等。这些人的利益与被审查单位有着密不可分的利害冲突。监事人员在处理审查业务时，保护了债权人的利益，可能会损害所有者的利益；而保证了所有者的利益，又可能会损害政府的利益；维护了企业职工的利益，有时则会影响商业伦理当局的利益。这些关系人的利益纵横交错，关系非常复杂。所以，企业监事人员在审查过程中，包括准备阶段、实施阶段和终结阶段，都应保持正直、诚实的心态，不偏不倚地对待利益各方，不掺杂个人私心、主观立场，做到使各方面利益关系人都能接受并认可。

2. 廉洁执法，适时对违规的董事、独立董事或经理提起法律诉讼

廉洁执法是指企业监事人员在审查监督中必须保持清廉洁净的情操，在独立、客观公正基础上，恪守国家任何有关法律、法规及制度的规定，依法进行合理、合法的审查监督业务，不得利用自己的身份、地位和执业中所掌握的被查单位资料和情况，为自己或所在的单位谋取私利，不得向被查单位索贿受贿，不得以任何方式接受被查单位馈赠礼品和其他好处，不得向被查单位提出超越工作正常需要之外的个人要求。

市场经济越发展，企业监事人员在经济生活中的地位越重要，发挥的作用也会越大。企业监事人员如果工作失误，或犯有欺诈行为，将会给有关企业、国家或第三方造成重大损失，严重的甚至会导致经济秩序的混乱。

按照监事会的职权，当董事行为损害企业的利益时，监事会有权要求董事和独立董事予以纠正。如果监事会纠正后，董事和独立董事及时赔偿了企业的损失，企业的损害则得到了补偿。如果董事和独立董事拒不赔偿企业损失，则会酿成以企业为原告、以董事和独立董事为被告的损害赔偿诉讼。对此，有两个问题是需要讨论的。一是谁代表企业提起诉讼。既然监事会有权纠正董事和独立董事损害企业利益的行为，它的职权也自然可以延伸为代表企业提起对董事的诉讼。

因此，强化企业监事人员的法律责任意识，严格企业监事人员的法律责任，以保证其职业道德和监督质量，意义就显得愈加重大。

扩展阅读 5-2：诚信社会从领导做起

第四节　企业管理者道德规范要求

"企业精神"实际上就是企业管理者人格精神的延伸，而企业凝聚力的强弱在很大程度上取决于企业管理者的道德人格魅力。道德人格是企业管理者素质的内在化与轴心，决定

着企业管理者的人格质量。企业管理者道德人格素质包括知识、经验、能力、品质等的内在化。

企业管理者优秀的道德人格主要表现在企业管理者具备良好的思想、精神和工作作风。具体来看，首先，企业管理者要有大公无私的忘我精神，一心为公，严于律己，宽以待人。其次，企业管理者要有一丝不苟，实事求是的工作作风。有成绩不夸大，有缺点不缩小，勇于批评与自我批评。用严肃的态度、严格的精神，去做好企业各项工作。再次，企业管理者要有雷厉风行、艰苦奋斗的实干作风。要言行一致，不尚空谈，追求务实，树立威信，带领职工群众沿着企业正确的发展轨道前进。最后，企业管理者要有密切联系群众的民主作风。要有群众观点，走群众路线，工作上依靠群众出谋划策，生活上关心群众疾苦。要全心全意依靠工人阶级办好企业。要牢固树立"公仆"意识。唯有具备上述作风品质，企业管理者才能有效树立个人威望，发挥自己的领导力，通过科学决策，领导企业在市场挑战中保持强大的竞争力。

企业管理者有哪些道德规范要求？

一、依法为民经营：企业管理者的经营方向

民即人民，亦指社会公众，人民是一个历史范畴。在任何时代和任何国家，人民的主体就是劳动群众、社会公众。依法为民经营就是要求企业管理者为劳动群众服务，为绝大多数人服务。依法为民经营规范的确定，正是社会公众的集体利益在商业伦理道德观念上的集中反映。依法为民经营规范贯穿于经营过程的始终，落实于本职工作的方方面面，是企业活动的最低界限。企业管理者就是通过依法为民经营来体现为社会公众服务目的。显然，依法为民经营规范与毛泽东同志倡导的全心全意为人民服务精神相吻合，也体现了江泽民同志"三个代表"重要思想对企业管理者的根本要求，与"人人为我，我为人人"及"取之于民，用之于民"的规范是一致的，同时体现了经商管理活动的基本要求和主要特点，反映了社会公众对企业管理者的特别要求。依法为民经营规范包括以下几方面内容。

（一）把社会公众的整体利益放在首位，合法开展规范经营

企业管理者在经商理财过程中，必须把社会公众的整体利益放在首位。无论在什么时候、什么情况下，决不做对于社会公众有害的事情。因为，社会公众利益就是整体利益，把社会公众利益放在首位就是要把满足整体利益作为本职工作的出发点和归宿。凡是有悖于整体利益的事情，不仅自己不能做，也要反对他人去做。

（二）企业管理者做社会公众的"好管家"

为社会公众做"好管家"，这是依法为民经营规范对广大企业管理者提出的直接要求。依法为民经营规范就是要求企业管理者理财得当、恰到好处、好上加好、低耗高效；就是要做到聚财有道、用财有效、生财有方。为了聚财有道，企业管理者应该熟悉财经法规，洞察市场行情，集聚恰当资财，以便生产经营；为了用财有效，企业管理者应该精打细算，勤俭节约，量力而行，统筹规划，积极参与预测，参与决策，编制全面预算，把有限的钱财用到刀刃上，讲究资财使用效果；为了生财有方，企业管理者应该积极做好资金使用决

策，关注货币的时间价值，不断提高资金使用效率。

（三）恰当处理长远利益与眼前利益关系

在经商管理实践活动中，企业管理者必须恰当处理好企业长远利益和眼前利益的关系。应该看到，在一定的历史阶段，企业的长远利益与眼前利益是一致的；但在某一个特定时点上，由于劳动生产力的水平性和社会财富的有限性，企业的长远利益与眼前利益可能会呈现差异性，存在一定程度的矛盾性。

扩展阅读 5-3：重温《出师表》：高管您勤勉尽责了吗？

企业管理者在本职工作中，既不能单纯为了满足企业的眼前利益而不顾长远利益，特别是要克服生产经营的短期行为；也不能借口企业的长远利益而不顾及眼前利益，应促使企业员工的生活水平随着时间的推移逐步得到提高。依法为民经营规范要求在兼顾企业的长远利益的同时，不断满足企业眼前利益的需要。

（四）妥善处理社会利益与企业利益关系

从总体上看，由于社会主义公有制的建立，企业利益包含在全体社会利益即社会的整体利益之中。因此，社会的整体利益与企业利益应该是一致的。但在现实生活中，两者之间仍然会产生一些矛盾。企业管理者在经商理财工作中，不得以企业利益去损害社会的整体利益，也不得以社会的整体利益去取代企业利益。马克思曾经明确指出："共产主义既不拿利己主义来反对自我牺牲，也不拿自我牺牲来反对利己主义……"。正确的做法是按照客观经济规律，根据国家的方针、政策和法规妥善处理好全体社会利益与企业利益之间的经济利益关系，使两者在尽可能的条件下达到和谐统一。

二、企业管理者的行为准则

所谓廉洁，是指清白、节俭、高洁、干净之意。"廉"的反义词是"贪"，"洁"的反义词是"污"，"廉洁"就与损公肥私和贪污盗窃相对立。《楚辞·招魂》篇有："朕幼清以廉洁兮"。王逸注："不受曰廉，不污曰洁"。《淮南子·原道》也说："夫得其得者，不以奢为乐，不以廉为悲"。所以，"廉洁"就是要求廉洁清正，不谋私利。所谓奉公，是指奉行公事，主持正义，讲求公道，不偏不倚，与假公济私相对立。《史记·廉颇蔺相如列传》有："以君之贵，奉公如洁，则上下平"。应该明确，奉公的基本依据是法律、法规和制度。因此"奉公"就是要求奉公执法，不畏权贵，不唯上，不唯钱，只唯法，只唯实。廉洁奉公就是要求洁身自好，操守为重，廉洁清正，奉公执法，照章办事，主张为公众谋福利。商业伦理道德理论把廉洁奉公从干部道德规范上升至商业伦理道德规范的高度，是经商管理工作的特殊职能所规定的，也是广大社会公众对企业管理者的客观要求，是经商活动的行为准绳。

企业管理者的职业生活，说到底就是经商理财，是通过使用价值的运营对价值运动所实施的反映、核算、控制和管理，是对使用价值所实施的监督。正是这一职业生活的特点，决定了企业管理者首先必须是廉洁奉公，公私分明的人，而社会也以此为标准作为考察其是否具有商业伦理资格的基本前提之一，企业管理者在社会生活中的职业威信和信誉的取得，在很大程度上依赖于这种商业伦理道德规范和商业伦理道德品质。

企业制使企业管理者肩负起受托管理社会及单位的金钱账务这一重要的职业使命，也使得廉洁奉公在职业生活中显得更为重要。因为，企业管理者一旦有渎职行为，受到损害的必然是全社会的利益，是人民大众的利益。所以，商业伦理道德的廉洁奉公规范反映了社会对于企业管理者在管理活动中的责任、权力、利益等方面的根本要求。作为社会主义商业伦理道德规范之一，廉洁奉公规范包括以下要求。

（一）企业管理者做到廉洁清正，操守为重

廉洁是我国各族人民的光荣传统。清正廉洁是民间广为流传的包公、狄仁杰、海瑞等清官的优秀品质，是毛泽东、刘少奇、朱德和周恩来等老一辈无产阶级革命家的优良作风，长期以来为我国人民所赞颂和敬仰。在市场经济条件下，廉洁清正是企业管理者正确执行国家财政经济公司法规、政策和制度，履行企业职责的基本保证，是社会主义商业伦理道德的重要标志，是衡量企业管理者是否称职的重要尺度，是企业管理者最起码的道德品质。根据廉洁奉公规范要求，企业管理者怎样做到廉洁清正呢？

1. 洁身自爱，切忌以权谋私

企业管理者要培养洁身自好，自尊自爱，不贪不占，干净明白的高尚品德，就应该珍惜自己的企业管理者身份，重视自己的品质、荣誉、情操和人格，提倡"老老实实做人，认认真真做事，明明白白获取"，彻底放弃"金钱至上、货币万能"的没落人生哲学，要正确认识自己手中的经商管理权利是人民神圣权利的一种表现。相应地在企业领域是大忌、要彻底清除以权谋私。

2. 保护公共财产神圣不可侵犯

广大企业管理者应深刻认识到自己管理的财产是社会主义的公共财产。我国宪法明确规定"社会主义的公共财产神圣不可侵犯"。爱护公共财产是每个公民应尽的道德义务。企业管理者理所当然应该成为履行这一义务的模范。这也是企业管理者对祖国、对人民和社会主义事业的忠诚、热爱精神的体现。企业管理者要把好"关"，守好"口"。决不容许任何人以任何借口和任何方式挥霍浪费，侵吞人民的公有财产。要与化公为私、损公肥私、盗公利私的行为进行坚决的斗争。

3. 自我约束，严禁舞弊贿赂

自我约束，也称自我控制，简称自觉性，就是指一个人对自我思想和个人行为的内在的、内心的、内化的、内部的管理、约束和控制的能力和水平。一个人的自觉性体现在政治思想自觉性、道德情操自觉性、文化素质自觉性和职业工作自觉性等诸多方面。自我约束就是要求每个企业管理者应严格按照商业伦理道德规范和商业伦理道德范畴的基本要求，时时刻刻都对自己的思想观念和行为活动加以反思、检查及分析，促使自己的商业伦理道德境界不断向更高的层次迈进。

4. 加强学习，造就廉洁清正的高尚道德品质

企业管理者要想具备廉洁清正的高尚道德品质，就必须加强学习，自觉提高思想觉悟和道德水准。原因在于一个人高尚的廉洁清正道德品质不会与生俱来，也不可能从别处获

取。唯有通过长期的自觉学习、深刻的自我改造和复杂的社会实践，方能锤炼出廉洁清正的优秀品质。

（二）企业管理者做到秉公执法，率先垂范

廉洁奉公规范不仅要求企业管理者做到廉洁清正，而且要求企业管理者自觉做到秉公执法。何谓秉公？所谓秉公就是在任何时候、任何地方、做任何事情，企业管理者都要出以公心，主持公道，讲究公平、公正、公开，不偏不倚。秉公执法就是要求做到不畏权势，唯法独尊、唯法是从、唯法独上。企业管理者是在为国家、依法经营执法。秉公执法就是依法经营，是为社会尽职尽责的具体表现。同时秉公执法是企业管理者最主要的职业行为，是企业管理者应该尽到的职业责任和道德义务，是商业伦理道德规范的重要内容。秉公执法，既是由社会主义本职工作的性质决定的，也是全社会对企业管理者的必然要求，是商业伦理道德规范体系现实基础。根据廉洁奉公规范要求，企业管理者怎样才能做到秉公执法呢？

1. 熟悉法律，精通政策

企业管理者是对企事业单位的人力、财力、物力的使用价值形态与价值形态进行综合系统控制、监督使用的重要管理者。经商管理机构是国家经商管理法纪和制度的重要维护执行者，是协调各种经济实体内部及其与外部各方面经济联系的中介纽带。应该明确，全部本职工作与活动都必须以国家立法机关和国家行政机关制定和认可的经商管理法律、法规、准则为准绳。应该明确"依法经营、依法核算、依法监督"是商业伦理工作的关键。经商管理法律控制约束着经商管理日常工作的每个环节和全部过程。企业管理者应当熟悉、掌握经商管理法律和法规以及与此相关的其他法律和法规，精通由上述法律制定的各项经商管理政策。与此同时，要增强执法、守法的自觉性。唯有如此，企业管理者在其业务工作中对经商管理法律和政策的运用方能得心应手、运用自如。

2. 有法必依，执法必严

企业管理者在其经营工作中应有法必依，执法必严，违法必究，严格贯彻执行国家有关经商管理法律、法规和政策制度，依法经营，无论是上级领导、顾客用户，还是亲朋好友，应一视同仁，不讲亲疏。企业管理者需过好两个"关口"。

（1）平等过好"权利"关。企业管理者在其业务过程中，无论是对领导，还是对平民百姓，都应该平等相待，坚持在法律面前人人平等，遵循法不以权变为规范。某些地方、某些部门，或某些单位领导出于本位主义、地方主义及个人主义考虑，会出面干涉企业管理者执法，以权压法，阻碍经商管理法规的贯彻执行，甚至对执法的企业管理者进行责难或打击报复。面对这种情况和局面，有的企业管理者畏惧权贵，不讲规范，放任自由，听之任之；有的同流合污，出谋划策，这些都是不对的。作为企业管理者，应当明确依法管理是国家和人民赋予的神圣权利，要勇于坚持正确意见，积极主动维护经商管理法规的尊严，维护国家和人民的整体利益。

（2）坦然过好"人情"关。企业管理者在执行经商管理法律过程中，不能因为与个人关系远近或亲疏而有别，应坚持法不以情变为规范。在收入确认与计量、费用开支与发生、

工资计量与发放、成本归集与计算、利润形成与分配、款项借支与报销、税金预提与清缴等问题上"求情"的人和事，常常会发生。当前，社会风气还没有根本好转，执行问题还会比较严重，有一个难闯的"人情"关。企业管理者既要耐心细致地做好经商管理法律法规的宣传与教育工作，又要按照秉公执法的规范待人处事。

3. 以身作则，克己奉公

"打铁先要自身硬"。作为国家财经公司法律的执行者，企业管理者必须以经商管理法律、法规来约束自己的言行。事事处处要以经商管理法规作为自己行为的准则，在群众中，以身作则，克己奉公，率先垂范，起表率作用。在本职工作中要严守经商管理法纪、法规，维护经商管理法纪、法规的权威性，自觉地把自己的活动置于经商管理法规允许的范围内，切实履行企业管理者对国家、对社会、对人民应承担的法律义务。决不能以为经商管理法律只约束别人执行，而自己则可以随心所欲。企业管理者必须从自己做起，身体力行，率先垂范，以自己的实际行动维护经商管理法律、法规的严肃性和权威性，切实做到秉公执法，把廉洁奉公规范落到实处。

三、服务社会，追求卓越

（一）企业管理者应兼顾企业利益与公众利益，服务社会公众

担任企业经理，必须坚定不移地贯彻股东与客户第一，商品质量与服务至上的经营理念。企业作为社会经济组织，承担着为社会创造物质财富与精神食粮，为公众提供优质商品与周到服务的重大任务，要在生产品牌和服务公众的过程中发展自己。因此，必须增强品牌与服务意识。纵观所有的企业管理者的业务类型，都是在其服务于客户的经营理念上拓展的，尤其是在市场经济中，所有企业的发展都要建立在取信投资者与赢得客户的基础上。失信投资者，自断资金后路；失去客户，就失去了市场；失去市场，就失去了发展后劲；失去发展后劲，就失去了生机和活力。要赢得投资者与客户的信任，开拓商业活动与商品市场，就必须落实股东与客户第一，商品质量与服务至上的经营理念。这要从六个方面着手：一是提高优质商品；二是创造丰厚利润；三是拓宽市场领域；四是完善服务手段；五是改善服务态度；六是提升服务质量。

企业管理者职业性质决定了其所担负的是面对社会公众与发展自身企业的责任。企业管理者之所以在现代社会中产生和发展，是因为他能够以优良的道德品质、成熟的管理能力、熟练的专业技术和独立的工作立场赢得企业所有者的信任与青睐，从而被赋予企业的经营管理权利。由企业会计人员编制、管理者签发的会计报表，通过审计后对外公布，作为企业会计信息外部使用人进行决策的依据。所谓会计信息外部使用人，既包括企业现有的，又包括潜在的投资人、债权人以及政府有关部门等所有与企业财务信息相关的人士，可泛指为社会公众。社会公众在很大程度上依赖企业会计人员编制、管理者签发的会计报表和注册会计师对会计报表的审计意见，并以此作为决策的基础。企业管理者服务的对象从本质上讲是社会公众，这就决定了它从诞生的那一天起，所肩负的就是发展自身企业的责任与面对社会公众的责任。

（二）企业管理者在生产经营管理过程中不断追求卓越

企业管理者作为一个独立的职业，是服务于广大企业和社会公众的，其生存与发展依赖于公众对其的评价和信任，因此，企业管理者作为专业管理人士，保持良好的职业风范是相当重要的。企业管理者的品质、技术水准和服务质量是其生存的根基，也是赢得社会公众信任的关键之所在。因此追求经商道德的日益完善、管理及技术的精益求精成为企业管理者的必然要求。从而，追求卓越也就成为企业管理者职业道德规范的一个重要组成部分，具体有以下几个方面。

（1）保持谦和礼貌的态度。礼貌是中华民族的传统美德，作为具备一定素质的企业管理者，在与投资者、客户进行沟通过程中，保持对投资者、客户和广大社会公众礼貌态度是一个基本的要求。

（2）提高商品服务质量。企业管理者在为客户提供商品及配套服务时，必须时刻注意商品的过硬品质与服务的效果，而不仅仅为完成业务而已，因为商品的质量与服务的完成效果直接决定了企业管理者在投资者、客户和公众中的印象和评价，也就决定了其服务质量。而且，有的效果还反映在企业管理者对投资者、客户利益和社会公众利益的关心之上。

（3）对投资者、客户和公众及时响应。企业管理者虽然是直接为客户提供服务，但其最终的服务对象却是广大的社会公众，因而对投资者、客户和公众等广义服务对象的及时响应也是企业管理者所应具备的基本品质。

（4）保持高效率经营风格。效率是指劳动消耗与劳动产出之间的比率。对企业管理者而言，企业管理者在生产经营管理过程中，保持较高的效率是其工作的基本要求，也是赢得投资者、客户和社会公众等方面良好评价的重要依据。

（5）不断创新。知识经济的本质就是创新，创新是发展的长久基石，不创新就没有前途。企业管理者要树立与时俱进，不断创新的观念，抓住机遇，锐意进取，不断开拓，不断创新，创新包括产品品种、质量品质、技术含量、服务市场和内部管理等方面创新。唯其如此，方能保证我们管理者所驾驭的企业这艘航船在市场经济的海洋中乘风破浪，稳健行进。

第五节　企业与员工风险共担

企业与员工之间是既矛盾又一致的利益共同体的关系，二者之间的关系对企业的生存发展至关重要。企业对员工诚实不欺、恪守信用，严格地按照劳动合同上的规定履行承诺，为员工提供足额的工资、良好的福利、充足的受教育时间，员工不仅能获得生存的保障，而且还有进一步发展的可能。这样一来，员工的积极性和创造性得到极大的发挥，企业的经济效益因此而提高。企业与员工之间诚实不欺、相互尊重、相互信任、恪守合同、履行责任是形成企业和谐有序的劳动关系的基础和前提。

相反地，如果企业对员工不诚实、言行不一致，不按照《合同法》中的规定为员工提供当初承诺过的工资、福利及教育上的保障；企业不尊重员工，不把员工当人看，仅仅视员工为赚钱的工具，对员工的身心健康和未来发展不负责任，员工的劳动积极性将会大大降低，创造性也会受到极大的压制，不仅如此，还将导致企业与员工之间的冲突，造成劳资关系的紧张，直接的后果是企业经济效益的降低。员工是企业之本，企业要想有大的发展，必须把员工的生存和发展当成头等大事来抓。

企业应当本着以诚为本、取信于民的原则，尊重员工，信任员工，激发他们的劳动积极性和创造性，增强员工的荣誉感和自豪感，在企业与员工之间形成同舟共济，风险共担的利益共同体关系，这是企业成功之本。

一、商业伦理是塑造企业员工良好素质的关键

由于科技进步，产品更新快，企业之间的竞争加剧了。消费者满意是企业成功的关键。商业伦理将"我的工作方便了别人，实现了我的价值"的理念渗透到企业员工的思想中去，使员工在工作中才能发自内心地为顾客着想，提供优质的产品、优质的服务。在"顾客满意"的前提下，商业伦理还提倡崇尚员工的敬业精神。每位职工的岗位可能有所不同，但只要敬业，就可以把工作干得出色。如果企业里的每一位员工都能爱岗敬业，恪尽职守，那么产品的设计、生产、销售、市场调研工作都会精益求精，尽善尽美，企业肯定会立于不败之地。

良好的商业伦理还有助于合理地使用人才，开发人力资本。当今成功的企业都将人力资源的管理和开发作为企业发展战略。20 世纪 60 年代舒尔茨提出了人力资本的理念。随着科技的高速发展，人力资本对劳动生产率的贡献已远远大于物质资本，而形成人力资本的主要方法是教育。不仅固定资产有折旧和设备的更新改造，而且人力资本也需追加投资、更新改造。人力资本的概念大大丰富了资本的概念。重视人力资本，在教育费用上重金投入的企业无不受益。企业面临的国内、国际竞争日益激烈、残酷，产品的技术含量越来越高，面对人力资本的知识含量的要求大大提高的新形势，如果放弃了人力资本的开发，必然影响企业的经济效益和竞争力，这种状况令人担忧。

二、企业与员工的权利和责任

在开始讨论之前，有必要厘清员工与企业的权利和责任（表 5-1）。

表 5-1　企业与员工的权利责任关系表

员工的权利责任	企业的权利责任
工作的权利	招聘和解雇的非歧视性
公平报酬的权利	公平报酬的责任
自由集会和罢工的权利	尊重工会的存在和权力
是非感的自由和言论自由	接受员工的批评
诉讼的权利	与员工讨论的责任
健康安全的工作条件权利	承认劳动法庭，按劳动法解决冲突
工作质量的权利	提高工作质量的责任
遵守劳动合同的责任	对员工最小劳动生产率的要求
忠于企业	忠于合作的权利
尊重目前法律的和道德的规范	对工作岗位正确行为要求的权利

从企业与员工的权利和责任关系表中，我们可以得到下列结论。

（1）员工和企业的权利责任是相互补充的：一方的权利隐含着强加于另一方的责任，反过来也是一样。

（2）双方之间的权利责任是不完全对称的。一方的某些权利——例如工作的权利，并没有相称的另一方责任与之相配。这种不对称首先表明了，为了完全保证某些权利，需要社会整体的努力。这也说明了有大量的权利责任仍然在不断地发展着。

（3）员工与社会的权利责任也可能发生冲突。例如，员工的隐私权可能会与企业控制员工的行为权利相冲突；或者，员工要忠于企业的权利责任可能与他们为全体利益或个人利益的责任相矛盾。

对于所有这些问题，没有一种十分合适的方法来处理。在这里。我们将主要讨论工作权利的含义以及从这个基本权利中演绎出来的具体权利和义务。

1. 工作的权利

工作权利中的"工作"可以泛指任何具有目的性、创造性的活动，人们借它来满足个人需求（广义上的劳动）以及固定领域中程式化活动，即社会意义、经济意义上的所谓"职业"（狭义的劳动）。这里指后者，因此亦称"就业权利"，指一种有保障的方法，用它获得付薪的工作。可以自我雇佣，出卖创造权，从自己所生产的商品中获利，也可遵守合同受雇于人。

"权利"的意义模棱两可。我们应该区分法律意义上的权利和道德意义上的权利。没有完全规定法律中的基本权利，在特定的社会条件下，可能已经具备了道德效力；只有通过完备的立法程序后，道德规范才能确定为法律，具有法律意义上完全的权利。到目前为止，就业的权利基本局限于道德思想规范的领域内。有工作能力并乐意工作的无业人员不能从法律上要求某个国有或私有企业为他们提供满意的工作。只要这一要求没有被接受，那么就业的权利就不会成为真正意义上的法律权利。

工作权利在劳动契约开始和终结时有着明显的表现。企业实际上有权力决定是否在雇佣一个人时加入其他因素。例如血缘关系或者应试者的家庭背景。一个企业可能更愿意提供工作给一个养家糊口的人而不是一个单身汉。当在雇佣中有偏袒或专断时，企业应清楚此举侵犯了求职者要求平等对待的道义上的权利。

这样的例子有：企业仅凭性别把求职者排除出局或对一项特殊工作不录用具备合格条件的人，而接纳对此工作缺乏必要条件的求职者。一名员工工作时间越长，当他被解雇时找到新工作的平均机会就越少。所以，企业在道义责任上应尽力使长期员工在企业中工作到退休，这关系到员工的基本社会保障。大部分员工常常必须依靠稳定的工作来承担社会义务和获得个人成功。对员工的忠实意即企业绝不能无故解聘员工。当经济形势使关闭一个工厂或削减员工成为必要时，企业应提供最大程度的社会保障，包括转换一个新环境或再培训等。

2. 接受书面合同的权利

当一个人得到一份工作时，他就成为一些特殊权利和责任的承担者。其中的某些权利和责任应当在一份劳动合同中以适当的法律形式明确地予以表达。一份劳动合同的草案，就其本身而言，是一份与道德有关的协议。对于草案中包含的部分，它予以法律上的保证，并且在能达到的范围内对合同的条文作出完整的、明确的、具体的规定，而且还将为企业和员工在随后的合作期内提供一个相互信赖的基础。由于合同草案具有一定的约束力，所以每个员工都应该把它作为一般原则来接受。各种类型员工，包括临时工和兼职人员，都应当受合法形式下的书面合同的约束。

3. 取得公平报酬的权利

取得公平报酬的权利，是获得合理薪水的权利。从工人运动一开始就已成为一项基本的目标。事实上，薪水首先是作为每个员工所付出的工作绩效的交换条件的价值表现。但对大部分工人来说，它也是收入的主要来源和生活的基本保障。然而，合理薪水的界定是一个复杂的问题，它包含对风险与劳动力、劳动力与收入以及责任能力与决定收入的业绩标准之间的关系的详尽分析与企业政策的选择。在没有对这些基础问题作出进一步说明的情况下，我们采用了以下对薪水的公平性作出评价的标准。

（1）合法保证最低收入。

（2）工作的困难程度。

（3）公平对待的原则。

（4）特定部门的平均薪水。

（5）企业的能力。

（6）地区平均的生活消费。

（7）工作稳定性的保证程度。

健康和安全工作条件的权利，所有员工都拥有在健康和安全的工作条件下工作的权利。一些重要的产品或服务的获得必须要冒一定的风险，下列条件是必须具备的。

（1）员工们应该在接受一项工作的开始就知道其所要承担的健康安全风险。

（2）员工们应该自主地、自愿地承担风险，而不含任何强制性。

（3）员工们应该得到足够的补偿，不单是直接薪水的增加，还应当有适当的保险和社会保障。

（4）除非是具有明确公共利益的生产，否则不能鲁莽接受健康和安全风险。

（5）企业和员工都应该为了减少现存风险而掌握最有用的知识和技术。

在员工行使自己的权利时，企业也在行使，即权利和责任是相互的。各企业具体情况不同，所表现出来的权利也会有些差异。因此，为了便于更好地处理未来发生的劳动争议，企业必须从自身的实际出发，明确与员工的权利和责任关系。

三、企业与员工的道德规范

（一）对企业的伦理道德要求

马克斯·韦伯在其《新教伦理和资本主义精神》中论证了经济发展需要伦理精神的推动，在他看来，伦理道德已不仅是作为人们行为的约束力而存在，而且是作为一种现实的人文动力而发挥着作用。韦伯的基本理论同样适用于微观层次的企业发展。

现代西方管理理论和众多企业的成功实践证明，商业伦理精神是推动企业发展的内在动因。显然，在管理中产生强大的精神力量的只能是道德，唯有强调精神力量，强调公正和高标准的道德和行为，才能不断提升企业境界。如松下企业精神、IBM 服务精神、以及我国企业的孟泰精神、铁人精神等，在各自的企业发展中都发挥了不可替代的作用。企业的可持续发展最终动力在于人。当伦理因素注入管理并成为其核心要素时，商业伦理才能真正做到以人为中心，管理伦理的独特功能才得以显现，人的主体性力量才能得到发挥。企业对员工应尽的伦理道德义务应包含以下几个方面。

1. 企业以员工为本的价值观

要使企业价值观建设真正成为商业伦理的重要有效的方式，能激发员工的工作积极性，降低企业的管理控制成本，使企业成为一个既统一又具有创新力并具备市场快速应变力的团队。对企业价值观建设的目标和方向必须要进行重新定位。

首先，企业要突破简单功利主义的"团队精神"的束缚，引入强调人格独立、尊重和平等的"个体精神"。承认员工个人追求自身利益的合理性和现实性，强调员工通过努力的工作和奋斗达到目标的可能性，在企业内形成尊重个人的良好氛围和习惯。

其次，在企业内明确员工作为独立的人的基本权利和利益，将个人的关系与工作关系区分开来，在工作职权上、责任上要明确，减少因个体独立性而形成的性格、爱好等因素对工作的影响，不将员工个体的非工作的生活内容纳入工作的考察范围。尊重员工在工作职能之外的个人空间。

再次，承认员工个性的多样性，不要指望通过企业的培训和价值观的灌输来改变员工的个性和基本人生观、价值观。实际上，在这方面费力是徒劳无益的。商业诚信文化建设和培训的重点应该是在承认和尊重个性多样化的基础上，着眼于建立一个有序的秩序来维持企业工作的有序性，发挥员工的创造能力，也让员工理解和支持企业在某些方面对员工统一性要求的必要性。

最后，正因为承认和尊重员工人格的独立和平等，就要求企业建立现代管理制度，要求管理的规范化和科学化，以制度来保证员工在追求自身利益的同时，不损害其他员工和企业的利益，强调员工对自己行为的责任感。

2. 企业为员工提供明确目标

目标管理是伦理渗透于企业内部管理的一种形式。制定合理的目标是调动员工积极性和引导企业良性运行的道德力量。一方面，它能通过具体奋斗目标激励员工自觉和进取精神，从而实现自身控制机制；另一方面，完整的目标体系可以把大家的力量组织起来，共同朝着企业最高目标努力，使企业从整体到个体处于有序、积极状态。

企业的最高目标总是和企业价值观、企业作风、人事制度紧密联系的。可以说，它同时也是企业的伦理目标，体现了企业的社会责任和道德追求。美国学者队帕斯卡尔和凡阿索斯概括了以人为本的企业终极目标的基本特征：这种企业要使员工作为企业整体的一员受到社会的称赞，强调本企业的产品对于人类的价值；关心员工的需要，视每个员工为有价值的人，尊重社会的要求，把为社会造福的管理理念作为实现企业的终极目标，并提供了有效的途径和中介，将商业伦理理念转化为员工和企业的经常性行为。国外众多企业正是认识到管理伦理导向功能，于是纷纷加强对商业伦理机制的建设和完善，其主要措施有：制定《商业伦理宪章》《道德纲要》；建立商业伦理监督委员会；奖赏和支持伦理行为，反复解释伦理政策等。

3. 企业与员工进行有效的沟通

企业与员工的伦理道德规范的核心是"以人为本"，而能否做到"以人为本"的关键在于能否在企业管理者与员工之间产生"互动"。传统人事管理体系中，企业管理者和员工之间的关系是命令式的单向流动，员工是执行企业管理者命令的机器，而在企业与员工的伦理道德规范中，企业管理者和员工的关系则应该是建立在平等基础上的互动关系。要形成平等的互动关系，就需要企业管理者和员工双方改变传统的理念，积极与对方沟通。

在企业管理者与员工进行积极沟通时，双方的价值观都要建立在"相互信任"的基础上。在传统的人事体系中，一切管理理念都建立在对员工的不信任上，即首先假设员工是不诚信的，然后通过一系列规章制度进行管理。而在企业与员工的伦理道德规范中，维持团队稳定的纪律依然存在，不同的是企业管理者和员工都首先假设对方是完全理性的个体，即企业管理者相信员工是具有自觉性的，员工也相信企业管理者是公平理性、可以信赖的。纪律的目的从防范员工违规转变为对破坏诚信机制的个体进行惩罚。企业管理者与员工要进行有效的沟通，企业管理者与员工都应具备一些沟通的素质。如果让企业管理者应具备的素质集合与员工应当具备的素质集合相交，这两个集合的交集就是企业管理者和员工在企业对员工的伦理道德规范中应当具备的共同素质——"沟通"，如图 5-1 所示。

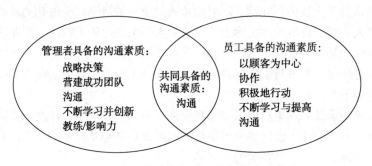

图 5-1 企业管理者与员工具备的沟通素质

4. 企业应重视对员工的培训

"人"是企业最重要的资产，在职培训是人力资源最重要的投资。在竞争空前惨烈的情况下，企业必须将提高管理品质作为应变之道。而在追求管理品质完善的过程中，如何透过培训来增强人的素质，是不能忽视的一环，它可使企业与员工比翼双飞。有效的培训，对个人与企业都会有很大助益：发展了新的来源，可协助该体系进步；强化了企业主体的完整性；改进了商业诚信文化与决策。

企业员工对于第一次学东西，记得最清楚。第一次就教导人员如何正确地做，比事后再回来纠正他们更容易。这就是为什么有些成功企业会再三强调职前培训程序的正确性。

企业员工经由各种不同的活动、新的事物，可得到最好的学习效果。在培训过程中，使用感官（视觉、听觉、嗅觉及触觉）的次数愈多，则会愈快获得新的技巧。因此在培训中若能同时使用录影带、资料、示范及实习的方式，效果更佳。企业员工在学习新事物时，如果内容和他们已经知道的事有关的话，学习效果较好。因此若使用阶梯式的培训方法，逐渐增加其知识与技巧，效果更扎实。

企业员工对他们所做的事需要回顾。良好的工作表现需要正面认可，而不好的工作表现，必须尽快更正。在成功的培训系统中，追踪是非常重要的步骤。企业员工在有趣及刺激多的环境学习效果最好。所以企业可以经常组织一些有意思的团队活动，培训员工团队合作精神，让每个员工都能感受到自己的一份能量。

（二）员工的伦理道德要求

相对于企业来说，对员工的道德要求包括以下几个方面。

1. 员工的敬业精神

敬业是成功的大前提。敬业是一种人生态度，是一种珍视就业机会，对自己的行为负责、肯定自己的劳动成果的态度。这种态度不仅保证了人们的职业（就业）秩序，也使社会得以实现专业分工。其结果是意义重大的，因为正是专业分工促进了社会效率的提高和社会意义上的技术进步。在企业就职的人，如果不敬业，不成为行家里手，就不会有好的绩效，也就得不到升迁和加薪。不可否认，员工有时会由于种种原因对自己岗位的工作产生厌倦或反感，这种情况必须在很短时间内改变，如果长期持续下去，就会演变为没有进取心的混日子行为。这种状态白白消耗着自己的时间和生命。如果有敬业的人生态度就不会允许这种混日子的状态持续下去。我们经常会遇到这样的情况，如果一个企业商业伦理问题严重，改变的希望不大，管理层漠然视之，听之任之，这时候有些在企业中享受很好的工资和福利待遇的员工也会离开。问他们离去的缘故，他们会惨然地说"耗不起"。即便是白拿薪水，如果不能为明天的职业生涯耕耘和积累，那也是得不偿失的。一个企业如果不能形成一种敬业的文化氛围，就留不住敬业的员工。

在企业中，敬业往往会被简单而不正确地理解为员工对工作安排的服从。这是非常片面的，也是有害的。敬业从深层上看包含着一份对专业精神的执着，这一份执着也包括对作业标准和秩序的肯定。从专业分工的角度来说，任何一项作业，都要求有一定的操作技能，操作技能的差异产生不同的作业绩效。提高作业绩效的途径有两个，一个是培训，另一个是专业代分工。敬业肯定在一定时间段里对某种特定的作业专注，具备专业精神。这种专注所伴随的专一和恒久，不是与创新、优化的变化相矛盾，而是互相支撑的。如果对每件事情都不专注，每件事情就做不到最好，即所谓浅尝辄止，见异思迁，百事不成。因此我们说敬业才能成就大事业，才能创恒久的基业，是一个人取得成功的大智慧。

企业中的敬业精神是企业与员工伦理道德规范的一个重要组成部分。企业与员工伦理道德规范的核心是企业和员工的思维和行为习惯，有的企业会把这种不成文的东西规范化、格式化、文字化，变成各种守则和规章，以便对员工起到督促和引导作用。由于员工的敬业与否对于企业的绩效乃至竞争力关系极大，因此每个企业都希望通过各种激励手段和培养教育方法使自己的员工能够敬业。在讨论与敬业相关联的问题时，有人提出一个看法，企业员工的敬业同企业产权结构有关，要想让员工忠诚敬业，就要让员工持股，也就是说，企业的产权员工也要有份，这样员工才有积极性，才能恪尽职守，忠诚敬业。所谓有恒产者才有恒业。实际上这种看法并不正确。古今中外的许多企业实践都证明了这一点。完全由家庭成员组成家庭作坊的失败就是这样的例子，而许多的优秀的家族企业的成功也是例证。

2. 员工对企业的忠诚

从对忠诚管理的理论划分，员工的忠诚可以分为主动忠诚和被动忠诚。前者是指员工主观上有强烈的忠诚于企业的愿望，这种愿望往往是由于组织与雇员目标的高度协调一致，组织帮助雇员发展自我和实现自我等因素造成的。后者是指员工本身并不愿意长期留在该企业，只是由于客观上的约束因素（如与同行业相比较高的工资、良好的福利、交通条件、融洽的人际关系等）而不得不继续待在该企业，一旦约束因素消失，员工就可能不再对企业保持忠诚了。相比较而言，主动忠诚比较稳定。从另一角度看，员工的忠诚有两种：一是员工在职期间勤勤恳恳，兢兢业业，能够为企业的兴旺尽职尽责；二是在企业不适合员工或员工不适合企业而离职后，在一定时期内能保守原企业的商业秘密，不从事有损于原企业利益的行为。员工忠诚包括三个方面。

（1）积极主动。经济的竞争其实就是人才的竞争。企业的竞争，不单是企业高层决策正确与否的竞争，还有员工素质的竞争。在一项人力资源的调查中，对两家电子设备企业进行了采访，一家是国有企业，另外一家是摩托罗拉企业。这家国有企业的员工在生产线上或聊天，或说笑，全无紧张气氛，给人一种松松垮垮的感觉。而摩托罗拉的员工，则让人感到青春与活力。每个人都十分年轻，朝气蓬勃。员工代表着企业。积极主动的员工总会构成一个开拓、进取的企业。

从员工的角度来说，每个员工都要积极地为企业出谋划策，对于工作任务应采取主动的态度。尤其是当工作遇到问题时，例如机器出现故障、原材料不合格等，现场的员工如果态度积极，就会主动排除故障，或主动同上级联系，解决问题。在所有的控制活动中，现场的控制是非常重要的，它的时效性最强。而在企业中，现场控制一般是由员工来执行。因此，控制的效果如何将很大程度取决于员工的素质。员工应该知道，企业最终提供的产品或服务质量同自己的工作态度是分不开的。在这方面，积极主动的工作态度应该是员工对企业所负的责任。

（2）危机感。不管什么样的企业，它的规模如何，由于环境的改变和竞争的加剧，总处在危机之中。面对外部的危机，员工会怎么做呢?通常有两种态度：一是置之不理，企业让做什么就做什么；二是与企业共命运，有强烈的危机感。态度产生于对自身角色的认识。更具体地说就是员工有没有主人翁的责任感。以前我们经常说社会主义企业的员工是企业的主人，但并没有让员工深切感受到这一点，还是上级说什么就做什么，不说就不做，而危机感就直接来源于主人翁的责任感。例如，日本的企业和员工结成命运共同体，就好比企业是一艘船，员工是水手，只有水手努力划船，才能战胜惊涛骇浪。

有了危机感，就有了压力，有了进取心。很多企业都设有意见箱等，其目的就是获得员工好的建议。据统计，日本丰田汽车企业的汽车设计每年要采纳一万多条员工建议。可以说，没有员工的充分合作，日本汽车企业是无论如何也不能与美国汽车厂商相抗衡的。企业把员工的建议当作资源，并且是相当重要的资源。只有员工具备了危机意识，企业才能最大限度地利用这种资源。

（3）忠诚感。在企业提供员工所需各项保障后，忠诚的员工是企业获得发展与成功的内在原动力。相反地，不稳定的员工则会造成企业的巨大损失。例如，企业总要对新进员工进行培训，以使其将理论知识转化为实际的工作能力。培训有时需要较长的时间，而且要花费许多培训费用。如果一个新员工完成培训后，掌握了一定的实际经验，却转向其他企业，单从费用上说，损失就不小，更不用说那些携带原企业机密投入其他企业的"变节者"，会给企业造成更大的损失，甚至导致企业可能会为此而丧失竞争优势。另外，不忠诚的员工会造成员工队伍和组织结构的不稳定，而不稳定必将影响企业的正常运营。尤其在流水线作业中，一旦某个岗位的员工突然辞职，整个流水线可能就无法运作。

扩展阅读 5-4：忠诚管理：
提高员工的忠诚度

既然员工的忠诚如此重要，那么，企业就应努力培养员工的忠诚感。这里需要说明的是，员工忠诚的培养需要企业做一定的引导工作。企业高层企业管理者首先应该明白员工忠诚的重要性，然后再采取措施来建立员工忠诚度，使其坚信企业就是我的家，我要忠于我的家，并努力把自己的家建好，这是我的责任。培养员工的忠诚不能只靠金钱，不要用金钱作为联系员工同企业的纽带，而应该注重道义的教育，晓之以理，动之以情。有管理学者预言，21世纪将是儒学的世纪，这种说法意味着人们将更加注重道义。因此，企业领导人应多从这方面入手。例如，在企业遇到困难时，让员工参与，使员工有一种共患难的感觉。只要建立了良好的员工忠诚度，就确立了员工对企业的主要责任，奠定了成功的基础。

关键术语

利益相关者	董事会道德义务	独立董事道德责任
监事会道德责任	企业管理者道德人格	员工忠诚度

复习思考题

1. 现代企业的组织形式有哪几种？各指什么内容？
2. 商业伦理与股东利益相互影响是怎样的？
3. 支持企业股东与利益相关者之间的伦理道德规范的主要理由是什么？
4. 如何履行监事会的道德责任？

5. 董事会与独立董事的道德义务和道德责任体现在哪些方面？

案例分析　　　　　　　　**即测即练**

自学自测　　　　　　　　扫描此码

第六章

企业对外经营伦理道德规范

 经典名言

执道者德全，德全者形全，形全者神全。神全者，圣人之道也。

托生与民并行而不知其所之，忙乎淳备哉！功利机巧必忘夫人之心。若夫人者，非其志不之，非其心不为。

虽以天下誉之，得其所谓，敖然不顾；

以天下非之，失其所谓，傥然不受。

天下之非誉，无益损焉，是谓全德之人哉！

—— 《庄子·天地》

 学习目标

1. 理解"顾客是企业生命之源"和"顾客是企业衣食父母"的真正意义。
2. 明确企业竞争讲究伦理道德的必要性和重要意义，掌握市场竞争中存在的伦理问题。
3. 明白企业依法纳税的道德价值与遵纪守法的伦理责任。
4. 了解企业与社区之间相互依存的鱼水关系，掌握社区活动计划的制定步骤。
5. 把握企业公民的内涵与要求。

 导读

新时代儒商气质

进入高质量发展新时代，传承儒商精神，弘扬优秀传统文化，对促进企业转型升级，塑造良好形象，具有重要的现实意义。为此，本刊邀请当代著名儒学家、新儒商引领者、中山大学黎红雷教授阐释新儒商精神，四位企业家从不同角度分享他们将新儒商精神融入企业管理实践的过程和感悟，并由黎红雷教授分别予以点评，助力读者深入理解新儒商精神。

注：本文为专题《新儒商的治理智慧》之一

习近平同志在福建厦门工作期间，曾经向企业家谈起陈嘉庚先生的事迹，他指出，陈嘉庚先生在中国和南洋很受大家敬仰，其高明之处在于深知做生意与做人一样，要讲德行；他在生活上崇尚简朴，在商场上遵守信用，体现了"天行健，君子以自强不息"的儒商气质。

在中国特色社会主义新时代，践行儒学的当代企业家，认真贯彻落实中央《关于实施中华优秀传统文化传承发展工程的意见》和《关于营造企业家健康成长环境弘扬优秀企业家精神更好发挥企业家作用的意见》，把中华优秀传统文化的内涵融入企业的治理实践，涵养企业家精神，培育现代企业文化，展现出新时代儒商气质。

德以治企，教化为先

践行儒学的当代企业家提出"三为一德"理念。

第一是"为人之君"，就是要有君子般的风度和君王般的责任。需知领导是一种责任，而绝不是一种简单的荣誉和待遇。企业领导者必须对企业负责、对员工负责、对社会负责，切实承担起"一家之长"的职责。

第二是"为人之亲"，就是要像对待亲人那样对待下属。领导者对待每一位下级，都要有"如保赤子"般的感情。只有以亲情般的诚心对待下级，对待周围的人，工作才会做好。

第三是"为人之师"，就是为人师表，率先垂范。企业文化建设，干部以身作则很重要。要求大家做到的，领导先要做到；要求别人不做的，领导首先不要做。在这个基础上，如果大家能够从领导身上学点东西，这个境界就更高了。所以，领导者要加强自身的修为与学习。

"为人之君""为人之亲""为人之师"构成一个"德"字。"德"是领导者的基本素质和风范。以德平天下人心，大家就会无怨无悔地跟随。

义以生利，利他经营

在现代，"商人"只是社会的分工，本身并无贬义。从创造财富的动机与手段来看，商人起码可以分为三个层次：生意人、企业家、儒商。

生意人有"三会"：会算计、会经营、会赚钱；

企业家在生意人"三会"的基础上增加了"三有"：有勇气、有抱负、有情怀；

儒商则在生意人"三会"和企业家"三有"的基础上又增加了"三讲"：讲仁爱、讲诚信、讲担当。

儒商与一般商人的区别，不是不追求财富，而是"君子爱财，取之有道"。儒商就是商界的"君子"，其职责是运用儒家商道智慧为社会创造更多财富。中国的改革开放为当代企业家提供了创造财富、报效国家的舞台。

由此，践行儒学的当代企业家一方面认识到经商必须赚钱："为人不可贪，为商不可奸，若要做善事，还是先赚钱"；另一方面又认识到并非所有赚钱的生意都能做："赚钱过三关，法律是底线，道德要约束，良心最值钱"；而且更进一步认识到要将赚来的钱回报社会，"独善非至善，兼济方圆满，善心有善报，天地大循环"。

信以立世，诚以待人

企业要经营，要生存，要盈利，经营之道是什么？《论语》里有一句话叫"修己以安人"，表面上看好像和经营没什么关系，但事实上，这是最根本的经营之道。

"修己"，有两个主体，一个是企业家自身，另一个是全体员工。每一个人都要"修己"，修身心、尽本分；然后是"安人"，让人心安定。

"安人"主要有两个对象群体，一个是员工，另一个是顾客。如果把自己修炼好，同时把顾客、员工安顿好，企业还会不成功？还会没有利润吗？

践行儒学的当代企业家把儒家的"诚信"思想融入企业治理实践。

在"内诚于心"方面，提出"五个一"的具体措施，即立一个志，读一本经、改一次过、行一次孝、日行一善——从确定志向、阅读经典、改正过错、孝顺行为到每天做好事，全方位涵养员工的诚实品格。

在"外信于人"方面，定位品牌在消费者心目中的感觉，获得消费者对品牌的信赖与赞誉，追求消费者百分之百的安心。为此，就要诚心站在顾客角度思考，真心帮助顾客解决问题，以专业知识说服消费者，以至诚服务感动消费者，以儒家文化感染消费者，从而以真诚赢得顾客。

企业家是中国特色社会主义建设的中坚力量，是中华民族复兴大厦的"顶梁柱"。中共中央国务院《关于营造企业家健康成长环境弘扬优秀企业家精神更好发挥企业家作用的意见》，用三个"弘扬"勾勒出新时代中国优秀企业家精神的核心内涵：爱国敬业、遵纪守法、艰苦奋斗；创新发展、专注品质、追求卓越；履行责任、敢于担当、服务社会。

新时代儒商气质，是中国优秀企业家精神的重要组成部分。愿中国企业家涵养儒商气质，成为新时代受人尊敬的儒商。

资料来源：黎红雷，《企业管理》杂志，2022-05-15.

企业都希望做大做强，长久地经营下去，做到可持续发展，那么企业加强资源环境保护，遵守国家法律法规就是一个前提条件。否则，即使企业经营得再出色，一旦有了违法的污点，污染环境浪费资源，也将失去社会的认可，遭到社会舆论的谴责与广大顾客的唾弃，严重的可能会诉诸于法律，导致整个企业的灭亡。因此，企业千万不能为了眼前的利益而心存侥幸，以身试法！

第一节　企业对购销客户的道德规范

伴随着社会经济的发展和市场的繁荣，生产者与消费者之间的关系发展趋于成熟，但两者之间存在着利益冲突的可能，要化解企业与消费者之间的利益冲突、调解双方关系，一要靠法律，二要靠道德。企业能否恰当处理与消费者产生的伦理问题已直接影响企业的生存与发展。事前认识、事中分析、事后处理这些伦理问题对企业的成败愈来愈重要。

企业一定要树立"顾客就是上帝""顾客是企业生命之源""顾客是企业衣食父母"的思想。因为企业只有提供优质产品和满意服务，方能赢得广大顾客，像"真诚到永远"的海尔企业那样取得巨大的社会效益和经济效益。企业如果失去顾客就会失去活力，丧失生存机会，终将走向失败。对于企业来说，背离正确的与消费者相处的伦理准则就是自断企业生命之源，自毁企业锦绣前程，无异于"慢性自杀"。

一、企业与购销客户的权利和责任

（一）购销客户的主要权利

企业向购销客户提供产品和服务的同时，有权要求购销客户按交易合同如期如数交付货款及有关费用。购销客户在付出了一定货币或实物代价后，也有权要求获得价值相当的产品和服务，与此同时，购销客户要求享有以下权利。

（1）安全权。购销客户有权要求企业提供安全的、不会对人身造成伤害的产品。

（2）知情权。购销客户有权要求企业对产品的生产日期、保质期、使用注意事项等情况作出明示。

（3）选择权。法律应当保护购销客户自由选择购买产品种类的权利，并通过《反不正当竞争法》等法律法规切实保障购销客户在购买同一种产品时有选择的可能性。

（4）表达意见权。购销客户买到不满意产品时有权向企业（制造商和零售商）投诉，要求退赔。

（5）环境保护的要求。人们意识到，企业生产提供有用物品的同时附带产生的污染极有可能是不可挽回的伤害。这种对环境的破坏会直接影响和降低人们的生活质量，如城市的噪声、废水和废气对日常生活的影响。基于对现在和未来负责的态度，人们已经认识到环境保护要求的重要性，企业在公众压力下也开始自觉或被迫作出响应。

（二）企业对购销客户的基本伦理道德责任

相应地，企业有责任努力满足消费者上述五方面权利和要求。企业应当做到以下几个方面。

（1）生产、提供能达到安全标准的产品。

（2）向购销客户提供产品信息时不用欺诈手段，对产品可能产生的伤害要明白告知消费者。

（3）在平等互利的基础上交易，不签订显示不公的合同。

（4）倾听购销客户的抱怨和投诉，并积极作出改进。

（5）最大限度地减少污染，在企业内消化因减少污染带来的成本上升。

二、产品决策中的伦理道德要求

人们通过产品和服务来满足自己的各种需要和欲望，企业靠提供可以满足目标市场的某种需要和欲望的产品与服务才得以生存和发展。

（一）品种决策的伦理问题

"顾客是企业的上帝"这一观点是市场营销观念的产物。它的意思是说，顾客永远是对的，企业对顾客的要求应无条件地服从。的确，市场营销观念相对于以自我为中心、忽视消费者需求的生产观念、产品观念和推销观念，是观念上的质的飞跃；相对于以假冒伪劣产品欺骗顾客的行径，更有天壤之别。以顾客为上帝的思想对刺激企业不断开发适销对路的新产品、提高质量、降低成本、改进服务有积极意义。但企业真的应该无条件服从顾客的需求吗？

根据合理与否，可以将顾客需求归纳为以下四类。

（1）不合法的需求，如对毒品、私人枪支、黄色书刊、录像等的需求。

（2）对顾客本身是有利的，但对他人和社会是有害的需求，如一些一次性消费品导致资源浪费、环境污染。

（3）对他人和社会无害，但对顾客有潜在的不利影响的需求，如高脂肪食品。

（4）对顾客有利，且不损害他人及社会利益，或者对他人及社会也是有利需求。

显然，顾客的合理需求应绝对服从；不合法的需求不应该满足；对他人和社会有害的需求，企业也不应满足，因为企业是社会的一分子，社会赋予企业生存的权利，企业就有责任满足社会的需求。同时，企业也要对自己的产品可能对消费者造成的危险或副作用有清醒的认识。

（二）产品质量决策中的伦理问题

顾客向企业支付购买价格，企业理应向顾客提供与之相当的产品或服务。企业可以根据自己的实际情况对自己的产品作出合适的定位，企业可以是高品质的追求者，也可以是廉价品的制造商。不论身为哪一类企业，它所提供的产品必须满足两方面需求：第一，不可以是"假冒伪劣"品；第二，要满足消费者最基本"安全权"的要求。

1. 假冒伪劣产品

假冒伪劣产品是欺诈消费者行为，消费者轻则蒙受经济损失，重则危害身心健康。假冒伪劣产品还严重扰乱经济秩序，手段卑劣地剽窃别的企业的成果，损害守法经营企业的利益。甚至还会损害国家声誉，中俄边贸中部分假冒伪劣品使所有的中国货蒙受"劣等品"骂名的教训让人记忆犹新。违背"诚实"这一基本做人准则的行为，根本不是一种理智的共识行为，而是少数企业受利益驱动，完全忽视长期效果片面追求短期利润，作出有悖道德法律的事情，会受到法律制裁和社会舆论谴责。

扩展阅读 6-1：三鹿品牌与三聚氰胺事件风波

2. 产品的安全性

狭义的安全，是指产品不会给消费者带来身体和心理上的伤害；广义的安全还包含了不会给消费者带来经济受损的内容。

企业产品造成伤害的可能性如果不可避免则是需要企业不加掩饰地明示消费者的，如某些药物有不可避免的副作用。企业通常顾虑"自我揭短"是不是会影响销售，但心存侥幸可能会导致更为严重的后果。一旦伤害确实造成，各种赔偿和公众人心向背所影响的将不仅是企业经济收入，还有企业声誉和未来发展。国家技术监督局对食品、药物的标签说明就有明文规定，明确保障消费者有权知晓的事项。以 1995 年 2 月 1 日起施行的《食品标签通用标准》为例，它规定所有食品中预包装都必须使用标准标签，标签上必须标明食品名称、配料表、净含量及固体物含量、制造者、经销者的名称、地址、生产日期、保质期、储藏须知、质量等级等。随着我国法制的完善，对各类产品质量、安全性能的明示性要求也将趋于完善。

三、产品定价中的伦理道德要求

定价的方法有成本加成、目标利润率、竞争导向及供求曲线等多种，但目的都是使企业利益最大化。从消费者的角度来讲，一件产品或服务的价格应当与它能为消费者提供的利益或好处相当。

企业利润是总收入减去总成本，可以说利润是社会对企业充分有效利用资源的奖励。对企业来说，利润是对优质的产品、良好的服务、运作完美的组织、高效的管理、承担的风险以及对变化的需求和环境的适应给予的奖励。这就是说，利润是社会对那些值得获得回报的企业的一种经济上的回报。社会承认并鼓励企业赚取合理的利润。企业是靠资源有效利用、调整定价、控制成本来实现利润的。但公众反对企业获得"非法利润"或"暴利"，也不希望企业通过一些定价欺诈行为获取不该得的利益。产品定价中存在的违背伦理道德的问题如下。

（一）价格垄断

价格垄断使企业谋取高额利润成为可能。出于一些国计民生和投资社会效益的考虑，由国家控制的垄断行业，价格一般由国家权衡成本与效益制定，有时，国家还可以通过补贴等方式来保证这些垄断行业的适当利润。企业没有暴利或欺诈的权利。一些乱收费、乱涨价现象，是企业违背国家及行业定价政策的个别行为，可以较清晰地发现并制止。

而对于部分生存接近于完全竞争条件下的生产型企业来说，单个企业不宜向市场索取高价，因为社会关系曲线为产品定出了买卖双方均认可的价格，任何单独索取高价的企业在竞争中都会失利。为了反垄断，世界各主要国家都相继制定了反托拉斯法、反不正当竞争法来限制这种行为。因为联合垄断使企业不是通过提高经营效率带来超额利润，而是使消费者和社会都遭到了损失。调查显示，27.8%的被调查者认为价格同盟是联合进行价格垄断，15.2%的被调查者认为这是变相不正当竞争。

（二）价格欺诈

价格似潮水，有涨有落。这种说法不是没有道理，尤其对于生产销售季节性很强的产品的企业来说，在淡季或换季时降价是一种有效的促销措施，于消费者来说是得实惠，于企业来说，加速资金流动、减少库存，也是好事。但是，商家标出的折扣是否是真的？如果有假，这就涉及伦理道德问题。即使无假，时起时落的价格是否会让消费者留有"价格骗子"的印象？

打折成了企业吸引消费者的"小花招"。的确，对于需要购买多种商品的消费者来说，无暇去了解每一所需产品的价格情况，他们不一定知道折扣的内幕和秘密，也不一定知道企业竞争对手的产品价格更低质量更好，更可能的是消费者无法说出企业定价有什么不合理的地方。但是企业是否有信心肯定消费者永远不会知道这一切？从长远来看，这些价格欺诈带来的利润是有限的，而由此带来的信誉损失是无限的，任何期望与消费者长期相处的企业该怎么做呢？

（三）暴利行为

通过价格欺诈和牟取暴利定价的主要是商业、饮食、娱乐业，这是因为生产型企业高价不易被接受，而服务业的"服务"产品价格难以准确衡量，众多商家可以宣传自己的特色，同时国内一些法制法规不健全，企业就有可乘之机。

暴利行为是企业通过向消费者索取超过所提供的产品和服务合理价格的货币或实物偿付，获取超额的、不正常利润的行为。这种行为严重损害了消费者的经济利益。而且，非正常的昂贵价格与"极品"现象一样助长了少部分人比阔斗富的奢侈消费，同时也为物价上涨、通货膨胀推波助澜，严重销蚀了改革开放与经济发展为人们来的好处。人们已普遍要求有关部门加强价格管理，让价格成为合理的尺度，既保护消费者利益，也为企业自身的竞争与发展提供一个公平的标尺。1994年4月1日上海市率先实施《反价格欺诈和牟取暴利行为暂行规定》，该规定对有关问题进行界定，并明文规定了较为严厉的处罚措施。北京、天津等城市也先后颁布了自己的"反暴利"法规。

四、产品促销中的伦理道德要求

营销不仅要求企业开发优良产品，给购买者以有吸引力的定价，使它易于为目标顾客所接受，企业还必须与它们的顾客进行沟通。每个企业都不可避免地担负着信息传播者和促销者的角色。企业要和消费者沟通什么信息、怎样沟通，在很大程度上取决于企业。而这种沟通效果对消费者的最终选择会有很大影响。

企业的促销组合由四种主要工具组成。

（1）广告。由一个特定的主办人，以付款方式进行的构思、商品和服务的非人员展示和促销活动。如电台电视广告，外包装广告、路牌、杂志、宣传小册子等。

（2）促销。鼓励购买或销售商品和劳务的短期刺激，如彩票、赠券、回扣、折让等。

（3）公共宣传。在出版媒体上安排商业方面的重要新闻，或在电台、电视或舞台节目中获得有利的展示，以促进对一个产品、服务和企业单位的需求，而不需要主办方付款，如研讨会、捐赠、慈善事业、公共关系等。

（4）人员推销。在与一个或更多个可能的买主交谈中，以口头陈述促成交易。如推销展示、电话推销、推销人员提供样品等。

（一）广告中的伦理道德要求

广告可以帮助企业树立形象，也可以帮助建立特定品牌形象，传播有关销售、服务或活动的信息，进行某项专门性推销及提倡某项事业。

调查显示，大部分人认为"大多数广告是必要的，是选购商品的可靠来源"。这可以说是支持企业在广告上支出的有力证据。但绝大多数人并不同意"大多数产品广告是可信的"这一说法，这不能不说是现有广告行为暴露出来的伦理问题的反映。

1995年2月1日正式实施的《中华人民共和国广告法》第3条规定，"广告应当真实、合法，符合社会主义精神文明建设的要求"。该法第4条规定，"广告不得含有虚假的内容，不得欺骗和误导消费者"。可以说，真实性是商业伦理对商业广告最基本的要求，不真实的信息会使消费者作出错误决策，从而蒙受损失。从一定意义上说，广告的真实性不仅反映企业，还反映广告经营者、广告发布者的伦理道德水平。

广告表达的内容应当是真实的。在广告的表达形式方面也有道德约束之处。《广告法》第7条规定，"广告内容应当有利于人民的身心健康""遵守社会公德和职业道德，维护国家的尊严和利益"，同时，广告不得"妨碍社会公共秩序和违背社会良好风尚"，不得含有"淫秽、迷信、恐怖、暴力、丑恶的内容"，不得"含有民族、种族、宗教、性别歧视的内容"，不得"妨碍环境和自然资源保护"。企业作为一个"社会公民"，从道义上说，应与每一个普通公民一样负有宪法和法律规定的义务，法律要求公民个人都不应做损害社会、他人合法利益的事情，更何况有比个人更大影响力的企业在通过大众传媒等中介传播的、可能引起持续、有力的社会效应的广告呢？企业在作出广告决策时一定要想到社会和他人。

（二）推销人员的伦理道德要求

推销是世界上最古老的职业之一，而且人员信息沟通一般比大众性信息沟通更为有效。推销人员在下述两种情况下能起重大作用。

（1）产品价格昂贵，有风险或购买不频繁。这里，购买者可能是信息的急切寻找者。他们可能并不满足于一般媒体所提供的信息，而去寻找知识性和值得依赖的信息源所提供的意见。

（2）产品具有代表一定社会意义的特征，此类产品，诸如小汽车、服装、甚至啤酒和香烟，具有重要的品牌差别。它包含着使用者社会地位和嗜好。消费者常常挑选符合他们的社会身份的品牌。

对顾客来说，企业的销售人员一定程度上代表着企业的形象，销售人员的信誉反映着企业的信誉。销售人员不仅向现有顾客推销既有产品，还要寻找和培养新客户、新产品；他们不仅向顾客传递产品和服务的信息、推销并达成交易，还要负责为顾客提供服务，通常也是由他们为企业收集情报。他们几乎介入企业营销活动的所有环节，真正代表企业与顾客面对面接触的也是他们。消费者希望推销人员"说实话"，"说实话"也应是推销人员的基本职业道德。当道德可能与利益相悖时，企业与推销人员选择什么，反映了企业的道德水平。

（三）销售促进和公共宣传中的伦理问题

消费者欢迎企业开展销售促进和公共宣传活动，因为这可以给个体消费者或社会公众带来物质或精神上的好处。相关调查显示，83.33%的消费者不希望企业开展有奖销售是为了销售积压和伪劣产品，88.89%的消费者希望销售促进活动中不能有欺骗和不公正行为，59.60%的消费者希望那些捐助慈善事业的企业发自内心、不存在其他目的，捐助活动是真实的。可见，消费者对公司行为"真实"的要求最为强烈。这也从一个侧面说明，当前有些企业在销售促进和公共宣传中存在动机不纯、浑水摸鱼的现象。企业目的不同完全可以使原本正常的销售促进、公共宣传行为"变味"。以销售折让为例，有的企业提出让消费者出3块香皂的价钱买到4块香皂，以100克牙膏的价格买到140克的使用量，这都是正常的销售促进措施。但有些药商为医院医生提供数额可观的"回扣"以取得医院的订货，一度在许多医院中，医生只给病人开那些有"回扣"的药品，这些药品甚至药效不好，而那些药效好但没有可观"回扣"的药品病人却不能得到。这种"回扣"已不是正常的促销措施，它扰乱了正常的市场秩序。

五、服务中的伦理道德问题

服务中的伦理道德问题，尤其以格式合同问题最为突出。格式合同，又称定型化合同或者标准化合同，指经营者为与消费者订立合同而单方拟定的合同条款。这种条款不论其是否独立于合同之外或成为合同的一部分，也不论其范围、字体或合同的形式如何，均属于格式合同的范畴。格式合同还包括通知、声明、店堂告示等明示的手段。格式合同具备以下几个特征：其一，制定格式合同的主体是企业，其决定合同的内容并预先拟定，占有优势地位；其二，格式合同的对方是消费者，只有接受合同与否的自由，而无参与决定合同内容的机会，处于劣势地位；其三，格式合同是企业出于同消费者达成交易协议的目的而制定的，合同所指向的是不特定多数的消费者，并非单个的消费者，在适用对象上具有普遍性；其四，格式合同一经制定，可以在相当长的期限内使用，具有固定性和连续性。格式合同如果公平合理，既有利于交易，也有利于保护双方当事人的利益。但从本质上来看，格式合同反映了双方当事人经济地位的不平等，企业利用不公平、不合理的格式合同损害消费者权益的问题就屡屡发生。

在实践活动中，不公平、不合理的格式合同损害消费者在接受服务和产品时的合法利益的表现形式有很多。从上述分析可以看出，各种不公平、不合理的格式合同，有的是硬性条款，强迫消费者接受；有的以假承诺欺骗消费者；有的增加附加条款或随意规定；还有的减免了经营者所承担的义务，以及不履行应当承担的民事责任。这些不公平、不合理的格式合同都不同程度地损害了消费者的利益：侵犯了消费者公平交易权，因为这使得消费

扩展阅读 6-2：中国电子
商务诚信问题从哪入手

者在不平等的条件下进行交易；有的企业制定的硬性条款，剥夺了消费者的选择权；有的企业许诺不兑现，违约并剥夺了消费者的索赔权；还有的剥夺了消费者的知情权。

不公平、不合理的格式合同问题是企业在服务中最常遇到的伦理问题。《消费者权益保护法》第 24 条明文规定，"经营者不得以格式合同、通知、声明、店堂告示等方式做出对消费者不公平、不合理的规定，或者减轻、免除其损害消费者合法权益应当承担的民事责任。格式合同、通知、声明、店堂告示等含有前款所列内容的，其内容无效"。一些企业对此规定不了解，坚持沿袭的所谓规定、惯例，违反了本法规定还不自知。其根源还是在于企业"眼光向内"，为保护自己的利益，甚至是不合法的利益，竟然不惜伤害消费者，从而失去消费者，最后受害的必然是企业自身。

第二节　企业对竞争者的道德规范

一、企业竞争与道德约束

（一）企业竞争的含义

"竞争"一词最早出现于《庄子·齐物论》。在古汉语中，"竞"字是并立的二兄弟，"争"字是两只手同时拉扯着一件东西。因此，按字面解释，竞争就是对立的双方为了获得他们共同需要的对象而展开的一种争夺、较量。竞争一般包括竞争主体、竞争的对象和竞争的场所三个基本要素。

在现代市场经济条件下，企业是自主经营、自负盈亏、相对独立的商品生产者和经营

者，是具有相对独立的经济利益的经济主体。在一定的经济技术关系和条件范围内，不同企业之间为了实现自己的目标、维护和扩大自己利益而展开的争夺顾客、市场和人才、资金、信息、原材料等各项资源的活动，即是企业竞争。

根据美国哈佛大学教授迈克尔·波特（Michael E. Porter）的理论，企业一般面临五种基本的竞争力量：新竞争者的进入、替代品的威胁、买方的讨价还价能力、供方的讨价还价能力和现有竞争者之间的竞争。

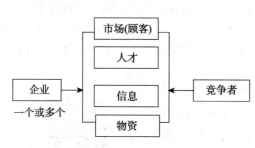

图 6-1　企业竞争的基本内容组成图

一般来讲，企业与其竞争者共同面对一个给定的市场，它们之间存在广泛的竞争关系。企业与其竞争者要在如图 6-1 所示的四方面展开竞争。

市场竞争有广义和狭义之分。在现代市场经济条件下，企业想要以适宜的价格获得生产所需的人才、资金、物资和信息，想以适宜的价格把产品销售出去，就必须通过市场，依靠一定的市场机制和规则实现生产经营与流通。因此，广义的市场竞争就是企业之间的竞争。而狭义的市场竞争指的是争夺顾客的竞争。顾客，对于企业来说无疑是至关重要的。如果不能赢得顾客、留住顾客，企业就不能生存；只有不断扩大顾客群，企业才能不断发展壮大。为了赢得顾客，企业必须以适当的价格、恰当的分销渠道向顾客提供能够满足其需要的产品或服务，并运用公关、广告等多种促销手段。因此，市场竞争的主要内容包括产品竞争、价格竞争、促销竞争和分销渠道竞争等。

"物竞天择，适者生存"是自然界和人类社会竞争的规律，优胜劣汰是竞争的基本机制。企业竞争毫无例外也要遵循这些法则。企业竞争实际上是企业、竞争者、顾客之间的"三角之争"。这一点决定了企业在竞争中必须注意赢得顾客。而不只是赢得与竞争者之间的对抗。在遵守基本竞争规则之外，还必须讲究一定的伦理道德规范。

（二）企业竞争中讲究伦理道德的必要性和重要意义

1. 企业竞争中讲究伦理道德和诚实守信是市场经济的必然要求

市场经济既体现在以法律为手段的制度约束性上，还体现在以信誉为基础的道德约束性上。随着我国市场经济体制的不断完善，道德与诚信对企业发展的影响越来越大。企业经营者应把道德与诚信经营理念提高至一个崭新的高度，应当树立道德与诚信就是企业竞争力的观念。明确道德与诚信是内强企业素质、外树企业形象的基石。

市场竞争既是一种激励机制，又是一种淘汰机制：获胜者达到自己的目标，满足自己的需要，失败者就会被淘汰出局。正是这种巨大的激励和压力的双重作用，才使得参与竞争的各方不断进取，奋力向前，最终推动整个社会、经济、文化的发展与进步。

让道德与诚信成为竞争力，就要让道德与诚信无处不在。一是企业无论对社会、对各阶层、对银行、对税务部门，还是对企业员工，都必须讲道德与诚信；二是企业中每一位个体都要讲道德与诚信，领导与员工之间、上级与下级之间、员工与员工之间，都必须讲道德与诚信，这样才能有效地提高企业的道德与诚信形象。

建立商业伦理道德与诚信文化，需要把诚实经营的理念，由表面的感性、知性变成深层的理性思维，融入员工的潜意识中，要从细微之处着手，虽则微隐之物，信皆及之。我们设想，企业是一棵树，道德与诚信则是树之根。我们要把"一切从道德与诚信做起"，作为全体员工的准则，作为企业的宣传用语。

另外，也要明白，无序竞争和恶性竞争也会断送市场经济。自然界的竞争是残酷的，企业竞争也绝不是"和风细雨"。如果没有一定的规则，在经济利益的巨大推动力和对失败的恐惧之下，竞争者会铤而走险，不择手段，从而给社会造成极大危害。首先，不正当竞争使守法之人吃亏，正直之士遭损，阴险狡诈之辈得利，凶狠歹毒之徒获胜。其次，无序和不正当竞争扰乱社会经济秩序，使社会陷入无序和混乱。在社会经济交往中，人们必须依靠基本的规则，才能使社会经济正常运转。而不正当竞争藐视这些基本规则，会严重扰乱社会经济。

2. 竞争规则是以个人自律为基础，道德约束是维护有序竞争的重要工具

市场经济是法制经济，法律无疑是维护正常经济秩序的重要工具和手段。但市场经济却是以个人自律为基础的，它离不开伦理道德规范的约束。从历史上看，在西方市场经济形成的早期，法制、规则极不健全，人们相互之间的交往完全依靠个人自律，如在经济往来中坚持诚信、公正平等、人道礼让等基本准则。随着经济的发展，仅依靠个人自律就愈发显得苍白无力，出现了大量不正当竞争行为，造成社会经济的混乱。

3. 企业竞争中讲究道德是企业追求长远利益和兴旺发达的根本要求

坚持竞争道德，坚持用道德高标准要求自己，企业才能获得长久的发展和雄厚的竞争优势。首先，竞争是参与各方相互依存、相互制约、相互作用的过程，是自利和他利的结合。企业只有在自利和他利的平衡中，讲究竞争道德、实现有序竞争，从而保持生机与活力。没有竞争的企业不可避免地会停滞、没落。其次，讲究竞争道德有利于在企业内部形成良好的风气，使企业更具战斗力。如果不讲竞争道德，会对良好的商业诚信文化造成重大冲击。甚至会使健康向上的文化氛围荡然无存。剩下的只是一些"乌合之众"，毫无战斗力。最后，讲究竞争道德也有利于企业树立良好形象，建立良好的商誉，不仅会给企业带来巨大的、持久的经济效益，而且有助于企业建立起良好的内外关系。而良好的内外环境对于企业的生存和发展至关重要。

早在2500多年前，老子就提出了"道者，路也；德者，得也"的精辟论断，说明"德"与"得"在本质上是相通的。在竞争中讲究伦理道德，最终会使企业的经济利益目标和发展目标得以实现；而如果不顾竞争道德，即使在短时期内飞黄腾达，也必不长远。因此，从长远利益出发，企业也应讲究竞争道德。

（三）不正当竞争含义与形式

世界各国对不正当竞争行为的界定可分为狭义和广义两类。狭义的是指以欺诈、虚伪方式诋毁竞争对手、侵犯商业秘密等不正当手段进行竞争，损害其他经营者合法权益的行为。广义的不正当竞争行为除了包括狭义的内容之外，还包括限制竞争行为，即经营者滥用经济优势或者政府及其所属部门滥用行政权力，排挤或者限制其他经营者公平竞争，包括垄断和以限制竞争为目的的联合行为。

我国《反不正当竞争法》对不正当竞争行为给出了明确定义，"本法所称的不正当竞争，是指经营者违反本法规定，损害其他经营者的合法权益，扰乱社会经济秩序的行为"。这就明确地规定了所谓不正当竞争是一种市场竞争行为，它具有违法的性质和具有两方面的危害。判断不正当竞争的标准即在于此。我国《反不正当竞争法》列举了 11 种不正当竞争行为，并给出了市场竞争中应当遵循的一般原则，即自愿、平等、公平、诚实信用的原则和公认的商业伦理道德，这有助于我们识别不正当竞争行为。

二、市场竞争中的伦理问题

市场，是买卖双方交换的场所，是企业取得各项资源（人、财、物等）并把产品或服务推销出去，实现企业利润的场所，也是企业与其竞争对手角逐的竞技场。为了实现企业目标，企业必须通过产品或服务、价格、促销手段、分销渠道、售后服务等诸方面与其竞争对手周旋，争取赢得消费者。因此，以上的方方面面都是我们在讨论市场竞争中的伦理问题时所要分析的问题。

（一）产品竞争

广义的产品是企业向市场提供的、能满足人们某种需要和利益的物质产品和非物质形态的服务。物质产品主要包括产品的实体及其品质、特色、品牌和包装装潢等，它们能满足顾客对使用价值的需要。非物质形态的服务主要包括售后服务和保证、产品形象等，能给顾客带来利益和心理上的满足。产品竞争中的主要伦理道德问题有以下两种。

1. "见贤思齐"与"压低别人，抬高自己"

《论语》中有"吾日三省吾身"和"见贤思齐"之语，说的是一个人要经常审视自己，见到比自己高明的人，要努力充实、提高自身水平，向他看齐，这样才能进步。然而，我们在现实生活中经常会发现，一个人看到比自己高明的人，不是想办法提高自己，而是千方百计压低、贬损别人，试图以此来抬高自己，但实际上自己并没有高起来。这样做，也许一时可以"蒙"住不少人，但并不能长时间地混淆视听，也不能把所有人都"蒙"住。一旦暴露，自己还会"碰一鼻子灰"。做人如此，企业竞争也如此。

2. 顺风搭车走捷径——仿冒

一个企业、一项产品，要想赢得消费者的信赖和偏爱，在市场上站稳脚跟、建立信誉，必须花费企业很多的心力，不仅靠过硬的产品质量、合理的价格、齐全的品种、良好的服务，而且靠企业遵守法律、法规和商业伦理道德，以公平、正当的竞争方法，通过长期的诚实劳动才能实现。但很多企业却耐不住这份"寂寞"，他们不仅想"一炮而红"，而且也找到了顺风搭车的捷径——仿冒。主要形式有：假冒他人的注册商标；仿冒知名商品特有的名称、包装、装潢；仿冒他人的企业名称。

（二）价格竞争

价格是企业参与市场竞争的重要手段，它与企业的生存和发展休戚相关。企业在制定价格时，除了考虑产品本身的成本外，还要综合考虑市场特性、供求状况、消费者的需求状况和竞争对手的情况，以及国家或行业的政策法规等因素，不仅要考虑企业自身利益，而且要遵守基本的价格竞争道德，考虑消费者和竞争对手的利益。

总的说来，价格竞争道德也要讲究公平、公正、诚实信用的基本原则，一方面要求企业不能任意定价，哄抬物价，牟取暴利，要制定与市场需求和产品质量相符的价格，尽量为顾客提供物美价廉的产品；另一方面要求企业不能故意以低价倾销，排挤竞争对手，大打"价格战"。在价格竞争中存在以下几个问题。

1. 压价排挤竞争对手

压价排挤竞争对手是指经营者为了排挤竞争对手，在一定市场上和一定时期内，以低于成本的价格销售商品的行为。国外也称之为"掠夺性定价"。实施这种行为的企业通常是具有市场竞争优势的企业，他们具有资金雄厚、品种繁多、产量规模大、市场占有率高和经营风险小等优越的竞争实力。而中小企业往往势单力薄，无力承担这种亏损的风险，所以实施这种不正当竞争行为的可能性不大。

在跨国经营中，有的企业为了打入外国市场或者挤占部分市场份额，也往往用低价倾销的策略。这一现象已受到世界各国的广泛重视，不少国家还制定了"反倾销法"加以惩治。在我国改革开放和进行社会主义市场经济建设的今天，这类事件也多有发生。如韩国三星企业收购苏州"香雪海"冰箱后，为了扩大在华市场份额，声言准许 3 年亏损 2.5 亿元。一家彩电合资企业更是制定了"亏损几亿元，也要挤垮长虹"的战略目标。面对跨国企业咄咄逼人的态势，专家呼吁，除了我国企业要自强之外，国家也要加强对倾销的查处，制止不正当竞争，创造健康的竞争秩序。

2. 限制价格的落后行为

价格竞争作为一种有力的竞争手段，在生活中随处可见。例如，我们常常会看到这样一幅景象：即使只有几步之遥的两家商店，同一规格同一商品的价格却相去甚远。这是正常的经营行为，应该受到认可和保护。正是由于这种价格的差异，才使一家商店门庭若市，另一家则门可罗雀。也正是这种压力和反差，使企业加强管理，改善服务，树立特色，千方百计改善经营，形成向上的动力。反观限制市场价格的行为，不仅起着保护落后的作用，而且让消费者去承担由于商业伦理低水平而造成的额外开销，也是不公平的。因此，这种联合限制价格的行为也是一种不正当的竞争行为。虽然它现在并未在法律上被明文禁止，但对某些行业规定或约定俗成的基本规则是不容许的。

（三）销售渠道竞争

在销售渠道竞争中也存在以下问题。

1. 回扣的危害与禁止

回扣作为商品流通的伴随物，客观存在于经济生活的各个角落。人们对于回扣的利与弊、是与非，以及它是商品经济的"润滑剂"还是破坏公平竞争的"腐蚀剂"，长期以来争论不休。终于，法律给了一个权威的结论。我国《反不正当竞争法》第 8 条规定，"经营者不得采用财物或者其他手段进行贿赂以销售或者购买商品。在账外暗中给予对方单位或者个人回扣的，以行贿论处；对方单位或者个人在账外暗中收受回扣的，以受贿论处"。由以上规定我们可以看出，回扣是市场交易一方当事人为争取交易机会和交易条件，在账外暗中向交易对方及其雇员等有关人员支付的金钱、有价证券或其他形式的财物。它属于商业贿赂的一种，在世界上大多数国家都被禁止。

显然，回扣是公平竞争的"腐蚀剂"，它能侵蚀人心灵，败坏社会风气，所以应对它说"不"。只有这样，才能有助于形成健康正常的竞争秩序和社会环境。

2. 滥用行政权力限制竞争

滥用行政权力限制竞争行为会阻碍全国统一市场的形成，使市场自身的运行规则屈从于行政干预，并使消费者的正当权益受到侵害，妨碍了正常竞争，危害甚大。

三、信息竞争中的伦理问题

作为一种重要资源，信息已成为现代经济社会竞争的焦点。由于信息关系着企业的成败盛衰，所以对于信息的争夺也日益激烈。这一方面要求企业的信息工作人员有高度的责任心和灵活的头脑，积极主动地开展工作；另一方面又不能使用偷盗或采用欺骗、胁迫以及暴力等不正当手段获取信息，侵犯竞争对手的商业秘密。

事实上，企业获取信息有多种渠道和方法，如通过企业年鉴、报纸剪报、杂志、产品介绍、咨询研究、专利档案、供应商报告、顾客报告等。

（一）侵犯商业秘密

所谓商业秘密，是指不为公众所知悉、能为权利人带来经济效益、具有实用性并经权利人采取保密措施的技术信息和经营信息，如生产配方、工艺流程、技术诀窍、设计图纸、管理方法、营销策略、客户名单、货源情况等。它们都是其权利人投入一定的时间、精力和资金而开发出来的，对权利人具有实际的或潜在的经济价值。

侵犯商业秘密，是指不正当地获取、披露、使用或允许他人使用权利人商业秘密的行为。根据我国《反不正当竞争法》的规定，侵犯商业秘密行为的主要表现形式有以下四种：①以盗窃、利诱、胁迫或其他不正当手段获取权利人的商业秘密；②披露、使用或者允许他人使用以前项手段获取的权利人的商业秘密；③违反约定或者违反权利人有关保守商业秘密的要求，披露、使用或者允许他人使用其所掌握的商业秘密；④第三者明知或应知前三种侵犯商业秘密的违法行为，在这种情况下仍从违法行为人那里获取违法得来的商业秘密，使用或者披露这些商业秘密。

在现实中，大到跨国企业、小到我们身边的小厂，甚至小商贩，都存在侵犯竞争对手商业秘密的行为，并且在判定合法与非法之间也并不是十分清楚。因此除了加深对法律的理解，明确司法解释、依法办事以外，还要求企业自觉遵循信息竞争道德。

（二）散布虚假信息

"兵不厌诈"是兵家名言，但对于企业竞争来说，用散布虚假信息的方式来诱惑乃至坑害竞争对手，是不道德的。

我国传统的商业伦理道德规范流传了千百年，可以概括为：买卖公平、诚信无欺；信誉第一，守义谋利；礼貌待客，和气生财。其核心是诚信。因此，在市场交易中，人们推崇诚信，反对欺诈。在信息竞争中，散布虚假信息，搞"小动作"，有悖于公认的商业伦理道德，是一种不道德行为，为真正的商人所不齿。因为如果此风盛行，商场上必然充满尔虞我诈之风，会破坏良好的经济秩序。

（三）盗版现象

软件是一种特殊商品，它以电子数据的方式存在于磁介质或塑基介质上。它的价值决不仅仅是其生产成本。在现代电子信息业中，生产制造成本仅占其总成本的很小一部分。凝结在软件中的资金、劳动与知识是庞大的，必须靠出售大批量的正版软件才能回收。而盗版行为却使企业辛辛苦苦开发出来的知识成果"血本无归"，这不仅大大挫伤了软件开发者的积极性，不利于信息产业的发展，而且使很多人短期内就能"暴富"，破坏了公平、公正的竞争秩序。

扩展阅读 6-3：知识产权制度的伦理合理性

因此，每个国家都在加大打击盗版行为的力度，国际间也加强了打击走私盗版活动的合作。我国相继制定颁布了多项知识产权保护法律法规并加大了执法力度。为促进我国电子信息产业的健康发展创造良好的投资环境。维护我国的国家形象，保护版权人的合法权益，打击盗版行为势在必行。

第三节　企业对国家的道德规范

从企业的角度，社会准许企业担负起生产的职责并履行有关的社会契约，那么，社会就会相应制定一些基本规则，即法律，同时希望企业在法律的框架内开展活动。遵从这些法律是企业社会责任不可缺少的一部分。习近平总书记明确指出，法律是成文的道德，道德是内心的法律。法律与道德都具有规范社会行为、维护社会秩序的作用。法治国家、治理社会必须一手抓法治、一手抓德治，既重视发挥法律的规范作用，又重视发挥道德的教化作用，实现法律与道德相辅相成、法治和德治相得益彰。

一、企业经营遵纪守法涉及的内容与要求

企业社会责任不是独立责任，而是一个体系，是社会在一定时期对企业提出的经济、法律、道德和慈善四种期望，其中经济责任和法律责任是社会要求的（required），道德责任是社会期望的（expected），慈善责任是社会愿望的（desired）。在卡罗尔的四层次金字塔模型对企业社会责任进行的分类中，经济责任是最基本责任，处于金字塔的底部，其次就是法律责任。

社会责任作为一种对公司行为的约束机制，它是一种制度安排。从社会学的角度分析，一个社会的制度大致可以分为两种，即软制度与硬制度。硬制度中最核心的部分不外乎政治制度、经济制度和法律制度，而软制度主要包括社会文化、社会习俗和道德规范等。从理论角度来说，这些软制度的构成要素均应为企业社会责任的内容，应形成企业社会责任

的边界。但是，政治制度往往内化于法律制度，而文化和习俗也往往内化于道德规范，经济、法律和道德构成了一个社会最基本的制度环境体系，排除经济责任、企业的社会责任边界应归于法律责任和道德责任之内。

经济学家魏杰认为企业的社会责任是法定的必须承担的责任，其特点是具有法定性和强制性，这种责任是否直接履行，直接涉及法律问题，所以它属于法律性质责任。法律的要求，应该是企业社会责任重要的标尺，但并不是唯一的。企业社会责任有必然性的义务。但是社会的期许、涉及社会公众的福祉和利益的道德约束也是纳入企业社会责任的范畴之中，企业在经营中的自身状况和偏好有所选择和侧重。魏杰先生的观点符合我国目前从法律上强化社会责任的初衷，但是将企业社会责任等同于法律责任，反而淡化了企业社会责任的"社会性"，造成了逻辑的混淆。所以说，企业社会责任应当是法律责任与道德责任的统一体。

所谓企业的法律责任，就是指企业应该在法律允许的范围内经营，企业有遵守和维护法律的责任，包括"合法经营""依法纳税"等两大方面。企业社会责任的实行必须有多方法律机制的配合，企业社会责任与利润最大化可以通过制度的均衡安排实现二者的良性互动状态。

分析企业应当承担的社会法律责任对于我国企业社会责任的落实和文明程度的提高具有重要的意义。对于社会法律责任内容的概括从不同角度就会有不同的分类结果。例如，从利益相关者角度可以分为对消费者的责任、对劳动者的责任、对社区的责任、对环境保护的责任等。也有从社会需求角度分析的，如北京大学经济研究院、民营经济研究院、《环球企业家》杂志和零点调查公司联合对中国企业家社会责任感进行过一项调查，一共有980家企业和3 201名公众参与了问卷调查，最后根据社会公众意见按其重要性进行排序，依次为产品安全责任、环境保护责任、公众安全责任、依法纳税责任、公益事业责任等。

当然，法律责任涵盖不了社会对企业的所有期望行为。其主要原因是：第一，法律应付不了企业可能面对的所有话题、情况或问题；第二，法律常常滞后于被认为是合适的新行为或新观念；第三，法律是由立法者制定的，可能体现了立法者的个人利益和政治动机。

二、我国企业承担法律责任的现状

随着中国社会的发展进步，企业社会责任逐渐受到全社会的关注，企业被认为应该在更广的范围里承担对各利益相关者的责任。

首先，从公众对企业法律责任的感知角度来看，根据北京大学民营经济研究院的调查（2006）发现，企业与公众对社会责任的理解存在显著偏差。当前中国企业对社会公益责任（包括慈善捐助、热心公益事业等考量指标）的认知度最高，其次是对经济责任（包括对股东负责、为股东创造价值、依法纳税等）的认知，而对于法律责任、环境责任以及商业诚信文化责任的认知度偏低。普通公众对企业社会责任的理解则集中在环保、员工权益保护、产品质量和售后服务方面（这主要是企业的法律责任、环境责任等）。中国法律环境显示出社会转型时期制度空隙带给企业较弱的法律责任意识。在弱法律制度环境下，企业法律责任很可能也较弱。

其次，因为企业法律责任的内容围绕与企业日常经营和承担社会责任相关的各项法律法规而展开，所以企业社会责任立法的完善直接反映出一个社会对企业社会责任普遍的关注程度。企业社会责任的立法模式主要有三种，一般条款模式、义务列举模式和一般条款加义务列举模式。一般条款模式，即在原则上对企业社会责任作一般性的、宣示性的规定，没有具体义务的描述和列举。义务列举模式，即企业社会责任被具体化为企业对社会负责的一系列行为或任务。一般条款加义务列举模式，即在规定企业社会责任一般行为准则的基础上，进一步提供更加特定和具体的行为规则。

目前，在我国现行的法律规范中尚没有对企业社会责任起一般性宣示作用的条款。虽然《公司法》第五条和《中华人民共和国合伙企业法》第七条分别规定了"公司"和"合伙企业"这两种特殊法律形态的企业应当"承担社会责任"，其他类型的企业是否承担法律责任却无法可依。2008年初，国务院国资委发布了《关于中央企业履行社会责任的指导意见》，仅涉及中央企业的社会责任。而且该指导意见属于部门规章，法律层次较低。纵观我国现行有关企业社会责任的立法，主要分散在企业法、产品质量法、消费者权益保护法、劳动法、环境保护法等诸多法律法规中，很多规范过于原则化、缺乏可操作性和强制执行力。

当然，我国企业社会责任立法的步伐在逐步跟进，尤其在明确公司（企业）责任和义务方面，不断完善。为适应社会发展的要求，《公司法》独立于其他法律之外，颁布后经过实践又进行了修订，与之配套的公司法规文件则更多。这些法律、法规明确规定了与公司相关的单位、部门、个人在公司行为履行中的权利、责任；强调加强各单位内部监督及单位负责人、公司机构、公司员工的公司监督的法定职责；对违反新《公司法》的法律责任，特别是对单位负责人法律责任的规定是前所未有的。

三、我国企业社会责任法制化建设的里程碑

实践中，企业社会责任也多游走于道德责任与法律责任的边缘。学者、社会公众呼唤强化责任，社会责任的强化必将是一个法律的过程。2005年10月27日，第十届全国人民代表大会常务委员会第十八次会议修订了我国《公司法》第5条，规定公司承担社会责任，开启了企业社会责任的制度化的里程碑。在随后2013年、2018年、2022年《公司法》的修订中，第5条都被保留了下来。

《公司法》在追求股东价值最大化的同时，也强化了公司的社会责任。《公司法》第5条规定："公司从事经营活动，必须遵守法律、行政法规，遵守社会公德、商业道德，诚实守信，接受政府和社会公众的监督，承担社会责任。"第5条首次在法律中明确了企业的社会责任主体地位，意味着对传统企业的角色或目标定位的突破，无疑是我国企业社会责任法制化建设中具有里程碑意义的重大成果。但在实际中，如何运用《公司法》使企业有效地承担起社会责任，尚有许多难点。因为《公司法》第5条毕竟只是一个原则性条款，旨在宣示一种价值取向和行为标准。有关企业社会责任的概念、性质、内容，以及企业不履行其社会责任或义务所要承担的法律后果等并没有明确地予以规定。

如何将《公司法》第 5 条的立法精神具体化，赋予其确切的、可操作的内容，如何通过一系列具体法律制度的设计，构建和完善企业社会责任法律体系，从而使企业社会责任在实践中得以贯彻和落实，仍然是企业社会责任法制建设需要解决的重大课题。鉴于此，必须充分理解、领会和贯彻《公司法》第 5 条的精神，挖掘现行法律体系中的企业社会责任法律资源，对现行法律中体现有关企业社会责任的其他法律规范(企业社会责任有关的内容分散在诸多法律法规之中，包括产品质量法、消费者权益保护法、反不正当竞争法、自然资源法、税法等)，进行以社会责任为导向的解释，进而从执法和司法等多个方面建立企业社会责任的落实机制和监督机制；在非常必要的领域继续进行个别法律条款的修改和完善；从企业组织结构、企业经营决策程序、企业经营者资格、法律责任等方面将企业社会责任理念和要求纳入具体规范之中，并使规范具有制度设计所必须的统一性；同时，结合我国国情和企业具体情况，大胆吸收和借鉴外国企业社会责任立法的成果和经验。

当然，我国社会责任立法的其他领域还有待完善。例如，企业并购过程中对企业并购前后行为的社会监督体系和企业的非法行为的社会反映揭示出我国企业对投资者的社会责任严重缺失，法律制度监管和执行环节的薄弱形成企业间的兼并、演化为掏空上市公司的工具。

在公司法律执行中尚存在的问题，可以简单归纳为，一是公司法规的社会认知度不高；二是"有法不依，执法不严，违法不纠"的问题普遍存在。在公司领域，人超越法律控制公司的现象也比比皆是。因此，加大对违反公司法规的惩治与处理力度是根治公司造假的良药，是促使公司自律的最强有力的外力。

最后，关于企业社会责任中法律责任分支的研究也成为学术界研究的热点。例如，由于转型时期市场经济制度不完善，以经济建设为中心的企业社会绩效较低，社会期望具有法律权威的管制性工具以较强的威慑和奖惩机制来约束参与人的行为，增强企业的法律责任意识，以建立公平、诚信和有序的市场经济秩序。如何建构制度管制支柱作用，发挥其平衡企业与利益相关者的关系，就成为学者们研究的一个新问题。

四、企业必须对国家与政府负责，建立和谐的政企关系

企业遵守国家的法律法规，尤其重要的是要依法诚信纳税。我们之所以把遵守税法单列出来，是因为马克思曾经说过："赋税是喂养政府的奶娘"。税收是财政收入的主要来源，是国家的经济命脉，也是国家宏观调控的重要手段。国家利用税收的形式参与国民收入分配，筹集资金，有计划地用于发展国民经济，发展科技、教育、文化、卫生等各项社会事业，满足人民的物质文化生活需要，提高人民的生活水平。这也正是税收取之于民、用之于民的本质所在。

依法诚信纳税是现代文明的重要标志。依法诚信纳税既是企业履行法律责任的要求，也是其最好的信用证明，是公司法律义务与道德要求的有机统一。依法诚信纳税有利于健全市场信用体系，营造和维护正常的税收秩序，促进公平竞争，为经济健康发展提供良好环境。"商无信不兴"，失去了信用就难以在激烈的市场竞争中立足。商业信誉是企业宝贵的无形资产，能帮助企业更好地开拓市场，能为企业创造更多的经济效益和社会效益。依

法诚信纳税是衡量企业对国家和对人民贡献的重要标尺，是遵守市场竞争规则、维护商业伦理道德的具体体现，是最好的形象宣传。

因此，企业都应该把诚信纳税作为生存发展的前提条件，立足于自身的长远发展，明礼诚信，依法纳税，树立良好的商业信誉和企业形象，实现自身的持续、健康发展。

实践证明，遵守政府法律法规的企业常常能被国家或当地政府给予更多的自由甚至一定的认可和奖励，从而保证企业持续稳定的发展。

第四节　企业对慈善与公益活动的道德规范

随着全球化时代的到来，通信的即时性和交通的便捷性使得一个地区、一个国家甚至整个世界都变成了"地球村"。传统的地域界线变得越来越模糊，如今的企业社区包含了整个世界。

一、对企业所在社区负责，建立和谐的社会关系

企业与社区的关系就好像鱼和水的关系一样，鱼离不开水，只有水才能给鱼提供生存发展的机会和空间。只有社区支持企业的发展，企业才能如鱼得水、畅游自如。

通常地，当一家企业积极参与社区活动时，它就能够在社区获得很高的声望并且能被社会更好地接受。社区中的企业活动能为其企业自身带来很多好处，在帮助别人的过程中，企业也处在帮助自己的位置上。

一项对在美国经营的外资企业调查显示：有81%的企业拥有社区活动政策；有71%的企业认为社区的期望是其企业计划非常重要或中等重要的一部分。这些被调查企业的高级管理人员认为，如果社区活动做得好，企业就会被社会接受并成为有价值的社会成员，这将有利于它在顾客、员工、政府和更广泛的社区中树立企业的良好形象。

因此，企业不仅应该关注其自身的发展，还要关注整个社区的发展，只有在社区发展的大环境下才有可能实现自己的目标。

但是，企业参与社区活动并不是突发奇想的，需要事先经过认真的考虑和安排，从而制订出社区活动计划。制订社区活动计划包括四个步骤：

（1）了解社区。制定活动计划的首要关键问题就是了解企业所在的社区，这就要求企业应该对本地区的特征进行深入的调查研究。每个地区都具备帮助制定社区活动的特殊特征。例如，社区中生活着哪些人群？他们的宗教信仰是什么？社区的失业状况怎么样？是否存在旧城区和贫困问题？其他的企业正在从事哪些社区活动？社区真正具有压力的社会需求是什么？

（2）了解企业的资源。在了解了社区的真正需求后，就需要考虑企业自身拥有哪些资源可以满足这些需求。每个企业拥有的资源都是不完全一样的，为了能使这些资源最大限度地发挥作用，企业有必要了解什么是可获得的资源、在什么程度上是可获得的、可获得是哪些方面以及在哪个时期是可获得等一系列问题。

（3）选择项目。企业社区活动项目的选择应该使得社区的需求与企业拥有的资源相匹

配，两者的匹配程度决定了资源发挥作用的大小。因此，企业在选择项目时必须非常谨慎，社区活动项目的选择应该和企业用于调研、营销、生产和管理上的投资一样满足成本有效性的标准。

（4）监管项目。监管社区活动项目包括检查和控制。追踪是保证项目能够依据计划和日程安排实施所必须的。来自监管过程中不同步骤的反馈给商业伦理层提供了需要监管进度的信息。如同其他三个步骤一样，这个步骤也需要企业进行谨慎的管理。

二、企业慈善公益责任的由来与功能

慈善与公益活动是企业履行社会责任的一种重要的途径和方式。企业的社会责任不仅包括对内部员工的责任，为职工的生存、就业、社会保障等提供良好的环境和条件，还应对整个社会的发展贡献应有的力量，特别是对社会的弱势群体应该给予必要的关注和帮助。通过慈善捐助、参加各种类型的公益活动或创办基金会都可以实现作为企业公民的社会责任。从事各种慈善活动是企业社会责任的一个重要组成部分，是企业的一种崇高的社会责任。

1911 年，美国钢铁大王安德鲁·卡耐基建立了全球第一个慈善基金会——"纽约卡耐基基金会"，开创了企业慈善事业的先河，奠定了现代企业慈善事业的基础。从 20 世纪 20 年代起，很多美国知名企业家如洛克菲勒、亨利·福特都纷纷效仿卡耐基，在各自的企业内建立了慈善基金会，开始积极投身于社会慈善事业。也正是在这一时期，作为指导美国慈善事业发展的重要理论基石—"企业社会责任"理论应运而生。20 世纪 80 年代，美国的慈善事业加速发展，"利益相关者理论"及"企业公民"理论等一些与慈善相关的理论相继出现，推动企业慈善捐赠事业走上了健康可持续发展的道路。

1970 年 9 月 13 日，诺贝尔奖获得者、美国经济学家米尔顿·弗里德曼在《纽约时报》刊登题为《企业的社会责任是增加利润》的文章，指出"企业的一项、也是唯一的社会责任是在比赛规则范围内增加利润"。与此相反，利益相关者（Stakeholder）理论在企业社会责任问题上则明确指出，企业的责任除了为股东追求利润外，还应该考虑利益相关者，即影响和受影响于公司行为的各方的利益。著名管理学大师彼得·F. 德鲁克在其《管理——任务、责任、实践》一书中，把企业对社会的影响和对社会的责任作为管理的第三项任务，将其视为与"取得经济上的成就""使工作富有活力并使职工有成就"具有同等重要地位，应在同一时间和同一管理行为中去执行。美国哈佛大学迈克尔·波特教授将其竞争优势理论运用于对企业慈善行为的分析，最终形成独树一帜的战略性企业慈善行为理论，强调企业慈善行为对企业竞争环境可能产生积极影响，并将这种企业慈善行为定义为战略性慈善行为（strategic philanthropy）。

1979 年美国著名管理者卡罗尔提出的"企业社会责任金字塔模型"，涵盖了企业社会责任的各方利益相关者，并将其分为四个层次。

第一层次是经济责任，指企业的盈利，是其他更高层次社会责任实现的基础。

第二层次是法律责任，指企业的一切活动都必须遵守法律的条款，依法经营。

第三层次是伦理责任，指企业的各项工作必须符合公平、公正的社会基本伦理道德，不能做违反社会公德的事。

第四层次是慈善责任，指企业作为社会的组成成员，必须为社会的繁荣、进步和人类生活水平的提高作出自己应有的贡献。

利益相关者理论与主流企业理论在企业社会责任问题上的根本分歧在于：前者认为企业应该对其利益相关者负起包括经济责任、法律责任和慈善责任在内的多项社会责任，而后者则强调企业经营唯一的任务就是在法律许可的范围内追求利润最大化。随着经济和社会的进步，特别是 20 世纪 70 年代以来，随着消费者维权运动、劳工运动的不断兴起以及能源危机和环境污染带来的灾难不断出现，人们在管理理论上更多地关注企业社会责任问题，要求"赋予市场经济以人道主义"，确保生产商及供应商所提供的产品符合社会责任的需要，提倡企业要承担相应的社会责任，做对员工、对社会负责的企业。

近些年来企业社会责任的思想受到了全世界的普遍关注。《财富》和《福布斯》等商业杂志在企业评比时都增加了企业社会责任的标准。国外有一些大学的商学院也已经专门开设了企业社会责任相关课程。企业社会责任是对企业的一种全新认识，是对将追求利润作为企业唯一宗旨的界定的修正和发展。企业作为社会组织也是社会的成员，除了要实现自己的经济目标外，还应该关注社会及其他的社会成员利益，为全社会的发展承担起应有的责任，也就是企业的社会责任。卡罗尔提出的社会责任有四个层次的含义：经济、法律、伦理和慈善，从事各种类型的慈善活动是企业参与社会生活、承担社会责任的一种重要的表现形式。

（一）慈善与公益活动是企业社会责任的载体

在中国传统文化中，慈善是仁慈、善良、富有同情心的意思。许慎的《说文解字》中对慈的解释为"慈，爱也"，对善的解释为"善，吉"，引申为友好之意。老子云："上善若水，水利万物而不争。"儒家文化中也包含了对"慈善"思想的理解"，老吾老以及人之老，幼吾幼以及人之幼"。几千年来，中国传统文化一直提倡"与人为善""天人合一""扶危济贫"，这里面实际上蕴含着深厚的传统美德和人道主义精神。闻名中国商业史的晋商、徽商等，救百姓于水火之中，捐巨款购买粮食赈济灾民，就折射出朴素的企业慈善情怀。在现代社会中，慈善的表现形式丰富多彩，企业从事慈善活动的途径也是多种多样的，不仅包括捐款、资助，还包括创办基金会、参加各种公益活动等，不仅指财物上的给予，也包括理念、智慧、信息等方面的支持。

（二）慈善与公益活动是和谐社会的内在稳定器

亚当·斯密是西方经济学的鼻祖。他在《道德情操论》中讲的一个观点是，社会的财富如果不被全社会所共享，那么这个社会就不稳定，我们今天在讲和谐社会建设的时候，应当从中有所感悟。构建社会主义和谐社会必须关注社会的弱势群体，弱势群体主要表现在应对社会风险能力的脆弱，因此建立完善的社会保障体系是维护弱势群体利益的有效之法。慈善事业是健全社会保障体系的一个不可缺少的方面，是对以政府为主体的社会保障体系的重要补充，它在促进社会公平、维护社会稳定、实现共同富裕方面均有着重要的作用。社会的第一次分配是按照市场经济体制的规律，效率优先，兼顾公平。社会第二次分配，则是以政府行为为主，以公平为主，兼顾效率。而社会的第三次分配，就要体现企业的社会责任，积极发挥慈善作为和谐社会建设中的减震器作用。发展慈善事业，对于提高构建社会主义和谐社会的能力，具有重要意义和作用。

（三）企业是现代慈善与公益事业发展的最重要的主体

现代慈善事业应该由现代企业来主导，企业是现代慈善事业发展的最重要的主体。企业作为社会主义市场经济的主体，相对于个体公民在慈善活动中所起到的作用更大。无论是捐款还是组织公益活动，企业的能量更大，更有能力来投入，有条件组织人力、物力和财力保证慈善活动的成功举办，因此企业主导的慈善活动的影响作用也相对较大。企业在进行慈善活动过程中，不仅推广了一种慈善理念，教育了本企业的员工，也树立了良好企业公民的形象，对同行也有示范带动作用。更为重要的是，企业作为社会利益和发展的受益者，所获取的利益远远多于个人，因此相对个体公民而言，企业更应该有责任"取之于民，用之于民"。现代慈善事业的发展和成熟更主要的还是要依靠以企业为主体的广大社会团体的推动和支持。企业是一个"多面体"。作为经济范畴的企业，它追求最大利润；作为法律范畴的企业，它要做好"企业公民"；作为道德范畴的企业，它要承担社会责任。

（四）企业承担慈善公益责任有助于提升企业竞争力

社会认同也是一种竞争力，企业承担慈善责任能够提高企业的市场认同度，从而有利于提高企业的市场竞争力。当今国际市场竞争中，企业的经营理念已逐渐发生变化，传统的成本、质量、供货期只是最基本的要求。承担包括慈善责任在内的社会责任不仅能为企业赢得更好的声誉、得到人民大众及全社会的认可，而且也可以在市场中更好地体现企业的文化取向和价值观念，从而为企业的长期稳定发展营造更好的社会氛围。在经济全球化时代，企业之间的竞争核心已经从过去的设备、厂房以及制度等"硬件"发展为商业诚信文化、社会责任等"软件"。长期以来，我国企业普遍存在重"硬"轻"软"倾向，过分偏重制度建设，轻视道德责任培养，这已经影响了企业的可持续发展。因此，企业要想获得持续发展和基业长青，就不仅应该关心产品的质量和价格，关心企业内部的和谐，还应该关心商业伦理道德，关心企业与社会的和谐以及对社会应尽的慈善责任，积极发挥慈善作为和谐社会内在稳定器的作用，积极提升自身的"软"竞争力。总之，衡量一个企业是否优秀，除了它的利润、规模这些因素外，企业的慈善责任将占据越来越重要的位置。事实上，越来越多的企业实践充分说明，在慈善责任和企业绩效之间存在正向关联度，企业完全可以将社会慈善责任转化为实实在在的竞争力。

三、我国的慈善事业缘起与发展

（一）我国的慈善事业起步很早，源于先秦

中国的慈善事业起步很早，源于先秦，明清时期得到进一步发展。明清时期民间救助事业（慈善事业）蓬勃发展，地方社会主导的各类慈善组织兴起。清末民初，由于西方近代思潮的传入，中国传统的慈善业开始向近代转型。直到中华人民共和国的成立，特别是改革开放以来，随着社会经济的不断发展，一批先富起来的企业及企业家开始投身慈善界，实现感恩社会的理想。1994年，我国成立了第一个综合性的慈善机构——中华慈善总会，

这可以看作中国现代慈善事业复兴的起点。从那以后，我国慈善事业迅猛发展，各种慈善活动和组织大量出现，特别是民间慈善组织纷纷建立。

（二）2008年后当代中国慈善事业进入划时代的新阶段

2008年，由于南方的冰雪灾害、汶川大地震等重大事件的发生，全国慈善捐赠总量达到1 070亿元，中国慈善实现了一个从50亿元到200亿元，再到超过1 000亿元的突破，它使常态化的慈善捐赠行为实现了突变，之后的慈善行为水平更上了一个台阶，让2008年的慈善事业成为中国慈善史上一座里程碑，2008年可以说是中国慈善的元年，并且开始引发全民对公益慈善行业的关注与参与，标志着当代中国慈善事业进入了新阶段，进入了所谓的"全民慈善"时代。2010年底在北京召开的中华慈善大会，不仅设立了"中华慈善奖"这一政府奖项，更重要的是颁布了《中国慈善事业发展指导纲要（2011—2015年）》。这是我国第一个慈善事业发展的五年计划，意味着我国社会慈善事业迎来了一个崭新的局面。此后中国的慈善事业不断发展，国务院于2014年11月出台了《关于促进慈善事业健康发展的指导意见》，这是中华人民共和国成立以来，第一个以中央政府名义出台的促进慈善事业发展的文件。

2016年3月16日，中华人民共和国第十二届全国人民代表大会第四次会议通过了《中华人民共和国慈善法》。国家主席习近平签主席令，《慈善法》自2016年9月1日起施行，这是中国第一部慈善法，其中包括捐赠者应履行的捐赠义务和可以享有的权利、捐赠财产的形式、捐赠关系的确立等；对社会比较关注的捐赠物的质量与使用价值等问题，《慈善法》也有相应的规定。2017年，中国《慈善法》实施效应显现，社会组织蓬勃发展，法治体系逐渐完善，行业发展环境逐步优化。

（三）我国企业与企业家慈善捐赠，表现良好，屡创新高

《2017年度中国慈善捐助报告》显示，2017年我国境内接收国内外款物捐赠共计1 499.86亿元，较2016年增长7.68%，捐赠总额占同年全国GDP的0.18%，人均捐赠额107.90元。从捐赠来源看，2017年我国慈善捐赠的主要来源依然是企业和个人，二者捐赠合计1 312.51亿元，占捐赠总额的87.51%。其中，来自企业的捐赠共计963.34亿元，占64.23%；来自个人的捐赠共计349.17亿元，占23.28%。2017年中国企业捐赠之中，民营企业全年捐赠达482.83亿元，占企业捐赠总量的50.12%；国有企业保持第二位，捐赠总额为314.82亿元；外资企业、港澳台企业捐赠金额分别为115.70亿元、49.99亿元，同比均有两成以上的增幅。总体来看，自2011年至2017年每年向扶贫领域投入的捐赠资源不断增加。慈善力量参与脱贫攻坚主要有链接社会资源、提供慈善服务、专注赋能与发展、乡村社区整体营造四种模式。从2007—2017年的十年间，中国慈善捐赠总额累计增加了385.00%，跑赢GDP同期235.38%的增幅[①]。

据《2018年度中国慈善捐助报告》统计，2018年中国内地接收国内外款物捐赠共计1 439.15亿元，较2017年小幅下降4.05%，捐赠额占GDP总量比例为0.16%，人均捐赠103.14元。数据显示，捐赠总量降低的主要原因是由于中华慈善总会的物资捐赠（主要为药品）总额比上年减少110.16亿元。如不包含慈善总会的物资捐赠，2018年内地接收捐赠1 338.33

---

① 资料来源：2017年度中国慈善捐助报告。

亿元，比 2017 年的 1 288.87 亿元增长 3.84%，仍保持稳定上涨。从捐赠结构来看，2018 年全国接收现金捐赠首次突破 1 000 亿元，达 1 007.83 亿元，占全年捐赠总量的 70.03%，也呈现增长状态，反映我国社会捐赠的格局正在逐步优化，现金捐赠愈加得到企业和社会公众青睐。有数据显示，2018 年我国社会捐赠主要流向教育、扶贫与发展、医疗健康三个领域，占捐赠总额的比重分别为 29.4%、24.72% 和 20.44%，合计超过总量 7 成以上[1]。

在企业家慈善捐赠榜上，也是表现良好。2019 年是《福布斯》中文版第十三次发布中国慈善榜，上榜的 100 位企业家（企业）现金捐赠总额为 191.7 亿元，与去年的 173.1 亿元相比，上涨 10.7%，为近 7 年来最高值。也是继 2011、2017、2018 年之后，第四次突破 100 亿元。本次入围门槛为 1 800 万元，高于去年的 1 300 万元，达到历史最高点。《福布斯》中文版调查了中国民营企业家及企业在 2018 年度向公益慈善领域的现金捐款情况，并将企业家及其管理企业的捐款额合并计算，编制年度中国慈善榜。每年有 100 位企业家（企业）入选。2019 年的慈善榜中捐赠过亿元的企业家有 48 位，捐赠总额高达 170.9 亿元，他们的捐赠金额占到总额的 89%。从捐赠方向来看，教育和扶贫为今年慈善捐赠的两大主要方向。其中，教育捐赠占据了半壁江山，绝大多数的企业家非常乐于给自己的母校捐赠现金或设立专项教育基金。[2]

（四）捐赠者类型与组成

一个人会有不同的理由来支持不同的事业，同时也会出于不同的动机进行慈善捐赠，这取决于项目由谁获得，以及捐赠者当时的生活状况。巴克莱财富（Barclays wealth）曾在 2010 年尝试通过与年龄、信仰和财富来源相关的动机对捐赠者进行分类。他们的研究包括英国和美国的 500 名高净值捐赠者，认为有六种不同的捐赠者类型。

（1）有特权的年轻人——渴望参与其中。典型的年轻一代继承了财富，享有特权的年轻人倾向于把他们的时间和精力用于慈善事业，以此抵消他们对舒适生活方式的一些愧疚。

（2）环保人士——拯救地球的动力。生态捐助者主要是支持港口环境慈善事业，但也向救灾、儿童和社会福利慈善事业捐款。

（3）利他主义企业家——出于回馈社会的责任。典型的中年白手起家的企业家，这个慷慨的团体对他们所支持的慈善机构几乎没有要求，也没有受公众认可的影响。他们把钱和时间投入到他们所在的社区，在教育、社会福利和环境等方面进行捐赠，并且在筹款活动中也表现得十分活跃。

扩展阅读 6-4：万科"捐款门"事件

（4）反应型捐赠者——受同行压力驱使。这个群体主要是男性，高收入的高管，一般来说对他们所支持的事业保持低投入和很少的时间投入。他们捐赠是因为同行的期望。他们最有可能支持健康和医疗慈善事业，并希望公众认可他们的捐赠。

（5）有教养的继承者——受遗产激励。有修养的继承人通常都在五六十岁左右，半退休，带着年幼的孙子孙女。除了自己的成功，他们通常还继承了财富。个人价值观和道德信仰激励着有修养

---

① 资料来源：2018 年度中国慈善捐助报告。

② 资料来源：http://news.e23.cn/redian/2019-07-24/2019072400500.html?tdsourcetag=s_pcqq_aiomsg。

的继承者，使他们自发地为直系亲属和社区事业以及艺术捐款、筹款。

（6）专业慈善家——宗教和政治动机。专业慈善家通常都是年纪较大的捐赠者，已经积累了自己的财富。他们向教育和宗教事业捐款，但不大可能支持全球环境问题。

从企业慈善角度来看，虽然近几年来国内的一部分企业和大公司集聚财富成功之后，越发自觉、频繁地参与社会慈善公益事业，他们以"取之于社会，回报于社会"的积极心态，与社会大众分享。无论是赈灾救助、教育、卫生、环保捐赠；无论是为家乡建设捐赠还是为弱势群体提供帮助，乃至大型慈善公益活动，他们都以实际行动体现出企业较强的社会责任感。但是，有的企业宁可花大把的钱做广告，却对慈善公益事业捐赠不屑一顾；有的企业一次宴请花数十万元，而对捐赠社会弱势群体无动于衷，还有许多企业曾经鼓吹的善举最后都以拖欠善款而告终。企业在公益慈善领域做得不够，中国的企业在履行慈善责任方面仍存在些许问题。

四、发展我国慈善事业的建议与出路

（一）强化责任意识，树立慈善公益观念

企业作为社会经济的主体，在经济发展中的作用增大，就意味着企业和企业家地位的上升，同时也意味着社会责任的加大。企业因社会的存在而存在，企业应该建立在企业家的社会责任观之上，而不是建立在企业家的权利观之上。企业不是"赚钱机器"，企业的成功归根到底不在于赚钱的多少，而在于对社会的回报。这种沉甸甸的责任不仅是企业的永续经营，而且是要企业投身慈善事业，回馈社会。创造社会财富的众多企业，是发展慈善事业的重要源头活水，他们的慈善意识强不强、支持慈善事业的力度大不大，是决定慈善事业规模的重要因素。这就要求企业经营者在作出决策的时候，不仅需要考虑企业对员工的法定义务，促进企业内部的和谐，而且还必须考虑公司行为是否有利于公众利益、社会进步和社会和谐。企业应树立社会慈善意识，正确认识慈善责任，将慈善责任由一种外在的约束内化为企业的内在需要，主动承担慈善责任，树立起良好的公众形象，成为获得广泛认同的可信赖的企业，从而大大增加企业社会资本，提高自身的市场竞争力。

（二）突出企业主体，弘扬慈善公益文化

我国的慈善事业长期以来都是由政府主导，自己搭台唱戏。很多人认为慈善是政府的事情。但慈善是应该由整个社会共同参与的一项事业，并不能由政府来唱独角戏，企业作为特殊的公民，应该承担更大更多的慈善责任。商业伦理文化对于实现商业伦理的最佳境界和企业履行慈善责任有导向和支持作用。用辛苦的收益报效国家、社会，不是经济学规律的规定，也不是传统管理学的原则，而是一种商业伦理问题。企业的慈善责任是一种新兴的商业伦理，是一种旨在追求"共同福祉"的企业社会实践。企业在培育和弘扬慈善文化时，应该紧密结合自身实际，寻求与其产品相关的慈善项目进行有规划的、长久的慈善活动，从而形成特色鲜明的慈善文化。这里可以借鉴许多国外跨国企业的经验，通过相关的慈善公益活动在自己的商业诚信文化中深深地打上慈善的烙印，如生产化妆品的企业会通过慈善公益活动把关爱妇女作为其商业诚信文化的一部分，以婴幼儿产品为主的强生等企业则把慈善公益活动的目标集中于儿童安全方面，生产化学用品的杜邦等企业更侧重于

对公益环保方面的投入。总之，我们每一个企业和每一个公民都要有爱心，关爱弱势群体、关心残疾儿童、培养慈善意识，投身慈善事业。

（三）健全慈善公益法制与组织，规范慈善公益行为

制定专门的慈善事业法，立法中应当突出慈善机构；应当取消慈善机构需有主管单位之陈规；确立完善、统一的慈善财税制度；调整政府与慈善机构的关系；强化处罚机制。

非政府的慈善组织应该在现代慈善事业中承担重要的任务，它们是现代慈善事业发展必不可少的重要角色。目前，在国家民政部门注册的中国公益慈善组织约有 30 万个，而没有经过注册登记的有 300 万个。这些组织良莠不齐，有不少组织缺乏规范的规章制度，没有规范的管理，也没有严格的监督机制，严重影响了慈善事业的公信力。培育一批信誉度较高、操作规范的非政府慈善组织是我国目前慈善事业发展过程中必须要解决的问题。很多企业和个人不愿参与慈善捐赠一个重要的原因就在于我国目前的慈善活动的操作上存在一些不透明的因素。缺少一个捐赠项目信息共享平台，对于捐赠的去向和效果也缺乏清楚的了解，这就制约了企业做慈善的积极性。公信力的缺乏带来了中国慈善事业的相对落后。

（四）完善激励体制，优化慈善公益环境

政府应进一步为发展慈善事业创造良好的社会环境和条件。

首先，政府要加强对发展慈善事业的舆论宣传，进一步增强企业经营者的慈善意识。电视、广播、报刊、网络等多种媒体都要把推动慈善事业的发展当成自己义不容辞的社会责任，要运用灵活多样的形式，吸引更多的企业经营者参与慈善事业、为慈善事业作贡献。

其次，进一步推进全方位的体制改革，继续培育和完善市场经济环境，同时在全社会推行健康的财富文化和慈善文化，使富人以创造财富为荣，并大大方方地乐善好施。

同时，要加快有关慈善公益事业的法律法规建设步伐，通过制定强化企业社会责任的各项法律制度，进一步引导企业强化社会慈善责任意识。"道德"固然是慈善的决定因素，但制度同样也能引导慈善。在发达国家，与税收相关的捐赠制度，可以归纳为"一疏二堵"。一疏，是企业和个人捐助慈善和公益事业可以获得免税的待遇；二堵，是用高额的遗产税和赠与税，对资产由"私"到"私"的转移进行限制，以促进企业家更好地履行慈善责任。

要切实落实新的《中华人民共和国企业所得税法》中关于企业慈善免税的规定。我国现行的《中华人民共和国企业所得税法》第九条规定："企业发生的公益性捐赠支出，在年度利润总额 12% 以内的部分，准予在计算应纳税所得额时扣除；超过年度利润总额 12% 的部分，准予结转以后三年内在计算应纳税所得额时扣除。"这对于企业参与慈善捐赠的积极性来说，无疑是一个极大的激励措施。但令人遗憾的是，在全国很多地方，办理免税的手续还比较复杂，设置的程序太多，加上一些地方政府对企业免税的热情不高，导致税法规定企业可以享受的税收优惠政策并不能落实。由此可见，我国企业慈善事业的发展还有很长的一段路要走。

总之，慈善事业作为爱心事业，它在现代社会中的作用越来越大，也受到了越来越多的企业家的关注，并在构建和谐社会、促进社会全面发展过程中发挥了积极的作用。发展

现代慈善事业是一个系统的工程。承担起相应的慈善责任，用科学发展观指导企业的经营行为，维护社会的整体利益，已经成为社会主义市场条件下的现代企业义不容辞的责任。

五、优秀企业公民的培育

（一）企业公民的定义与要求

C. 马斯登和 J.安德罗夫指出：企业公民涉及组织与社会关系的管理，使组织对社会的负面影响最小化，正面影响最大化。

D. 洛甘等人认为，企业公民是满足企业对包括员工、股东、消费者、供应商以及社区在内的利益相关者的责任的活动。他们列举了四个层次的活动。

（1）遵守所有法律法规，选择能直接增加企业利润和提高市场竞争力并对利益相关者有益的活动。

（2）从事正常业务以外的、对利益相关者有益的活动，并且以一种可以衡量的、有利于企业取得短期和长期利益的方式开展这些活动。

（3）支持社区的活动，如教育、培训等，这些活动对企业的长期成功有着重要影响。

（4）支持或参与改善社区条件或有利于利益相关者的活动，企业不期望从这些活动中得到直接的、可见的好处[①]。

2003 年世界经济论坛指出，企业公民包括以下四个方面要求。

（1）好的公司治理和道德价值，主要包括遵守法律、现存规则以及国际标准，防范腐败贿赂，包括道德行为准则问题以及商业原则问题。

（2）对人的责任，主要包括员工安全计划、就业机会均等、反对歧视、薪酬公平等。

（3）对环境的责任，主要包括维护环境质量、使用清洁能源、共同应对气候变化和保护生物多样性等。

（4）对社会发展的广义贡献，如传播国际标准、向贫困社区提供要素产品和服务，如水、能源、医药、教育和信息技术等。

（二）企业公民与企业社会责任、企业社会回应、企业社会表现的关系

企业社会责任回答"应该是什么"的问题，企业社会回应回答"如何做"的问题，企业社会表现回答"做得怎么样"的问题。企业公民是这三者的结合，不知道社会对企业的期望，就不可能做一个好公民；知道了社会的期望，但采取的对策不恰当，也不可能做一个好公民；是不是一个好公民，最后还要看公司行为的结果[①]。

2001 年"中国最受尊敬企业"评选活动应运而生。这些评选活动不仅受到了企业界的广泛支持和欢迎，也受到了政府和公民一致的赞扬，2011 年 3 月作为阶段性总结，"中国最受尊敬企业十年"评选活动揭晓。

国内 25 家企业获评"中国最受尊敬企业十年成就奖"，其中深圳企业约占 1/3，中国平

---

① D.logan, D. Roy and L. Regelbrugge. Global Corporate Citizenship: Rationale and Strategies. The Hitachi Foundation, Washington DC, 1997.

① 周祖城. 企业伦理学[M]. 北京：清华大学出版社，2005.

安、华为、招商银行、万科、腾讯、比亚迪等深圳名企上榜。在过去十年的评比中，中国平安、招商银行 8 次当选"中国最受尊敬企业"。华为亦荣获"中国最受尊敬企业十年贡献奖"，中国平安亦当选"中国最受尊敬企业十年公益成就奖"。深圳作为改革开放的窗口，多年来涌现出一批优秀的企业和企业家，他们通过优秀产品服务和理念，为整个中国经济的繁荣、人类社会进步作出积极贡献。随着"企业社会责任"这一名词逐渐被大家所接受，为了与国际接轨，"中国最佳企业公民"2004 年开始评选，我们发现有些"中国最受尊敬企业"也再次当选为"中国最佳企业公民"。

"最佳企业公民"的评选活动的参选范畴主要有以下九个方面。

（1）公司治理。有健全的现代商业伦理制度及良好的法人治理结构，有严格的内部监控制度及危机预警体系，公司决策透明公开，规范经营并有严格的行业自律意识，遵守各种法律规章制度，信守商业伦理道德，主要领导人无职务违纪或者犯罪记录。

（2）盈利能力。在所处行业处于领先竞争优势，产品市场竞争力强，有持续利润支撑，技术储备、产品研发、市场战略能保障企业有持续竞争力；现金流充足，偿债能力、资产运用能力强，无不良财务记录，银行信用良好，至少连续三年未因财务状况与资金问题而使企业陷入经营困境。

（3）员工关系。员工薪酬高于行业平均水平，有健全的员工福利、社会保障计划及工会组织；有严格的劳动保护、安全生产规范；公司内部就业机会均等无歧视，员工沟通渠道通畅，体现人文关怀；两年内无超大规模裁员，无集体性劳资纠纷及涉诉事件，员工满意度高。

（4）投资者关系。以实现公司整体利益最大化和保护股东权益为大局，尊重股东权益，决策透明公开，信息披露充分，投资者利益保护完善，机会均等，投资者回报稳定，沟通机制畅通，上市公司中小投资者满意度较高，无大规模团体诉讼。

（5）消费者关系。提供安全的产品和诚信的服务，企业内部执行较外部标准更为严格的质量控制与服务标准规范；售后服务体系完备，顾客投诉及帮助请求反馈及时，隐患产品信息公示，缺陷及安全问题产品应主动召回并建立顾客补偿机制；无虚假宣传、欺诈消费，无重大消费投诉及危及公众安全的质量事故。

（6）品牌传播。拥有知名产品或服务品牌并且市场占有率较高，有规范持续的品牌培育、市场推广、消费者沟通的策略与资金支持；品牌定位清晰、富有亲和力，传播方式有创新精神，无战略失误，拥有相对稳定忠诚的消费者群体。

（7）危机管理。有严格的内部管理、监控制度及管理危机、法律风险预警体系，重大危机隐患能自我发现并及时消除；在重大企业危机管理事件发生时，能直面股东、投资者及媒体与公众，并在第一时间作出适当应对；能在较短时间内针对危机事件提出系统的解决方案，在最短的时间内彻底消除隐患与负面影响。

（8）企业社会责任。尊重所有与企业发展利益相关者的权益，提供安全的产品和诚信的服务，尊重员工权益，保障生产安全，富有人文关怀。有良好的可持续发展战略，使用清洁能源、减少资源消耗与污染物排放，最大限度地降低自身生产对自然环境与社会公众造成的负面影响；热心公益事业，在企业良性发展前提之下，持续回报社会。

（9）商务关系。原料采购与产品销售体制透明可控，无原料安全风险，无商业贿赂与不正当竞争手段，供应链上下游企业交易公平、品质可控，与重要商务合作伙伴无不当关联交易与违法经营或者暗箱操作。

　　说明：评选总分 100 分。其中，"公司治理""盈利能力""投资者关系""品牌传播""危机管理""商务关系"六项评选指标每一项最高分为 10 分，另外，"消费者关系"最高分 14 分，"员工关系"最高分 14 分，"企业社会责任"最高分 12 分。

　　通过评选及其系列活动，我们可以动员媒体的力量广泛而深入地传播企业社会责任的基本理念，促进企业和公众提升对企业社会责任的重视和思考；通过对参评企业的调研和对获奖企业的宣传及案例研究，较为全面和深入地剖析和总结履行企业社会责任取得的成就和存在的问题；通过对优秀企业的宣传推广，为其他企业提供范式和榜样；通过评选活动，使企业界以全新的视野认识企业社会责任的内涵，并通过各种方式履行企业社会与公众责任与义务，促进企业健康良性的发展。

　　通过评选的方式广泛地宣扬承担社会责任的优秀企业，这对于他们来说是一种奖励，也是一种无形资产，能够提高他们的知名度和美誉，也会促使他们更加积极地投身到企业社会责任中去。相反地，对于缺失社会责任的企业来说，这是一种强烈的谴责，将导致他们失去社会的认可，从而迫使其不得不积极履行企业社会责任。

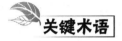 **关键术语**

购销客户　　公司公民　　互惠互利　　慈善公益

复习思考题

1. 企业应该怎样处理发展经济与保护环境的关系？
2. 企业履行资源环境责任实现可持续发展有何政策建议？
3. 为什么说政府是推动企业履行资源环境责任实现可持续发展主导力量？
4. 如何理解企业与社区的关系？
5. 企业应当怎样制订社区活动计划？
6. 什么是企业公民？它与企业社会责任、企业社会回应、社会表现关系如何？
7. 如何理解企业对购销客户的责任？
8. 怎样看待企业与竞争者的关系？

案例分析　　　　　　　即测即练

自学自测　　　　　　扫描此码

第七章

企业市场诚信营销规范

经典名言

儒有不宝金玉，而忠信以为宝。

——《礼记·儒行》

推人以诚，则不言而信矣。

——《文中子·周公》

丈夫一言许人，千金不易。

——《资治通鉴·唐纪二》

世上最奇妙的两种东西长期震撼我的心灵：那就是
我们头上浩瀚的灿烂星空和我们心中神圣的道德准则。

——[德]国著名哲学家康德

 学习目标

1. 了解诚信营销的含义、作用及组成。
2. 明确诚信营销模式的内容。
3. 掌握市场诚信营销基本理论与结构。
4. 理解企业诚信营销的流程设计。

 导读

深化资本市场改革，扩大高水平制度型开放

证监会于 2022 年 11 月 4 日下午召开学习贯彻党的二十大精神宣讲报告会，证监会党委书记、主席易会满主持报告会并讲话。他强调，要坚持不懈用习近平新时代中国特色社会主义思想凝心铸魂，自觉运用贯穿其中的立场观点方法指导资本市场实践，紧紧围绕建设中国特色现代资本市场这一重大时代课题，聚焦坚持和加强党对资本市场的全面领导、深化资本市场改革、扩大高水平制度型开放、更好服务高质量发展和高水平科技自立自强等重点问题加强研究，推动理论创新、实践创新和制度创新。

此次报告会上，中央宣讲团成员、中国人民银行行长易纲作宣讲报告。易纲深入阐述

了党的二十大报告主题和重大成果，系统介绍了过去 5 年的工作和新时代 10 年的伟大变革，深刻阐释了习近平新时代中国特色社会主义思想的世界观和方法论、中国式现代化的中国特色和本质要求，深入解读了全面建设社会主义现代化国家的目标任务、坚持党的全面领导和全面从严治党的重大部署。

易纲指出，新时代的 10 年，我国金融业实现了跨越式发展，服务实体经济能力和水平显著提高，为党和国家事业取得历史性成就、发生历史性变革贡献了金融力量。在新征程上，金融服务高质量发展的任务艰巨，金融改革发展稳定面临一系列新课题新挑战。必须深入学习贯彻党的二十大报告精神，把习近平新时代中国特色社会主义思想贯彻落实到金融工作的各方面全过程，深化金融改革开放，坚定不移走中国特色金融发展之路。

易会满强调，深入学习宣传贯彻党的二十大报告精神，是当前和今后一个时期证监会系统的首要政治任务。系统各单位各部门要切实提高政治站位，在全面学习、全面把握、全面落实党的二十大报告精神上狠下功夫，深刻领悟"两个确立"的决定性意义，增强"四个意识"、坚定"四个自信"、做到"两个维护"。要认真领会党的二十大报告提出的新思想新论断、作出的新部署新要求，既要理解政治上的高瞻远瞩和理论上的深邃思考，又要掌握目标上的科学设定和工作上的战略部署，努力做到融会贯通。

易会满指出，要坚持知行合一，牢记"三个务必"、牢记"空谈误国、实干兴邦"，以更加扎实的工作作风，创造性抓好党的二十大报告决策部署的贯彻落实，切实把学习成果转化为推动资本市场高质量发展的实际成效。

资料来源：《中国证券报》，2022-11-05。

企业的生存与发展与多种因素紧密联系，如企业的产品，服务，人员等，其中营销是将企业的产品转化为资金的重要一环。营销的好坏甚至能影响一个企业的生存，好的营销方式能放大企业的效益，而不合适的营销方式也能将一个企业拖入谷底。正因为营销的重要性，所以每一个企业都重视营销，营销的理论和营销手段也是层出不穷。为了短时间内使利益最大化，传统营销将各种营销手段和影响因素应用得淋漓尽致，但同时出现了很多为了利益而欺骗消费者的不诚信行为。传统的营销往往从消费者、市场、价格、渠道、产品等多方面考虑如何将更多的产品销售给消费者，由于过分地关注销售结果，可能会在营销过程中出现不诚信的行为，而这种行为将极大地影响企业在消费者心中的形象，让消费者最终抛弃这个企业。诚信营销作为企业整个营销环节中的一个重要部分，在为消费者提供产品的同时，树立企业良好诚信的形象，既能为用户提供满意的产品，也能为企业树立良好的美誉。

第一节　市场营销与营销诚信

随着我国市场经济的发展，我国企业面临着更加紧迫的竞争环境。我们面临的很多竞争对手都是国际知名企业，他们有着先进的技术，成熟的管理和知名的品牌。我国企业需要在短时间内缩短与国外企业之间的差距。但我们若要在较短时间内追赶上发达国家上百年的发展，必然存在很多未知的问题，而营销的转变面临的压力将更加显著。如何能通过营销让企业顶住压力并茁壮成长，还能纠正一些企业在营销中存在急功近利、不诚信的营销行为，从而使我国的企业进一步追赶国外知名企业？

一、市场营销的基础

人无信不立，业无信不兴。诚信是一种品质，一种责任，一种名誉。诚实守信，遵守承诺，取信于人是立人之本，立业之本，这些直接关系到一个企业的生存以及能否做大做强。[①]

营销的定义：企业为了从顾客身上获得利益回报，创造顾客价值和建立牢固顾客关系的过程。[②]市场营销的目的是什么？是将产品销售给最终消费者，为企业带来相应的利润。市场营销的手段是什么？是产品定位、是价格制定、是渠道建设、是广告宣传。市场营销的基础是什么？市场营销的基础就是诚信，无论生产什么样的产品，采用什么样的营销模式，诚信都是企业经营、营销的基础。

二、营销诚信

从企业自身发展来看，诚信使企业内部充满凝聚力，诚信使企业内部员工对企业的诚信行为容易产生共鸣，对规范员工行为起到良好的示范效用，减轻员工遇到道德问题时的压力，为员工的思想和行为统一提供必要的信念基础。诚信可提升企业的竞争力，任何一个成功的企业都知道诚信经营对企业发展的重要性，没有任何一个成功的企业敢于刻意欺骗消费者，因为他们知道只有诚信才是企业竞争的核心力。诚信能吸引更多更优秀的人才，一个诚信企业的形象是光辉、成功而灿烂的，每一个优秀的人才都渴望成为伟大企业的一员，诚信的企业对人才的吸引是有目共睹的。诚信符合人们的传统道德，这会增加企业员工的认知感和荣誉感，员工在工作之时会为自己的行为感到心安理得甚至是感到光荣。

从企业外部发展来看，诚信将帮助企业吸引新的顾客，保留老的顾客，顾客的多少是对企业成功与否的最好评价，因为诚信是服务质量的重要保证，可获取更多的资源，诚信本身就是一种无形的财富，它不是一般物质所能替代的，企业能否开拓市场主要取决于企业的竞争力，竞争力的来源就是企业的信誉，而诚信是企业信誉的基础。诚信为企业树立良好形象，企业销售的不仅仅是产品，还是企业自己的信誉，企业营销活动的一言一行，销售的每个产品都代表着企业，诚信的行为将伴随产品一起被消费者所接纳，更被消费者所认同。

我们通过探讨诚信营销的基本原理，揭示诚信营销的运行规律，研究企业诚信营销的内在动力、诚信营销的影响因素、诚信营销的管理与控制，从而发展丰富企业诚信营销理论，将诚信营销作为企业营销的重要组成部分，并拓展企业诚信营销的影响，推动企业营销的发展，提高诚信营销的水平，同时提高企业营销的整体能力。

---

① 陈向军. 民营科技企业诚信营销研究[M]. 北京：中国财政经济出版社，2007.
② [美]菲利普·科特勒. 市场营销原理[M]. 北京：清华大学出版社，2007.

第二节　企业传统营销模式剖析

一、国内企业传统营销模式面临的问题

（一）国内企业传统营销模式的关注点

传统营销认为营销是通过创造和交换产品及价值，从而满足个人或群体的需要的社会和管理过程。[①]传统营销过程模型如图 7-1 所示。

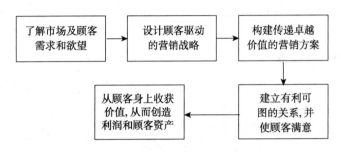

图 7-1　传统营销过程模型

传统营销的营销理念往往通过对市场营销及过程的理解，分别从营销环境、营销信息管理、消费习惯和消费行为、市场细分和目标市场定位、产品和品牌、产品定价和分销渠道、整合营销沟通、广告促销和公共关系、市场营销的扩展几个方面进行。[①]

1. 营销环境

分别通过对企业内部环境和企业外部环境的分析，根据企业自身的实际情况，如员工、消费者、技术能力、供货商、渠道、竞争对手等，企业外部环境包括人口、经济、自然环境、法律环境、政治环境、文化习惯等。对多个方面进行分析，从而对企业外部环境以及在行业中的地位有着清晰的认识，为企业制定合适的营销战略提供重要数据。

2. 营销信息的管理

营销信息的管理通过对信息的收集和分析，为企业提供有关竞争对手、产品、消费者喜好、营销效果等各种信息，为企业制订营销计划，跟踪实施情况，评估计划效果，以及根据需要对计划进行相应的调整，提供了必不可少的信息。

3. 消费习惯和消费行为

通过对消费者不同特征的划分，如年龄、地域、文化、宗教信仰、生活习惯等，对消费者的消费心理、消费行为、消费决策进行了解和分析。

---

① [美]菲利普·科特勒. 市场营销原理[M]. 北京：清华大学出版社，2007.

4. 市场细分和目标市场的定位

根据消费者的不同需求、特征和行为，将市场划分为几个有区别的消费群体，并根据企业自身的情况，将一个或几个消费群体作为企业的目标用户，为这些用户量身定制相应的产品和服务。

5. 产品和品牌

根据用户的需要，设计满足用户的产品和服务。而且产品的定义不仅仅只是满足用户某一项或某几项的功能，还要在产品功能、质量、外包装、样式、品牌等多方面满足用户的心理需要和功能需要。产品的品牌既是企业用于区分与其他企业产品的工具，也是用于标识自己产品的标签，能为自己企业产品进行有针对性的定位和宣传。品牌的知名度和美誉度影响企业的销售业绩，更是一个企业不可或缺的无形资产。

6. 产品定价和分销渠道

企业结合内部自身生产成本、营销目标和企业外部市场需求和竞争情况等因素，制定产品的价格，产品价格既要能被消费者接受，又要为企业带来尽量多的利润。分销渠道将企业的产品快速准确地销售到最终用户手中。通过分销渠道，既能扩大企业的销售网络，又能将企业的营销策略和营销理念传递给最终消费者。

7. 整合营销沟通

整合营销沟通是将多种营销手段进行合理、高效组合的一种方式，营销手段可以营销中的广告、促销、人员推广、公共关系、直接销售等方式进行。

8. 广告、促销及公共关系

广告、促销和公共关系是企业通过媒介或优惠的价格，将产品快速介绍给消费者并让消费者了解并接受的重要手段。通过这种方式，产品外形、产品内涵和企业文化以及企业的形象都得到了很好的传播。

9. 市场营销的扩展

随着信息化和全球经济一体化的进展，网络营销以及全球营销也成为越来越多企业扩大规模、占领市场的重要方式，甚至是必然发展的趋势，这种新的模式所带来的效益在某些企业甚至已经达到80%以上。

大部分企业的市场营销方式，基本上都按照以上方式进行。虽然我国很多企业市场化时间并不长，但在引入国外市场营销方式上，还是进行得比较快，从产品定位到产品周期的规划、从渠道建设到价格策略、从广告宣传效果到促销手段和策略乃至公共形象的树立，一些国内企业都采用许多国外的先进营销模式。所以，目前国内大部分企业的营销模式和手段，基本上还处于复制国外营销模式的阶段。这种方式的优点是，我们可以用尽量短的时间去完善我们的营销手段，并缩小和国外跨国企业之间的距离，但这种方式的不足是我们总是处于学习和复制的过程，由于很多是拿来主义，我国自己发展和创新的营销模式就更少了，从而制约了我国企业后期发展的动力。

（二）国内企业竞争激烈导致行业同质化

改革开放 40 多年来，很多企业从无到有，发展经历可能只有十几年，甚至更短的时间。为了能够迅速将自己的产品打入市场，市场营销就成为产品转化为利润的决定性手段，由于国外已经拥有成熟的市场营销模式，因此借鉴国外的成功市场营销方式成为必然的方法。

在改革开放的初期，我国生产能力和需求之间的巨大落差使市场处于卖方市场，企业生产的产品，很多时候处于供不应求状态，为了能满足国内巨大的市场需求，提升国内生产能力和管理能力，中国很多产业都经历了"引进，消化，吸收，创新"阶段。但随着很多企业在产品质量、产品功能、产品性能上的不断完善，尤其是产品产量的不断增加，以及消费者已经开始不满足于只对产品功能和性能进行要求，企业竞争变得越来越激烈。很多企业成立时间较短，企业经济基础薄弱，企业产品的品牌知名度和美誉度还未在消费者心目中建立起来，为了应对激烈的市场竞争，他们采取模仿成功企业产品、复制国外企业营销模式等方式，从而也导致了很多行业内的企业同质化严重。同质化主要表现在以下几个方面。

（1）产品同质化。产品的同质化主要集中在产品技术含量、产品功能和外观两方面，这主要是企业间的相互模仿。如空调行业，一家企业推出变频空调，在短短 2～3 个月的时间，其他企业也会推出类似的产品，有些产品甚至外形都要和这家企业一模一样。又如社交网站——开心网就是模仿美国知名网站 Facebook，在开心网推出后不久，又出现了一家与开心网域名几乎类似的社交类网站。可见无论是在传统行业还是在新兴的互联网行业，产品同质化问题都非常严重。我国的中小家电行业有好几百家企业，每家企业每年上市机型都有上百种，但其中各项功能、技术含量大部分重叠的占到 70% 以上，还有很多产品在外观设计上产品也极其相似，无法给人留下深刻印象。更有些产品的所有外观、功能设计成与知名产品完全一样，只是产品品牌略有不同，现在很多人给其起名为——"山寨货"。这种同质化的竞争方式，经常处于侵犯企业知识产权的边缘，对企业的发展和行业的发展都造成了极大的影响。

（2）渠道同质化。渠道是企业将产品送达消费者手中的重要途径，好的渠道不仅仅是物流，还是将企业产品、文化、形象、品牌传递给用户，"得渠道者得天下"。但很多行业在渠道建设中也是习惯模仿成功的企业，尤其是那些渠道建设有特色，经过多年打造，最终渠道为其带来巨大收益的企业。如 Dell 公司的直销渠道模式，这种模式为 Dell 公司节省了大量的渠道费用，并拉近了 Dell 与最终用户的距离，使 Dell 能更直接地了解用户的需求。看到这种直销模式的好处，很多 IT 企业也模仿这一渠道模式。又如空调行业的格力，通过多年打造自己的店面销售模式，从而绕开国美、大中等电器商城的垄断。随后美的建立了自己的 4S 直销店、TCL 打造自己的"幸福树"。

（3）价格模式同质化。企业价格的制定是根据产品、供给、消费者需求量、品牌知名度等，制定适合消费者和自己的价格。而比照竞争对手制定价格已经成为众多行业的做法，小企业比照大企业产品定价，不知名企业比照知名企业定价。而在众多同级别的产品中，发现它们的产品价格基本相同，这也导致为了赢得市场份额而频繁发生的价格战。

（4）宣传同质化。广告、促销手段等手段是企业将产品推介给消费者的重要渠道。而如今似乎也成了企业宣传唯一的手段，一个企业赞助一项运动，获得好评，其他企业就会尾随而至。一个企业推出一种新的宣传理念，复制和克隆者也络绎不绝。2005 年蒙牛在超级女声中提供了赞助，当年蒙牛也借助超级女声的推广进入了乳品行业的前三名，并获得了极大的推广效果。2006 年可口可乐和百事可乐也加入赞助超级女声的竞争行列中。而后的快乐男声，步步高公司成为其赞助商。

我们可以看到，市场营销中从最初产品的计划，渠道的建设、价格的制定、产品的宣传到最终营销组合，很多企业手段雷同，导致了众多行业内众多企业产品特性和营销手段的同质化，很多企业都有自己的品牌，但消费者却很难记住这些品牌。同质化竞争后利润不足，导致创新投入不够。有些行业自身创新不足，往往依靠国外配套厂商的整体配件的创新，也容易形成同质化，如汽车生产企业依靠发动机厂商、变速箱厂商、悬挂系统厂商、IT 设备厂商依靠上游的芯片开发厂商等。而这些配套厂商的技术往往掌握在国外知名企业手中，这些国外厂商通过控制产品核心技术而获取产品的大量利润，而国内厂商往往会成为低价加工厂。

（三）国内企业变相的引导消费者对产品价格的非理性关注

20 世纪 90 年代产品功能和营销手段同质化后，受国外规模经济效益理论的影响，为了能保住自己的市场，甚至扩大自己的市场份额、打压竞争对手，变相提高该行业的进入和竞争门槛，很多企业扩大生产，降低生产成本，并进一步降低产品价格，从而降低竞争对手的利润，这样既能打击竞争对手，又能阻止后面准备进入该行业的企业。很多行业的知名企业，没有在企业品牌，产品设计、内涵和文化中下功夫，而是一味地追求规模效益，并有意地向消费者宣传价格的优势，导致很多消费者在一定时期内过度关注产品的价格，甚至引起了很多行业内部的价格战。例如在我国的彩电行业中的多次价格战，甚至时至今日彩电行业通过降价打击竞争对手，还是主要手段之一。表 7-1 为以长虹为主的彩电行业发起多次价格战后的降价效果以及竞争对手的反应。

从表 7-1 中我们可以看到，长虹彩电通过最初的降价，解决了库存的压力，后继的降价在自己产能扩大的基础上临时起到了占领市场的目的。但随着竞争对手产能的扩大、成本的降低，价格战这把双刃剑不能再有效地杀伤竞争对手，反而使自己的利润出现极大的滑坡。同时，价格战的频率也从最初的 5～7 年进行一次，继而发展为每年一次，甚至价格战一年几次，一个厂商发起价格战，其他厂商随之降价，进入再发起价格战、所有厂商还要降价的恶性循环。竞争对手的数量从最初的几百家下降到了十几家，但剩下的这些竞争对手也是竞争力最强的，简单的价格战已经不能给对手造成多大的伤害，反而对自身企业的利润造成巨大的损失。

在中国，很多行业都在重复着彩电行业的竞争过程，为了能在市场中生存和发展下去，很多企业选择了粗放式的规模扩大再生产。无序的扩大再生产，导致众多的行业产能过剩，而低价政策又引导消费者对产品价格产生了非理智的关注和重视，使众多的企业步入一个恶性循环中，既不能获得应有的利润为企业发展提供帮助，也不能得到消费者的认可，甚至还影响到产品的售后服务和支持，最终可能失去市场，失去用户。

表 7-1　长虹电器历年降价及效果

价格战	降价幅度	降价效果	竞争对手的应对
1989 年第一次价格战	长虹单台彩电降幅 350 元	库存 20 万台销售一空，持续到 1991 年时国家统计局公布长虹是彩电销售冠军	第一次的降价让很多对手不知所措，有些甚至没有反应，对很多中小彩电厂商造成了严重的冲击
1996 年第二次价格战	长虹单台平彩电均降幅为 8%～18%	长虹市场占有率从 17% 升为 27%	第二次价格战，长虹宣布针对国外品牌，而国外合资厂还未完全投产，长虹通过降价实际控制中低端市场
1999 年第三次价格战	长虹单台彩电最高降价 1 000 元	长虹利润由 98 年 31.6 亿元降到 99 年 15.7 亿元，净资产收益率仅为 4.06%，到 99 年下半年利润仅为 1 亿多元	TCL、创维、康佳形成联盟，并针对长虹进行降价举措，降价幅度单台甚至超过长虹 80～300 元
2000 年第四次价格战	长虹彩电最高降幅为 35%	当年全国产量 4 000 万台而销量只有 2 000 万台。通过降价，长虹市场占有率第一，达 25%	此次降价是由厦华和熊猫率先发起。2000 年长虹销售 694 万台彩电的利润与索尼销售 50 万台利润相当
……			
2010 年第 N 次价格战	长虹单台彩电最高降幅 25%	市场占有率变化不大。降价已经成为常态	三星、TCL 3D 电视最高降幅达 20%

数据来源：国家统计局。

（四）不诚信营销的企业对行业的影响和破坏

企业不诚信营销主要表现为欺诈行为、造假、贿赂、伪劣产品，侵犯知识产权等行为。[1]很多企业，在发展初期，产品质量、产品功能都无法和大型成熟企业相抗衡的时候，模仿知名企业产品，剽窃其他企业专利，甚至以严重降低产品质量从而以超低价格销售产品等方式成为一些企业进入中低市场的手段，同时在宣传中夸大产品功能成为一些企业不二的选择。最初，这些企业往往是针对中小城市或农村市场，通过低价甚至是超低价方式推出自己的产品。而早期很多消费者的消费观念不成熟，还有一些地区的消费者消费需求相对简单，某些低端产品能临时满足用户的需要，通过这种方式，一些企业也获得了临时的利益。但随着竞争全面地扩展开来，低端市场也受到了极大的冲击，一些企业的创新手段又不够，产品竞争力不强，为了能继续生存，很多企业则多次降低产品质量，甚至使产品质量远远低于国家相应的产品质量标准，甚至生产假冒伪劣产品，以次充好，将产品卖给最终用户。由于我国国土面积大，最初跨地区的工商、质检等部门信息互通性较差，出现了很多生产假冒伪劣产品的企业，他们经常打一枪换一个地方，导致很多企业受到了假货的冲击，甚至很多行业一时成为假货泛滥的高发行业，而最终受到伤害的还是消费者。不诚信营销主要表现在多个方面：企业内部的不诚信、企业生产过程不诚信、企业宣传过程不诚信、企业营销过程不诚信、企业履约水平过低、企业服务承诺不诚信，这些不诚信的行为导致企业、行业乃至整个社会容易出现诚信缺失，带来以下问题。

---

① 陈平. 新中国诚信变迁：现象与思辨[M]. 广州：中山大学出版社，2010.

（1）企业内部缺乏诚信，员工对企业失去信任，从而造成企业管理成本过高，企业员工对企业认同感差，员工不愿为企业长期服务，从而造成企业的损失。

（2）企业生产过程不诚信，造成产品质量不过关，造成市场的流失，甚至受安检、质量监察部门的查处。

（3）企业夸大的宣传，甚至假冒知名企业品牌，出现明显的消费者欺诈行为，从而失去消费者的信任和支持，甚至导致知识产权的纠纷。

（4）企业营销手段违规，甚至出现贿赂等行为，造成营销渠道的流失，甚至受国家法律的惩处。

（5）企业履约水平过低，交易双方的不信任。甚至整个社会由于诚信问题，交易成本过高，增加企业经营负担。

（6）企业服务承诺不诚信导致售后服务不能令消费者满意，造成"一次性消费后"口碑尽失，彻底遭到市场的抛弃。

在我国改革开放初期，有些地区由于假货和次品泛滥，甚至出现当地其他企业生产的产品被众多城市所封杀的现象。有些地区甚至成为假冒伪劣产品的代名词，不仅毁掉了这个行业，而且对这个地区的诚信都造成了不可挽回的损失，很多城市为了清除掉以前不诚信的帽子，需要几年甚至几十年的努力，诚信缺失对一个企业、一个行业甚至整个社会都造成了不可想象的伤害。

二、我国企业传统营销模式的诚信缺失

（一）我国市场诚信营销的社会环境

我国原有经济是以国有经济和全民所有制为主，私有制经济几乎没有，最初由于企业所有制的特殊性，企业发展、经营全部由国家负责，企业的生产经营不完全以经济指标作为衡量标准，并受到国家委派的上级单位监督管理，所以非诚信营销的情况发生较少。随着改革开放，私有制经济在整个社会经济中所占比重越来越大，而私有经济缺少国有经济上级单位的管理和制约，法律法规的约束成为主要因素。

我国改革开放以来，从全部国有体制转变为以国有体制为主，大力发展私有体制的模式，法律法规的转变远远滞后于经济的发展，出现了部分企业不诚信营销而无法律制裁或无人监督的局面。在一段时间内，我国法律法规的缺失，也变相导致了很多企业不诚信营销的行为。

（二）国内企业对传统营销手段和产品成本的过度依赖

我国早期经济基础薄弱，中华人民共和国成立初期主要以小型民营企业、私有经营者和农业作坊式生产为主，很多产品国内无法生产，很多领域几乎是一片空白。当时的经济发展主要是为了满足广大民众的最基本生活需求，弥补空白领域的不足，并将私有经济转化为以公有经济为主的社会经济方式。在改革开放初期，从计划经济向市场经济转变，计划经济时期各个地方追求的是全面经济结构发展，但企业规模并不大，企业的发展资源主要来源于政府的配给。在市场经济中，企业逐渐摆脱了政府配给和支持，生存和发展下去

成为众多企业的紧要问题，而计划经济下的重复投资、重复建设，"麻雀虽小，五脏俱全"的发展方式，导致了企业规模小、竞争力不强的事实。现在企业为了能迎合市场经济的需要，大量引入国外的营销手段和经营理念。国外传统的营销手段以及 20 世纪 90 年代国外产业规模效益理论对我国企业影响深远。营销手段的花样性被众多企业充分的利用，甚至在很多地区和领域，将营销手段作为变相欺诈的手段。同时，众多企业受规模效益影响，纷纷通过并购和扩大生产的方式，将企业做大做强，政府也为了减轻包袱而鼓励、促进企业间的兼并，从而造成国内企业对产品成本控制的过度依赖。而产业规模扩大产品成本降低成为众多企业的唯一选择。

（三）诚信营销的忽视

企业想长期发展需要诚信营销，这一道理很多企业经营者都很清楚，但依然有大量的企业忽视这一点，甚至是有意去违反，是有其原因的。

第一，政策法规不健全。政策的引导和支持，尤其是法律和相应的管理制度，是建设诚信和转变诚信理念所必须的。但在经济转型过程中，我国法律法规不够健全，而原有的诚信秩序已经被打破。由于我国不像西方国家那样经历了长期的市场经济发展过程，所以法律法规适应程度不是渐进式的，而是滞后于经济发展的，导致了很多法律不健全，执法机构不完善、执行不够合理等问题。

第二，部分地区政府不重视。我国地域广阔，由于经济发展不够平衡，很多地区经济发展滞后。为了能尽快将经济发展起来，也存在部分地方政府重视 GDP 而轻视诚信营销。很多地区的政府考核标准就是当地 GDP 的发展，为了能获得很好的政绩，一些政府对企业发展方式和采用的手段采取了不管、不问甚至是纵容的情况。

第三，执法部门过多，多头管理。我国对企业诚信营销方面有众多部门共同管理，如银行、工商机关、食品药品部门、安全生产、交通管理、质检部门、专利部门、公安机关等。这些负责诚信营销的部门多如牛毛，但又各自负责一部分，没能建立顺畅的联合执法的流程和制度，从而形成所有部门都管，所有部门又都管不了的局面。缺少监管机构的监督，也容易纵容企业对诚信营销的忽视。

第四，信用制度和体系不完善。社会诚信营销，需要社会有一整套完整的诚信体制。既要有诚信数据收集统计的机构和机制，也应有不诚信数据公布和惩罚的机制。社会的诚信信息应该保存在一个单独机构。我国现在很多行业都在建立基于自己行业的信用体系，但各个信用体系各自为政，没有互通互联，无法对不诚信行为进行有效的记录和监督。

第五，诚信监督机构较少，力量薄弱，不受重视。很多诚信监督机构由于不直接创造利润，对企业发展不产生直接的影响，不受政府和企业的重视，导致诚信监督机构较少，实力不强，很难对众多的企业营销进行诚信监管。

第六，部分企业诚信营销意识差，短期利益至上。部分企业在经营中重视短期利益，忽视诚信营销对企业长期发展的重要影响，甚至没有考虑企业的长期发展，纵容自己进行不诚信经营以获取更多的利益。

企业发展需要利润，地区建设需要资金，老百姓生活需要工作，为了能满足这些要求，再加上以上各种原因，都促使一些人对诚信营销的忽视，怂恿了不诚信营销企业的行为。

三、诚信营销决定企业未来发展和可持续发展

企业不诚信营销无论对企业自身、行业发展还是社会的稳定发展，都产生了不良的影响。企业只有进行诚信营销，才能有更好的未来和可持续发展。

首先，诚信营销会构建良好的经营环境，降低企业交易成本，提高效率。整个社会诚信度较高，企业在经营生产和销售中不需要再为防止被骗或不诚信行为而投入过多的资金和人力。健全的诚信营销市场，企业规范自己的行为，市场诚信处于一个合理水平，降低企业对不确定因素的预期。

其次，诚信营销提升企业形象，增加企业美誉度。诚信营销可以在消费者心目中树立品牌形象，提升消费者忠诚度，增加企业美誉度，有利于创造百年经典老店。

再次，诚信营销体系的建立，有利于行业的发展，提升整个国家的形象。随着全球经济一体化的进程，竞争已经不局限于企业与企业间，一个地区或国家的形象将影响着该地区产品的销售。不诚信营销将损害中国和中国企业的形象，不利于中国产品在国家市场的拓展。

最后，诚信营销是企业发展的核心竞争力。营销手段可以复制，产品功能和技术可以模仿，但诚信营销是一种软性能力，诚信营销需要一个企业几年乃至几十年不懈的努力才能做到。那些习惯抄袭和模仿的企业很难进行这样的复制，这才是一个企业长期发展的核心竞争力。

第三节　市场诚信营销基本理论与结构

一、市场诚信营销基本理论

（一）企业道德

老子在《道德经》中指出："上德不德，是以有德；下德不失德，是以无德。上德无为而无以为；下德无为而有以为。上仁为之而无以为；上义为之而有以为。"人类社会发展证明，随着人类社会文明发展程度的提高，人们对道德与文化建设的要求也越来越高，同时职业道德教育在整个道德建设中也居于重要地位，发挥着重要的作用。

企业道德意识现象指的是企业员工的道德思想、道德观点和理论体系。企业道德规范现象指的是评价和指导企业员工职业道德行为善恶的准则。[1]企业道德活动现象则是指企业员工按照一定的道德善恶现象所形成的企业道德评价、企业道德教育、企业道德修养、企业道德行为。这些企业领域的道德现象就是企业伦理学所要研究的内容。

什么是企业道德？企业道德就是运用道德观念调整企业员工在企业活动中所形成的相互关系的行为原则和规范活动的总和。企业道德就其适用范围而言，可分为企业经理职业道德、企业员工职业道德和企业的社会道德。前两者是在企业工作人员中间倡导推行的企

---

① 叶陈刚. 企业伦理与文化[M]. 北京：清华大学出版社，2007.

业行为道德，作为调整企业工作人员行为的准则和规范，它是企业工作人员在职业生活中的社会关系的反映。而后者则要求不能仅仅将企业道德视为职业道德，而要把它作为社会道德的一部分，以便社会公众与企业相关人员能理解、接受、遵守企业道德，监督其实施。[①]

（二）诚信的含义

什么是诚信？有几种解释大体一致，但也稍有不同，以下略举几例。

由教育部思想政治工作组编的《思想道德修养》对"诚实守信"解释为言行跟思想一致，不伪装，不虚假，说话办事实事求是，讲信用……只有内心诚实，待人诚恳、真挚，做事才能讲信用，有信誉。[①]

诚实守信的道德要求就是实事求是，说老实话，办老实事，做老实人，互相尊重，互相信任。[②]诚实是指说老实话，做老实事，不投机取巧，守信指言行一致，表里如一，不伪装，实事求是，讲信用，诚恳待人。[③]《辞海》对"诚实"的解释是："言行与内心一致，不虚假。"《辞海》对"信"的解释是信用，既遵守诺言，实践成约，从而取得别人对他的信任。[③]诚信是中由道德规范上升形成的重要原则，诚信在法律层面上的内容主要有：其一，善意真诚的主观思想；其二，诚实不欺的客观行为；其三，公平合理的利益结果。相应地，诚信道德具有以下特点：第一，反映社会最基本的道德要求。处于一定社会关系中的人，相互之间遵循善意真诚、守信不欺和公平合理的规则是最基本的道德要求。第二，反映一定的经济规律。由于社会经济生活的需要，人们之间需要生产中的协作和进行商品交换，不管是在自然经济还是商品经济条件下，诚信对于维护经济关系有序存在都起着重要作用。第三，反映了一定的利益要求。

（三）企业诚信营销的含义

诚信营销是企业按照国家法律法规、市场规则和商业伦理道德标准，在生产经营和销售过程中确立和执行的自律性规范和行为。[④]诚信营销属于道德范畴，是企业在市场营销活动中，企业和消费者坚持信息对称原则，企业诚实经营，保证营销活动公开、公平和公正，以维护和增进全社会和消费者长远利益，求得企业长远发展。是保证社会经济发展，市场环境稳定的基础。

诚信营销是企业在产品生产、价格制定、销售过程、宣传内容、促销手段、诚信服务等中贯彻诚信原则，同时社会的道德标准和法律制度保障是实现诚信营销的基本条件。

（1）诚信产品生产。诚信产品生产是指企业遵从国家和行业相应法律法规的规定，或企业按照标注产品的原材料、加工方式、添加剂等，对产品进行生产、加工、储存、运输等过程。

（2）诚信价格制定。企业在价格制定中，不虚假标价、不模糊标价、不实行垄断性价格。如虚假标注高价欺骗消费者，模糊标价不让消费者清晰知道其具体价格，或是打出全

---

① 教育部思想政治工作组. 思想道德修养[M]. 北京：高等教育出版社，1998.

② 中共湖南省高等学校工作委员会，湖南省教育厅. 思想道德修养[M]. 长沙：湖南科学技术出版社，2000.

③ 辞海编辑委员会. 辞海[M]. 上海：上海辞书出版社，1990.

④ 陈平. 新中国诚信变迁：现象与思辨[M]. 广州：中山大学出版社，2010.

市最低价等口号诱骗消费者，甚至利用自己企业的垄断地位，使用户别无他选，漫天要价，随意宰客。

（3）诚信销售。诚信销售是企业在零售和批发过程以及渠道销售中不采取贿赂手段抢占竞争对手的渠道资源，不对渠道内部实施差异对待，搞分销歧视，严格按照合同供货，不制定不合理的排他性条款等。针对最终消费者的零售，不因地域或民族而对消费者差异对待，不囤积货物制造供货紧张的假象而哄抬价格，不刻意利用信息不对称而欺瞒消费者。

（4）诚信宣传。诚信宣传是企业根据企业生产产品的实际情况，对产品的成分、产地、生产工艺、产品功能等进行切合实际的宣传，而不进行模糊、夸大甚至是虚假的宣传，误导消费者。

（5）诚信促销。企业促销是企业为了扩大产品销量、回馈用户、占领市场份额的一种手段。企业产品的促销，应该是建立在该产品原有价格或数量基础之上的一种优惠，而不能进行虚假促销，如先提高原有标价，再进行打折促销，或者提出带有不合理附加条款的促销。

（6）诚信服务。诚信服务是指企业针对自己生产的产品应该提供合理的服务，如安装、保修、维护、咨询等，专业的安装服务可以使产品正常工作，专业的保修和维护可以延长产品的使用年限、专业的咨询为用户个性化需求提供解决方案。诚信服务既能为用户免除后顾之忧，放心使用产品，也能为企业带来良好的声誉，留下良好的口碑。

二、市场诚信营销精神和结构

诚信营销是市场经济发展和经济全球一体化进程不断加快，市场竞争环境和消费者素质提高而出现的一种新的营销方式。[①]诚信营销的精神就是将诚信原则贯彻到营销活动的各个环节，坚持诚信理念，在整个营销过程中顾及社会、企业、消费者和企业员工的利益，遵守诚信，注重企业长远发展，将企业利益、公众利益和社会利益结合起来，促进企业的可持续发展。

企业诚信市场营销主要涉及几个方面：企业与企业内部员工的诚信、企业与消费者之间的诚信、企业与政府间的诚信、企业与销售渠道间的诚信、企业与竞争对手间的诚信。

三、市场诚信营销的必要性

（一）我国市场诚信营销的社会环境

1. 我国诚信营销的文化环境

"诚信"这一话题在中国文化中经久不衰。诚信是一种道德观念，它对人们的行为及后果产生着巨大的影响。儒家思想认为诚信是进德修业之本。它要求人们诚信于心、言行一致、表里如一、无论是治国还是经商都离不开诚信。我国有着悠久的遵守诚信的文化历史。但在中国近期，我们也面临一些诚信问题。中华人民共和国成立前，中国社会的诚信是传

① 陈向军. 民营科技企业诚信营销研究[M]. 北京：中国财政经济出版社，2007.

统的儒家思想的延展，是建立在亲缘、血缘、地缘等基础之上的。[①]中华人民共和国成立后，随着很多新的思想和观念的引入，很多传统的儒家思想和观念被打破，但新的思想和观念又未全面建立，出现了一些文化上的不清晰，尤其是在"文化大革命"期间，对传统文化的破坏导致文化的传承和意识形态的延续几乎被中断。随着改革开放的进行，对经济的看法与原有的国有体制为主时期又有了很大的差异，无论是在道德观念上还是在营销管理上，从最初的国家统一管理规划，下面只是执行和服从，变成了自负盈亏、自主经营的情况，这一紧一松、一管一放，也使诚信这一道德标准变得越发模糊了。

2. 我国诚信营销的法律环境

由于我国主要受儒家思想的影响，早期诚信一直是伦理道德范畴的一个道德规范，从道德层面来说，它的主要功能是教化，人们是通过自律的方式来进行自我约束，没有法律的保障，这种约束必然制约诚信的深度和广度。随着改革开放经济转型，与诚信相适应的法律保障滞后，缺少相应的法律硬约束。我国现行法律中，涉及诚信方面的法律法规很少，没有一部关于诚信的专门法律。而在美国，总共有 17 部有关诚信方面的法律。我国一些法律法规制定不具体、不规范、不严密、原则性条款、弹性条款多，在执法中不好量刑处罚，造成执行操作难度很大。

3. 我国诚信营销的监管环境

随着市场经济体制的发展，我国出台了一系列有关的法律法规，但由于一些法律法规制定较早，随着时间的推移，法律中所规定的处罚比例和金额相对不诚信行为所获得收益已经严重不成比例，而且由于执法能力不足，很多不诚信的违法行为不能及时处理，也造成了不诚信违法者更加肆意的嚣张气焰。有些地区受地方保护主义的影响，地方执法者在执行过程中存在"有法不依、执法不严、违法不究"的现象，更加导致了这些企业失信行为的蔓延。

4. 我国诚信营销的市场环境

市场健康稳定的发展，不仅仅要依靠政府政策的指导、法律法规的约束、企业自身的努力，还受外部环境的影响。独立的第三方信用机构的评估和监督，对于企业行为的约束起非常关键的作用。信誉体系的建立，对维护诚信企业，惩戒不诚信行为都提供了不必可少的信息。我国虽有几十家信用评估和信用担保机构，但与国外成熟市场相比，我们的机构普遍规模不大，综合实力不强，竞争力不足，管理无序，甚至有些机构不仅不能提供真实有效的信息，反而提供虚假评估，误导消费者和社会。而我国的诚信体系，目前还处于摸索和建设阶段，而且各个行业自己的信用体系基本无法互通互联，导致很多信息不能共享。

5. 我国诚信营销竞争环境的不平等

由于我国特殊的改革历史时期，我们的企业存在多种所有制的不同，而这些不同的所有制体制，也导致企业受到不同的竞争待遇。早期，外资企业在进入中国时享受很多超国

---

① 陈乃醒. 中国中小企业发展报告[M]. 北京：中国经济出版社，2009.

民待遇，无论是税收、土地使用、审批还是资源配给等很多方面。随着国家对国有企业的支持，现在很多垄断型资源都交给国有企业进行经营和管理，很多政策都将国有项目或资源优先配属给国有企业。而占中国 95%以上的民营企业和个人企业不仅很难得到国家政策的支持，而且所处的行业大多也是处于市场充分竞争的状态。可见，我国诚信营销的竞争环境不平等。

（二）社会和消费者对企业诚信营销的迫切需要

企业诚信营销对社会有着非常重要的作用和意义，诚信营销影响着整个经济社会的发展。诚信营销是我国市场经济健康运行发展的基础，它维护了市场机制和市场经济规律。诚信营销有利于社会稳定，可以减少甚至杜绝假冒伪劣产品的流通，维护经济秩序，保护广大消费者的财产和生命健康，有利于执行政府的各项规章，辅助政府维护社会的稳定。诚信营销有利于社会诚信秩序的建立和维系，使经济交往变得更加顺畅，减少交易成本，鼓励诚实守信的行为，提升社会道德规范和水准。诚信营销可提升企业的国际竞争力，由于历史的原因，国外很多企业和消费者对我国产品存在着一些不良的认识，诚信营销可以改善我国企业在国际上的形象，提高我国企业的知名度和美誉度，增加我国企业的国际竞争实力。

消费者是决定企业生存的重要因素，赢得消费者的认可和喜爱可以使一个企业迅速发展壮大起来，而失去消费者的信任，则会使一个企业迅速走向失败甚至破产。所以得到消费者的认可是一个企业必须做到的。随着消费者消费观念的转变和法律意识以及自我保护意识的增强，消费者也越来越多的要求企业讲信誉，守诚信，依法经营，按道德经营。消费者也越来越多的关注企业在经营中的诚信，很多消费者在选择产品时，首选的往往是那些诚信经营的品牌企业产品，诚信经营已经成为影响企业品牌好坏的一项非常重要的因素。表 7-2 是一组关于消费者对待不讲诚信企业的态度数据。

表 7-2　消费者对不诚信企业的态度

观点	以平常心对待	无所谓	断绝交易往来	采取报复措施	合计
人数	110	18	163	9	300
比例/%	37	6	54	3	100

数据来源：陈向军. 民营科技企业诚信营销研究[M]. 北京：中国财政经济出版社，2007.

数据说明消费者对不诚信企业的态度分为两大"阵营"，一方是抱着平常心的态度，一方是断绝往来，这说明很多消费者对不诚信的态度是非常痛恨的，而那些抱有平常心态度的消费者往往是对不诚信行为看之过多，听之过甚了，已经到了"有些习惯"的状况。这也说明，现在我们社会中一些领域或行业，不诚信现象已经很普及了。

（三）诚信营销对企业长期发展的重要意义

1. 诚信营销是社会发展的必然要求

随着社会的发展，人们道德水准的不断提高，人们普遍认识到，市场营销道德的最根本的准则应该是维护和增进全社会和人民的长远利益，而贯彻诚信营销就是核心环节。企业实施诚信营销既能满足社会和消费者的需要，同时也是企业自身生存和发展的需要。

2. 诚信营销是市场规范化的必然结果

从西方经济发展规律可以看到，随着经济的发展，市场竞争规将越来越规范化，而诚信营销是市场竞争规范化的基础。随着法律法规的健全，约束不正当竞争行为，解决信息不对称，让消费者了解更多的信息，使不诚信行为难以得逞，维护消费者利益，这些规范市场竞争的做法正是诚信营销的具体表现。

3. 诚信营销是企业核心竞争力

随着企业的不断发展，竞争将更加激烈，消费者将有更多的选择余地，随着消费者消费观念越来越成熟，他们将选择那些信誉好，诚信高的企业生产的产品。

4. 诚信营销是企业社会责任感的重要体现

随着社会的进步，人们对社会责任感的认知度越来越高，消费者对他们所选择的企业的社会责任感也越来越关注。诚信营销是企业向公众证明自己社会责任感的重要方式，企业的社会责任感越强，社会和消费者对这个企业的认知度就越高，企业的知名度和美誉度也就越高。

（四）企业诚信营销市场秩序维护的重要性

企业诚信营销有利于建立和维护良好的市场秩序。诚信是市场经济的基础，是市场经济的道德理念，是整个市场运行发展的最高原则。拥有良好诚信的是市场经济是健康的市场经济，是有序的市场经济。在这样的市场经济条件下，日益扩展的市场关系才能逐步构建起彼此相联、互为制约的信用关系链条，维系着复杂的交换关系和有序的市场秩序。市场经济越发达就越要求社会诚实守信，是现代文明的重要基础和标志。没有诚信就没有秩序，没有诚信就没有市场，没有诚信经济活动就难以健康发展。市场经济中的大部分交易都是以信用为中介的，失去了信用，交易的链条就会断裂，市场经济根本无法运转。因此，诚信是现代市场交易正常进行、社会经济正常运行的基本前提。如果作为整个社会微观经济活动主体的企业缺乏诚信，必将导致整个市场交易链条的断裂，从而带来交易成本的提高，整个市场就不会有秩序，企业竞争就会在无序中进行，社会资源的配置也无法得到优化，最终影响国民经济的健康发展。

第四节　企业诚信营销的流程设计

一、目前国内企业营销信用现状及问题

在我国目前经济环境下，企业面临很多复杂的竞争关系，在经营管理环节上经常会出现的各种各样的诚信的缺失问题。以下从几个方面对我国目前企业诚信营销的现状和问题进行陈述。

1. 产品假冒伪劣现象严重。

在目前的市场上，假冒伪劣产品是非常常见的。如许多企业抓住了人们追求名牌的心

理，仿制很多知名品牌产品。渗透到各行各业的假冒伪劣产品已经深深影响了人们的消费信心。据全国技术监督局统计，全国产品质量合格率仅为 75%，中小企业的产品质量合格率更低，不到 60%。传统行业里的企业由于缺少技术上的竞争，企业为了降低成本，往往在原材料上动手脚，小企业、小作坊盛行模仿和造假，一些大企业却擅长利用偷工减料降低成本。近年来，我国由企业失信引发的重大事件呈现多发趋势，发生数量由每年 1～2 起增加到每年 4～5 起。近期发生的典型事件就有:苏丹红食品使用案，牛奶中的添加三聚氰胺案，银行存款保险虚假宣传事件等。同时，企业失信现象的出现在企业经营的多个环节。在齐齐哈尔第二制药制假案中，药品生产的采购、进厂、生产、出厂、销售等多个环节都存在失信现象。

2. 利用价格迷雾迷惑消费者。

为了赢得市场和提高市场占有率，许多企业纷纷展开价格战争。有些产品价格居高不下，而有些产品价格却纷纷"跳水"。企业之间互相压价，让消费者目不暇接，同时也让消费者产生了困惑，不知此时去购买产品是否会上当，自己购买的是不是最低价。有些企业打着价格的幌子让消费者上当受骗。

3. 渠道冲突严重。

为了能够保证产品顺利到达消费者手中，产品往往要经过某些代理商和经销商。这些中间商在经销产品时，由于地区的经济发展状况、地理位置或销售政策的不同而获得不同的利益。这往往容易导致企业渠道经常出现串货现象，导致我国企业诚信营销现状与分析渠道成员利益受到损害。在利润的驱动下，企业常利用各种渠道达到广泛分销的目的。但若未能有效掌控分销商，企业就会面临危机。

4. 炮制虚假概念，蛊惑消费者。

在一些高科技行业，由于激烈的竞争和消费者缺乏足够的技术常识，企业往往利用制造概念来促进销售。在企业的心中，一个新的概念似乎代表了产品的独特和技术的领先，但其中很多都是错误或虚假的概念。一方面，有些技术缺乏相关技术部门的鉴定，并不能带给消费者实际的利益；另一方面，有些概念根本不成熟便急于抛向了市场，受到欺骗的只有消费者。

另外，有些广告内容与事实不符、夸大宣传等问题导致的消费者投诉现象日益增多。如保健品广告中的虚假承诺，房地产广告中的不实宣传，一些服务业广告中的夸大其辞让消费者有被欺骗的感觉。于是当广告中的宣传内容与实际出现较大偏差时，消费者就会对企业产生不信任，企业的信誉将受损。

二、诚信营销实施的基础

企业诚信营销是企业发展的基础，而企业实施诚信营销的基础又是什么呢？一个企业如果想要诚信营销，这个企业应该有以下几个方面的认识。

（一）企业认识到诚信营销是自身的社会责任

企业作为经营个体，承担着自负盈亏、自主经营、为员工谋福利，为股东创造财富等经济责任。同时，企业作为社会个体也承担着社会责任。保障消费者权益和利益，生产的产品和服务满足消费者的需要，形成以消费者需求为导向，根据市场需求不断地变化，调整自己的营销策略，以适应消费者的需要。企业为社会创造财富，为国家贡献税收，企业还应积极向公益事业进行捐赠，帮助贫困地区和不发达地区，这也是企业履行自身社会责任的一种延伸。

（二）企业认识到诚信营销是企业与消费者间建立信任的桥梁

任何企业的生存和发展都离不开消费者的支持和认可。企业只有与消费者进行有效的交流和沟通，才能了解消费者真实的需要，同时也让消费者了解这个企业，知道它所生产的产品，从而形成企业自己的品牌。在企业产品同质化越来越严重的今天，企业的品牌已经成为消费者购买产品的重要参考标准之一。诚信营销可以让消费者更加认知这个品牌，同时还能让消费者成为这一品牌的忠实消费者。企业与消费者间的交流和沟通也将水到渠成。

（三）企业间的往来也要建立在诚信营销的基础之上

没有任何一家企业是孤立存活在社会中的，它总是会有供货商或者代理商与其发生经济上的往来。例如美国零售巨头沃尔玛集团，它对于进入沃尔玛卖场的产品有着很严格的质量要求，有些产品需要每个批次都进行严格的检查，随着产品批次合格率的提高，检查次数也降低了，但产品质量却没有任何的变化，同时，沃尔玛对于供货商的货款也是按照约定准时付款，让供货商及时获得款项，能够顺利进行后续的生产经营，他们之间的合作就是很好的诚信经营典范。随着经济社会分工的细化，每个企业不可能在所有方面都做得非常优秀，那么通过合作来弥补自身的不足，就是企业发展的必须途径，而合作的基础就是诚信交往。

（四）企业与内部员工之间的诚信是企业诚信营销的基础

企业无论采取什么样的发展模式，生产什么类型的产品，或提供什么样的服务，首先接触和了解这个企业的就是他的员工。企业是否诚信，员工感受最深。一个诚信的企业，有着完善合理的制度，有着果断的执行力，他的员工能明显感受到企业的经营理念，企业诚信的文化对员工的影响也是深远的，企业的诚信精神通过对员工的影响，从而影响生产、销售、客户、渠道等。同时员工对诚信企业也会有强烈的认同感，对员工自身也会有强烈的使命感，企业的团队也将是一个团结、有责任、有使命感的团队。21世纪什么最珍贵——人才，人才是企业发展的动力和基石，而一个诚信的企业，能将更多的人才吸引到企业中来，为企业的发展提供更加源源不断的动力。

三、企业诚信营销的主体培养与客体选择

企业想以诚信营销作为企业营销的根本，诚信营销的主体培养和客体选择是至关重要

的。诚信营销的主体是指企业的员工和企业自身。企业进行诚信营销，首要解决的就是企业诚信营销主体的培养。

企业是经营、生产的主体，它肩负着赚取利润和为社会创造价值的使命。企业作为诚信营销的主体，应该将诚信营销的理念作为企业文化的一部分。企业文化是在生产经营过程中，逐步形成的一种带有本组织特点，并被大部分员工所接受的使命、愿景、宗旨、精神、价值观和经营理念，这些理念在生产经营中、管理制度制定中、员工行为准则以及企业对外形象上都有着重要的影响，企业文化更像是一个人的人生观和道德观，它对企业的影响是含蓄而深远的。企业文化是企业的灵魂，是推动企业发展的不懈动力。它包含着非常丰富的内容，其核心是企业的精神和价值观。这里的价值观不是泛指企业管理中的各种文化现象，而是企业或企业中的员工在从事商品生产与经营中所持有的价值观念。

将诚信营销作为企业文化的一部分，诚信营销将不再是一个简单的营销范畴上的概念，也不再是孤立地建立在道德范畴之上一个要求，而是作为企业文化的一部分，时刻影响着这个企业，它可以为员工树立高尚的远景，提升企业的形象，厘清企业和员工的经营理念，使企业在日常的生产、管理、发展和目标制定中都起到规范的效果。诚信营销还会伴随着企业文化被传承下去，也将使企业肩负起诚信营销这一主体的光荣责任。

在现代企业中，员工不但是第一生产力，而且是生产力的创造者和驾驭者。员工是企业理想、目标、愿景的实现者，员工的态度和工作状态直接反映到生产的产品或所提供的服务中。企业的最终价值体现在人，员工离不开企业，企业也离不开员工。员工借助企业生存和发展，企业依靠员工传递企业价值和理念。

员工是企业实现诚信营销的直接主体。企业的诚信营销理念要依靠员工的日常工作和服务提供给消费者。员工首先是人，人就会有各自的想法和主观意识，对员工进行诚信营销的培养，将企业的诚信价值观传递给员工，让员工从内心中理解和认可这些观念，才能让员工在日常的工作中时刻体现出以诚信为本的理念，也才能借助员工这一主体环节将企业的诚信传递给消费者。苏宁电器的一项对员工的诚信培训就是"至真至诚，苏宁服务"。可以看到，苏宁电器将诚信和服务作为对员工诚信培训的基础。

企业诚信营销的客体是指有诚信的消费者。消费者是企业赖以生存和发展的资源，消费者是否诚信对企业同样重要。消费者主要分为个人消费者和企业消费者，个人消费者的不诚信对企业的危害很多时候不是直接的，但个人消费者的不诚信也会造成企业交易成本变高，企业为了防止消费者不诚信而设置各种门槛和条件，既增加了企业成本，也使消费者消费越来越困难。如银行系统发放信用卡，为了防止不诚信的消费者进行恶意透支，对消费者进行大量的考核和评估。如有些企业承诺消费者不满意产品可以无条件退货，如有不诚信消费者在使用产品过半后，依然要求全款退货，这些行为都造成了企业成本上升，企业为了防止类似不诚信行为的发生，又制定苛刻的审核条款或退货条款，从而影响那些诚信消费者的利益。作为一些企业消费者，他们的不诚信行为会在企业付款、滥用服务等方面对生产企业造成额外的损失。所以，对于企业的客体——消费者也应进行诚信的选择，这样既能得到优质的用户，获得用户的认可，还能避免企业不应有的损失。

四、企业诚信营销的载体打造与通道选择

产品和服务是企业生产出来的，主要为满足消费者的需要，它们是连接消费者与企业之间的纽带，更是企业诚信营销的载体。企业产品和服务是否诚信，直接决定着消费者对这个企业形象的认识，影响该企业在消费者心目中的地位和企业品牌的知名度和美誉度。刚刚推出的新产品，在消费者对其并不了解的情况下，如果是知名品牌的产品和服务往往给消费者的印象就是安全、踏实、放心，很多消费者就愿意尝试和接受。所以，应该努力打造企业的产品和服务，因为它们是企业诚信营销的载体。

产品和服务作为企业的生存的基础，承载着企业的诚信，并传递到用户手中，那么，如何打造诚信的产品和服务呢？首先，作为产品，选择原材料上应该从材料品质、数量、规格、质地等把住进货关。作为服务，也应该以客户实际需要为出发点，认知了解分析用户需求。其次，作为产品，在生产环节中，应制定明确的产品标准，设计合理的生产工艺，制定严格的生产规范，保证生产环节的安全可靠。作为服务，应该以用户需求为目标，围绕服务内容制订服务计划，根据客户习惯，研究服务细节，以人为本，服务至上。最后，作为产品，应该制定合理的售后服务规范，使消费者踏实放心地使用产品，为用户提供完善的售后服务。作为服务，应该为用户提供后续服务建议，追踪服务效果，改进工作不足。这样才能让消费者在购买产品或服务后，对企业所提供的产品和服务有着充分的信任，也是企业诚信营销的完整体现。

"得渠道者得天下。"这句话未必全对，但确实有很大的代表性。企业诚信营销需要有一个同样诚信的通道，将自己的产品和服务传递到用户手中。而构建诚信的营销渠道，就是最好的打造产品通道的手段。一个企业如果没有完善而强大的渠道，再好的产品也很难顺畅地交到消费者手中。很多企业的营销部专门会有负责渠道建设的专员，大部分生产企业所销售的产品都是经过层层的渠道销售到用户手中的。也正是由于渠道的重要性，如何建设和渠道、把握好渠道、发展好渠道就成为重要的课题。某 IT 企业在渠道建设中，为了短期销售目标，给渠道增加大量销售额，让渠道垫款买货，并朝令夕改渠道政策，使大量产品压在渠道中，并让产品价格异常混乱，使渠道和渠道间、地区和地区间货物乱串，价格也是三日一变，导致渠道商血本无归，消费者也被各种不同价格的产品搞得晕头转向，从而造成消费者对生产企业产生了怀疑，渠道商对企业不再信任，这个企业的产品再好，也只能是无人问津了。

建立公平渠道，也是企业诚信营销的一个重要方面。在建立诚信渠道上，首先要有明确的渠道方向，只有明确的渠道方向，渠道商才能有的放矢、有用武之地。其次，要有诚信的渠道政策，诚信的渠道政策可以减少渠道商的担心，鼓励那些合规守信的渠道商，惩罚那些弄虚作假的渠道商。诚信的营销通道为企业健康、快速的发展提供顺畅的销售平台。也是传递企业诚信精神的重要途径。

五、企业诚信营销的公允价值与信息披露

产品公允价值是消费者充分了解一个产品功能和特征后，与卖方达成的一个价格。而

产品价格则是企业根据生产成本、供需状况等因素制定的价格。若产品公允价值与产品价格往往相差不多的情况下，说明企业诚信营销。但在很多非诚信营销状况下，两者出现了巨大的偏差。因为产品的价格高低既决定着消费者对它的接受程度，也就是它的销量，决定着这家生产企业的利润。大部分企业都希望自己的产品价格越高越好，并且销量越大越好，但产品价格和销量往往是成反比的。很多企业为了获得更高的利润，将自己的产品定价虚高，骗取消费者，获得额外利润。还有些企业将自己的产品定价较低，引诱消费者消费，在消费者购买该产品并使用后，企业对消费者加价出售零配件或后续服务，以达到获取高额利润的目的。更有些企业利用其自身的垄断地位，虚假宣传自身的生产成本高，从而制定过高的价格，强制消费者购买。

以上几种营销方式，消费者都会在很短的时间内发现这些企业的营销伎俩和手段，就很难再采购他们的产品，放弃对这些企业的支持。产品的价格制定，应该是以产品生产成本、合理利润、服务成本等几项组成，制定出的价格应该与公允价值相当，对于消费者应该让他们知道产品价格的制定是合理的，并引导消费者理性消费，这既是一个企业长远发展的要求，也是企业所应有的社会责任感。

任何一家诚信营销的企业，在做信息披露和宣传中，都会遵循诚信的理念。因为它们知道，诚信地披露产品、服务和企业自身的信息，有助于消费者对企业的了解，哪怕这个信息是负面的，企业也会完全披露并告诉消费者企业所采取的改进方法。这才是一个诚信、负责任的企业所应该做的。但也有人讲："商业利润很多都是依赖于信息的不对称，为了获得更多的利润，就要制造更多的信息不对称。"企业作为产品的设计和制造者，拥有专业的知识，复杂的生产设备，广泛的渠道和众多的宣传媒介以及雄厚的资金。对产品的了解程度远远多于消费者，如果它们利用媒体进行虚假、夸大式的宣传，受害的则是那些消费者。消费者不是专家，对产品的很多属性了解甚少，很大程度上都是看谁的广告投入多，广告吸引人，价格更低廉，从而选择哪家的产品。

作为诚信营销的企业，应该进行"透明化"宣传，也就是将产品所有重要属性和企业的情况如实地告知消费者，既让消费者充分了解产品，从而能正确选择好的企业优异的产品，也能为这些诚信企业与消费者建立沟通的渠道，从而形成企业的品牌，为企业培养更多的忠实消费者。同时，由于消费者有了辨别真伪、优劣产品的能力，也可以减少那些虚假、夸张的广告，净化社会的风气，树立正确积极的社会道德观。

企业的诚信营销结构如图 7-2 所示。

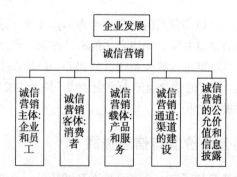

图 7-2　企业诚信营销结构图

关键术语

市场营销　　营销诚信　　诚信营销　　流程设计

复习思考题

1. 营销的基础是什么？
2. 企业道德的内涵是什么？
3. 诚信营销精神是什么？主要包括哪些方面？
4. 市场诚信营销的必要性和根本是什么？
5. 国内企业目前存在哪些销售信用问题？

案例分析　　　　　　　　　即测即练

自学自测　　　　　　　　　扫描此码

第八章 企业信息科技伦理道德

经典名言

如果你们想使你们一生的工作有益于人类，那么你们只懂得应用科学本身是不够的。在你们埋头于图表和方程式时，千万不要忘记这一点。关心怎样组织人的劳动和产品分配这样一些尚未解决的重大问题，用以保证我们科学思想的成果会造福于人类，而不能成为祸害人类的武器。

——阿尔伯特·爱因斯坦

学习目标

1. 理解企业信息伦理道德的内涵、面临的挑战与信息时代伦理失范的种种表现。
2. 掌握构建信息伦理道德体系应该注意的若干问题。
3. 明确关于企业科技伦理的三种不同观点及其区别。
4. 正确认识企业知识产权制度伦理的研究现状与表现状态。
5. 了解网络社会的若干伦理问题。

导读

机器人伦理研究论纲

随着计算机、人工智能与机器人学等科学技术的快速发展，机器人越来越多地进入公众的视野当中。机器人不仅在工业、农业、军事、医疗等领域得到广泛应用，而且在家庭服务、社会娱乐等领域也得到了人们越来越多的关注。近10余年来，机器人引发的伦理问题受到来自计算机、人工智能、机器人学与哲学等领域的许多学者的高度关注。本文试图就机器人伦理研究的时代背景与研究意义、学科定位与学科特点、基本原则与主要内容等纲领性问题作出初步探讨，权作引玉之砖。

从世界的角度看，美国、日本、欧盟等竞相加大对机器人产业的投资力度，强调多方合作，共同推进机器人技术与产业快速发展。例如，美国专门制订了国家机器人发展计划（National Robotics Initiative），目的就是促进美国机器人研究与应用，国家科学基金会、国家航空航天局、国家卫生研究院以及农业部等联邦政府部门共同资助机器人发展计划。2004年，欧洲机器人研究网络（European Robotics Research Network）出台了欧洲机器人研究路线图，描述了欧洲机器人技术发展的重点领域，并强调要在机器人技术的市场竞争中取得领导地位。众所周知，日本、韩国也大力发展机器人技术与产业，日本还被誉为是"机器人大国"。我国政府同样高度重视机器人技术的研发。2012年3—4月，科技部专门制定了《智能制造科技发展"十二五"专项规划》和《服务机器人科技发展"十二五"专项规划》，提出"十二五"期间将重点培育发展工业和服务机器人新兴产业。2014年6月9日，习近平总书记在两院院士大会上的讲话中指出，"机器人革命"有望成为"第三次工业革命"的一个切入点和重要增长点，将影响全球制造业格局，而且我国将成为全球最大的机器人市场。2015年11月，世界机器人大会在北京召开，习近平总书记致信祝贺，李克强总理作出批示，充分显示了国家领导人对机器人技术与产业的高度重视。

（一）安全性原则

毋庸置疑，有很多学者对机器人技术的安全性深表忧虑。比如，霍金警告我们，人类创造智能机器的努力将威胁人类自身的存在。近来，由"阿尔法围棋"引发的关于人工智能安全性问题的讨论，充分说明了机器人安全问题的重要性与紧迫性。

（二）主体性原则

在机器人伦理研究中，强调人的主体性地位，就是在人与机器人的关系当中强调人的主导地位，强调人的能动性、个体差异性与选择性。从人类整体来说，主体性原则要求人类能够很好地控制机器人，这也是实现安全性原则的前提。我们应该注意到，与科学家们不遗余力地发展人工智能相比，它们对如何有效地控制人工智能则思考得太少了。从人类个体来说，主体性原则要求机器人伦理研究充分考虑文化的多元性与人的个体差异，使机器人技术能够增进个人幸福，并采取措施防止人类对机器人的过度依赖。因此，机器人伦理研究并不是抽象的，而是具体的，需要在特定的社会情境中展开。

（三）建设性原则

机器人伦理问题涉及与机器人技术和产业相关联的所有人，包括科学家、政府官员（政策制定者）、生产商与使用者，同时机器人应用的范围非常广泛，不同类型的机器人导致的伦理问题有很大差异，所以机器人伦理研究是非常具体的。鉴于此，机器人伦理研究除了宏观的理论思辨之外，更重要的是进行有针对性的具体情景与案例研究，得出的策略与结论需要有很强的现实性，对机器人的设计、使用应该有建设性的启发和指导意义。因此，机器人伦理研究不仅仅是抽象的理论研究，还需要做大量的调查研究，以掌握公众的态度与期望。从方法论的角度看，为了使机器人伦理研究更有指导意义，我们可以把技术评估与针对用户的愿景评估（Vision Assessment）结合起来，使机器人技术更好地为社会服务。

资料来源：杜严勇. 机器人伦理研究论纲[J]. 科学技术哲学研究，2018(4).

随着现代科技和网络的飞速发展，人类信息交流方式全球化，人们足不出户便能知晓天下事，欣赏到多姿多彩的节目，人们的精神生活极大的丰富。但是，人们必须在社会中才能独立生存，人们在维持自己的生存和发展需要时，必须注重社会共同体的存在和发展的需要，这就决定了伦理道德的需要是人最本质的需要之一。有人认为，随着网络信息技术的发展，出现了所谓"电脑空间文化"，这时任何伦理道德规范已不再起作用。但是，在"电脑空间"中每个人的自由仍然要受到伦理道德的制约，伦理道德仍然是人们共同生活的行为准则和规范。总之，网络信息科技的发展犹如一把双刃剑，在给人类带来许多好处的同时，也将带来一些负面影响，给社会提出了一系列的伦理道德问题。

第一节　企业信息伦理道德

一、信息伦理道德的内涵

信息伦理道德是指"整个信息活动中的调节信息创造者、信息服务者、信息使用者之间相互关系的行为规范的总和"。就信息创造者来说，创造信息要以社会利益第一，为人类作贡献为原则。尊重客观事实，反映客观规律，信息内容健康，有一定价值，使信息能服务于人民，服务于社会，推动国家经济建设的发展。就信息服务者来说，信息服务者的最终目的是要满足用户的信息需求，他们应对信息有较强的分辨能力，有抵制信息污染的能力，对所提供的信息要保证其准确无误，在工作中注意信息资源的开发、利用，为用户提供二次、三次信息。就信息使用者来说，信息使用者的活动目的是通过信息的传递、利用发挥信息资源的效益，来实现自我价值。在信息活动中，要加强信息法律、信息工作原则、信息政策等方面的学习，给自己增强约束力，抵制信息污染，杜绝信息传递的不正当渠道，使信息活动合法化、规范化。

二、信息伦理道德面临的挑战

美国学者西奥多·罗斯扎克在其名著《信息崇拜》中首次全面深入地揭示了信息崇拜、技术至上及其后果。他并不是站在僵化的技术恐惧论的立场，而是坚持人道主义，在充分肯定计算机技术的意义的基础上，提醒人们警惕"信息崇拜"的危险。他指出："信息被认为与传说中用来纺织皇帝轻薄飘逸的长袍的绸缎具有同样的性质：看不见、摸不着，却倍受推崇。""计算机如同过于缺乏主见的皇帝一样，已被披上了各种华而不实的外衣。""如同所有的崇拜，信息崇拜也有意借助愚忠和盲从。尽管人们并不了解信息对于他们有什么意义以及为什么需要这么多信息，却已经开始相信我们生活在信息时代，在这个时代中我们周围的每一台计算机都成为信仰时代的标志了。"

因此，每当谈到电子商务、网络安全、黑客行为时，人们关注的往往是如何加强网络技术的改进，而忽视了我们的生存方式、价值观、行为规范等对网络的影响。这种技术至上论常常挫伤了人们发展网络和电子商务的信心，尤其在 2000 年"黑色二月"的技术与黑客的较量中，号称坚不可摧的技术频频告急，世界各国的顶尖网站屡失城门。这种观念也强化了伦理道德与技术的时滞效应，正如美国学者理查德·A. 斯皮内洛指出的："技术常常比伦理学理论发展得快，而这方面的滞后效应往往会给我们带来相当大的危害。"

三、信息时代引发的伦理道德失范

随着网络时代的来临，信息技术的广泛应用对人类社会的发展起到了巨大的推动作用，然而信息技术的飞速发展与伦理滞后的矛盾却日益凸显，成为人们不可忽视的问题。信息技术带来的伦理问题和"信息"有着千丝万缕的关系，可以说正是这无处不在的信息才引发了诸多的伦理问题。1986年，美国管理信息科学专家 R. O. 梅森提出信息时代有四个主要的伦理议题：信息隐私权（privacy）、信息准确性（accuracy）、信息产权（property）及信息资源存取权（accessibility）。这4个伦理议题通常被称为"PAPA"。信息隐私权是指个人拥有隐私之权利及防止侵犯别人的隐私；信息准确性是指人们享有拥有准确信息的权利及确保信息提供者有义务提供准确的信息；信息产权是指信息生产者享有对自己所生产和开发的信息产品的产权；信息资源存取权是指人们享有获取所应该获取的信息的权利，包括对信息技术、信息设备及信息本身的获取。然而现实证明，这些"信息伦理"并没有得到人们的认识和重视。当前在现实生活中，最为凸显、最为普遍的伦理问题表现如下。

（一）信息产权的侵犯

在网络信息时代，新技术的发展使知识产权的保护界线方面越来越模糊，也使事实上的侵权行为越来越常见。在软件保护方面，对软件产品程序的"外观和感知"进行模仿是否构成侵权，这在美国曾引发争议，如1988年苹果公司起诉微软公司一案。在数据库的知识产权保护方面，界线也十分模糊。由于数据库中知识的采集和整合变得十分容易，哪些是合理使用、哪些是侵权行为、哪些是受知识产权保护的权利、哪些是不受保护的范畴，它们之间的界线并不明显。

（二）个人隐私的失控

隐私权是公民个人生活不受他人非法干涉或擅自公开的权利，是控制有关自己信息的权利。隐私权和个人自由紧密相连，它意味着尊重个人的自主、自由，意味着对他人正当行为的尊重。信息技术的发展使个人隐私被采集和公开的可能性大大增加了，从而使个人的自由和尊严受到了潜在的威胁。如信用卡的使用使得公民个人信息比较容易被采集到，存储到一些大型数据库中，使不法分子有机可乘，将其出售给供应商供其邮寄他们的宣传材料所用。有时这类信息可以和其他类型的信息结合起来，让供应商得到消费者的组合形象，这样往往导致个人信息的失控。此外，在工作场所普遍采用的电子监控程序，记录工人的生产率和工作习惯，体现出对工人的不尊重和可能造成其某些隐私被监视和泄露。诸如此类因为技术的进步带来的信息隐私伦理问题数不胜数。

（三）信息安全的破坏

随着信息技术的不断提高，使得信息安全也同时受到很大的威胁。信息安全的威胁大多来自某些恶意的破坏或故意犯罪，如未经授权闯入计算机网络、银行和信用卡诈骗、用病毒对计算机和重要信息进行破坏等。据统计在美国计算机及网络犯罪造成的损失，每年超过100亿美元。在硅谷计算机犯罪正以每年400%的速度上升，能破案的只有10%。"黑客"已成为"网络时代"的一大社会隐患和顽疾。

（四）信息垃圾的传播

信息技术的发展使信息系统的共享性和开放性日益增强，借助于这一开放性的平台，出于各种目的的恶劣信息的输入会经常干扰洁净的生活，各种无用的甚至是有害的信息垃圾肆意传播，如宣扬色情暴力、种族歧视、人身攻击等的信息常见于网络，充斥人们的眼球。这对于人们尤其是未成年人的生理和心理带来巨大的危害，导致未成年人犯罪日趋低龄化，这已成为信息时代的全球难题。

信息技术引发伦理失范通常有两种情形。一种是常态下的伦理失范，它的表现范围窄，违反者少；另一种往往是在社会变革时期出现，它的表现面广，违反者众多。目前，由信息技术引发的人类社会的伦理失范多数即是属于后者。科学技术推动人类由工业时代跨入信息时代的社会变革，比以往的任何变革都更为惊人、巨大和迅速，不可避免地导致伦理规范的滞后。信息技术带来的诸多伦理问题表明，依靠传统伦理已无法完善地解决这些问题，传统伦理从来没有面对过的问题在信息技术发展下不断地涌现出来。由于在信息时代处理新的伦理问题缺乏应有的传统上的价值参照体系，必然导致人们心中的道德模糊感，这是社会迈入信息时代初期的必然现象。传统社会具有某种封闭性，人们长期生活在一起，彼此相互熟悉，与外界较少信息往来，因此，在人们密切的交往中，伦理规范不仅比较容易建立起来，而且容易形成其特有的自我约束和舆论控制的功能。而信息技术的发展缩小了人与人之间的距离，不管在地球的哪个角落人们都可以通过现代通讯和网络加以联系，但却造成这样一个事实：人们可能相互认识，却变得日益陌生；人们联系得越紧密，心灵却日益疏远；人们想通过网络更多的接触，但人与人之间的关系却逐渐退化为网络上的符号之间的联系——人逐渐被机器变得"非人化"，感情逐渐淡漠。家庭不再依靠家庭成员发挥的功能来维持，而是靠脆弱的心理纽带来维系，而这种纽带又往往十分容易断裂。人在这种情况下难以体会自己和他人的情感，难以形成自觉自愿的道德感受和行动。

四、信息伦理道德体系的构建

信息技术引发的上述伦理难题，亟待我们以一种新的视角构建信息技术伦理道德体系与之相适应。这种新的道德体系向传统伦理提出了挑战，从发展趋势看，信息社会应具有以下特征。

（1）多元性。由于信息技术的多元性使得人们的道德选择和道德判断也具有多种可能性和标准。

（2）开放性。由于信息技术具有开放性，这种道德体系也具有开放性的特征，道德规范不再是一个封闭的体系，而是与整个社会联系在一起，从而指导和规范人的行为。

（3）自律性。由于信息社会的虚拟性，特别是网络社会的"无政府"特征、政策法规的滞后和道德规范的脆弱，人们的自律性也成为这套道德体系的必备特征。

鉴于以上的特征，对信息技术伦理的构建必须从以下方面进行。

（一）加强法律层面的协调

法律可以建立一种公平的基点，避免双方互不相让的论争，使信息技术伦理能达到最大限度的公平。目前最多的讨论是在信息技术下的知识产权问题，如版权、著作权、专利权等，这也是信息技术下首先遭遇的主要问题。其次讨论较多的是关于保护信息安全的立法问题，如防止各种计算机犯罪等问题。国外如美国已通过一些判例和立法在信息伦理立法方面走到了前面。在我国关于信息技术伦理的法律规制正在完善之中。除原有的一些立法（如《著作权法》《专利法》《反不正当竞争法》《计算机软件保护条例》《民法典》以及《刑法》等）之外，有的学者还针对一些立法空白和立法凌乱之处提出要构建信息立法体系，要建立信息技术法律制度、信息产业法律制度、信息资源法律制度、信息产权法律制度、信息流通法律制度等信息法律制度。这表明通过信息立法对信息伦理的法律规制已成为人们日益重视的焦点，可以预见随着信息伦理的法律规制的建立，人们的信息技术伦理意识必将提高，社会的信息技术伦理水准也会提高。

（二）加强道德层面的约束

道德是调节人们之间利益关系的准则，是一种软约束、一种内化的规则，在法律明显表现出其滞后性的今天，强调信息技术道德建设显得尤为重要。随着信息技术的发展，道德舆论的承受对象变得更为模糊，对于道德个体自律的强调也显得更为重要了。人们只有在整合传统伦理道德和现实的要求中才能更好地利用信息技术，自觉地把现实中人与人交往的道德要求"移植"到信息技术中去，尊重别人的技术成果、尊重别人的隐私，就像中国传统伦理道德要求的："慎独"。应该说，在信息技术的今天，我们面临着严峻的道德考验，作为21世纪的新人，肩负祖国重任的新一代，我们必须自觉加强自身的道德"修养"，以适应未来的要求。

（三）加强信息伦理学的理论建设

因为有了信息技术，我们每天都在利用信息、传播信息甚至开发信息、管理信息，在某种意义上，我们被称为"信息人"。信息伦理难题产生于信息人的行为，因此加强信息人的伦理素养迫在眉睫，必须从伦理学的角度对信息领域人的行为进行首先认定，对信息人和道德人如何契合，对信息开发、信息传播、信息管理和信息利用等方面的伦理要求、伦理准则、伦理规约，以及在此基础上形成的新型的伦理关系等问题进行深入研究，并为信息人正确利用信息技术提供更全面的指导。信息技术的使用给信息社会带来了许多根本的伦理问题，这些伦理问题的复杂性和全球性正在迅速发展，但不能因为信息技术在实践中引发的诸多问题就"因噎废食"，相信在不断的理论探索、实践完善中，我们将会更加自如地利用信息技术。

第二节　企业科技伦理道德

一、科技伦理理论

近年来，科学技术是否需要伦理规范以及需要怎样的伦理规范，一直是学界争论的一大焦点。归结起来，主要有以下三种不同观点：科技伦理分界论、科技伦理论和科技伦理无涉论。

（一）科技伦理分界论

持"科技伦理分界论"观点的学者主张，将科学与技术划界，是技术而不是科学才应受到伦理的规范（以下简称"科技伦理分界论"）。理由是：科学属于认识活动，技术属于改造活动。认识活动以真理为标准，改造活动以价值为标准。因此，只有技术才应该关注社会伦理问题。具有代表性的观点有以下几种。

金吾伦认为，科学与技术分别是两种范式，两种场域；前者属于理论理性，后者属于价值理性。科学向技术的转化过程至少包括三个方面：A. 从因果性认识到技术目的性转化；B. 从真理性标准向技术功利性标准转化；C. 从一元性原则向技术多样性转化。可见，从科学到技术并非是一个线性增长过程，而是存在一个巨大的认识论和价值论的跃迁。科学需要探索，自由讨论，不受伦理禁忌的束缚。否则便要枯萎，只有技术才应关注伦理问题。

李德顺认为，科学本身只遵循真理性认识发生与发展的规律。科学的本质特征在于求真，即实事求是地把握对象，揭示事物自身的本质和规律。其判断标准在于如实地反映、描述和说明世界，而人们对于科学结论的价值期待和价值选择，并不能成为科学本身的标准。这是科学和它的价值化、应用化形态——技术相区别的主要之点。

王彦军认为，科学在理论层面或者在认识论层面是价值无涉的，一般价值特别是伦理价值不能作为科学进步的标准。因为科学进步的合理性本来就是认识论问题，如果超出了认识论，也就超出了该问题本身。

受传统哲学教科书的影响，把实践理解为改造客观世界的物质活动，从而将科学性质的认识活动排除于实践的有机图景之外，这是"科技伦理分界论"的认识论根源。其思维逻辑是这样的：实践是改造世界的客观物质活动，是真与善的统一；科学属于认识活动，技术属于改造活动；所以，科学不是实践，技术才属于实践，才是真与善的统一；因此，是技术而不是科学才应该受到伦理的规范。

实践是主体客体化与客体主体化的统一，也就是改造活动与认识活动的统一。"科技伦理分界论"从本体论的思维范式出发，为了强调主体更好地匹配于自然，夸大了实践的客观性、现实性和感性，即技术的"改造"性质的一面，却忽视了实践的主观性、批判性和超越性，即科学的"认识"性质的一面，对人类活动"只是从客体或者直观的形式去理解，而不是把它当成人的感性活动，当作实践去理解，不是从主体方面去理解"，即将实践看成是不包括科学认识活动在内并与科学认识活动相并列的单向的技术改造活动，这种对实践的经验主义误解势必把实践降低到经验或技术层面，降低为"利己主义的吃喝自然"或"卑污的犹太人活动"，使实践丧失"视野"和"立场"的本体论意义，使科学降格为"解释世界"的具体科学。这种知识论取向的科技伦理学是不可能在多大程度上指导人们"改变世界"的。"在现代实践活动中科学实践与生产实践和处理社会关系的实践紧密相连，其中生产实践仍然是社会存在和发展的基础，但生产实践在更大程度上仍依赖于科学实践活动。那种把精神生产等专业活动排除于实践之外，把从事这些活动的脑力工作者斥责为'脱离实践'的观点，不但在理论上，而且在实际生活中都是有害的。"

胡显章在《科学技术概论》中讲："在当代大科学中，科学借助技术而超越纯粹的知识形态，物化为强大的现实生产力，技术借助科学冲破实用的界限而登上意识形态的殿堂。科学技术的一体化和产业化促使原本独立操作它们的主体日益结成庞大的共同体。"可见，试图将科学与技术分开来看的观点在理论上是形而上学的，在实践上也是不可能的。诚如恩格斯指出的那样："社会一旦有技术上的需要，则这种需要就会比十所大学更能把科学推向前进。整个流体静力学（托里拆利等）是由于十六和十七世纪调节意大利山洪的需要而产生的。"科学的发生和发展一开始就是由生产决定的。因为，经济上的需要曾经是而且愈来愈是对自然界的认识的主要动力。

（二）科技伦理论

与"科技伦理分界论"相反，持"科技伦理论"观点的学者从科学－技术－社会一体化的维度出发，认为科学技术都应该关注伦理问题。以下是该学派具有代表性的声音：雷根博士认为，"现代的科学技术、生产、社会已经完全一体化，作为一种社会建制，科学技术业已成为包括大量人员，昂贵设备，巨额资金，复杂组织在内的大科学、大技术，科技活动已经由个人转化为集体性的社会事业，因此，科学也要关注伦理问题。"刘大椿教授对此也有同样的看法："科学的职业伦理规范是从分工和职责行使的角度引出的，科学的社会规范是从科学技术的运用和物化后果角度引出的，前者对认知目标负责，后者对社会、雇主和公众负责。科学的社会规范与科学的职业伦理规范是正相关的。而科学活动的基本原则是客观公正性和公众利益优先性。科技与科技运用的后果并非绝对分裂，科技本身是负载价值的。"

齐振海先生认为："在科学活动中科学家有双重身份：一方面他是科学探索者，必须有科学精神，以追求真理和科学为目标，坚持科学的客观性；另一方面他又是社会中的个体，对社会负有责任，他要用他的科学活动服务于社会。这种双重身份使得科学活动不可能是纯粹的探索真理的活动，同时必须是价值活动——为实现一定目标而从事的活动。科学家不能保持价值中立，他要对自己的行为负责，要接受社会对他工作的评价，并且把自己的活动放到社会价值活动之中。"

"科技伦理论"混淆了科技工作者个体主体与社会主体甚至类主体之间的区别。实践的主体由简单到复杂依次可分为个体主体、集团主体、社会主体和类主体四类。雷根博士所谓的"大科学""大技术"活动的主体只能是社会主体甚至类主体，而科学技术的活动主体只是科技工作者个体主体或科学共同体而已。于是，概念的偷换发生了：结论中的科技个体主体或科技共同体就等于前提中的社会主体甚至类主体了。

"科技伦理论"混淆了科技工作者个体主体与社会实践主体之间的伦理责任界限。社会分工的广泛存在决定了不同类型的实践主体所承担的实践角色及义务是不尽相同的。交往与社会分工的互动整合，改变了劳动者以往"大而全"的实践角色与实践职能。马克思说过："随着社会分工的进一步扩大，生产劳动和它的承担者即生产工人的概念也必然扩大；为了从事生产劳动，现在不一定要亲自动手，只要成为总体工人的一个器官，完成他们所需的某种职能就足够了。"以此观照，在今天这个有着广泛社会分工的时代里，科技工作者作为"总体工人"（社会主体或类主体）的一个"器官"（个体主体或科技共同体），只要忠于职守，扮演好自身求真的角色，发展陈述性知识、程序性知识、解释性知识也就"足够"了。如此，科技工作者求"真"，其他个体主体求"善"，通过"主体际"关系，共同完成"真"与"善"相统一的社会实践活动。

必须指出，随着生产力的进一步发展，社会分工还将越来越广，越来越细。例如，最新型的欧洲产品"R·1800"载重汽车的发动机由瑞典提供，控制设备由德国生产，美国供应底盘和弹簧，意大利生产车身，而装备则在美国进行；美国波音公司747客机，其机身、机翼、升降机、机门等重要部件分别由意大利、瑞士等 6 个国家的企业制造，涉及上述国家的 1.1 万家大企业和 1.5 万家中小企业。没有任何一家单位有能力单独完成整个产品的一条龙生产。因此，进一步扩大的社会分工要求每一个体主体尽职尽责完成自己的本职工作，不应该也不能够好高骛远、盲目追求"大而全"，否则只能弄巧成拙，事与愿违。科技工作者作为个体主体，在分工的社会中肩负着求真的使命，承载着理性的抽象、逻辑的推理、数学的表达、系统的结构、理想的假设，需要花费巨大的脑力和时间用指定的器械按指定的方法对指定的材料加以检验，需要付出常人难以想象的复杂劳动。根据联合国教科文组织的最新统计，自 20 世纪 60 年代以来，科学知识每年以 10% 的速度增长，德国科学家哈根·拜因豪指出，今天一个科学家即使不吃饭、不睡觉、不休息，一天工作 24 小时，也只能阅读自己专业知识的很小一部分，大约为 5%。其工作之艰辛、个中之劳累，溢于言表。因此，强行要求科技工作者"又红又专"，既要完成本职工作，又要肩负社会道德伦理责任，这对于科技工作者个体的有限生命而言，既没有时间和精力上的可能，也没有实践履行的必要。

"科技伦理论"忽视了交往实践观及主体际关系在社会实践中的重大作用。科技价值论将异质性的个体主体的集合即"总体工人"等同于科学研究的单一主体——科技工作者，这就必然排斥或否认主体际关系。"哲学思维有着它自己的方式，其发展有着自身内在的理路，是不可简单地直接还原为某种特定的实践（认识活动——引者注）的。那样的话，将会是一种思维的'短路'"。离开了主体际关系的协调或调节，离开了"许多个人的合作"，科技工作者个体主体是不可能也无能力做到"真与善的统一"的。正如恩格斯指出的那样："一个人的发展取决于直接或间接进行交往的其他一切人的发展。"因为，只有在普遍的交往中，"单个人才能摆脱种种民族局限和地域局限而同整个世界的生产（也同精神的生产）发生实际联系"。"追求人类的终极价值，造福全人类"，这种宏伟的"远大抱负"只能由"总体工人"或"类主体"来完成，它绝非作为"器官"的科技工作者力所能及的，否则，便会陷入"科技决定论"或"科技万能论"的窠臼，从而抹杀伦理学的阶级性质。

（三）科技伦理无涉论

持"科技伦理无涉论"观点的学者认为，科学技术是一把双刃剑，是纯粹中性的东西，它反映的是人对自然的认识关系；而环境污染等全球性问题是由社会因素特别是经济因素所决定的，他反映的是人与人的社会关系，与科技因素无关。因此，科学技术都不需要关注伦理问题。其代表性观点有："以往人们总爱谈论科学技术善的方面，最近又有人开始谈论科学技术恶的方面。殊不知科学技术仅仅是手段，无所谓善，也无所谓恶，它的善恶来自使用者的目的，是人们的价值观点把它引向善或恶。科学技术带来的种种社会问题必须到科学技术的背后去找原因，这就是社会的价值观点。"

"科学家的研究目的是追求现实世界中存在着的客观真理，判断科学知识及理论的标准是真与假，而不是道德意义上的好与坏；工程技术人员的工程营建所依据的也是自然界本身的客观法则，判断技术发明与应用的标准是先进或落后，而不是道德意义上的善与恶。因此，科技领域本身是价值中立的，并非伦理道德的研究对象。"

"诚然，科学成果的技术应用有善恶之分，也就是说，它有被人恶用的可能性，但是，这不能归咎于自然技术（natural technology）更不能怪罪于自然科学，这只是由于社会技术（social technology）或社会工程（social engineering）不完善所致，未能有效地约束恶用自然技术的人。"

与"科技伦理分界论"的错误相类似，把科学和技术当作与实践无关的纯粹的认识活动，这是"科技伦理无涉论"的认识论根源。其逻辑推理过程是这样的：实践是改造客观世界的活动，是真与善的统一；科学技术属于认识活动，与改造活动无关；因此，科学技术与价值无涉，都不需要关注伦理问题。

"科技伦理无涉论""抽象地"发展了"能动的方面"，即把科技性质的认识活动看成脱离实践的绝对的理性（认识活动）自由，将科技看作一个不需要实践检验和证明的阿基米德点。这种对科技的超验主义误解势必把科技认识活动等同于无所不能的"绝对精神"，等同于超验玄思以及脱离现实的恣意妄为。"实践是认识活动与改造活动通过调节社会关系的活动（'主－主'结构）相互渗透、互相耦合而成的同一或整体。"其中，改造活动确证人的自然性，认识活动确证人的精神性，调节社会关系的活动确证人的社会性，而作为三类活动相统一的实践则是在扬弃前三者的基础上生发出来的人的最高活动层面，它克服了自然性与精神性的二元对立，在自然性中确证人的精神性，在精神性中确证人的自然性，在自然性与精神性的内在统一中确证人的人性。因此，只有把科技性质的认识活动融化于实践的有机图景中，才能理解列宁关于实践中"观念的东西转化为实在的东西"、"实在的东西转化为观念的东西"这个思想是很深刻的论断，才能理解毛泽东关于"物质能够变成精神，精神也能够变成物质"这个著名的哲学命题。如果形而上学地将科技认识活动排除于实践之外，我们就不能完整领会经验与超验、自然性与超自然性的辩证关系，就会使科技主体的人生成为由某种"虚假的崇高"所统治的抽象人生。

"科技伦理无涉论"同样忽视了交往实践观及主体际关系在社会实践中的重大作用。"科技伦理无涉论"割裂了认识活动与实践的有机联系，实质是割裂了"人—自然"（科学技术）与"人－社会"（主体际关系）的关系。实践从总体来说是一个多极主体通过多种活动形式实现的关系系统。其中包括主客关系即人与自然的关系，同时也包括主体际关系，即人与社会的关系。人与自然的关系制约着人与人的社会关系，人与人的社会关系又制约着人与自然的关系。科学技术作为人类认识自然的活动，不能离开协调主体际关系的活动而独自存在和发展。正如日本科学家汤川秀树所说："从对原子的发现到原子能的应用成为实际可能性的那一刻开始，一个人就再也无法把他作为一个科学家的生活方式跟他在其他活动领域中的生活方式和思维方式分割开来。人们再也不能宣称，不管原子弹用于干什么，都是和研究人员的本身无关了。科学研究成果开始获得应用时，这也就标志着伦理思考和道德思考的闯入。这就是为什么马克思说"自然科学往后将包括关于人的科学，这将是一门科学"的深刻原因。

一部人类史就是一部实践史，"科技伦理"问题产生的语境乃是人类实践过程中人与自然和人与人关系的危机，所以，这个出自实践的问题最终必须回到实践中来解决，因为，"关于离开实践的思维是否具有现实性的争论，是一个纯粹经院哲学的命题"；因为，"全部社会生活在本质上是实践的。凡是把理论引向神秘主义方面去的神秘东西，都能在人的实践中以及对这个实践的理解中得到合理的解决"。只有以马克思主义本真的实践观来克服科技伦理之争的"形而上学"，明白真理不存在于任何一个极端，而存在于两极间充满张力的动态融合与否定性的统一之中，我们才能就科技与伦理的关系问题形成一个较为正确的认识。

二、生物科技伦理

人类基因组计划的完成、生物技术（基因技术、克隆技术）的深入研究与应用以及与此相关的知识产权保护要求与实践，使得知识产权与伦理的关系变得越来越紧密，而且也越来越复杂。单纯从技术层面看，先进技术的诞生不仅需要科学家花费大量的时间与精力，需要大量的资金与智慧的投入，而且还需要克服无穷的困难与麻烦，因此对他们开发完成的技术提供法律保护，是完全必要的。但是从伦理角度看，对这样的技术给予知识产权保护，就可能妨碍人类的正常需求，或者造成人类社会的混乱。

三、军事科技伦理

如何正确地、理性地对待军事科技发展这把"双刃剑"，真正发挥其增强国防实力、维护世界和平的重要作用，不仅是一个国家一个政府必须严肃面对的实际问题，也是国际社会必须予以关注的重大问题，同时也是科学工作者自身必须引起高度重视的关键所在。笔者以为，需认真考察以下几个要素。

（一）良知的发现

诚如拉伯雷在《巨人传》中所说的那样"没有良知的科学是灵魂的毁灭"。这一点对于科学工作者来说极为重要。"良心是自己同自己相处的这种最深奥的内部孤独，在其中一切外在的东西和限制都消失了，它彻头彻尾地隐遁在自身之中"，而"真实的良心是希求自在自为地善的东西的心境"。既然科学是一种理智地求真的活动，那么从事科学的工作者必然会有一种与生俱来的良心。就像苏联原子弹的设计者安德烈·萨哈罗夫，面对核爆炸产生的放射性尘埃所造成的全球性后果时，其担忧与日俱增并进而在其《回忆录》中写道："一桩可怕的罪行即将犯下，而我却无法阻止它的发生；我的软弱无力、难以忍受的痛苦、羞愧和耻辱压倒了我。我把脸伏在桌子上哭泣。也许这是我一生中最可怕的一个教训：你无法在同一时刻坐在两把椅子上。我决定全心全意去终止这些生物学上有害的试验。"被称为"化学战之父"的弗里茨·哈伯因其发明的化学战及其在交战双方的使用，导致第一次世界大战期间有将近 130 万人受到化学伤害，其中 9 万人死亡，幸存者中约 60%因伤残不得不离开军队。就是这样一个战争恶魔，其爱妻多次恳求他停止研制化学武器未果竟愤而自杀都没能唤醒他的良心，但在 1917 年由于世界爱好和平的科学家和各国人民的强烈谴责，他终于意识到自己所犯下的罪恶，内心十分痛苦，并毅然辞去了所在化学兵工厂的所有职务，最终在颠沛流离和孤独之中结束了自己的生命。

当然，仅靠少数科学工作者的良心发现是不够的，在军事科技成果的实际运用过程中，往往是国家政府的政治行为占据了主导地位。这就要求所有的科学工作者都具备从事科学工作的最基本的本质前提——良知，只有这样，才有可能将军事科技成果运用的负面影响降低到最低限度，从而确保人类文明的良性发展。

（二）责任的明确

所谓责任，即"在意志面前摆着其行为所指向的分内应该做的事情"；"意志的法，在意志的行动中仅仅以意志在它的目的中所知道的这些假定以及包含在故意中的东西为限，承认是它的行为，而应对这一行为负责"。在科学技术发展的过程中，无论是科学工作者，还是国家或国际社会，都应对科学技术的研究开发及成果应用承担起一定的责任。对于科学工作者，不管他是否知道其所研究的真正目的何在，也就是说，也许并不是他故意的行为，然而正如黑格尔所说的那样："我的所有物，作为外在物，处于各色各样的联系中，而且发生着作用。如果它们对他人造成损害，诚然不是我自己的作为，但其损害应多少由我负责，因为那些物根本是我的，而且按其独特的性质多少受我的支配和注意的。"就像利奥·西拉德在思考制造原子弹所产生的后果时，于1945年3月25日认识到"用原子弹进行'示威'的行为将为加速美国与苏联之间展开研制这些武器的竞争，而如果我们继续进行现有过程的话，我们在这场竞赛中最初的优势会丧失殆尽"，并进而建议延缓原子弹的使用，呼吁国际社会对之进行控制。而对于国家这种伦理精神的显现，它"思考自身和知道自身，并完成一切它所知道的，而且只是完成它所知道的"；由于它的"目的就是普遍的利益本身……因此，国家是依照那已被意识到的目的和认识了的基本原理并且是根据那不只是自在的而且是被意识到的规律而行动的；又因为国家活动的对象是现存的环境和关系，所以它是根据对它们的一定认识而行动的"。

显然，国家对其所采取的一切政策和行为都要承担相应的责任，尤其是对科技成果的非理性应用所造成的负面影响。当2000年6月26日人类第一个基因组草图绘制完成时，一些科学家就预测，随着基因操作等知识的日益普及，基因技术将有可能被用于制造基因武器，这将是一种毁灭人种的"世界末日武器"。这就需要一些国家和政府慎重对待基因技术的应用，最大限度地维护全人类的和平发展。我们不否认在对很多科技成果运用的过程中，功利主义和利益最大化原则会成为国家和政府作出决策的主导因素，但这与责任意识并无根本冲突，关键在于如何协调好两者之间的关系，在合理的向度里谋求国家利益的最大化。

（三）共生的理念

共生概念由一位德国医生最先于1879年提出，后由日本佳能公司前总裁加久先生引入管理阶层，进而又涉及国家关系等诸多领域，其含义包含以下三个方面。

（1）社会性目标、真正的幸福或共同利益。

（2）一种对文化差异性与多样性的尊重或包容（公正）。

（3）重视社区。

共生这一概念已指出了人类未来发展必须充分考虑的几个问题，同时也为建立一个可持续发展的人类社会指明了方向。由于军事科技的发展及非理性使用往往导致国与国之间暴力、战争的出现，进而给交战双方带来深重的灾难，特别是对人类生态环境产生了无法弥补的恶果，因此，作为每一种道德主体都应树立全球共生意识，尽一切可能保护人类共同拥有的地球，实现人类真正的可持续发展。其实全球范围内对环境和人类生命之间平衡的关注早在 20 世纪 50 年代就开始了，在 1972 年斯德哥尔摩召开的国际环境会议签署上的《斯德哥尔摩宣言》中则明确提出了"科学和技术必须要用来改善环境""对全球性问题应展开合作""应消除大规模杀伤性武器"。在《世界自然总则》中也同样提出"需防止战争和其他暴力对自然造成的破坏"。而事实上大规模杀伤性武器和战争确实给人类生存的环境带来了严重影响，据《全球环境展望》统计，1991 年的海湾战争除了让成千上万的人丧生外，由于一些地区大量泄漏的原油被故意点燃，50 万～1 100 万桶原油泄漏形成的海面油渍导致波斯湾 1.5 万～3 万只海鸟死亡，20%的红树林和 50%的珊瑚礁受到影响。大气也未能幸免：大约 6 700 万吨燃烧的原油产生了 210 万吨烟尘和 200 万吨二氧化硫。对此，除了国际社会的不懈努力外，更需要每一位地球人、每一届政府树立和谐共生的全球发展意识，摒弃为了某些政治目的、为了一国私利而不惜损害他国乃至全球利益的不正当做法，置身于人类共同的家园中，为实现人类真正的可持续发展尽最大努力。

综上所述，军事科技作为推动国防实力向前发展的重要动力源泉，已成为一个国家综合竞争力不可缺少的组成部分，但对其发展必须予以伦理性的思考。无论是科学工作者个体，还是国家抑或国际社会，都必须从真正实现人类可持续发展的角度认真审视军事科技发展及其成果运用过程中的合理及不合理因子，以良知、责任、共生为理念，充分发挥道德主体作用，为实现人类的和谐发展作出最大的贡献。诚如 1974 年墨西哥国际环境会议达成的《科科约克宣言》中所说："前方的道路既不是通往向下的绝望之路，也不是通向能够用所有技术解决的康庄大道。它需要认真和理智地评估我们的'外在极限'，通过合作寻求满足人类基本需求的'内在极限'，通过构建社会机构表达他们的愿望，通过技术和发展方式上的耐心努力来增加和保护我们星球的遗产。"

第三节　知识产权伦理道德

自《知识产权协定》缔结并生效实施以来，知识产权的"黄金岁月"随之来临，微软总裁比尔·盖茨将其戏称为第二个"淘金时代"。现在，越来越多的企业向知识产权要效益，并且将"没有创新即为死亡"作为自己的理念。在此前提下，知识产权受到越来越密切的关注，具体表现在以下几个方面。

（1）世界上许多国家或地区以《知识产权协定》为参照系，根据各自的具体情况重建其知识产权制度。

（2）自进入 21 世纪以来，许多国家已相继制定了知识产权战略，提升知识产权之地位。

（3）越来越多的公司利用知识产权抢滩国内外市场，使国际竞争日趋激烈。

一、知识产权制度伦理之现状

在西方，亚里士多德把伦理学视为管理人自身的政治，卢梭在《社会契约论》中将伦理视域从人类个体拓展到整体，提出了与个体幸福相对存在的公共福利，把普遍社会也视作具有自身固有品质的道德的生命；在《伦理学的两个基本问题》中，叔本华指出"同情"是道德的起源和基础，并认为"伦理体系得以建立，乃是源于有组织的群体希望创造社会生活的起码条件的强烈愿望。制定社会道德规则，就是为了约束全体间的过分行为、减少掠夺性行为和违背良心的行为，培养对邻人的关心，从而增加和谐共处的可能性。"人们现在所理解的伦理涵盖范围非常广泛，既可以是低层次的、外在的类似于"法律属于'百姓日用而不知'的东西"，"也可以是高层次的、综合了主客观的、类似于家园、体现了人或民族的精神本质的、可以在其中居留的东西。它连接内外，沟通上下，甚至在凡俗和神圣之间建立其通道。"研究知识产权制度伦理性，实际上就是从以人为本的视角对知识产权制度进行研究，以回答人们所关心的基本问题。

许多知识产权学者将其研究视域聚焦于知识产权制度伦理性，以期回答知识产权保护的强弱对人类的进步与自身发展之基本问题。例如，2000年在"自由音乐哲学"网站上发表了一篇题为《知识产权伦理学初论》的文章。它开宗明义地宣布：该网站上发布的任何文章均可以不受限制地自由复制。同时还指出："我之所以认为版权法和专利法是不道德的，其原因在于它们限制人们对已发表信息的自由复制、使用、销售或修改。"紧接着作者自问自答："为什么限制人们对已发表信息进行自由复制、使用、销售或修改的法律就是不道德的呢？因为任何信息本身都是根据前人类传承下来的信息进行再创作的结果，而且对已发表信息的自由复制、使用、销售或修改不会造成该信息的减损，更重要的是对已发表信息的自由复制、使用、销售或修改是人类自身发展的需要。"这样的回答至少从一个方面肯定，知识产权保护如果忽视人类自身发展的需要，片面强调经济利益的重要性，就是缺乏伦理性的，就是不道德的。

美国冈萨卡大学哲学系的马克·阿尔菲洛教授在《知识产权与版权的伦理性》一文中，对版权的伦理性问题进行了研究。他认为，长期以来，人们差不多忽视了版权的伦理性问题，尤其是哲学家很少关注知识产权的伦理性。这种现象对版权或者知识产权的发展是不利的，因为版权或者知识产权的的确确对人类伦理与道德构成了挑战。例如，当课堂教学需要使用某作品时，师生们就需要对该作品进行影印复制，但是由于作者对其电子作品采用保护措施，阻止人们对该作品进行访问或者复制，因此，师生们就无法自由地获得该作品，使正常的教学受影响。诸如此类的问题还很多。如何妥善解决这样的问题，已成为知识产权学者关注的热点。

二、知识产权制度伦理性的表现状态

以人为本，就是要把人作为一切理论、制度或者行为的出发点和落脚点，不断满足人的多方面需要并实现人的全面发展。坚持以人为本，首先需要做到以下三点：一是在人、自然和社会的关系中，强调人既是自然的产物，又是改造自然、推动社会进步的主体。对人的主体地位的认定和维护，是实现人、自然、社会三方面和谐发展的前提。二是强调维护人的主体地位，必须维护人的尊严，保障人的基本权利，包括政治、经济、文化权利。三是强调保护每一个人的合法利益，是维护人的尊严人的权利的直接体现，只有人的政治、经济、文化权利受切实保护，人的尊严才能算是落到了实处。这三方面的要求，为我们衡量是否坚持"以人为本"提供了起码的尺度。也就是说，离开了人的尊严、人的权利来讨论"以人为本"，就失去了基本的评价标准。

事实上，"以人为本"的理念在当今社会注入了崭新的内涵，是一个经过质变后的"新版本"范畴。它在知识产权制度中主要体现在以下几个方面。

（一）将人口包袱转化为人力资源

人力资本源于自身的再生产，即人们以各种方式向自身投资，使自己的知识、技能、道德、素质等不断得到提升，从而形成新的或更高的劳动生产率，以此促进经济和社会的全面发展。与其他生产要素不同的是，人是人力资本的载体，具有能动性、创造性和再生性等特征。劳动者在丧失劳动能力之前，可以将人力资本投入到生产和再生产过程重复利用，不但可以再生产出自身的劳动力，而且还可以生产出劳动力的后备军。人的潜能和创造力是无限的，人力资本的再生性也是其他生产因素所无法比拟和替代的。我国学者对中国30个省、区、市(不包括港、澳、台)经济增长差异的定量分析进一步发现，物质资本增长因素只占个别地区经济增长的19%，其余80%则要归功于人力资本等无形因素。据央视财经《对话》栏目2022年3月5日报道，从2000年到2020年，中国在20年间培养了6 000万名工程师。2022年11月，教育部办公厅等印发通知，决定联合实施职业教育现场工程师专项培养计划。通知规划，到2025年，累计不少于500所职业院校、1 000家企业参加项目实施，累计培养不少于20万名现场工程师。大规模投资于人力资源开发，培养大批具有现代科技素养和创新能力的人力资源，把人口负担转化为人力资源财富，使中国成为真正意义上的人力资源大国，这是中国现代化进程的必由之路。

面对人口基数庞大的特殊国情，我们虽然还没有找到最有效的办法，但基本可行的办法还是有的，就是通过培养具有现代科技素养和创新能力的各类人才，使我国从人口大国逐步转变为人力资源大国，使目前的人口包袱转变为一笔巨大的人口财富。要实现这一目标，必须借助知识产权制度。

一方面，知识产权制度具有以静促动的效能。知识产权是一种静态权利，调整着权利主体与其他人之间的权利义务关系。这种静态关系最明确地告诉人们，运用其智慧、时间、资金和劳动创作出来的智慧创作物与其他有形物（动产和不动产）一样，不仅享有权利而且受法律保护。通过这种保护，自然人、法人或者其他组织不仅可以收回其投资，而且还可以获得垄断利益。知识产权的这种垄断效应能够在很大程度上激发人们的创作积极性，从而提高国民的科学文化水平。现在，从政府到企业，从家庭到父母，都在尽最大的努力向教育投资。这种投资将使人力资源的创造呈现一种良性互动态势，促进人口素质的提高，将人口负担变成取之不尽用之不竭的人力资源或者人力财富。

另一方面，知识产权制度有利于促进国际技术交流，拓展人力资源培养渠道。充分、有效的国际技术交流，对提高我国的人口素质有以下三个方面的好处。

（1）通过国际交流可以引进外国的高级专门的人才，使之可以直接向我们传授外国的科学技术，为我们了解国外的先进技术减少许多不必要的环节。

（2）通过国际交流可以增加走出去的机会，以便让我国的许多专家学者开阔眼界，扩大视野，向先进的国家学习。

（3）无论是引进来还是走出去，都能够激励国民的学习积极性，直接或者间接地提高国民的科学文化素质。

因此，知识产权制度有助于将人口包袱转化为人口财富或者人力资源。

（二）增加社会福利，保障人类健康，满足人们的生存需要

知识产权制度的伦理性理念，就是把增加社会福利、保障人类健康放在了最重要的地位。《知识产权协定》是世界贸易组织各成员对知识产权保护的纲领性文件，它所确立的目标以及创立的基本原则是各成员必须遵守的准则。《知识产权协定》第 7 条是关于"目标"的规定。该条款明确指出："知识产权保护与权利的行使，目的应在于促进技术革新、技术转让与技术传播，以有利于社会及经济福利的方式去促进技术知识的生产者与使用者互利，并促进权利与义务的平衡。"该条款所表达的诸项内容中，实际上有一个中心，那就是"以有利于社会以及经济福利的方式"。如果知识产权的保护与行使、技术革新、技术转让与技术传播不是有利于"社会以及经济福利的方式"，则是需要调整或者放弃的。

另外，《知识产权协定》第 8 条所确定的原则是："成员可以在其国内法律及条例的指定或者修订中，采取必要措施，以保护公众的健康与发展，以增加对其社会经济与技术发展至关重要的领域中的公益，只要该措施与本协定的规定一致。"此条的规定比第 7 条的规定更加明确：①要求各成员在其法律法规中采取必要措施保护"公众的健康与发展"；②要求各成员在其法律法规中采取必要措施"增加对其社会经济与技术发展至关重要的领域中的公益"。为了履行该项义务，我国专利法等相关的法律法规分别进行了规定。例如，《专利法》第 5 条规定："对违反国家法律、社会公德或者妨害公共利益的发明创造，不授予专利权。"第 25 条明确将"疾病的诊断与治疗方法"排除于可专利的对象之外，以确保专利保护不妨碍人们必需的健康保证。

国际经验表明，一个国家在人均国内生产总值处于 500～3 000 美元的发展阶段，也往往是经济社会结构剧烈调整变化的关键时期。目前，我国就处在这样的发展阶段，广大人民群众自身的发展需求问题日渐突出和紧迫。比如，我国公众的卫生与健康保障条件仍然落后，特别是全国农村居民中有 90%左右尚未建立起基本的公共卫生与医疗保障；就业问题正在成为我国较为严峻的挑战之一，并且表现出长期性、复杂性的特征；不断增强的活动强度和提高生活质量的要求，与生态环境的承载能力构成了尖锐矛盾。凡此等等，都要求我们必须从我国的基本国情出发，以满足广大人民不断增长的物质和精神需求作为基本的出发点，高度重视未来我国经济和社会实现可持续发展所面临的一系列瓶颈性的约束和重大的挑战，促进科技与经济、社会和人的协调发展。要推行积极的公共科技政策，把社会领域的科技创新置于科学和技术发展的重要地位，大幅度提高我国公共科技产品的供给能力，拓宽其覆盖范围，努力使所有社会成员都能公平地享受到科技进步的福利，获得新的发展机会。

（三）保护生态环境，改善生存条件，为子孙后代造福

保护生态环境，改善人类的生存条件，是知识产权制度伦理性的又一突出表征。保护环境是实现可持续发展的前提；反过来，只有实现了可持续发展，生态环境才能真正得到

有效的保护。现实已经证明，保护生态环境，确保人与自然的和谐，是经济能够得到进一步发展的前提，也是人类文明得以延续的保证。从环境伦理的角度看，保护环境、确保经济的可持续发展，首先需要调整好人与自然的关系、当代人与后代人的关系以及当代人之间的关系。

生态环境问题，首先表现为人与自然的关系是否和谐。发生于 20 世纪后半叶的人与自然之关系的总体性危机，是人类沿着工业文明的轨迹向前发展的必然结果。工业文明的价值指针是狭隘的人类中心主义。这种狭隘的人类中心主义以近代的机械论世界观及人与自然的二元论为基础，把人与自然对立起来，认为人是自然的主人和拥有者；自然被演绎成僵死的原料仓，毫无内在价值可言；人的使命就是去征服和占有自然，使之成为人类的奴仆。作为人类中心主义内核的世俗人本主义，则把人完全理解为一个受其感性欲望驱使的"奴隶"，认为人生的目的就是使这些欲望得到满足。既然文明的指向是使人的欲望得到满足，那么，提高人类征服和掠夺自然的能力，满足人们越来越膨胀的欲望，便成了近现代文明的基调。

第四节　网络社会的伦理道德

站在 21 世纪的地平线上审视网络的发展，人们看到了网络的巨大力量和灿烂前景，同时也认为网络就像一把双刃剑，它既使人尝到"知识就是力量"，"信息就是财富"的甜头，促进经济与社会发展，又可以损害人类公德和经济发展，信息污染，信息垃圾给传统的道德教育带来了严峻的挑战和消极影响。信息伦理是一种虚拟伦理，但是由于参与虚拟的空间交往活动的人是现实社会的人，因此信息伦理本质上是社会伦理的反映，只是反映的方式和形式不同而已。面对各种信息伦理难题、网络热点问题产生的是是非非，我们有必要进一步揭示信息伦理问题产生的现实根源。

一、网络社会的伦理道德问题

网络伦理是指在网络信息活动中被普遍认同的道德观念的道德标准，网络道德是"网络行为规范体系"。主要体现在以下几个方面。

（一）网络礼仪

网络礼仪是指在网络上通过电子媒体而体现的规定的社会行为和方式。在享受网络带来的便利的同时，正如在现实生活中人们"入乡随俗"一样，只要进入网络，就应该遵守网络礼仪，按网络的"方式"行事，与人友好相处，它体现了传统价值和对人的尊重。网络礼仪包括问候礼仪（网上如何问候与称呼），交流礼仪（网上如何礼尚往来），表达礼仪（网上如何表达态度、情感与幽默）这些礼仪在网上约定俗成，而且不断发展。尼葛洛庞帝在《数字化生存》中说"简洁是 e-mail 灵魂"。在 QQ 网上，有喜、怒、哀、乐等表情包，方便在网上表达情感与幽默。因此，网络礼仪是人们行为文明程度的标志和尺度，网络礼仪实际上是人们应该遵守的基本准则，是人们最起码的道德要求。

（二）网络行为规范

网络行为规范是网络上约定俗成或明文规定的行为标准，或者说是在网上应该怎样做和不应该怎样做的规则。网络是人类为自己开拓的另一个活动空间，在这崭新的世界中，基本上还没有法律和道德规范，网络人只是按照自己在网络社会中的需要来约束自己，这对建立在现实社会基础上的传统道德规范形成巨大的冲击，约束力明显下降，网络同时需要教养，网络行为和其他的社会行为一样需要一定的道德规范和原则。目前，各地区、各行业为了网络正常运行而制定一些网络规范。（例如，美国加利福尼亚大学制定的网络伦理规范中也指出六种网络不道德行为。美国计算机伦理研究所伦理学会制定"计算机伦理十戒"。）随着我国计算机违法犯罪的日益增多，2000年12月28日全国人大常委会颁布了《全国人民代表大会常务委员会关于维护互联网安全的决定》，该决定将我国网络违法和犯罪的典型行为分为6大类15项。公安机关根据国家法律的规定，在全国各地相继成立专门的网络警察机构，进一步加大对网络违法犯罪的打击力度，所有这些规范都是对现实经济活动领域道德规范的补充和发展，以及不断积累和扩大。

扩展阅读8-1：用责任汇聚诚信的力量

二、网络道德自律

自律指不受外界约束和情感支配，根据自己的善良意志，按照自己认同的道德规律行事的道德原则。在网络社会中，由于以数字化的信息为中介，人与人之间的关系表现为间歇性，在这种情况下，伦理道德主要是靠道德的自律机制来实现的。有些网络犯罪人往往不知道自己在犯罪，这是最可怕的。这种网络"无意识犯罪者"，可能是一时贪玩，制造一个小病毒攻击他人的计算机，却没想到病毒会在互联网上高速而广泛地自我复制并变种，造成严重的泄密后果；又可能只是想稍微炫耀一下"身手"，非法入侵某个机密网站，却被人利用，造成严重的泄密后果；还可能只是在网上对别人开个玩笑却被不断谣传加误传给他人带来巨大的祸害。因此要培养每个人的自律意识，在行使自由权利的同时，必须注意自律，个人网络行为自由需在不妨碍他人网络自由的前提下行使，个人网络行为自由不得损害他人的自由和利益。

在网络中信息的存储、发送是自主的，与此同时必须慎重地考察某些信息是否对他人造成直接或间接的伤害。这又体现了在无人监督的情况下也要遵守道德规范。然而，网络空间由于没有中心、没有界限，不受任何组织机构控制。网络运行的"数字化""虚拟化"特点使人们的交往以字符为中介，因而非常自由，难以控制，人们之间不仅直接接触减少，而且还在不能很好地自我有所节制的情况下，作出许多现实中不能做到的事情，表现为与现实社会生活伦理不相符合又不能完全解决问题。伦理、道德毕竟是一种软的社会控制手段，它还需要硬的法律手段的支撑，对于那些缺乏起码的道德责任感或良心已经泯灭的人来说，信息伦理可能并不能阻止他们在信息领域的损人利己行为。因此信息立法显得十分重要。目前，我国《刑法》中涉及网络犯罪的条例有：

第285条，违反国家规定，侵入国家事务，国防建设，尖端科学技术领域的计算机信息系统的，处三年以下有期徒刑或者拘役。

第 286 条，违反国家规定，对计算机信息系统的功能进行删除、修改、增加、干扰，造成计算机信息系统不能正常运行，后果严重的，处五年以下有期徒刑或拘役；后果特别严重的，处五年以下有期徒刑。违反国家规定，对计算机信息系统中存储、处理或者传输的数据和应用程序进行删除、修改、增加的操作，后果严重的，依照前款的规定处罚。故意制作、传播计算机病毒等破坏性程序，影响计算机系统正常运行，后果严重的依照第一款的规定处罚。

第 287 条，利用计算机实施金融诈骗、盗窃、贪污、挪用公款、窃取国家秘密或者其他犯罪的，依照本法有关规定定罪处罚，利用互联网实施的其他犯罪行为依据刑法规定追究刑事责任，属违法行为尚不构成犯罪的，分别给予治安处罚，行政处罚和承担民事责任。

通过有关的信息立法，依靠国家强制力的威慑，可以有效地打击那些在信息领域造成严重恶果的行为，而信息领域的法律手段也需要信息伦理的补充。只有信息立法与信息伦理形成互动，才能使信息领域、信息社会在有序中发展。

三、大力加强网络社会的伦理道德

信息网络的全球化使一些国家的传统伦理道德观念受到冲击。在网上，跨地域和跨文化的伦理道德标准，造成了伦理道德观念对同一行为的判断差异。因而有着"伦理道德与非伦理道德"的区别。基于电子信息网络给人类带来的伦理道德问题，我们必须抓紧网络伦理道德建设，加大信息安全的保护力度。

（一）加强网上伦理道德教育

信息网络是思想意识形态交锋的战场。因此，必须利用内容丰富的、具有较好德育功能的信息占领网上阵地，加强网络主体的伦理道德修养。目前网络道德已成为一些发达国家高等院校的教育课程，正式纳入一种被西方世界称为"计算机文化"的文化现象中加以研究，如美国杜克大学对学生开设的"伦理学和国际互联网络"课程。通过开展信息道德教育，以维护网络世界的有序发展。从而形成良好的网上伦理道德舆论氛围，使人们通过信息网络塑造美的灵魂，树立科学的人生观、世界观和价值观，增强对社会的责任感；明确严守国家秘密，维护祖国的安全、荣誉和利益，是大家义不容辞的神圣责任；诚实待人，讲信用，重感情才是大家崇尚的价值形象；在信息活动中，应该遵纪守法，自律、自重、尊重知识产权，尊重他人的隐私。社会学的研究告诉我们，法律观念的深入人心是社会进步的重要标志。在信息社会，公众广泛地树立法律观念，合法从事信息活动，不仅是公正、自由的信息交流所必须的；而且也是信息文明的发展所不可缺少的。法制观念是现代信息伦理规范的重要组成部分。

2016 年 11 月 7 日，第十二届全国人民代表大会常务委员会第二十四次会议通过了《中华人民共和国网络安全法》，其中第九条规定："网络运营者开展经营和服务活动，必须遵守法律、行政法规，尊重社会公德，遵守商业道德，诚实信用，履行网络安全保护义务，接受政府和社会的监督，承担社会责任。"

2021 年 6 月 10 日，第十三届全国人民代表大会常务委员会第二十九次会议通过了《中华人民共和国数据安全法》，其中第八条规定："开展数据处理活动，应当遵守法律、法规，尊重社会公德和伦理，遵守商业道德和职业道德，诚实守信，履行数据安全保护义务，承担社会责任，不得危害国家安全、公共利益，不得损害个人、组织的合法权益。"

成功的网上伦理道德教育，可以使人们正确理解"网上世界"，把网络作为知识的来源和学习的手段，而不是获取不良信息的途径，从而真正享受网络文化的精华。

（二）创建一个信用良好的社会环境

信息网络伦理道德建设离不开社会环境的影响。如果存在一个守信的社会信用环境，尽管社会中存在信息不对称的情况，但是由于信用的广泛存在，也能使人们利用信息不对称进行诈骗、牟取暴利的动机大为降低，从而减少生活中的不确定性，降低社会成本，使得整个社会生活运作效率提高。创建一个信用良好的社会环境，建立健全社会征信服务体系是一个重要的途径。世界上经济较发达的国家和地区都具有完善的征信服务体系，借助这一体系社会效率能够大幅提高。政府在促进征信服务行业发展中应该依法向社会开放所拥有的企业信用数据。同时，加强对企业征信服务业的管理，努力保证社会经济活动符合诚信的要求。良好的社会信用环境是减少信息欺诈行为、促进经济发展和社会进步的重要因素。

（三）强化信息安全意识，加强信息立法和安全管理措施

信息网络伦理道德建设需要信息安全法制工作的支持。实践证明，许多网络信息安全问题单位没有重视，不少单位对网络与信息安全采取的保护措施非常简单。1999 年 10 月，我国有关部门通过模拟攻击，对 650 个政府上网单位的信息安全工作进行调查，结果发现80%的网站基本没有安全保护措施。因此，强化信息安全意识、加强信息立法和安全管理迫在眉睫。法制管理是解决网络信息安全的保障。从整体上看，我国信息安全法制建设滞后于实际工作的需要，一些加强重要信息基础设施保护、防范不良信息入侵等关键性的专门法律尚未出台。同时，已有的规章制度出自多个不同的部门，缺乏统筹规划。计算机犯罪往往是跨国犯罪。欧洲联盟所属的欧洲委员会正在制定一项有关打击计算机犯罪的公约。国际刑警组织负责人呼吁各国政府与产业界联合起来，共同研究建立一个对付计算机犯罪的国际司法框架，以保障信息的安全。

目前，信息技术已成为世界各国实现政治、经济、文化发展目标最重要的技术。我们在利用信息技术及网络信息创造更加美好生活的同时，也要注重规范网络伦理道德，从而使更多的人为社会的进步去耕耘，为他人的幸福去努力，进一步推动科技进步、经济发展和文化繁荣。

关键术语

信息伦理	科技伦理分界论	科技伦理论
科技伦理无涉论	知识产权制度	网络社会

复习思考题

1. 信息时代引发的伦理失范有哪些形式？怎样进行信息伦理道德体系的构建？
2. 企业科技伦理理论有哪几种观点？
3. 如何理解企业知识产权制度伦理性的表现状态？
4. 怎样加强网络社会的伦理道德建设？

案例分析

即测即练

自学自测

扫描此码

第九章

会计审计职业伦理道德规范

 经典名言

孔子尝为委吏矣，曰"会计，当而已矣"。

——孟子《万章下》

昔时贤文，诲汝谆谆。集韵增广，多见多闻。
观今宜鉴古，无古不成今。知己知彼，将心比心。
钱财如粪土，仁义值千金。路遥知马力，日久见人心。

——《增广贤文》

诚信为本，操守为重，坚持准则，不做假账。

——朱镕基

 学习目标

1. 了解市场经济对会计职业道德的影响，了解会计审计职业道德规范是对会计审计人员的会计行为的道德约束。
2. 明确优化会计审计职业道德建设的社会环境举措。
3. 把握会计职业道德规范八大要求。
4. 理解注册会计师审计职业道德规范七大要求。

 导读

职业道德是整个会计师行业的基础
——专访 IESBA 主席斯达沃斯·汤马达基斯

2019 年 11 月 25 日国际会计师职业道德准则理事会（IESBA）主席斯达沃斯·汤马达基斯（Stavros B.Thomadakis）访问中国。《中国会计报》记者对其进行了专访，请斯达沃斯·汤马达基斯回答国际会计师职业道德守则的制定、中国注册会计师职业道德守则与国际职业道德守则的趋同、数字化时代职业道德基本原则的适用性、如何提高职业道德观念和职业道德意识等问题。

一、中国的"与时俱进"

《中国会计报》：IESBA 是如何制定国际会计师职业道德守则的？请介绍国际会计师职业道德守则在全球范围的采用情况。

斯达沃斯·汤马达基斯：IESBA 是一个国际性的、独立的会计师职业道德准则制定机构。在制定和修改准则时，我们的第一个步骤就是在世界各地广泛地磋商和征求意见，征求所有利益相关者的意见。磋商的对象包括会计师行业相关人士、投资人、监管部门官员、政策制定者和各个国家的准则制定机构。我们的准则由一系列的原则构成，不是说把各个国家已经制定的规则进行融合折中，然后拿出一个我们自己版本的具体规则，而是要体现一些原则性的规定，这样才能确保准则的普遍适用性。我们的准则制定过程也是非常严谨、有根据的。所以，我们的守则在全世界的采用率是非常高的，大概率被包括中国在内的 120 个国家和地区所采纳，也被 32 个世界上最大的事务所网络所采纳，用于他们的跨国审计。

《中国会计报》：在中国注册会计师职业道德守则与国际会计师职业道德守则的趋同方面，您如何看待中国所作出的努力？

斯达沃斯·汤马达基斯：我非常高兴地看到，中国的准则制定跟国际准则之间实现了高度的趋同。中国准则制定者总能与时俱进，他们在这方面的努力也是有目共睹的。中国注册会计师职业道德守则是一个很好的例子。它与国际守则实现了实质性趋同，但在独立性方面有更为严格的要求，如合伙人轮换和亲属关系等，这是我们认同的，因为这些规定比国际守则更为严格，更加适应中国的具体情况，并且这些规定符合国际守则的基本原则，既没有弱化，也没有修改总体目标。

2018 年 4 月，IESBA 发布了新修订的国际会计师职业道德守则（包括国际独立性标准）。新守则对原来的守则进行了全面改写，更易于阅读、理解和执行。除了结构调整之外，新守则还整合了 IESBA 过去 4 年在职业道德标准建设方面的重要成果，更加清晰地规范了职业会计师应该如何处理职业道德和独立性问题。我们正在呼吁各个已经采纳了原来守则的国家和地区，更新到最新的版本。中国注册会计师协会就已经很敏锐、密切地关注了这一动态，并且正在对标国际准则的新版本来修改中国的会计师职业道德准则。这也是我们希望全球各个国家和地区能做到的，就是要密切关注准则的动态调整，做到与时俱进，跟上步伐。毕竟我们的环境总是在发生变化，国际准则的调整就是一个随时变化的过程。

二、五大基本原则不会过时

《中国会计报》：在当前飞速发展的数字化时代，会计师职业道德五大基本原则是否仍然适用？如何在信息化时代保持职业怀疑能力？

斯达沃斯·汤马达基斯：IESBA 五大基本原则为会计师提供了道德行为基础，这五项基本原则分别为：诚信、客观、专业胜任能力和应有的关注、保密，以及良好的职业行为。这五大基本原则是不会过时的，甚至在新的时代，这五大基本原则会更加有适应性、有针对性。实际上，颠覆性技术的出现，会使得五大基本原则的具体内容发生变化。比如在保密方面，会计师需要为客户保密的内容会包括数字化的内容，要关注数据和网络的安全等。同时，会计师行业要保持客观中立，在新技术面前会面临一些挑战，因为审计师进行沟通的对象不一定是人，有可能是具有自我学习能力的机器，或者是其他的人工智能设备。

所以，新技术对于行业的影响有两点：一方面会使得我们对于根本原则的应用和理解更加丰富；另一方面是新技术的使用也带来了一定的风险，具体是什么样的风险需要我们去评估，同时积极地作出应对。对于如何在信息化时代保持职业怀疑能力，也是我们正在研究探索的。毕竟在信息化时代，很多数据挖掘和分析工作是由机器完成的，我们没办法检查机器得出结论背后的逻辑、推理分析等中间过程。

三、事务所管理层要"以身作则"

《中国会计报》：如何平衡公众利益与会计师行业的利益？职业道德在提高审计质量以及会计师行业取得信任当中发挥什么作用？

斯达沃斯·汤马达基斯：会计师行业的一个与众不同的地方就在于它是承诺要为公众利益服务的。同时，我也相信公众利益与会计师行业利益之间有很多的交叉点，它们是重叠的。因为会计师行业要在乎自己的声誉，要得到公众信任。没有了信任，我们就不再是一个具有专业威望的行业。比如一些审计失败的案例，一旦被揭露出来，对这个行业就是极大的打击。所以，公众利益与行业利益之间是能够取得平衡的。对于职业道德在提高审计质量以及会计师行业取得信任当中发挥的作用，其实不仅仅是有帮助，而且职业道德是整个行业的基础。会计行业的职业化发展，是离不开职业道德的。我们的五大基本原则，不仅是职业道德守则的制定基础，也是会计师行业获得各个利益相关者信任的基础。

《中国会计报》：如何加强会计师及会计师事务所的道德观念和道德意识？

斯达沃斯·汤马达基斯：会计师行业道德观念和道德意识的培养可以通过以下几个方面。一是会计师行业要接受来自各方面的相关教育培训。二是会计师事务所内部要有正确的企业文化。三是要提高公众意识。也就是说，公众也需要认识到，会计师行业是需要具备很严格的职业道德的。四是会计师事务所的管理层要做到以身作则。除了专业能力以外，他们应该成为职业道德的榜样，并影响自己的下属和同事。

所以，会计师行业的职业道德守则是可以被教会、可以学得会的，应该成为整个行业的"公约"

资料来源：中国会计报，2019-11-15。

经济越发达，会计越重要，审计更重要。要实现市场和企业的健康快速发展，必须注重会计职业道德、注册会计师审计职业道德建设。

第一节　市场经济对会计道德的影响

社会主义市场经济的运行和发展，必然会对我国的会计职业道德产生影响，主要表现在以下几个方面。

一、提高会计人员主人翁意识，激发奋发向上的工作作风

市场经济的发展，必然会在各个领域、各个部门、各个行业形成广泛而激烈的竞争，包括在会计领域的竞争。市场经济的基本规律——价值规律要求商品生产者尽可能以低于

社会必要劳动时间的价值出售商品，获得利益，迫使商品生产者发掘所有潜力，在市场竞争中取得优势。市场经济不仅要求经营单位的财权工作人员（包括金融系统工作人员）和财经主管部门会计工作人员完成本职工作，而且还要求取得好的社会效益，特别对企业单位会计人员要求更是如此。如果达不到社会的要求，在众多求职人员的压力下，在职会计人员随时可能会被解雇。这在我国沿海开放特区表现得尤为明显。社会的激烈竞争，必然要求会计人员增强竞争意识和创造能力。

二、促进会计人员自由平等发展，消除行业不正之风

有些会计人员不把人民赋予的职务和权力看作岗位分工的不同，而是把职务、权力与身份等同起来，进而把个人身份的高低和享受的多寡联系在一起。会计行业不正之风，在社会上影响很大。

在市场经济中，商品的使用价值对商品生产者而言只是价值的载体，没有什么用途，它要求实现的是商品货币价值形态。在交换市场中，交换双方都需要遵守一个原则——等价交换的原则。所谓等价交换是指商品生产者根据其劳动产品所耗费的社会必要劳动时间量来进行交换。而进行交换的前提条件是买卖双方是平等的和具有独立人格的。否则，就不可能实现真正的等价交换。对卖者来说，不管买者的身份、地位有什么不同，只要手中持有相等的货币，那么他们在交换中所承担的责任是相同的。而对买者来说，不管卖者的身份、地位有什么差别，只要手中持有他所需要的货物，那么他们在交换中所承担的责任也是相同的。因此，在交换市场，一切特权、高贵的等级等足以显示社会身份的东西都不被交换所承认，失去了社会作用。商品是天生的平等派。商品交换的等级原则反映了商品生产者之间的社会关系是平等的。它上升到人的价值观念就形成了自由、平等的观念。所以，市场经济的发展有助于消除会计行业的以权谋私、家长作风和行业不正之风，有助于建立会计人员平等互助关系，以及会计部门与其他行业的平等互助关系。

三、打破会计行业任人唯亲观念，形成举贤尚能新风尚

同治《庸松江府志》卷三记载："兄弟析烟，亦不远徙，祖宗庐墓，永以为依，故一村之中，同姓者致十家或百家，往往以姓名其村巷焉。"村落内部的交往是以家庭为中心的，然后波及旁氏血亲和婚亲。来往最密切的是直系血亲之间。经过长期的共处，强化了家族成员之间的关系，形成了共同的心理习惯和风俗、社会舆论，产生了浓厚的乡土观念。这种观念，渗透于社会生活的各个方面，也包括会计领域。它主要表现在以下两个方面。

（1）有些会计人员主要是由部门推荐、上级领导批准而产生的。本单位部门职工对此没有发言权，即使群众极力推荐也没有任何作用，这就很容易使领导干部任人唯亲。有的人把国家给予的权力看作自己的特权，在提拔、使用、配备、考核、奖励等工作中，重用自己认为"靠得住的人"，或自己的亲戚和老乡。而那些所谓"靠得住""听话"的人多半是一些喜欢阿谀奉承和溜须拍马的人。事实上会计是一个非常依赖个人专业技能和职业素质的行业，无德无才无能之辈混进会计人员队伍就是对会计行业的伤害，使人们对会计行业的信任大打折扣。

（2）有些地方的会计部门，特别是财税和银行系统中，裙带关系很明显。相当长的一段时期内，财税和银行系统的职工工资待遇一般比社会其他行业的要好。因此，想进这两个系统是比较困难的。在这里血缘、姻亲关系显得很重要，有时一个单位70%的职工都与单位领导有直接或间接的关系。

市场经济的发展，企业的经营的效益直接影响企业的生存。会计人员的素质高低直接影响企业的管理水平，从而影响企业的效果。为了国家和企业的利益，本单位职工要求把昏庸、守旧或不称职的干部和工作人员从岗位上换下来，让那些具有竞争能力的人担任领导。这样就必然会产生这种情况：干部由职工选举而产生。以前任人唯亲的做法由于市场经济的发展必然会最终失去市场。

四、市场经济发展引起会计工作生活发生变化

（一）会计工作由单一格局向多样格局发展

在高度集中计划管理体制下，国家对职员的要求是完成本职工作，实际上是要求完成国家计划任务。社会舆论称赞那些所谓"安分守己"的会计人员，谴责为个人谋取私利的行为。因此，人们的职业生活是比较单一的，根本不可能存在什么兼职行为。国家对社会劳动力资源实行统一安排，一旦分配到某单位、部门，也就同时指定了工作岗位，如果情况不发生大的变化，这种分工将是终身的。其职业生活范围是狭窄的，只限定在本单位、甚至本车间的范围里。随着市场经济的发展，人与人之间的依赖性越来越大，人的需求大部分甚至全部要靠他人供给，人们的视野范围这才大大拓宽了其职业生活，随之走向多样化。人们不以终身从事某项工作为满足，在社会生活的各方面表现出兴趣和爱好。市场经济发展程度越低，人们职业生活多样化比例就越低。

（二）选择会计职业的标准由重名向重实转化

前面我们曾经提到，在高度集中管理体制下社会否认个人利益，单位利益与个人没有多大的关系。人们在选择职业时，往往注重那些只能带来心理满足的名誉。如大学毕业生或社会待业青年在求职时，首先考虑的是求职单位是否在大城市；其次是单位的性质和单位规模的大小；再次是比较满意的工种。三者若能结合在一起，就认为那是最好的职业。如有取舍问题，则按照顺序考虑。如果供职达不到上述要求，就会感到脸上无光，在众人面前抬不起头来。而随着市场经济的发展，人们的思想意识发生了根本性的转变，人们开始注重实际利益和能否发挥自己的才能。

第二节　为会计行业营造良好的社会道德环境

对于一般社会公民（尤其是与会计工作发生联系的人们）来说，强调会计的社会道德规范的核心问题，是宣传和建立正确的会计观念，端正和形成科学的会计认识，自觉践行合理合法的会计行为。为了给会计行业营造良好的社会道德环境，社会公众应明确会计的社会道德规范要求，具体包括以下几个方面的内容。

一、重视会计职业，提高会计地位

目前，社会上对会计的认识仍然停留在原始观念上，在普通人的心目中，虽不敢武断地说会计可有可无，但大多认为会计人员整天不外乎就是跟"一二三四五六七，一把算盘一支笔"打交道，会计工作只不过是"打打算盘数数钞，写写数字填填表"，既无学问，也无所作为。这种传统观念严重束缚着会计事业的发展，最终必将有碍于社会和企业经营管理水平的提高。

应该看到会计是一种古老的职业，会计学是一门古老而又年轻的学科。会计的发展历史表明，"当近代会计以它较为完善的科学形象，在社会经济领域里的管理工作中发挥重要作用的时候，人们开始为树立它的尊严作了种种努力。此后，那种普遍存在的陈腐的轻视会计的思想，已作为一种没落的思想抛进了历史的垃圾堆。自此，对这一学科的公正评价替代了无理的责难。德国伟大的诗人歌德的诗中写道：'复式簿记（现代会计的前身——笔者注）是人类智慧的结晶，是伟大的发明'。英国伟大的诗人司各特也欣然命笔，赞颂会计业务之尊严。著名的科学家亚瑟·克勒赞美复式簿记为两大完美科学之一。自 15 世纪以来，包括数学家、哲学家、法学家在内的专家教授、学者为创建会计学说作出了贡献。从复式簿记着手，对会计学科进行深入细致的研究，成为整个世界的行动"。①

马克思在《资本论》第 2 卷论述流通费用的性质时深入分析了簿记，精辟概括了会计的地位和作用，即"过程的控制和观念的总结。"并断言"簿记对资本主义生产，比对手工业和农业的分散生产更为必要；对公有生产，比对资本主义生产更为必要"。②历史的进程也证明了此言论的正确性。无论是封建社会的宫廷会计与家计，还是资本主义社会的企业会计与政府会计，其重要地位如受到重视，则生产发展、国泰民安；反之，如其重要地位被忽视，则生产萧条、天下大乱。

现代会计较之传统会计又有了质的飞跃，尤其是 20 世纪 40 年代管理会计的产生并成为一门独立的学科之后，会计逐渐显示出其控制与参与决策的功能。当今会计更是重要，会计信息是企业最完整、最系统、最综合、最准确从而也是最重要的信息资源（下文将对此深入分析——笔者注）。西方国家许多世界著名企业公司的总经理大多是从会计人员中提拔的。会计人员常被人们称为"控制师""领航员"。有人曾把资本主义的世界性经济危机避免与否归结为会计提供信息的成败，虽然这种观点本身未必正确，但足以见得他们对会计的重视程度。

长期以来，会计工作的可悲现实使人们的会计观念十分落伍。要改变这种状况，不仅需要会计人员努力提高自身的政治素质、业务素质和知识水平，做好会计工作，提高会计职业的知名度，而且最重要的是要使整个社会以及每个公民都重视会计工作，尊重会计人员，尤其是财政、税务、审计、银行、工商等宏观经济管理部门，要充分利用会计信息，健全会计监督，形成宽松的、和谐的践行会计职业道德的社会环境。要重视会计职业，提高会计地位，对社会公民来说，应予以接受并形成两个方面的重要观点。

---

① 郭道扬. 会计发展史纲[M]. 北京：中央广播电视大学出版社，1984.

② [德]马克思. 资本论[M]. 中共中央马克思恩格斯列宁斯大林著作编译局，译. 北京：人民出版社，1975.

（一）发展经济必须加强管理，实施管理必须借助会计

物质资料的生产是人类社会生存和发展的基础，是决定其他一切活动的前提。而"一切规模较大的直接社会劳动或共同劳动，都或多或少地需要指挥，以协调个人的活动，并执行生产总体的运动——不同于这一总体的独立器官的运动所产生的各种一般职能"。这样，对经济的管理也就成为客观的必然。经济管理的目的在于合理地分配劳动，以节约劳动时间，提高单位时间利用效率，从而提高劳动生产力。

要科学地管理经济，就必须对生产过程中活劳动和物化劳动的消耗利用货币形式进行全面核算，进行有效控制和严格监督。因而，它对节约时间规律的体现更为直接，利用更为巨大，这决定了会计在经济管理中的中枢地位相当重要，也决定了会计机构作为独立的职能部门在经济管理体系中的重要地位。

（二）经济越发展，会计越重要

随着社会生产的发展和生产规模的扩大，会计经历了一个由简单计算、记录财务收支开始，逐步发展到主要运用价值形式综合核算和监督经济活动的过程。会计的技术方法，通过长期实践也日益完善起来。处理会计资料从全部手工操作发展到机械操作，现在则实现了电子计算机化。

再从社会形态角度看，世界近现代史表明，资本主义社会的会计比以前各种社会形态的会计都重要，而且会计学作为一门科学，本身就是商品市场经济发展的客观需要，会计学产生之后又对资本主义的发展起了极大的推动作用。正如德国社会学家马克斯·韦伯所说的，"如果在其（西方资本主义——笔者注）发展过程中没有另外两个重要因素，资本主义企业的现代合理组织也是不可能的：首先是经营活动与家庭的分离，这也是普及现代经济生活；其次，是与此相关的合理簿记"。①

社会主义社会由于具有生产资料的公有制等资本社会主义社会无可比拟的优越性。从理论上讲，社会主义会计的重要性一定大于资本主义会计，因为社会主义的社会化大生产，迫切要求通过会计核算，及时、准确、完整地提供各种有关数据和资料，保持国民经济的综合平衡；迫切要求通过精确的算账，提供准确、及时的数据，对社会生产进行反映和控制，以指导国民经济的发展；迫切要求通过会计，如实核算，反复比较，严格监督社会再生产过程中的劳动占用、劳动耗费与劳动成果三者之间的比例关系，保证有限的财力、物力和人力得到最合理的分配，最节约、有效的使用，实现以最小的劳动消耗取得最大的经济效益。

在我国社会主义建设实践中，上述重要性并未得到充分体现，原因有以下两点。

其一，生产力发展水平不高。

其二，会计工作未被领导和更多的人所理解、重视。

这些年来，随着开放和改革的实施，国家建设和颁布了一系列会计法规、条例；各单位会计机构相继健全，投入正常运转；会计教育有了较大的发展，会计人员知识水平不断

---

① [德]马克斯·韦伯. 新教伦理与资本主义精神[M]. 黄晓京，彭强，译. 成都：四川人民出版社，1986.

提高，我国会计进入了一个新的发展时期。

总之，重视会计职业，提高会计人员地位是每个公民应具备的会计职业道德观念。

二、关心会计人员，支持会计工作

长期以来，我国会计工作停滞不前，发展缓慢，这与社会和公民轻视会计，不尊重会计人员有关。眼下当务之急是整个社会要形成关心会计人员的氛围。怎样才能做到呢？

（一）明确会计人员身份的多重性

会计人员身份的多重性是由会计职业的特殊性所决定的。会计在处理收支发生、钱物进出时都要涉及国家、集体、职工三者的利益关系。会计在处理三者关系时，应从不同的位置和角度来考虑问题。在上缴税利和维护财经纪律等方面，会计人员代表着国家，取得了国家理财人的身份；在企业提高经营管理和提高经济效益等方面，会计人员要站在企业利益角度，取得企业职业的身份；在职工生活、福利、奖励等方面，会计人员要在国家政策、制度允许范围内，取得职工代表的身份。这种会计人员身份的三重性，增加了会计工作的难度。但这有利于加强管理，提高经济效益。

（二）理解会计人员的职责

《中华人民共和国会计法》（以下简称《会计法》）明确规定"会计机构、会计人员依照本法规定进行会计核算，实行会计监督""会计人员应该遵守职业道德，提高义务素质。对会计人员的教育和培训工作应当加强"。显然，会计人员的职责十分重大。对于任何问题，要从多个角度去面对、分析和解决，往往比其他人要考虑得全面、深入。社会成员对会计人员的职责要理解，充分相信他们的工作能力而且还应为会计人员履行职责创造条件。

（三）切实提高会计人员的政治地位和经济待遇

会计人员是工人阶级的一部分，是生产经营管理者的重要组成部分，是社会主义建设事业中的一支必不可少的主力军。因而要求整个社会尊重他们的知识，以及他们的工作习惯，使会计专业人才学以致用，用其所长，以便充分发挥他们在会计工作中的管理才能。特别是各级领导干部要带头尊重他们的劳动，倾听他们的意见，鼓励他们解放思想，大胆工作；在各种场合下注意维护会计人员的威信，全面发挥他们参与管理、参与控制、参与决策的重要作用。同时，还要切实提高他们的经济待遇，落实解决他们的工作和生活问题，以便全力以赴地投入实践并搞好会计工作。为此，应做到以下两点。

首先，应积极提供与会计工作有关的各种资料，配合会计人员做好会计核算工作，真实反映单位的生产经营活动和财务状况，完善管理的基础工作。

其次，要理解并配合会计人员做好会计监督工作，保证单位的生产经营和业务工作合法、合规、有效地进行。

三、利用会计信息，做好经营决策

现代管理理论可以用两句最简练的话来表达，即管理的重点是经营，经营的中心是决策，因而决策的研究和制订便成为管理的重要课题。

何谓决策？通俗地讲：决策就是作出决定。是指为达到某一目标而从众多方案中选择一个最优方案（相对最优方案，下同），加以实施，并将实施的结果反馈，以作用于下一个循环的过程。

首先，根据需要明确决策目标。目标明确后，就按方案整体详尽性和互相排斥性提出达到目标的多种备选方案，然后以技术上的先进性、经济上的合理性和实现上的可能性为标准，运用经验判断、数学分析和模拟试验等进行方案的论证、评价和比较，从中选出最优方案；随后付诸行动，在执行中将每一局部过程的执行结果与决策目标比较找出差异，采取调整措施，以期实现决策目标；同时，为下一个经营循环提供资料。所以，决策绝不是瞬间决定的，而是一个提出问题、确定目标、方案选优、采取行动、信息反馈的系统分析的动态过程，也是一个反馈控制过程。

显然，企业决策是一项非常复杂的系统工程。而决策的准确性很大程度上取决于决策者对信息的了解和掌握程度，取决于信息的数量和质量，取决于获取信息的及时性和准确性，这是因为信息具有目的性、有用性、记载性、传递性、共享性和实效性等特征，更主要的原因在于决策过程本身就直接表现为对信息的收集、加工、处理、储存、反馈的过程。企业只有对每日每时所发生的信息进行及时、迅速、科学的处理，才能作出正确的决策。可以说，信息是企业经营决策的重要依据，是企业经营活动的重要资源。

会计信息的重要性还体现在使用目的的多样性上。首先，会计信息能满足企业内部的管理需要。企业领导者主要根据会计信息开展决策和管理活动，作为企业主人的劳动者也要经常了解会计信息，关心企业的发展；其次，会计信息能满足与企业有利害关系的外部集团的需要。从国家与企业的关系看，企业是定期向财政、税务部门报告会计信息，接受国家的监督，同时为国民经济宏观决策积累资料；企业应向银行报告会计信息以取得资金支持；企业要考虑与本单位有往来关系的单位对会计信息了解的需要，开展与这些单位的协作。

会计信息与企业经营决策有什么关系呢？

（一）会计信息是制定企业经营决策的重要依据

其一，决策程序图告诉我们，大量的信息是制定决策的前提。没有足够可靠、真实客观的信息，决策就会流于形式、走过场，起不到应有的作用。在企业，大量及时有效的信息来自会计部门。会计信息是企业整个经营活动的综合体现，其财务会计部分信息用于反映和控制，管理会计部分信息用于决策和计划。会计信息也就成为企业制定经营决策的重要基础、企业财务决策的直接依据，企业市场营销决策、产品生产决策和技术改造决策的衡量标准。

其二，企业制定经营决策的目的是提高企业的全面经济效益。会计管理工作的目的旨在以货币为量度，对企业的经济活动进行连续、系统、全面、综合的反映、监督和控制，以实现企业整体经济效益。可见两者的目的是一致的，并且经营决策的目标是通过会计管理和其他生产经营管理活动来实现的。

其三，根据决策目标，运用会计信息及其他信息提供多种选择的方案。各种方案指标的计算、比较、评价和选优工作都离不开会计信息。会计信息在决策制定中扮演十分重要的角色，发挥着十分重要的作用。

（二）经营决策的实施过程也是会计信息的记录和控制过程

决策是行动的基础，行动是决策的延续，是决策最重要的一环，企业的经营决策确定以后，就要付诸实施，企业各部门、各环节都要围绕经营决策运动起来。为了使经营决策稳定协调地实施，企业必须对企业决策的实施过程从价值和使用价值两个角度加以全面的管理。会计管理就是从价值角度核算、控制使用价值的再生产过程，及时发现，指出实施过程与经营决策的偏差，尽可能将偏差控制到最低程度，加强成本控制，搞好资金调度，合理分配财务成果，并根据决算的需要对生产经营活动进行有效的调节，使经营决策的运行处于最佳状态。因此会计信息贯穿于经营决策实施的全过程。

（三）经营决策的反馈过程主要体现为会计信息的反馈过程

一方面，狭义的反馈过程本身就是经营决策实施过程的组成部分；另一方面，广义的反馈过程则是企业经营决策循环的环节，上一个经营决策的输出信息往往成为下一个经营决策的输入信息。会计理论是假定企业为一个连续经营实体，为了实现对企业这个耦合运行系统进行长期的管理和控制，企业经营决策必须是一个多层次的连续的时间序列决策系统，经营决策在内容上存在着相互依赖的关系。这里的信息自然要求是综合性的、可比的经营信息，而只有会计信息才能当此重任。当会计信息的反馈集合形成企业经营决策的数据库，会计信息就能有效地作用于经营决策系统。

以上分析表明经营决策的过程很大程度上就是会计信息的获取、加工、转换、处理、储存、传输、控制和反馈的过程。会计信息在企业经营决策中发挥着举足轻重的作用。从美国的情况看，近年来"过去的一些会计人员，现在已成为伯利恒钢铁公司、通用汽车公司和通用电器公司等许多大型公司的最高层主管人员了。他们担任过的会计职务，在他们晋升到最高管理阶层的过程中曾起过十分重要的作用。会计工作贯穿于组织机构的一切方面；管理会计人员的职责与管理人员的计划和控制工作，关系密切，难分难解"。[①]

随着经济体制改革的深入发展，会计信息在经营决策中的地位和作用日益为人们所认识和理解，并引起足够的重视。因此，在企业经营管理过程中，会计人员（同时也是信息工作人员）不仅要搞好记账、算账、报账、管账和用账等工作，还要随时了解企业的生产技术经营活动，全面熟悉企业的情况，及时提供准确的会计信息，提高会计信息的质量，增强会计信息的可信度，主动参与决策；企业领导者要重视作为决策基础的会计信息，极大地调动会计人员的积极性，虚心听取会计人员的意见，学习和掌握必要的会计知识，以期制定科学的经营决策并科学地实施，从而促使企业增强竞争能力，不断提高经济效益。

四、遵守会计法规，强化会计责任

会计法规指的是《会计法》、会计人员工作规则、会计人员岗位责任制、各行各业的会

---

① 查尔斯·T. 霍格伦. 高级成本管理会计学：上册[M]. 北京：中国财政经济出版社，1986.

计制度、费用开支标准、成本开支范围、会计档案管理办法的总称。会计法规是组织经济活动、开展会计工作的指南。每个社会公民，特别是领导干部，要带头学习会计法规，领会会计法规的精神实质，树立会计法规意识，在工作中身体力行，以身示范，养成自觉遵守会计法规的好习惯，主动约束自己的活动，规范会计行为，在全社会形成遵守会计法规的风尚，这是会计社会道德的最终表现与目标。

彻底治理会计信息失真现象，要下决心从源头根除会计信息失真产生的可能性，在遵守会计法规的同时，必须强化会计责任。这里所指的会计责任是广义的，它包括单位负责人的会计责任、会计人员的会计责任、注册会计师的审计责任三个方面。下文将就这三方面的会计责任展开进一步的阐述。

（一）单位负责人的会计责任

原《会计法》（1988年1月21日六届人大第九次会议审议通过）用了较大篇幅来规定单位领导的责任，却把单位负责人、会计人员和其他人员放在同一会计责任主体上，其结果往往导致无人负责。鉴于此，（2017年11月4日第十二届全国人民代表大会常务委员会第三十次会议审议通过）新修订的《会计法》特别强调了单位负责人是本单位会计行为的责任主体，全面扩大了单位主要负责人应承担的会计责任。但是，众所周知，会计是一项专业性、技术性很强的工作，而单位负责人又不一定精通会计专业，那么，新修订的《会计法》为什么要求单位负责人对本单位的会计工作和会计资料的真实性、完整性负责，并承担法律责任呢？

（1）从法理上说，单位负责人既然作为本单位的法定代表人或主要负责人，应当对本单位包括会计工作在内的所有经营管理工作和各项经营管理活动负责，并承担相应的法律责任。《中华人民共和国公司法》规定，公司法定代表人或主要负责人拥有管理公司所有重要经济事项和对外代表公司处理业务的权利，根据权利与义务对等的原则，公司法定代表人或主要负责人同时也应承担相应的义务，对其所作出的决策和决议负责。而公司所作出的决策和决议绝大部分都与会计核算和管理直接或间接相关，作为公司的法定代表人或主要负责人，当然应对会计事项负责，同时也就包含着对会计信息的真实性、完整性负责并承担相应的法律责任。

（2）单位负责人对本单位的会计人员和会计资料的真实性、完整性负责，并承担相应的法律责任，符合中国的实际情况。在市场经济条件下，单位负责人有权任命、聘用或者解聘会计机构负责人（会计主管人员）和有关会计人员，两者之间是行政领导与被领导、聘任与被聘任的关系。会计机构负责人（会计主管人员）等会计人员是在单位负责人的领导下开展工作的，也是单位负责人的参谋与助手。尽管这些人员可以在一定程度和职权范围内参与决策和处理业务，但他们是在单位负责人的领导下具体组织实施的，如果本单位的会计工作出现作假和违规行为，相关会计人员有责任，但由此产生的法律责任还是应由单位负责人承担。在实际工作中，各单位对外报出的财务会计报告，最终还需由单位负责人签名盖章后方可成为合法的文件对外提供，否则，该文件将不具有法律效力，有关方面也可不予受理。这不仅是一种形式上的要求，实质上也代表着一种法律责任。一个单位对外提供虚假的财务会计报告的行为和对外提供假冒伪劣的产品，其责任是相同的。因此，单位负责人的法律责任是不能回避的，不能认为会计工作专业技术性强，是会计机构和会计人员的事情，而与己无关，更不能认为在财务报告上签名、盖章只是一种手续，而对其内容可以不负责任。

（3）单位负责人对本单位的会计工作和会计资料的真实性、完整性负责，并承担相应的法律责任，国际上已有先例。日本《有限公司法》规定，"董事需于每个决算期制作下列文件及其附属明细书：资产负债表，损益计算书，营业报告书，关于利润分配或亏损处理的议案（第四十三条）""董事履行其职务有恶意或重大过失时，该董事对第三人亦连带承担损害赔偿责任（第三十条）""董事就第四十三条所列文件应记载的重要事项进行虚伪记载或者进行虚伪登记或公告时，亦同前项（即董事亦应对第三人连带承担损害赔偿责任）"。

德国《有限责任公司法》第三十五条规定，"管理董事在法院内外均代表公司"，第四十一条规定："管理董事有义务使公司依照规定进行会计工作，在每一营业年度最初三个月内，管理董事提出上一营业年度的资产负债表与损益计算书。"该法第八十二条专门对公司负责人提供虚假报告所应承担的法律责任作出了规定，如果公司负责人对外提供虚假报告或者在公开的通告中对公司资产状况作不真实的陈述或隐瞒事实真相，将被处以 3 年以下有期徒刑或罚金。

各国的事实证明，这样规定责任清楚，对抑制、减少乃至杜绝会计违法行为至关重要。因此，我国《会计法》在修订过程中借鉴了这一做法，明确了单位负责人是单位会计行为的责任主体。既然单位负责人为本单位会计行为的责任主体，他就应承担起相应的会计责任。

（4）单位负责人的十项法定会计职责。新《会计法》在规定单位负责人对本单位的会计工作和会计资料的真实性、完整性负责的同时，对其法定职责也予以具体化，主要包括以下十项法定职责。

第一，组织本单位依法设置会计账簿，并保证其真实、完整、保证单位发生的各项经济业务事项在依法设置的会计账簿上统一登记、核算，不得违反《会计法》和国家统一的会计制度的规定私设会计账簿登记、核算。

第二，组织领导单位会计机构、会计人员和其他相关人员严格遵守《会计法》的各项规定，依法进行会计核算，实行会计监督。

第三，对认真执行《会计法》、忠于职守、坚持原则、作出显著成绩的会计人员，给予精神的或物质的奖励，不得对依法履行职责，抵制违反《会计法》规定行为的会计人员实行打击报复。

第四，应当在单位财务会计报告上签名并盖章，并保证财务会计报告的真实、完整。

第五，应当组织本单位建立健全有效的内部控制制度，强化单位内部制约机制，保证办理会计事务的规则、程序能够有效防范和控制违法、舞弊等会计行为的发生。

第六，应当保证会计机构、会计人员依法履行职责，不得授意指使、强令会计机构、会计人员违法办理会计事项。

第七，对会计机构、会计人员发现会计账簿记录与实物、款项及有关资料不相符而无权处理的报告，应当及时作出查处决定。这也是单位会计工作及时正常进行的重要保证，单位负责人对此必须及时作出处理。

第八，应当如实向受托的会计师事务所提供会计资料，不得以任何方式要求或示意注册会计师及其所在的会计师事务所出具不实或不当的审计报告。

第九，应当组织本单位接受有关监督检查部门依法的监督，如实提供会计资料和有关情况，不得拒绝、隐匿、谎报。

第十，应当依法任用具有会计从业资格的会计人员，并依法保障本单位会计人员的继续教育和培训，促进会计人员的业务素质的提高。

从上述法定职责可以看出，修改后的《会计法》的一个突出特点是明确了单位负责人对本单位会计工作的责任，确定了单位负责人为单位会计行为的责任主体，与旧《会计法》相比，新《会计法》对单位负责人的要求更为明确、更为直接。新《会计法》中把单位负责人定位在本单位会计工作第一责任人位置上，明确其会计责任，这有利于规范会计行为和保证会计信息质量，有利于从根本上解决会计秩序混乱等问题。

（二）会计人员的会计责任

在权责均衡的公平竞争的市场经济中，任何从事经济活动的主体，社会均赋予其一定权利完成其特定目标，相应地也要求对其行为及其结果负责。会计的本质是一种管理活动，会计人员利用组织赋予的职权从事会计管理工作，必然要承担会计责任，以保证实现组织目标。笔者从以下角度来认定会计人员的会计责任，即：会计本质→会计目标→会计责任。

1. 会计本质→会计目标

会计本质是管理活动，这可以从管理的定义及会计职能的发展来证实。会计从近乎原始的结绳记事发展到现代会计，职能不断拓宽，涉及预测、决策、监督、控制、激励等各个领域。会计不是被动地适应各方面对会计信息的需要，而是通过提供会计信息，能动地影响决策行为。这种能动的影响是积极的还是消极的，取决于会计人员自身的行为。若要使这种能动的影响是积极的，就要求会计人员提供真实、可靠的会计信息。新《会计法》对这方面也作出了相关的规定：会计人员必须根据实际发生的经济业务事项进行会计核算，任何会计机构和会计人员不得伪造、编造会计资料，不得提供虚假的财务会计报告。只有出具的财务信息是真实的、完整的，才能对决策行为起正确的引导作用。

在企业内部，会计人员处理经济业务，必须按照国家统一的会计制度的规定对会计资料进行审核，对其合法性、经济性作出判断，对不真实、不合法的经济业务有权不予接受，并向单位负责人报告。对记载不准确、不完整的会计资料可予以退回，并要求按照国家统一的会计制度的规定更正、补充，从而成为管理有效的经济信息控制系统。在企业外部，对外披露的会计信息直接影响报表使用者的决策，影响着经济资料的配置。因此，会计是一个开放管理系统中的重要组成部分，会计是一项管理活动。从会计本质可知，在企业内部，会计一方面应发挥内部控制的功能，另一方面其预测、分析职能应为企业领导者决策提供依据；在企业外部，会计信息应引导经济资源实现有效配置。故会计行使其职能，是为了实现以下目标：加强企业内部控制，为企业内部决策提供依据；帮助企业外部各方了解其财务状况及经营成果，满足宏观经济管理的需要。

2. 会计目标→会计责任

为实现会计目标，会计人员有权依据法律及职业判断对经济活动进行控制，对会计信息进行处理。与会计权利相对应，会计主体也应承担一定的会计责任。与会计目标一致，会计责任分为内部责任和外部责任；内部责任是建立、健全内部控制制度，为企业领导者决策服务；会计外部责任是保证会计信息真实、合法、完整，保护资产安全与完整。

3. 会计人员的法定会计职责

新修订的《会计法》在对单位负责人的会计责任予以具体化的同时，对会计人员的法定职责也作出了相关的规定。

第一，会计人员必须依据新《会计法》的规定进行会计核算，实行会计监督。

第二，会计人员必须根据实际发生的经济业务事项进行会计核算，填制会计凭证，登记会计账簿，编制财务会计报告。

第三，会计人员必须按照国家统一的会计制度的规定对原始凭证进行审核，对不真实、不合法的原始凭证有权不予接受，并向单位负责人报告；对记载不准确、不完整的原始凭证予以退回，并要求按照国家统一的会计制度的规定更正、补充。

第四，会计人员对本单位发生的各项经济业务事项应当在依法设置的会计账簿上统一登记、核算，不得违反本法和国家统一会计制度的规定私设会计账簿登记、核算。

总之，作为会计人员应当遵守《会计法》和国家统一规定的会计制度，遵守自己的职业道德，才能保证会计信息的真实、可靠。

（三）注册会计师的审计责任

审计责任是指注册会计师应按照独立审计准则的要求出具审计报告，保证审计报告的真实性、合法性。它包括两个方面的内容：一是注册会计师应对审计报告的真实性负责。审计报告的真实性是指审计报告反映注册会计师的审计范围、审计依据、审计程序和发表的审计意见都是真实的；二是注册会计师应对审计报告的合法性负责。审计报告的合法性是指审计报告的编制和出具必须符合《中华人民共和国注册会计师法》（以下简称《注册会计师法》）和独立审计准则的规定。审计责任是注册会计师作为被审会计报告合法性、公允性和会计处理方法一贯性的证明人所应尽的义务。但是，由于审计责任和会计责任是我国独立审计中两个关系非常密切的概念，使得许多人并不能准确地把握这两种责任的区别，以至于社会上有关注册会计师的责任问题的诉讼越来越多，所以明确这两个概念的相互联系有利于社会各界正确理解审计工作，合理地运用审计报告，恰当地追究注册会计师的法律责任，保护注册会计师的合法权益，充分发挥审计的重要作用。会计责任也可称作经营责任，是指被审计单位应建立健全内部控制制度，保护资产的安全、完整，保证会计资料的真实、合法、完整。会计责任是被审计单位管理当局应尽的义务。注册会计师的审计责任不能替代、减轻或免除被审计单位的会计责任。原因有以下两点。

其一，注册会计师只是被审会计报表合法性、公允性和会计处理方法一贯性的证明人，而不是被审计单位的管理人员，没有承担会计责任的权利和义务。

其二，会计责任是被审计单位管理当局自身应负的法律责任。如果让注册会计师在执行审计业务的同时，代行全部或部分会计责任，不仅会导致被审计单位的会计责任可以不充分履行，而且意味着注册会计师成了被审计单位的管理人员，丧失了对被审计单位进行审计的独立性。没有独立性的注册会计师出具的审计报告是不合法的。

注册会计师充分履行审计责任，能够促进和帮助被审计单位充分履行会计责任。首先，注册会计师通过向审计单位提供管理建议书和提请被审计单位对会计报表中的重要错报项目进行更正，可以帮助被审计单位充分履行其会计责任。其次，注册会计师通过向委托人及其他利害关系人提供真实合法的审计报告，可以帮助这些利害关系人实现对被审计单位管理当局会计责任及其他受托经济责任履行情况的正确考核和有效监督，促进被审计单位管理当局充分履行会计责任。其三，注册会计师通过提供真实合法的审计报告，可以增加会计报表使用者对被审计单位会计报表的合法性、公允性及会计处理方法一贯性的信任，提高被审计单位的社会信誉，为被审计单位充分履行会计责任提供条件。

被审计单位会计责任是否得到正确和充分的履行，决定着注册会计师审计责任充分履行的难易程度。合理的审计程序必须与被审计单位的实际情况，主要是会计责任的履行情况相适应。如果被审计单位会计责任履行情况很差，内部控制制度不健全，就不能发表正确的审计意见，导致审计责任难以充分履行。所以注册会计师要充分履行审计责任，必须深入了解被审计单位的实际情况，特别是会计责任的履行情况，对审计风险谨慎作出判断，合理选择和认真实施审计程序。

由此我们可以知道，会计责任与审计责任是两种完全不同的责任，它们虽有区别，但也存在一定的联系，只有把被审计单位的会计责任和注册会计师的审计责任共同落实到位，才能保证会计资料的真实、完整、可靠。

（四）会计责任界定与划分

据调查资料表明，近几年违规的上市公司中，涉及三类人：一是单位负责人，如总经理和董事长；第二类是总会计师；第三类是财务部负责人。在大多数案件中，都是因单位负责人指使、授意做假账，披露假信息造成的。由此可以看出，将单位负责人确定为对会计信息负责是非常正确的。但也不排除会计人员为一己私利做假账、提供虚假会计信息的可能性，这就需要对单位负责人的会计责任和会计人员的会计责任进行界定与划分。

（1）唯利行为。所谓唯利行为是指会计责任人在执业过程中，受利益驱动而违反《会计法》规定的舞弊行为。唯利行为若为会计人员的个人行为，则会计责任由其个人承担；若为会计人员和单位负责人的共同行为，则两者都应承担相应的会计责任。

（2）唯上行为。所谓唯上行为是指会计责任人在执业过程中，由于某种目的的驱使，为迎合上司心理而违反《会计法》规定的舞弊行为。唯上行为有个人行为，也有共同行为。个人行为则会计责任由个人承担；共同行为则与其相关联的人应承担会计责任。

（3）放纵行为。所谓放纵行为是指单位负责人或关系人受利益或某种目的的驱使，玩忽职守，放纵会计人员违反《会计法》规定的舞弊行为。放纵行为是一种领导违法行为，单位负责人应承担较大的会计责任，会计人员应就其舞弊行为承担会计责任。

（4）胁迫行为。所谓胁迫行为是指单位负责人或关系人，受利益或某种目的驱使滥用职权，胁迫会计人员违反《会计法》规定的舞弊行为。它也是一种领导违法行为，单位负责人应承担此会计责任，而会计人员则无须承担会计责任。

上述会计违法行为都会使会计信息严重失真，从而导致企业经营业绩的歪曲，税源和国有资产的流失，给社会经济发展带来极大的危害。要从根本上遏制此类违法行为，就应加大法律的监管力度，对违法的单位负责人、会计人员及注册会计师要依法追究其行政责任、民事责任和刑事责任，使其受到应有的法律制裁。

（五）履行会计责任的若干建议

《会计法》及相关法律、法规从各个方面都对单位负责人、会计人员、注册会计师的行为起到了一定的约束作用，规范了社会经济秩序。但是，笔者认为光凭外在的约束力规范会计责任人的行为是远远不够的。为彻底解决会计信息的失真和会计资料的不可靠这一世纪难题，笔者特提出以下几点建议。

1. 加强对会计人员的培训教育，提高会计人员的职业道德水平

《会计法》第 40 条规定，会计人员违反某些行为将"不得取得或重新取得会计从业资格证书"。因此，应教育会计人员充分认识到主观上制作虚假会计资料的严重后果，促使其自觉维护会计资料的真实性，自觉讲究会计职业道德，造就高尚的道德品质，此乃治理会计信息失真的根本措施。

2. 加强会计人员的管理工作，改善执法环境

新修订的《会计法》对会计人员的责任作了大的变动，不再要求会计人员对违法行为作出处理的硬性规定，只要求向单位负责人汇报即可，为会计人员的执法提供了一个较大的回旋空间，强调了单位负责人的责任。同时，试行会计委派制、派驻稽查特派员等办法对防范会计资料的虚假性也有相当作用。

3. 加强单位领导的教育培训工作，支持会计人员工作

会计人员是受单位领导的，通过增强单位负责人的会计法治意识，支持会计人员真实反映经济活动，可有效制止会计资料的失真行为，使提供的会计信息真实、可靠。

4. 发挥社会中介机构的作用，增加中介机构的责任约束

目前中介机构对企业的资料评估、验资或验证提供虚假文件的现象时有发生。这一方面有主观原因，另一方面则由于企业造假手段隐蔽，而中介机构的审计报告大多基于单位所提供的会计资料而发生，影响了审计报告的可信度。因此，充分发挥社会审计力量的监督作用，也是以防会计资料失实性的有效方法之一。

5. 健全单位内部管理，使会计、统计、审计三者互相制约

各级财政部门应当要求所管理的本地区的企事业单位健全内部监督体系，完善会计、统计、审计三者间的相互监督、约束功能，使三者间的数据相互验证，提高会计资料的真实程度。此外，还可以采取提高会计责任人的工资、福利待遇这一措施，使其违法行为的成本远远高于收益，这样就可以使违法行为发生的可能性降低至最小。总之，一方面完善有关的会计法规、规章制度、强化会计责任人的会计责任，加大监管力度，另一方面提高会计企业员工自身的综合素质，加强其职业道德建设，双管齐下就一定可以杜绝会计作假问题，维持良好的社会经济秩序，使我国的经济建设更上一个大台阶。

第三节 会计职业道德规范要求

会计职业道德规范表达会计职业内在义务和社会责任，其表达形式具体、灵活、多样、独特。会计职业道德规范主要是用来约束从事会计职业的人员，以调整从事会计职业的人员的内部关系和他们所接触对象之间的关系。会计职业道德规范是财经法律、法规和制度所不能代替的。一般来说，非法行为是不道德的，但是合法行为也有道德与不道德之分。

一、恪尽职守，爱岗敬业

恪尽职守，即通过自己的工作把会计管理职能作用充分发挥出来，也就是要在会计人员充分认识自己应负会计责任的前提下，最大限度地将应负的会计责任担当起来。爱岗敬业，则是要求会计人员以极大的热忱投身于会计本职工作之中，做好工作，干出成绩。这一规范反映了会计人员对社会劳动的态度，体现了诚实劳动，树立共产主义劳动态度的共产主义道德规范的精神。

"恪尽职守，爱岗敬业"规范，对会计人员有以下要求。

（一）自觉把从事的会计工作同祖国的命运紧密联系在一起

顺应改革的发展，建立古今结合、中外结合的中国式的现代会计管理理论和方法体系，使我国的会计事业适应祖国日新月异的伟大变革。尤其是面对世界范围内兴起的新技术革命浪潮，我们必须从全新的角度开展会计理论和方法的研究。因此，会计人员要立足本职工作，适时地研究新问题，钻研会计业务，更新会计知识，这样既有理论上的意义，又有重大的实践意义。

（二）以饱满的工作热忱、一丝不苟的工作态度对待会计工作

会计人员要自觉养成任劳任怨、一丝不苟的工作态度和工作作风。会计工作是一项政策性、技术性很强的工作，也是很重要的工作。从宏观角度看，它关系到单位、部门的财务状况和经济效益。与此同时，会计工作又是很具体、复杂的实务性劳动，有较强的技术性要求。这就需要会计人员有认真踏实、一丝不苟的工作态度，刻苦钻研技术，这样方能做好会计工作。

（三）爱岗敬业是会计工作的内在要求

爱岗敬业，就是要求会计人员充分认识本职工作在整个经济和社会事业发展过程中的地位和作用，珍惜自己的工作岗位，做到干一行爱一行，一丝不苟，兢兢业业，争当会计工作的行家里手。同时，还要求会计人员在工作中自觉主动地履行岗位职责，以积极、健康、求实、高效的态度对待会计工作，做到认真负责，尽职尽责。

（四）加强会计基础工作，增强会计从业人员敬业意识

会计基础工作是会计工作的基本环节，也是经济管理工作的重要基础。会计基础工作的好坏，直接关系到财务信息的真实性、合法性。为了增强会计人员的敬业意识，首先要加强会计基础工作，建立规范的会计工作程序，保障会计人员依法行事。

二、当好参谋，参与管理

"当好参谋，参与管理"这一规范就是要求会计人员不能只是消极地、被动地记账、算账、报账，而是要积极地、主动地经常向上级领导者反映经营活动情况和存在的问题，提出合理化建议，协助领导决策，参与经营管理活动。而且，在现代商品经济社会中，会计管理工作范围逐渐扩大，遍及整个社会经济领域，这种会计工作的广泛性决定了会计人员应当好参谋，参与管理，这一规范的具体内容如下。

（一）会计职能由"报账型"转为"管理型"

传统的会计职能以记账、算账、报账为主，它的主要任务是核算。现代企业制度的建立，更看重会计的本质即会计参与管理、会计核算，为商业伦理奠定基础，目的是更有效地管理企业，提高效益。会计工作除了进行传统的企业核算外，重点应进行财务管理，制订经营计划，进行财务控制系统设计和投资决策。

（二）积极参与企业经营管理的全过程，做好参谋工作

为了积极参与企业经营管理的全过程，这就要求做到参与预测、参与决策、参与制订计划、参与执行、参与效果评估。作为商业伦理者的角色，会计人员应该参与企业经营的每一个过程，除了核算，还要提出管理建议，行使参谋、决策的角色。

（三）以经济效益为中心，提出改善会计管理的各项措施、建议

经济效益是企业一切工作的核心。会计管理工作必须围绕这一中心来开展。在这里，一方面要通过对各项资金的管理、监督，以保护财产安全，挖掘增产潜力，少花钱多办事，加速资金周转；另一方面要通过收支管理，以合理组织收入，节约费用支出，少投入多产出，增加财富收益。

三、如实反映，正确核算

反映经济活动，是会计的基本职能。进行会计核算，是会计机构、会计人员的主要职责。如实反映、正确核算，以提供真实可靠的数据和信息，就能协助企业搞好经营决策，有效加强商业伦理与经营管理，提高经济效益，反之，失真的数据和信息，将会导致决策失误，给国家、人民财产带来极大损失。怎样做到如实反映、正确核算呢？

（一）明确会计的核算职能

会计核算贯穿并反映经济活动的全过程，故核算职能也称为反映职能。它是指会计以货币为主要计量单位，通过确认、计量、记录、计算、报告等环节，对特定对象（或称特定主体）的经济活动进行记账、算账、报账，为各有关方面提供会计信息的功能。

（二）适应现代企业制度的要求，做好会计核算工作

明确产权关系，建立产权明晰的会计核算体系。现代企业制度的特征之一是产权关系明晰。国有企业财产属国家所有，企业具有法人财产权，应正确核算劳动者在企业中所拥有的各项权益。在企业中，劳动者在完成生产经营任务的同时也获得了合法报酬和权益。改革会计核算体制，完善会计报告体系。

（三）会计人员应具备诚实可靠的品质，客观反映经济活动过程

诚实，就是要讲真话，做真事，不欺骗，不说谎，对己、对人、对上、对下都不掩盖事实真相；可靠，就是要始终把握好自己，保持客观公正立场，不为任何利诱所动。这包括三个方面的内容：①反映实际，核算实绩。②分析现象，抓住规律。③揭示未来，明确方向。

（四）会计人员应正确核算经济业务，提高会计信息质量

在实际工作中，会计人员要实事求是地做好本职工作，提供真实可靠的会计资料，切不可"掺水分""添油加醋""偷工减料"。现实中存在的"书记成本、厂长利润"与这一要求相违背。

四、遵纪守法，严格监督

会计工作在我们国家目前是与财务工作结合在一起开展的。所谓严格监督，是指会计人员不屈服于任何人的意志，严格按照国家有关法律、法规、财经政策、制度的制定，通过审核凭证、账簿、控制预算或计划的执行，对本单位的每项经济活动的合理性、有效性进行监督，制止损失浪费，维护财经法纪，提高经济效益。

（一）明确会计的监督职能

会计监督职能也称为控制职能，是指会计人员在进行会计核算的同时，对特定对象经济业务的合法性、合理性进行审查。加强会计监督，必须以财政经济法律、法规为依据。开展经济工作必须以财政经济法律、法规为规范，这是经济工作顺利进行的重要保证。会计人员和单位负责人应当明确地辨别经济业务是否合法的界限，要以财政经济法律、法规、规章为依据作出准确的判断，并以此作出恰当的处理，对不认真履行会计监督职责，干扰、阻挠会计人员履行会计监督的行为，要坚决依法予以追究，扭转会计监督弱化的现象。

（二）会计人员应以身作则，模范遵守财经法规

会计人员必须具有公正、客观的品质和忠于职守的精神，从国家和人民的利益出发，以有关政策和法规为标准，实施严格监督，更为重要的是会计人员必须从自己做起。具体要求是：①自觉遵守财经纪律和经济法规，严于律己，大公无私，不谋私利。②积极主动宣传解释财经法规和制度，使有关会计人员了解、掌握并自觉遵守。③在工作中严格把守关口，从实际出发，善于区分各种情况，宽严结合。④积极支持促进生产、搞活流通、开

发财源的一切合理、合法开支，坚持抵制揭发违反财经纪律、偷税漏税、铺张浪费等不道德的行为，维护会计人员的尊严，忠实地履行法律所赋予的权利和义务，以促进社会主义建设的发展。

（三）对经济活动实施严格的事前监督、事中监督和事后的监督

会计监督工作要始终贯穿于经济活动的全过程中，要把会计监督寓于决策之中、寓于管理之中，寓于日常的财务业务之中，这样，既可以防患于未然，又能及时解决出现的各种问题，避免造成大的损失。具体来说，这一规定就是要求会计人员运用会计方法、会计手段和会计资料对本单位的经济活动进行严格的事前、事中和事后的监督。

事前监督是指在企业各项经济业务活动的准备阶段，以财经政策、制度和企业计划为准绳，对企业经济合同、经营计划等所做的合法、合理、合规、经济性审查，使之符合规定要求。事中监督是在企业生产经营过程中以计划、定额、预算等为标准，对生产消耗、成本升降、资金使用、收益大小加以控制，及时发现并校正执行中的偏差，促进预定目标的实现。事后监督则是指在一个生产经营过程完结之后运用会计资料进行检查，对经营全过程作出评价，并检查会计工作的质量，为下一个生产经营过程做全面的准备。

（四）把握会计监督工作重点，增强监督工作的有效性

会计监督工作的重点是根据党和国家对经济工作的要求来保证经济工作沿着正确的轨道运行，不断提高经济效益，因此，会计监督工作者要围绕这个重点，抓住经济活动中的重要环节，开展监督工作。要积极参与经营决策的研究和制定工作、要积极参与经营管理、要积极发挥把关作用。

五、坚持准则，不做假账

"没有规矩，不成方圆"。干会计这一行也是如此。那么，会计人员的"规矩"是什么？

扩展阅读 9-1：财政部关于加强会计人员诚信建设的指导意见

"规矩"就是会计人员从事会计工作所遵守的行为规范或具体要求，包括一系列的会计法律、法规和政府规章。遵纪守法是会计职业道德规范中的重中之重。会计工作涉及社会经济生活的方方面面，必须以会计法律、法规和规章为准绳，正确处理国家、集体和个人三者利益关系，把好财务收支合法性、合规性的关口，依法理财；必须具备高度的政治责任感，时刻保持清醒的头脑，既不助纣为虐，也不监守自盗，做到立于潮头而不倒。

（一）坚持准则，依法理财

依法理财作为会计职业道德的基本原则，其主要内容可归纳如下。

①会计人员在工作中，要把国家的整体利益放在首位。②依法理财，就是要处理好为国家利益服务和为单位利益服务的关系。会计人员应在严守法律、法规的前提下维护单位的利益，不能为了单位的利益而损害国家的利益，也不能因此而忽视了单位的合法利益。

③在为单位理财的过程中，要正确处理单位整体利益与个人利益的关系。会计人员在理财工作中，不允许任何人因个人利益损害单位的整体利益，应按照有关政策来合理协调两者关系，使之达到和谐统一。

（二）用法律维护自身正当权利

随着会计法律、法规的健全，我们已经有法可依了，而现在的一个关键问题是能不能做到"有法必依"。我国用人制度的缺陷以及渗透到各行各业甚至司法部门的腐败等，都会使法律在具体实施过程中遭遇阻力而不能充分发挥其效力。这更加说明外部环境的净化对于会计职业道德建设的必要性。为此，我们应当打破会计行业中任人唯亲的传统观念，加强廉政建设，尤其是司法部门的廉政建设，加大对违法违纪行为的惩治力度，真正做到"有法必依，违法必究，执法必严"。

（三）会计人员应全面理解"不做假账"的现实意义

做假账行为不仅仅是违反《会计法》，其直接后果就是导致会计信息失真。而会计信息是经济决策的基础，更是财政管理的基础，会计信息的虚假，必然导致经济秩序混乱、财政管理弱化、宏观决策失误。会计人员应深刻理解"不做假账"的现实意义。

（四）坚持客观公正，坚决不做假账

客观公正是会计职业意志的具体表现。有了这种职业意志，有了这种崇高的职业精神，在会计工作中，才能做到坚持原则，照章办事。

六、公私分明，勤俭理财

所谓公私分明，就是会计人员要做到公私有别，泾渭分明，守正尚廉、洁身自好、严于律己，不以权谋私，不贪赃枉法，不见利忘义，在经济上滴水不沾。要知道会计是因管理公共物品的需要而产生的集体性经济行为，不应成为满足私欲的行为。

（一）公私分明是会计从业人员职业道德的基本品质

公私分明的一般意义是洁身自好，为公众谋事。会计职业道德把公私分明作为道德规范，是会计工作的特殊职能所决定的，会计人员的职业工作说到底就是理财，就是对金钱和物资的管理，正是这种时时与钱物相联系的职业工作决定了会计人员必须是一个在经济上廉洁奉公、公私分明的人。会计人员在社会中职业威信和荣誉的取得，在很大程度上也依赖于这种道德品质。公私分明的主要内容包括：①正确认识会计人员手中的管理权是职业神圣权力的一种表现。会计人员决不能把这种职业权力作为谋取私利的特权，不能挪用、侵吞单位的一分钱，一针一线。②深刻认识自己管理的钱财是单位的财产。决不允许任何人以任何方式浪费、侵吞单位财产。

（二）严明自律是会计从业人员职业道德的更高层次

自律是会计职业道德的最高阶段，也是职业道德建设的最高目标。目前的会计职业道德处于他律与自律相结合的阶段，我们盼望着它的发展会迎来第二次飞跃，即发展到完全

的会计自律阶段。自律的基本形式又可分为会计行业自律和会计个人自律。会计个人自律，指会计人员靠内心道德感和职业良心来实现会计道德上自我完善的追求。它是一种自愿、自觉、自发的内心追求行为。会计人员的个人自律是会计职业道德的最高境界。完全的会计个人自律这种职业道德境界，只有在具有高度责任感、集体荣誉感、崇高共产主义理想追求的会计人员身上才会实现。会计人员应当不断完善自我，不断提升自己的职业道德，实现自己从他律向自律阶段的转变。

（三）发挥厉行节约的优良传统，坚决反对铺张浪费

在我国社会主义初级阶段，由于经济比较落后，管理水平差，经济效益低，浪费现象严重，节约的潜力很大，有很多工作要做。近几年广泛开展的"增产节约、增收节支"运动，其核心就是节约。可以说，在改革开放的今天，厉行节约仍然具有十分重大的现实意义。

为了做到厉行节约，要求会计人员以主人公的态度处处精打细算，监督人力、物力、财力的使用和财经管理制度的执行，保证岗位承包责任制和部门独立核算制的推行，从各方面、各环节杜绝浪费，尽可能压缩不必要的开支，降低和控制成本，加速资金周转，节约资金使用。

（四）发挥勤俭理财的优良作风，管好财，聚好财和用好财

勤俭理财是国家、人民赋予会计人员的重要职责。勤俭理财，要求手勤，即对账目随时准确记载，不疏漏、不遗漏；要求腿勤，即经常到各有关部门、到下面实际单位了解情况，进行调查研究；要求脑勤，即经常盘算怎样管好财，聚好财和用好财，多出主意，出好主意，使资金流通加速进行。

节俭，是聚财之道，是保存财富的途径，它要求会计人员协助领导和部门将国家财富用在该用的地方去，用作生产财富和创造财富，把"钢"用在刀刃上，防止盲目消耗。会计人员要做到勤俭理财，要求：第一，培养自己节俭的品质；第二，应摒弃在勤俭理财上的旧观念；第三，会计人员在财务管理上要正确对待赚钱、花钱问题。总之，公私分明、勤俭理财的目的是促使会计工作更好地为经济建设服务，促进社会生产力的迅速发展。

七、保守秘密，内外协调

会计人员应保守本单位的秘密，不能私自向外界提供或泄露单位的会计信息。会计工作是一项综合性很强的经济工作，它涵盖了一个单位整个生产经营的各个环节，所掌握的会计信息也涉及企业的方方面面，其中有些属于商业秘密，除非获得授权，这些秘密是不可以外泄的，否则会给企业造成重大损失，甚至造成企业经营上的混乱。

（一）会计人员应保守秘密

保守秘密是会计职业道德规范的基本要求。这里指的是会计人员应当保守本单位的商业秘密，不能将从业过程中所获得的信息为己所用，或者泄露给第三者以牟取私利。

保守秘密一方面是指会计人员要保守企业自身秘密，另一方面也包括会计人员不得以

不道德的手段去获取他人的秘密，这种手段包括会计人员直接获取和通过他人去获取。这也是市场经济条件下公平竞争的内在要求。如果以不道德的手段去获取他人的秘密，即使其行为是为了公司的利益，但其结果则是导致不道德的竞争，不利于市场经济的良性循环，也会给整个会计行业造成恶劣影响。

（二）会计人员应协调各方关系

会计作为反映和监督经济活动的一种手段，其职业特点使其应协调以下三个方面的关系。

①协调组织内部管理者与被管理者之间的关系。②协调组织与外部当事人之间的关系。会计所提供的信息对组织外部的当事人是至关重要的。③协调会计职业技术性与职业社会性之间的关系。

另外，会计工作也有一定的灵活性。针对同一经济事项，会计人员可能有若干种可供选择的方法，作出不同的估计。这不仅仅是针对企业对外提供的会计信息而言的，对于企业内部的信息提供方来讲，这种问题也存在，如为了企业内部一部分人的利益而更改自己的产品成本核算方法、责任中心的考核办法等。这样做的结果，必然使会计信息丧失其中立性，将直接损害会计信息的可靠性。

八、大胆改革，讲究效益

"大胆改革，讲究效益"是我国会计职业道德的重要规范。这一规范要求会计制度和传统的会计模式努力提高会计工作自身的效益，促进企业与社会经济效益的提高。随着经济体制改革的深入发展，会计工作不讲效益的观念将被人们所抛弃。

（一）解放思想，理顺会计改革的思路

解放思想，这是进行会计改革的前提。改革需要勇气，而勇气来自思想的解放。会计人员要冲破"平均主义"思想的束缚，一切从实际出发，理论联系实际，不"唯上"，不"唯书"，在实践中探索中国会计改革的道路。

（二）关注会计制度改革，促进会计发展

在大力发展会计学历教育的同时，应组织好大规模的会计在职教育，要不断改进培训渠道、组织形式、教材体系，提高培训工作的适应性和超前性。同时，要改革和完善相应的会计人员管理制度，形成科学的会计人才选拔、评价机制，以激励会计人员通过多种途径学习业务，提高自身素质。

（三）树立效益第一的思想，讲究"时间""效率"战略

"效率"战略是以最低的劳动消耗创造更可能多的物质财富；"时间"战略是要求在保证效益的前提下以最短的时间、最快的速度去创造最高价值。效率与时间相辅相成，效率中本身就有时间的规定性，时间是检验效率的标准之一。会计人员必须有强烈的时间、效率观念。会计人员自己要科学地支配时间，还要考虑其他人员对时间的合理利用，力争高

效率地做好会计工作。在主张效率第一时，我们还要坚持道义的原则，体现两个文明建设一起抓的精神。

会计改革的目的就是要在道义与效益相统一的原则下，促进社会物质文明和精神文明建设的同步发展。

第四节　注册会计师审计职业道德规范要求

中国注册会计师（certified public accountant，CPA）是依法取得注册会计师证书并接受委托从事审计和会计咨询、会计服务业务的执业人员。市场恢复建设至今已取得了迅速的发展，在我国的改革开放和社会主义市场经济体制的建设中发挥了积极的作用，扮演着十分重要的角色。然而，从外部环境来看，人们对注册会计师职业在市场经济中的作用和责任的认识还处于较朦胧的阶段；从职业界内部的情况来看，也还未建立起一个有序的职业发展机制。中国注册会计师道德建设存在的问题：中国注册会计师职业道德状况令人担忧；中国注册会计师的执业行为偏差；中国注册会计师队伍人员老化，专业素质不高；中国注册会计师审计质量较低。

所谓注册会计师审计职业道德规范，是指注册会计师审计人员在执业时所应遵循的行为规范，包括在职业品德、职业纪律、专业胜任能力及职业责任等方面所应达到的行为标准。以上内容是注册会计师审计人员职业道德行为可以接受的最基本要求，注册会计师审计人员职业道德行为应该高于该水准。

一、超然独立，客观求是

（一）超然独立，取信于各方利益相关者

独立性是注册会计师审计人员执业的灵魂与关键。所谓超然独立，是指注册会计师审计人员在执行审计业务、出具审计报告时应当在实质上和形式上超出一切界限，独立于委托单位和其他机构，其目的是取信于各种利益相关者。这种独立性的需要有两层含义，即实质上的独立与形式上的独立。无论是业务的承接、执行还是报告的形式与提交，注册会计师均应依法办事，独立自主，不依附于其他机构和组织，也不受其干扰和影响，注册会计师审计人员的审计报告无须经过任何部门审定和批准。

（二）从实际出发，客观求是地执业

客观求是就是指注册会计师审计人员对有关事项的调查、判断和意见的表述，应当基于客观中立的立场，以客观存在的事实为依据，实事求是，不掺杂个人的主观意愿，也不为委托单位或第三者的意见所左右，在分析问题、处理问题时，决不能以个人的好恶或成见、偏见行事。

注册会计师审计人员要做到实事求是，在执业中必须一切从实际出发，注重调查研究、分析，只有深入了解实际情况，才能取得主观与客观的一致，做到审计结论有理有据。

二、公正审计，廉洁守法

（一）公正审计，正确处理各种不同类型的经济利益关系

公正审计是指注册会计师应当具备正直、诚实的品质，公平正直、不偏不倚地对待有关利益各方，不以牺牲一方利益为条件而使另一方受益。

注册会计师在处理审计业务过程中，要正确对待与被审计单位有利害影响的各方面关系人。

（二）廉洁守法，依法执业，避免法律诉讼

廉洁守法是指注册会计师审计人员在执业中必须保持清廉洁净的情操，在独立、客观公正基础上，恪守国家有关法律、法规及制度的规定，依法进行合理、合法的审计业务，不得利用自己的身份、地位和执业中所掌握的委托单位资料和情况，为自己或所在的会计师事务所谋取私利，不得向委托单位索贿受贿，不得以任何方式接受委托单位馈赠的礼品和其他好处，也不得向委托单位提出超越工作正常需要之外的个人要求。

三、诚信为本，操守为重

（一）诚信是注册会计师职业的灵魂

注册会计师行业，其诚信文化的核心是操守为重，恪守职业道德。为此，注册会计师在执业过程中，应注重培育民族传统文化和时代精神相结合的行业诚信文化，使社会诚信与行业诚信有机地结合起来。

注册会计师讲诚信，就要自重自律，从努力提高自身职业道德素质和专业胜任能力做起。每一位从业人员要充分认识到，诚信不仅是保证执业质量的重要前提，也是注册会计师的立身之本。人无信而不立，离开了诚信，注册会计师必将失去生存空间。因此，注册会计师要端正认识，树立正确的人生观、价值观和道德观，不断提高道德修养，面对困难不要怨天尤人，把诚信意识根植于心，以诚实守信的形象立身于世。只有每一个人都讲诚信，才能筑起中国注册会计师的诚信大厦。

（二）注册会计师应有属于自己的个人诚信档案

会计服务市场规范的信用体系建立在制度的基础上，亦即从制度上保证"诚信"的注册会计师能够得到应有的回报，"失信"的注册会计师必须承担其行为造成的成本，不仅要受到舆论的谴责，还要付出经济上的代价。这就为会计服务市场信用水平的提高提供了制度上的保障。为此，当务之急是尽快建立注册会计师"个人信用制度"，即注册会计师应有属于自己的诚信档案。只有建立起完备的个人信用制度，才能在此基础上完善会计师事务所市场信用体系，以制度约束注册会计师的失信行为。

（三）打造"诚信为本"的注册会计师事务所文化

会计师事务所文化通过树立正确的经营理念、良好的精神风貌、高尚的伦理道德和明确的发展目标，以统一和规范事务所员工的价值观念，形成事务所巨大的凝聚力；通过建

立和完善事务所的各种规章、制度、操作规程及工作标准，以统一和规范企业员工的行为，确保事务所经营目标和发展计划的实现。现阶段我国会计师事务所在完成一系列改革、在体制上基本与国际惯例接轨的背景下，打造会计师事务所的"诚信为本"的商业诚信文化已是进一步提高注册会计师及事务所整体素质和质量、全面提升行业整体素质和社会形象的必由之路。

四、严谨执业，踏实进取

（一）严谨执业，提供优质高效的专业审计服务

所谓严谨执业，是指注册会计师审计人员必须具有较高的业务能力，达到一定的技术标准，在执业过程中注册会计师审计人员必须树立和加强风险意识，保持较高的职业道德水平。

注册会计师必须加强职业继续教育和终身学习，以保持和提高其执业的胜任能力，包括知识判断能力、理解分析能力、综合应用能力及实践经验等。注册会计师应具备扎实的理论和专业技术基础，包括对各国不同文化的理解并具有国际视野；具备进行调查、抽象思维和批判思维的能力；进行演讲及书面辩论和口头交流表达意见的技巧。注册会计师还应掌握大量其他专业的知识，包括经济学、数学和统计方法、组织行为、经营管理、市场营销、国际商务等知识以及有关信息技术的知识等。如果缺乏专业胜任能力，必将导致事务所风险的增加和审计失败。因此，对于合格的注册会计师来讲，专业胜任能力是保证其赢得社会尊重和市场竞争的重要条件。

（二）注册会计师审计人员应保持专业胜任能力

注册会计师审计人员应该具备下述业务能力才有可能胜任所从事的审计业务工作：①在专业知识水平方面的要求。注册会计师审计人员所从事的工作是一项知识性、技术性较强的专业工作。注册会计师审计人员对助理人员和其他专业人员工作责任。在执行业务之前，需就项目的性质、时间、范围、方法等对助理人员和其他专业人员进行必要的培训；在执行业务过程中应对助理人员和其他专业人员予以切实的指导、监督、检查，包括复核其审计工作底稿。②在接受后续教育方面的要求，按照注册会计师协会的规定，不断地接受后续教育，更新和提高专业知识，保持和发展专业技能，熟悉并掌握现行各种有关规定和实务标准，不断提高业务能力。

（三）注册会计师审计人员在执业过程中应沉思谨慎

注册会计师执行各类业务或在业务的各个环节所应实施的程序和方法，都已在有关的专业标准中予以明确，其中《注册会计师职业道德准则》在强调注册会计师应当严格遵循这些专业标准要求的同时，也对一些需要注册会计师审计人员重视的执业问题做了专门的规定，需要注册会计师审计人员在执业过程中"三思而后行"。

（四）踏实进取，认真承担审计责任和义务

踏实进取是指注册会计师审计人员在承接业务时必须讲究职业道德，诚实勤勉、积极

进取，尽力做好应尽的责任和义务。

五、保密守时，收费合理

（一）保守商业秘密，如期保质保量完成审计任务

保密守时是指注册会计师审计人员在执行审计业务过程中要严格保守被审单位商业秘密或财务信息，并按被审计单位要求的时间界限保质保量地完成审计任务。这就要求审计人员必须向委托人严守机密，如果没有征得明确许可，不得将审计单位提供的资料泄露出去。

（二）提供优质审计服务，按规定的标准合理收费

注册会计师审计人员的服务是一种有偿服务，但收费的多少应当以服务性质、工作量大小、参加人员层次高低等为主要依据，按规定的标准收费。会计师事务所在从事审计业务时不得以服务成果大小为条件来决定收费标准的高低，否则将会削弱注册会计师审计人员应有的独立性、客观性。

扩展阅读 9-2：国际四大会计公司的危机与"救赎"

六、公平竞争，协同发展

这一职业道德规范的要求是指会计师事务所在争取客户及执业过程中平等竞争，对同行负责，讲究信用，信守对客户的承诺，做好各自的审计执业工作，促进注册会计师审计事业的协同发展与进步。对同行负责是会计师事务所、注册会计师审计人员在处理与其他会计师事务所、注册会计师审计人员相互关系中所应遵循的道德标准。

（一）会计师事务所受理业务，CPA 跨地区、跨行业执业

《注册会计师法》规定会计师事务所受理业务，不受行政区域、行业的限制，也就是说可以跨地区、跨行业执业。因此，《注册会计师职业道德准则》禁止会计师事务所搞地区封锁、行业垄断，通过任何方式或以任何理由对到本地区、本行业执业的会计师事务所进行阻挠和排斥。

（二）前任与后任注册会计师审计人员相互支持和合作

委托单位出于种种原因，可能会结束一家过去为其提供过审计服务的会计师事务所业务转而委托另一家会计师事务所，或在某项业务尚未完成之前对会计师事务所进行变更。《注册会计师职业道德准则》要求委托单位在变更委托的情况下，后任注册会计师审计人员应与前任注册会计师审计人员取得联系，相互了解和介绍变更委托的情况和原因，委托单位变更委托后，前任注册会计师审计人员应该对后任注册会计师审计人员的工作予以支持和合作，包括必要时提供以前年度的工作底稿等资料。

（三）与同行保持良好的工作关系，加强相互协调与配合

《注册会计师职业道德准则》规定了注册会计师审计人员对其同行的其他责任，包括应

当与同行保持良好的工作关系，相互协调，配合同行工作；不攻击、不诋毁同行，不损害同行的利益；注册会计师审计人员不得雇用正在其他会计师事务所执业的注册会计师审计人员及其助理人员；注册会计师审计人员不得以个人名义同时在两家或两家以上的会计师事务所执业；会计师事务所不得以不正当手段与同行争揽业务等。

七、服务社会，追求卓越

（一）注册会计师应关注公众利益，服务社会

注册会计师职业性质决定了他承担的是对社会公众的责任。所谓会计信息外部使用人，既包括企业现有的又包括潜在的投资人、债权人以及政府有关部门等所有与企业财务信息相关的人士，可泛指为社会公众。社会公众在很大程度上依赖商业伦理当局编制的会计报表和注册会计师对会计报表的审计意见，并以此作为决策的基础。注册会计师尽管接受被审计单位的委托并向被审计单位收取费用，但他服务的对象从本质上讲却是社会公众，这就决定了注册会计师从他诞生的那一天起，所承担的就是面对社会公众的责任。

（二）注册会计师在执业过程中不断追求卓越

注册会计师行业作为一个中介行业，是服务于广大社会公众，其生存与发展依赖于公众对其的评价和信任，因此，注册会计师作为专业人士，保持良好的职业风范是相当重要的。追求卓越也就成为注册会计师职业道德规范的一个重要组成部分，具体有以下几个方面的要求：保持礼貌态度、主动性审计、提高服务效果、对服务对象及时响应、保持高效率执业、不断创新。

关键术语

事前监督　事中监督　超然独立　严谨执业　独立客观　保持谨慎　后续教育

复习思考题

1. 如何为会计行业营造良好的社会道德文化环境？

2. "恪尽职守，爱岗敬业"规范，对会计人员的要求包括哪些方面？失真数据和信息为国家人民财产带来极大损失，怎样做到如实反映正确核算？

3. 注册会计师审计人员在执业时所应遵循哪些职业道德规范？

4. 从组织和精神上分别说明内部审计人员怎样做到独立？

5. 试论企业会计诚信文化要求。

6. 试论企业内部审计职业道德规范要求。

案例分析　　　　　　　即测即练

　　　　　自
　　　　　学　　　　扫
　　　　　自　　　　　　　　描
　　　　　测　　　　　　　　此
　　　　　　　　　　　　　　码

第十章 商业伦理道德管理机制

 经典名言

天行健，君子以自强不息；地势坤，君子以厚德载物！

——《易经》

太上有立德，其次有立功，其次有立言，虽久不废，此之谓不朽。

——《左传·襄公》

子曰："学而时习之，不亦说乎？有朋自远方来，不亦乐乎？人不知而不愠，不亦君子乎？"

志于道，据于德，依于仁，游于艺。

君子务本，本立而道生。孝悌者，其为仁之本。

君子喻于义，小人喻于利。君子和而不同，小人同而不和。

君子有九思：视思明，听思聪，色思温，貌思恭，言思忠，事思敬，疑思问，忿思难，见得思义。

——《论语·季氏篇》

路漫漫其修远兮，吾将上下而求索。

——《离骚》

 学习目标

1. 正确理解道德自律与他律理念及关系。
2. 明确商业伦理道德自律机制内容与形式。
3. 理解商业伦理道德他律机制的概念及构成。
4. 掌握商业伦理道德评价方式与指标体系设计。

 导读

宁波方太公司以道御术

改革开放以来，中国企业为世界提供优质产品的同时，也输出具有东方特色的管理模式与文化。其中，宁波方太厨具有限公司（简称方太）积极探索中华优秀文化与西方管理理念融合的管理文化。

注：本文为专题《新儒商的治理智慧》之二

确定了"企业三观"，企业家要带领全体员工一步步实现企业的使命、愿景。方太要成为一家伟大的企业，至少要符合四大特征，这四大特征对应着企业长期发展的四个关键词，即顾客、员工、社会责任和企业经营。

1. 顾客得安心

自1995年成立至今，方太始终以顾客为中心，以员工为根本。这两个方面有内在联系且相互支撑："以顾客为中心"是方太长期坚持的方向；以"员工为根本"是"以顾客为中心"的内在动力。

为了"顾客得安心"，方太视顾客为家人。方太研发人员在研发产品过程中遇到问题需要解决时，经常讲的一句话是："如果这款产品给自己家人使用，我们会有什么样的感受？"

因此，方太的新产品在样品阶段，都会让公司高管和研发团队成员先试用，让自己家人谈体验、提意见。如果自己家人用得不满意，这款产品就不会上市。

"顾客得安心"具体体现在让顾客动心、放心、省心、舒心四个方面。

首先，方太的产品从设计上让顾客动心，顾客看第一眼就会被其外观、功能所吸引；其次，产品质量要过硬，让顾客买得放心；再次，顾客购买方太产品后，方太的售后服务（包括安装、调试等）一站式帮助顾客解决所有问题，让顾客省心；最后，让顾客在使用方太产品时有很好的体验，感到舒心。

通过对多年学习中华优秀文化与企业经营管理实践相结合的体悟，方太总结出满足顾客需求的四个维度，即创新立美、品质立信、成本立惠、品牌立义。

2. 员工得成长

方太通过对中华文化的体悟，针对员工不同成长阶段的需求，总结提炼了促进员工幸福成长的四个"化"，即关爱感化、教育熏化、制度固化、才能强化。

关爱感化：通过为员工营造安全感、归属感、尊重感、成就感"四感"环境，增强员工的主人翁意识，激发员工的奋斗精神。

教育熏化：教育的目的是"明理"，即明白做人、做事的道理。如何让员工"明理"呢？要通过长期潜移默化的教育熏陶，让员工认识到人生的使命和意义，进而明白做人、做事的道理。

制度固化：企业在运营管理实践中，会不断探索积累能够促进企业发展和员工成长的经验，对这些经验要及时总结提炼，形成行之有效的激励约束机制，即用制度来固化经验成果。这样，企业管理就会越来越有秩序。

才能强化：通过各种教育培训，持续提升员工的知识技能，增强其安身立命、成长成才的能力；同时，为员工提供成长成才的机会，拓展发展通道，让员工从工作中获得成就感。

在方太的四个"化"中，前面两个"化"有先后顺序，而后面的制度固化和才能强化既可变换顺序，亦可同步进行。

3. 社会得正气

作为市场主体和经济组织，企业不仅要通过提供就业机会、创造利润对员工和股东负责，还要承担相应的社会责任。为社会及消费者提供优质产品和服务是企业社会责任的应有之义。

作为一家有着强烈社会责任感的企业，方太立志要让自己的产品成为精品，成为可以代表中国的名片，公司要成为一家让千万家庭享受幸福生活的伟大企业。

2017 年 12 月，我在"方太杯·第十届全国业余围棋公开赛"上提出了方太"修炼三大文化，创造中国精品"的主题。之所以提出这一主题，是因为方太在这一年提出了"伟大企业"的愿景，而要成为一家伟大企业，核心之一就是要创造精品，打造中国名片。中国要从制造大国走向制造强国，不能没有精品。

如何创造精品？答案是"修炼三大文化"，即创新文化、品质文化、中华优秀文化。

在这三大文化中，创新文化是第一动力，品质文化是根本保障，中华优秀文化是创新文化和品质文化的源泉。

我用汽车来比喻这三种文化的关系。

创新文化作为第一动力，犹如汽车的后轮，汽车如果没有后轮驱动就不能前行；品质文化犹如汽车的前轮，是汽车前行的根本保障：一方面保障安全，另一方面保障生存和发展；中华优秀文化是汽车的发动机和能源，汽车如果没有发动机和能源，也就没有源动力，启动不了。创新文化、品质文化、中华优秀文化是企业创造精品的"铁三角"，缺一不可。

2006 年起，方太发布第一份企业社会责任报告并坚持至今。2009 年，方太参与"中德贸易可持续发展与企业行为规范"项目，与德国企业合作开展企业社会责任项目，制定并确立了"遵守法纪、弘扬道义、诚信经营、和谐发展"的 CSR 方针，完善了包括固废管理在内的 CSR 体系，形成了方太三个方面（法律、发展和道义）、十二项内容的社会责任观。

2017 年，方太结合企业运营及内外部环境变化情况，进一步修订完善了社会责任观，建立了"方太社会责任金字塔"，如图 10-1 所示。

图 10-1　方太企业社会责任金字塔

对于方太的"企业社会责任金字塔"，我的解释是：

法律责任和道义责任是 60 分与 100 分的关系，60 分的法律责任必须达到，不然就没办法毕业；100 分的道义责任是方太不断追求的；发展责任即产品要不断创新，员工要不断成长、待遇不断提高，企业要健康、和谐、可持续发展，这也是企业成为"百年老店"、永续经营的最重要基因。

方太的"企业社会责任金字塔"对应着方太管理文化践行体系中的"社会得正气",是"伟大企业"的基本特征之一。

4. 经营可持续

有了前面的"三得"(顾客得安心、员工得成长、社会得正气),加上经营管理基本功,就一定会实现企业的健康可持续发展。

在西方管理理论中,战略是管方向的,运营是管落地的,以及对最大可变量——人的管理,这是经营管理的"三要素"。在此基础上,方太增加了"风险管理"要素,变成经营管理"四要素"。

我将战略管理、运营管理、人文管理、风险管理"四要素"之间的关系总结为:根在领导、源在战略、要在运营、本在人文。

专家点评

中西合璧的方太管理文化将中华优秀文化的精髓融入企业经营管理实践,涵养企业精神,培育现代企业文化。其"为了亿万家庭幸福"的使命、"成为一家伟大企业"的愿景、"三品合一"的核心价值观,实现了儒家商道智慧与现代企业经营管理的深度融合,体现了新时代新儒商的精神风范;"五个一"文化实践方法将企业员工人文教化中自上而下、自外而内的"他律",转化为员工自愿、自觉、自强的"自律",为企业永续发展提供了强大动力。(中山大学　黎红雷教授)

资料来源:茅忠群,《企业管理》杂志,2022-05-15.

本章首先明确道德自律与他律理念及商业伦理道德自律与他律的辩证关系、认识商业伦理道德的平衡需要他律机制与自律机制的约束;其次,探讨商业伦理道德自律机制与商业伦理道德他律机制。再次,从商业伦理道德评价的重要作用、商业伦理道德评价的标准、商业伦理道德评价的根据、商业伦理道德评价的方式等角度论述商业伦理道德评价机制,最后进行了商业伦理道德评价指标体系与评价标准的设计和探讨。

第一节　道德自律与他律理念及关系的辨析

要理解和把握企业活动中的自律与他律,就需要从理论上正确解释道德的自律和他律,理解道德自律和他律的辩证统一关系。把自律和他律割裂开来,片面强调自律或他律,则会造成企业管理中的困惑。

一、康德的自律观点与黑格尔的他律见解

(一)康德的自律理论

"自律"和"他律"原是德国哲学家康德伦理学的用语,在康德的理论中,自律是排斥他律的。"自律"和"他律"本义是指道德价值的根据是在人之外,还是在人自身。所谓"自律",就是强调道德意志受制于道德主体的理性命令,自己为自己立法,将被动的"必须如

此行动"，变为"愿意如此行动"，把服从变为自主。就是说，道德价值的根据只在人自身，即在于对道德法则的尊重。在他看来，他律就是道德行为受制于理性以外的其他因素，即受制于环境或社会的权威或感性欲求等，而这样的行为，在他看来是有悖于道德的纯粹性和人的尊严的。因为按照康德道德哲学的根本原理，人是目的，他律使人成为手段、工具，这是与人的本质和本性不相容的。

康德的自律论在 18 世纪的德国乃至欧洲，是有重大启蒙意义的，它作为对基督教神学道德和机械道德论批判的结果，被看作道德哲学上的"哥白尼式革命"。他的历史功绩在于把道德价值的根据从神、权威那里移到人自身，树立起人的权威和尊严，从而把人的理性道德和宗教信仰道德对立起来，实现了思想启蒙的决定性一步。所以在当时的德国理论界形成一种流行的批判性观点，认为道德的基础是自律，宗教的基础是他律。换句话说，只有自律才是自由的道德，他律就是宗教的强制。那时，康德被激进的青年们崇拜为"道德领域的思想巨人"。他们以这样的观点为武器批判神学道德和各种庸俗道德观。

（二）黑格尔的他律主张

黑格尔肯定了康德道德哲学对思想启蒙的伟大功绩，同时批评他只是停留在主观道德领域而未能进入客观的伦理领域。在黑格尔看来，单有主体自身的"意志内部的自我规定"还只是形式的道德，只有进一步通过家庭、社会和国家这些客观的实体性的伦理关系规定，即进入他律，才能成为真实的道德。

他认为，人在做什么事情，从事某种职业活动的时候，就是在以伦理的客观要求规定着自己，限制着自己，并且只有通过这种限制，人才能成为现实的、有特性和有教养的人。不仅如此，黑格尔还把这种理论用于指导职业道德教育，指出，"在市民社会中个人在照顾自身的时候，也在为别人业务。但是这种不自觉的必然性是不够的，只有在同业工会中，这种必然性才能达到自觉的和能思的伦理"。并指出意志自由在道德伦理中只能是自律与他律的统一。对此恩格斯作了肯定的评价，说"黑格尔的原则也是他律"，"他主张主体和客体力量相调和，他非常重视客观性"，说他比主张"任性的主观自律的"青年黑格尔派"高明得多"。

二、马克思和恩格斯的自律与他律道德观

马克思和恩格斯继承并发展了康德的道德理论。青年时代的马克思利用康德的自律观点，成功地批判了普鲁士的压制自由的书报检查令。同时，马克思也指出了康德道德自律观点的片面性。他指出，康德的道德观，仅仅是从道德和宗教之间的根本矛盾出发的，但"道德的基础是人类精神的自律，而宗教的基础则是人类精神的他律"。这里，马克思是从人类精神而不是从个别精神的角度来谈道德自律的，即把自律当作人类社会整体的内在制约，而不是仅仅作为孤立的个体意志的表象。

当然这种人类精神自律也不是没有物质基础的。这种人类精神的基础和内容，就是他常常强调的"全人类的利益"。马克思说："既然正确理解的利益是整个道德的基础，那就必须使个别人的私人利益符合于全人类的利益。"即一定社会的人的道德自律，只能建立在对必然性的规律的认识的基础上，个体的道德自律不可能离开外部规律性的制约和客观要

求，只能自觉地去认识外部世界的规律性和必然性，把自己的行为限制在规律性、必然性、必要性所允许的范围之内。正是在这个意义上，马克思和恩格斯肯定道德本质是他律的，并肯定了黑格尔对康德道德哲学的批评。

三、商业伦理道德自律与他律的辩证关系

职业道德是自律的还是他律的，对于这个问题，社会上一直争论不休。但较普遍认为自律就是自主、自由，就是人的内在自制；他律就是个人服从外部的约束，被人管着，没有自主和自由，就是外在的强制。那么这种观点是否正确呢？我们说是不正确的，至少是片面的，是康德的职业道德自律观。如果片面地宣传道德就是自律而不能是他律，讲他律就是约束，显然也误解了马克思的道德观点。例如，人在未成年时，就他所受到外部世界的约束来说，是他律的；就一定程度上理解和把握他的生活范围的要求来说，又是自律的。一般不可能只有他律而无自律。一个小孩子要去拿一个烫手的食物吃，他的理性被这个外物和他自己的食欲所他律，但当母亲说不能吃、会烫坏手时，他就不去拿了。这是通过他的头脑，有自觉意识支配的行为，这以后他遇到这种情况时就不再去拿，也就是理性的自律了。

那么，商业伦理道德的"自律"与"他律"究竟是什么关系？

第一，商业伦理道德的自律不只是企业员工主体克制和约束自身的意思，还是企业员工主体借以律己的准则，是自然、社会、市场的客观的、合理的要求，商业伦理道德价值的根据不在企业员工自身，而在企业员工之外，在于企业员工所实践于其中的社会和历史。

第二，商业伦理道德的自律只是意味着商业伦理道德主体借助于对自然、社会和市场规律的认识和对道德规范的认同，自己为自己立法，把被动的服从变为主动，自觉地指导和约束自己。当某位企业员工自觉遵守法律和道德规范时，他的行为便是自律的；当某位企业员工按照规范要求的"应该如何"去行为时，他不但在自律，而且是把自律与他律统一起来，达到自觉、自主和自由。

第三，商业伦理道德的他律是对企业员工个体的主体性的肯定，是企业员工的自我认识、自我完善的过程。一个人越是尊重他律，能承担他律的客观要求，他的主体性就越强，他的自律程度就越高。任何一个人都是在限制自己干事业的要求中发挥能动性、主动性、创造性的；他越是承担起巨大的社会责任，就越是显示出他的主体性、主动性和自律能力。不能承担社会责任的人正是缺乏主体性和自律能力的人。

第四，商业伦理道德的"自律"，是以"他律"为前提。道德的自律和他律是不可分离的，一般不可能只有他律而无自律。就企业员工所受到外部世界的约束来说，是他律的；而在一定程度上理解和把握自己的生活范围的要求来说，又是自律的。当我们强调自律的时候，不应该忘记和否定这种自律是以承认他律为前提的，首先是肯定道德价值的根据不在人自身、而在人之外，即在社会和历史发展之中。其价值就是人的活动的一定的社会存在方式，即对社会所尽的责任和所作的贡献；当我们说到他律的时候，也不应忽视和否定道德必须通过自律去体现，必须转化为自律，才能"因德而明道"。只有自律而无他律的道

德，实际是忽略了它借以律己的道德准则的客观根据，或者是无根据；只有他律而无自律的道德，只是虚拟不实的规定，或强行的宗教教规。我们的职业道德建设，应力求推进自律与他律的统一。

四、商业伦理道德的平衡需要他律机制与自律机制

在社会主义市场经济建设过程中，为了保持商业伦理天平的平衡，需要从商业伦理道德他律机制与商业伦理道德自律机制两个角度考虑。

在企业他律机制方面，企业经营必须借助法律与规章制度的约束和监管。在商业伦理中，相应的公司法制建设应该跟上社会经济发展的过程，尽快地健全与完善，并从严实施，迫使不讲诚信的人没有可乘之机与侥幸心理。不过，任何法律与规章制度都会存在漏洞与不足之处，而法律与规章制度在时间上总是存在滞后性。所以，社会就需要企业借助道德自律机制的形式来约束企业的经营行为。

在商业伦理道德自律机制方面，诚信的实质在于聚集文化力量，我国企业的诚信需要借助中国的传统文化力量，促使企业员工以诚实守信自律约束自己活动，从而转化为合理合法的自觉自在自主行动。在企业经营中，企业员工只有取信于人，才会万事必成，为社会和大众创造更多更好的物质财富与精神食粮。

而从更广泛更深刻的角度看，我们既要关注在利益方面形成伦理平衡的关键问题，又要重视企业追求利益的合理行为方式。在追寻与取得利益的平衡过程中，企业经理层采取行动的行为方式有"道"与"术"两种。经营实践表明，追求诚实守信的企业是从根本上采用"道"的方式，自然就会兼顾企业长期利益与短期利益，然而过分追求收入利润的企业所采用的只是一种"术"的方式，也许取得短期利益，但可能会忽视企业长期利益，不利于企业的持续稳定协调发展。

在现代企业经营过程中，真正的商道是以诚信为本之道。无数企业实践证明，企业制定发展战略，提高竞争能力，最终获得在市场上的竞争优势，都得遵循这种商道。诚信为本之道的核心在于人。企业经理层要取信于自己的员工，取信于自己的顾客；同时也要指导企业员工取信于外部利益相关者。有鉴于此，企业经理层要将诚信作为自己的核心价值观，用以指导企业的管理实践，彻底明确管理在于赢得人心。众多企业希望通过自己具有优质品牌的产品来获得忠实的顾客和广阔的市场，这是通过品牌的信息来传达企业诚信的一种重要方式。

第二节　商业伦理道德自律机制

一、职业道德自律的含义

自律是个体为追求道德本身的目的而制定的约束自身的原则，个体达到一种不受外在的约束或情感左右而依据其"良心"法则行动的自主状态。

现代社会职业越发展，职业生活越丰富，人们在职业活动中的主体地位越突出。

职业道德自律，首先表现为自我立法，在职业活动中它表现为个体将外在职业道德规范，即职业义务内在生成为自我的职业良心，形成自己的职业道德认识、职业道德情感、职业道德意志以及职业道德习惯等。

其次，职业道德自律意味着自我选择，个体依据自己的"良心"制定伦理原则，本身就内含着个体的选择自由。人及其价值观的复杂多样，使得职业活动中人的职业道德观念和职业道德行为层次有别，这也正是主体选择自由的一种表现。

最后，职业道德自律还意味着自我控制，自律所内含的主体选择自由绝不是任意而毫无限制的，为维护社会各行各业的正常运行，个体的职业行为选择必须遵循一些共同的准则，这就要求主体达到自我选择的自由是以主体具有理性和支配自身行为的能力为必要前提，正是这种理性和支配能力促使主体摆脱了外在的控制而达到自主自觉，认清了个人在职业活动中所应承担的社会职责和应尽的社会义务，并在强烈的职业道德意志的作用下逐渐养成良好的职业道德习惯。

二、商业伦理道德自律及其表现形式

商业伦理道德自律是指企业员工在企业生活中，在履行对他人和社会义务的过程中形成的一种商业伦理道德意识。商业伦理道德自律既是体现在企业员工意识中的一种强烈的商业伦理道德责任感，又是企业员工在意识中依据一定的商业伦理道德准则进行自我评价的能力。

商业伦理道德自律，首先，表现为一种职业道德情感，它是企业员工对他人和社会义务感的强烈表现。其次，商业伦理道德自律表现为一种自我评价，它是一定社会的道德原则、规范在企业员工意识中形成的相对稳定的企业信念和意志。最后，商业伦理道德自律，还往往表现为企业良心。企业良心是对企业责任的自觉意识，是企业员工认识、情感、意识和信念在职业活动过程中的统一。因此，企业良心在企业员工的道德生活中，就不仅能够使企业员工表现出强烈的职业道德责任感，而且能够使企业员工依据职业道德原则和规范自觉地选择和决定行为，成为企业员工发自内心的巨大的精神动力，在企业员工的职业行为中起着主导的作用。

三、自律在商业伦理道德建设中的作用

建立商业伦理道德自律机制是商业伦理道德形成和发展的高级形态，培养和造就从业者的自律精神具有极其重要的意义。

（1）企业活动首先是人的创造性劳动，始终离不开企业业务者主观能动性的发挥，要有效组织人力资源挖掘个体的潜能，使企业员工积极主动地从事企业业务，没有一种敬业乐业勤业的自律自觉精神显然是不可想象的。

（2）企业生活是企业员工个体社会化的重要场所，企业员工在劳动中创造着社会的物质文明和精神文明，也正是在劳动中个体实现着包括职业荣誉感和职业成就感在内的精神需要的满足，在这里个体找到了自我与社会的接洽点，没有一种发自内心的自主自觉，个体是难以在创造社会价值中实现自我价值的。

（3）商业伦理道德自律作为企业员工道德践行的发动机制，在解决当前社会转型期，由于价值观嬗变和理想信念失落等引起的职业道德领域存在的道德混乱，乃至道德"真空"等方面问题时具有风向标的作用，通过增强自律提高企业员工的自我辨识能力，促使企业员工的职业道德素质和社会道德风貌趋于健全完善。

四、商业伦理道德自律机制的组成

所谓商业伦理道德自律机制就是指商业伦理道德自律的一种结构和活动原理。它是将商业伦理道德规范的具体要求、标准和内容转化为职业企业组织和企业员工内在目标、标准和需要，并且企业员工自觉承担起职业行为选择的结果。在这种机制下，商业伦理道德规范的执行不是受制于外力，而是通过企业员工自我调节、自我约束、自我判断和自我"立法"来体现商业伦理道德规范的内容及要求的一种制度安排。

商业伦理道德自律机制的内容是指保证商业伦理道德自律机制正常运行，发挥其职能作用的基本构成要件和因素。主要包括商业伦理道德自律管理组织机制、企业自律管理规范机制、企业自律目标机制、企业自律环境机制等内容。

1. 企业自律组织机制

商业伦理道德自律，不仅仅是企业员工个体的事情，还是职业整体的自律，因此，要实现这种集体自律，首先要建立健全相应的自律管理机制，这是首要的基本的任务和内容，它是实现自律的基本组织保证。

建立行业自律组织机制，广泛开展商业伦理道德评议讨论制度。为了切实有效地促进企业员工遵守职业道德，保护企业员工不受打击报复，顺应时代发展，借鉴国际惯例，建立一个权威性的企业行业自律组织，实行企业员工自律组织管理。我国的商业伦理道德在管理体制上应实行行业自律与政府行为的统一、协调，政府管制应在坚持行业自律原则的前提下明确管理的范围和形式，同时加强大执法力度。

2. 企业自律规范机制

商业伦理道德自律组织如何建立及如何开展业务、企业员工如何进行职业道德自律都需要有规章制度所遵循，因此，商业伦理道德自律需要有一系列相应的法律、法规和制度，自律实际上是企业员工的自我约束，没有规章制度，自律作用是极其有限的。

商业伦理道德自律管理的法规及制度应包括：商业伦理道德自律规范和要求、自律组织建设规章制度、自律检查规章制度等内容。

3. 商业自律目标机制

商业伦理道德自律目标是指商业伦理道德自律机制运行的预定目的或结果。

商业伦理道德自律机制基本运行目标就是完善整体商业伦理道德和企业员工个体道德，并使其二者有机统一。在不同时期或不同地区、不同单位，商业伦理道德自律目标，无论是整体还是个体都常常存在不同价值取向、较高级次目标和较低级次目标等的矛盾。要保证商业伦理道德自律机制基本目标最佳实现，目标机制需发挥以下功能。

第一，目标决策功能，即保证商业伦理道德自律运行目标对各个不同取向的目标的绝对支配作用和主导作用。

第二，目标控制功能，即通过自律机制的基本目标的分解和具体化，使其内含于各个个体、级次的具体目标中，并随这些目标的实现而最终得以实现。

第三，目标协调功能，即在某种具体目标因过度膨胀或冲动而有悖于总体目标时适时施加影响和干扰。

第四，目标应变功能，即保证预定自律目标的实现值，能顺应外部条件和自律运行过程本身的变化得到有效校正。

4. 商业自律环境机制

商业伦理道德自律机制效应状况，同其内部机制外部机制是否优化有关，因此，要保证使其有一个正常的外部机制，即在一定程度上依赖于其所处的外部企业及经济机制环境，如全社会性的道德教育状况，企业员工普遍的职业道德水准等，不仅同自身的内部机制有关，而且同它与该社会经济、政治、文化等构成的外部机制有关。

企业业务是社会经济管理业务，企业资料是社会资源，企业员工是社会人、经济人中的一部分，只有在从事企业业务时，他才是一个企业员工。因此，商业伦理道德自律机制的建立一方面要尽可能适应特定环境的要求，另一方面要求社会要尽可能为商业伦理道德自律制造提供更适宜的内部、外部环境条件，按照《公司法》要求，在发挥企业员工及组织职业道德自律主导作用的同时，还要充分发挥业务主管部门、政府财政部门以及其他管理部

扩展阅读 10-1：荣事达企业竞争自律总则

门监管作用，还要动员全社会都来支持、关心、理解企业业务，营造一种良好的社会氛围，商业伦理道德自律机制才能真正发挥其应有作用。

作为实例，下面我们说明荣事达企业为全体员工制定的企业竞争自律总则。

第三节 商业伦理道德他律机制

一、商业伦理道德他律的内涵

他律是相对于自律而言的，是指服从自身以外的权威与规则的约束而行事的道德原则。德国哲学家康德认为，他律的这种约束人们行事原则，可以来自社会，"快乐的引诱，或对幸福的渴求"；也可以来自"宗教权威、宗教礼仪、宗教狂热与迷信"。

近几年来，我国正在注重加强社会道德建设，特别是职业道德建设，建立了多层次的、适应各行各业的规范，如"爱岗敬业、诚实守信、办事公道、服务群众、奉献社会"。应当说，经过群众的实践和理论的集中，我国已经形成了比较完整的职业道德规范体系。职业道德的他律就是通过这些规范体现的"应当如何"的要求。这种客观的外在规范对从业者来说既是一种劝导，也是一种约束。有了一定的规范，长期坚持下去，使个体养成适应于职业要求的良好习惯，就会逐渐由外而内地培养和促进个体道德的自觉性和自主性，这正

是他律向自律转化的过程。

商业伦理道德他律可以从以下两个方面来理解它的内涵。

第一，商业伦理道德他律是外在于企业员工主体的规范系统，尚未形成企业员工主体自觉，对企业员工主体来说它是一种不得已而为之的律令，因而具有外在制约性，它是维护企业活动正常进行所必须的社会规则及企业准则对不同企业人员的统一要求。

第二，商业伦理道德他律是一种外在于企业员工主体的评价系统，它以社会舆论为导向，通过公众舆论的褒贬抑扬实现行为的社会调控。对企业员工主体自身来说，他律往往体现着某种道德之外的目的，因而商业伦理道德他律作为对个人主观任意的一种制约是为维系社会秩序而对个体自律程度不足的一种补充。

二、他律在商业伦理道德建设中的作用

商业伦理道德建设中他律发挥着极其重要的作用。

首先，商业伦理道德建设的过程也可以说是一个职业道德规范由他律到自律的个体职业道德的生成过程，也即通过企业义务的他律灌输才逐渐提升到形成企业良心的自律自觉，这是道德形成和发展的一般规律在商业伦理道德建设中的体现，在这里他律灌输及其制约是不可逾越的，道德的实践性特点决定了他律灌输的必要性。

其次，职业活动至今尚是人们用以谋生的手段，企业也不例外。企业活动中的道德建设就必须从现实活动着的企业员工个体出发，企业员工个体的特点及其矛盾性决定了商业伦理道德建设必须运用他律机制。在我国目前体制转型引发道德真空的情况下，良心的自我约束力大为减弱，他律的运用就显得尤为紧迫和必要。

再次，职业活动作为一项社会性生产，其社会分工的复杂化和利益主体的多元化决定了职业活动需要多种社会规范进行调控。目前，在我国社会实践中商业伦理道德建设至今仍是他律型为主。

针对目前的商业伦理道德现状，通过建章立制，辅之以必要的社会舆论监督，尤其是企业行业协会监督和行政监督、党纪监督乃至司法监督，从较低层次的规范入手强化他律，企业活动中存在的不良现象会大为减少。在道德形成与发展过程中他律灌输阶段无法超越，在道德运作实践中，他律是自律不可或缺的保障，离开他律不仅难以形成自律，即便形成也难以持久稳固。古人在论及个人修养时强调"慎独"，但是就目前的社会存在而言，真正能达到慎独境界的毕竟只是部分人。试想在一个利益重组、改革深入的时期，他律的手段远未完备，与其忧心如焚地呼唤自律，毋宁实事求是地建设并加强他律制约机制，促使个体的行为选择合乎社会职业规范，再经过长期不懈的培育过程达到主体的自觉升华，否则只能是欲速则不达，超越社会现实和历史阶段的道德建设往往事倍功半。

三、商业伦理道德他律机制的形式

商业伦理道德建设要遵循道德形成和发展的一般规律，重在培养造就企业员工的自律自觉的精神。我们之所以要强调他律向自律的转化，是因为自律是他律的基础，他律最终通过自律起作用，离开自律的他律难以从根本上改变人，无法唤起企业员工的自我修养与

自我改造的热情，治标不治本。商业伦理道德他律机制主要包括以下几个方面。

1. 社会舆论监督机制

长期以来，社会舆论监督在职业活动中发挥着他律制约作用，但这种抽象的监督机制顺应低效率、慢节奏、结构单一的社会体制的需要，其运作社会成本较高，并要以全民的文化素质和社会参与能力的相当水准为前提，多半属事后监督，况且这种舆论监督何以为被监督者所接受，如从业者对此种舆论充耳不闻抑或闻而不动，即使最终有所行动也莫过于以慈悲为怀，那么这种监督必定是软弱无力的。

为了配合社会信用建设，我们认为建立企业员工的诚信档案势在必行，从而大力发挥社会舆论监督机制的作用。

2. 公司法律制度机制

我国十分重视企业立法，已经拥有独立于其他法律之外的《公司法》，颁布后经过实践又进行了修订，这在国际上并不多见，与之配套的公司法规文件则更多。这些法律、法规明确规定了与企业相关的单位、部门、个人在企业行为履行中的权利、责任；强调加强各单位内部监督及单位负责人、企业机构、企业员工的企业监督的法定职责；对违反《公司法》的法律责任，特别是对单位负责人法律责任的规定是前所未有的。但是在公司法律执行中尚存在许多问题。一是公司法规的社会认知度不高；二是"有法不依，执法不严，违法不纠"的问题普遍存在。在企业领域，人超越法律控制企业的现象也比比皆是。因此，加大对违反公司法规的惩治与处理力度是根治企业造假的良药，是促使企业自律的最强有力的外力。

3. 财经审计监督机制

当企业的财务行为与公司法规制度发生抵触时，往往片面强调搞活经营而放松了对违纪违规行为的监督。目前企业监督、财政监督、审计监督、税务监督等形式上的监督很多，但存在监督标准不统一，各部门在管理上各自为政，功能上相互交叉，造成各种监督不能有机结合，不能从整体上有效地发挥监督作用。规范性以及广度、深度、力度都不能给企业内部企业监督提供有力的支持，进而难以形成有效的再监督机制。内部审计作为国家监督体系的组成部分之一，代表国家利益，通过企业经济活动的监督和控制，保证国家财经法规的贯彻执行。但这种各自企业设置的内部审计机构，往往不能被企业真正所接纳，基本上起不到监督作用。

4. 企业内部控制机制

企业内部控制机制是指企业各级管理部门在内部产生相互制约、相互联系的基础上采取的一系列具有控制功能的方法、措施和程序，并进行规范化、标准化和制度化而形成的一整套严密的控制体系。如组织机构控制机制、职务分离控制机制、授权批准控制机制、预算控制机制、财产安全控制机制、企业业务程序控制机制等，通过这些机制我们可以及时发现、纠正可能出现的偏差，防范财务造假，避免把潜在的危机转变为现实的损失，能使凭证有效，记录完整、正确，稽核有力，能有效地堵塞漏洞，防止或减少损失，防止和查处贪污盗窃等违法乱纪行为。可见内部企业控制机制是遏制企业做假的重要工具，是实施自动防错、查错和纠错，实现自我约束、自我控制的重要他律手段。

第四节　商业伦理道德评价机制

一、商业伦理道德评价的重要作用

在企业业务中，企业员工自觉不自觉地总要根据自己的政治观点和道德观点去评判别人的行为，衡量自己的行为，相应地，企业员工自身的职业行为也会受其他社会成员的评判。这种评定和判断人们商业伦理道德行为的价值活动，就是商业伦理道德评价。它是调整企业员工之间、企业员工和其他社会成员之间与集体、国家之间的关系，以及维护财经制度和财经纪律的重要形式。

商业伦理道德评价的对象是企业行为。商业伦理道德评价包括以下两方面内容。

（1）员工之间和社会对企业行为的评价，对符合商业伦理道德的行为给予充分的肯定、支持和赞扬，对企业不道德的行为给予严厉的否定、批评和谴责，处以行政处罚、民事处罚，直至追查刑事责任，使企业员工逐步形成共产主义道德。

（2）企业员工对自身行为的评价，认识自己哪些职业行为是道德的，哪些行为是不道德的；从而扬善弃恶，履行好企业员工的社会职责，从而坚定正确的价值观，形成相应的行为品质，进而转化为现实的商业伦理道德行为。

商业伦理道德的职能和作用的发挥，主要是靠商业伦理道德评价来实现的。商业伦理道德评价越是正确和广泛，商业伦理道德的职能、作用越能得到发挥，商业伦理道德对社会的影响作用就越是强而有力。离开了商业伦理道德评价，商业伦理道德就失去它存在的价值和意义，变成无生命力的东西。商业伦理道德评价的作用主要表现在以下两个方面。

1. 商业伦理道德评价是商业伦理道德规范的捍卫者

商业伦理道德的有效性和权威性并不靠其宣言，而是靠它对人们行为的实际约束力量，这种力量是由商业伦理道德评价来表现的。商业伦理道德评价通过社会舆论、传统习俗和内心信念等方式对人们实行普遍的商业伦理道德监督。人们该做什么、不该做什么、什么是善行、什么是恶行，商业伦理道德评价起了仲裁作用。在现实经济生活中，企业员工之间、企业员工与其他社会成员之间的关系的调整离不开商业伦理道德评价，它为人们传递商业伦理道德评价价值的信息，行使着商业伦理道德命令的职能，是商业伦理道德的忠实卫士。

2. 商业伦理道德评价是商业伦理道德规范转化为商业伦理道德行为和品质的"杠杆"

企业员工的道德品质不是自发形成的，商业伦理道德评价是商业伦理道德品质形成必不可少的重要因素。这是因为，无论是商业伦理道德教育还是商业伦理道德修养，都离不开商业伦理道德评价。实际上，对企业行为善恶的判断过程，就是对其进行商业伦理道德教育的过程；而企业员工对自身行为善恶的判别过程则是自我的商业伦理道德修养过程。同时，商业伦理道德评价所造成的商业伦理道德环境和社会风尚，也为企业员工道德品质的形成提供了良好的条件。可见，商业伦理道德评价是推动人们把一定商业伦理道德原则和规范转化为商业伦理道德信念和习惯的精神力量，没有商业伦理道德评价就没有商业伦理道德。

二、商业伦理道德评价的标准

判断企业员工职业行为的善与恶是商业伦理道德评价的基本任务。为此，首先必须明确商业伦理道德评价的标准，即善恶的标准问题。而所谓善与恶，是道德评价中一对更基本的范畴，用来对人们的思想和行为进行肯定和否定。在现实生活中，人们总是从一定的立场出发，把一切道德行为称作善行，把一切不道德的行为称作恶行。就商业伦理道德评价的范围而言，符合商业伦理道德治理原则和商业伦理道德治理规范的行为才称得上善行；反之，则是恶行。在判断企业员工行为的善与恶时，应该认识到以下几点。

（1）企业员工在职业生活上的善恶观与社会上的善恶观一样，是客观存在的观念。

（2）企业员工职业生活的善恶观随经济关系和阶级关系变化而变化。

（3）善恶观的变化是绝对的，但有其相对的客观标准。

我国商业伦理道德评价的最高标准就是反映人民的利益的善恶标准。具体来说，我国现阶段商业伦理道德评价的标准有以下几条。

（1）是否有利于国家经济建设和社会生产力的发展。

（2）是否有利于企业业务顺利进行和企业科学发展，以及财务企业制度的贯彻落实。

（3）是否有利于人民生活提高。

其中，最后一点是最根本的评价标准，是终极标准。

三、商业伦理道德评价的根据

商业伦理道德评价的根据是什么？这就涉及商业伦理道德行为的动机与效果的关系问题。在通常情况下，动机与效果是相吻合的，但有时不一致，甚至非常矛盾。因此，在对商业伦理道德行为评价时，是以动机为根据还是以效果为根据？对此，伦理学界展开了长期的争论，形成了唯动机论和唯效果论。唯动机论者认为，道德评价的唯一标准是行为动机，至于效果好坏不予考虑；唯效果论者则认为，评价道德行为，只能看效果，不能看动机。实践表明，以上两种观点都不能解决商业伦理道德评价的根据问题。

马克思主义伦理学强调动机和效果的辩证统一作为道德评价的根据，揭示了动机和效果的辩证关系。毛泽东同志说："唯心论者是强调动机否认效果的，机械唯物论者是强调效果否认动机的，我们和这两者相反，我们是辩证唯物主义的动机和效果的统一论者，为大众的动机和大众欢迎的效果，是分不开的，必须使二者统一起来"。这一论断为我们正确地进行道德评价指明了方向。因此，社会主义商业伦理道德的评价必须以行为动机和效果的辩证统一作为判断根据。

在社会实践基础上，动机和效果是统一的，又是对立的。动机和效果的统一，首先是因为两者相互依存，相互包含。动机总是包含着潜在的效果。在行为的整个过程中，动机总要受它所指向的预期效果的限制；效果则是一定动机的指引下形成，效果中体现着动机。其次是因为两者在一定的条件下能相互转化。人们在社会生活中总要吸收自己以前、同时代人或前辈的行为的经验而行动，这些行为所取得的效果，成为人们新的动机产生的基础，新的动机又产生新的效果，这样循环往复，周而复始，一次比一次提高，人类认识就这样不断升华，社会实践就这样不断向前发展。动机和效果对立，表现在人们行为的主观动机和客观效果有时不一致。由于客观事物非常复杂，人们的认识能力有限，无法完全预料自己行为过程中可能会出现的各种意想不到的情况，因而在实践生活中"好心办坏事"，好的动机产生坏的效果，这些情况也常常存在。不过，这种对立是在统一的基础上对立。

动机和效果的对立统一，决定了在进行商业伦理道德评价时，既要考虑产生企业行为的动机，又要考虑企业行为带来的效果，把动机和效果在企业实践的基础上统一起来，最终以实践及效果作为评价的标准。也就是毛泽东同志所说的"社会实践及其效果是检验主观愿望或动机的标准"。之所以这样，是因为一方面人的动机总是从实践中产生和发展的，总要表现为实践活动，而实践的效果最终又是动机的客观表现；另一方面，实践是在主观动机指导下力图达到一定效果的整个过程，效果是整个行为实践过程的最终结果和归宿。一般来说，企业员工在工作中，其动机和效果会表现为以下情况。

（1）好的动机产生好的效果，坏的动机引出坏的效果。譬如一位优秀的会计师本着为国家为人民负责的高度责任感，做到账面清楚，核算准确，监督严格，收支相符，参与经营，参与管理；相反地，动机不纯的企业员工会在账目上做手脚，满足私欲。

（2）好的动机产生坏的效果或坏的动机引出好的效果。在企业业务中，这类现象时有发生。例如，刚参加企业业务的新手，尽管有搞好业务的动机，但因为缺乏必要的经验和知识技能而在业务中做不出好的结果。不过，通过总结经验，在随后的实践中钻研业务，纠正错误，最终会使动机与效果一致起来。有个别企业员工的不良动机有时也会引出好的效果，这种坏心办好事，常常是道德的伪善者达到其不道德目的的手段，用假象迷惑人，以求逞强。但他所做的"好事"是为了达到不良目的的，这种行为必然会在他们行为中留下痕迹，随着时间的推延，他们的不道德动机也必然会同最后的效果趋于一致。这告诉我们只要坚持实践的观点，就能对动机、效果的道德性质作出正确的判断。

所以，在商业伦理道德评价中，我们要坚持动机与效果辩证统一的观点，在企业实践的基础上把动机和效果结合起来，通过效果来看动机，又联系动机来看效果。只有这样，我们对企业员工的行为才能作出客观、正确的评价。

四、商业伦理道德评价的方式

商业伦理道德评价的方式有三种：社会舆论、传统习俗和内心信念。前两者是商业伦理道德评价的客观方式，后者是商业伦理道德评价对人们的商业伦理道德行为进行善恶判定，从而对企业员工思想和行为产生重大影响。

（一）社会舆论

社会舆论就是众人的议论，是人们用语言或文字对所关心的社会生活中的事件或问题所发表的某种倾向性的意见。社会舆论根据内容可分为政治舆论、文艺舆论、宗教舆论和道德舆论等类型。企业的社会舆论属道德舆论，也就是人们依据商业伦理道德评价的标准。社会舆论具有两个显著特点。

（1）范围广泛性，凡是存在人群的地方，任何人都要受社会舆论的制约。

（2）外在强制性，也就是舆论的压力。

正是因为社会舆论存在上述特点，所以它成为影响人们意识的强大力量，成为商业伦理道德评价的主要方式。社会舆论就其产生来说，有的通过自觉的途径形成，有的则通过自发的途径形成。从企业领域来讲，自觉的社会舆论是指各级人民政府和国家商业伦理机关（财政部门），利用各种宣传工具（如报纸、杂志、广播、电视等），表彰和肯定优秀企业员工的道德行为，谴责和否定少数企业员工的不道德行为，对企业员工进行宣传教育，从而形成一种精神力量，使企业员工接受、遵循社会主义道德规范。近几年来，我国有关单位在这个方面做了大量业务，报纸杂志宣传、报道了许多优秀企业员工的事迹，不少省市如四川、湖北、吉林、上海等，组织召开了优秀企业员工表彰大会。

同时，不少报纸杂志对深原野、琼民源、闽福发、红光实业、棱光实业、银广夏、四砂股份、黎明股份、猴王股份、方正科技、兰州黄河等企业的各种舞弊造假案件加以披露，令人触目惊心，愤怒万分，而其中没有一个案件与企业脱得了干系，人们自然把企业与假账联系起来，企业的社会公信力降至谷底。其实，诚信对任何人都重要，如果我们每个人都以诚信要求自己，都以诚信对待他人，我们的社会就会成为诚信的社会、和睦的社会。所以说，今日之中国社会最需要的是诚信。

（二）传统习俗

传统习俗即传统习惯和社会风俗，它是人们在长期社会生活中形成的一种稳定的、习以为常的行为倾向，它具有稳定性和群众性两个特点。传统习俗也称自发的社会舆论，它是商业伦理道德评价的另一种方式。企业领域的传统习俗是长期以来在企业业务实践过程中形成的、习以为常的职业行为倾向，它表现为一定的业务情绪和业务方式。这些企业习惯世代相传，具有历史稳定性。这些是企业员工之间不言自明的道德常规，即所谓的"习惯成自然"。风俗习惯可一分为二：新习惯和新风俗，旧习惯和旧风俗。对于前者要大力支持、肯定、宣传；对于后者合理部分可加以改造，对于后者的消极、落后部分则应予以清除。

（三）内心信念

内心信念是道德评价借以调整人们行为的内在方式，是一种内在力量。它是构成人们行为在动机和性格的有机部分的思想和观点。商业伦理道德的内心信念，是指企业员工发自内心的对商业伦理道德治理原则、商业伦理道德治理规范或商业伦理道德治理理想的真诚信服和高度责任感，它是企业员工道德情感、商业伦理道德观念和商业伦理道德意志的内在统一，是企业员工对自身职业行为应负商业伦理道德义务的一种商业伦理道德责任感。对企业员工来说，内心信念是他们商业伦理道德活动的理性基础，它使人们对商业伦理道德行为的必然性和正当性作出合理的解释，使企业员工在道德评价中形成一种自知、自尊、自戒的精神，从而成为企业员工对行为进行自我调整的巨大精神支柱。

上述三种商业伦理道德评价方式中，社会舆论和传统习俗是其社会方式，它们反映道德评价的广泛性和群众性，对人们的企业行为具有外部约束作用；内心信念则是其自我方式，它表现为商业伦理道德评价的自觉性和深刻性，对自我企业行为具有内控作用。两者有机结合在一起，才能使商业伦理道德评价发挥巨大的积极作用。

五、商业伦理道德评价指标体系与评价标准的设计

本书对商业伦理道德评价指标体系与评价标准也从六个维度进行设计，分别是股东权益与控股股东行为道德评价、董事会道德评价、监事会道德评价、经理层道德评价、信息披露道德评价以及利益相关者道德评价。

（一）股东权益与控股股东行为的道德评价

根据中国《中国公司治理原则》以及《上市公司治理准则》对股东权利、股东会的规范、控股股东行为规范等的规定，我们认为评价股东权益与控股股东行为应包括股东会、上市企业独立性、中小股东权益保护以及关联交易等四个方面。

对股东权益与控股股东行为的道德评价，我们主要设计以下两个方面四个指标。

（1）关联交易的道德评价：①同行联系度；②融资资信度。

（2）股东道德状况：①股东忠诚度；②股东信誉度。

（二）董事与董事会的道德评价

董事会治理质量的评价应密切结合中国上市企业的治理环境，充分考虑法律赋予董事会的职责以及董事会的特征，从保障企业科学决策的目标出发，注重董事行为的合法性和董事会运作的有效性。基于上述考虑我们从董事权利与义务、董事会运作效率、董事会构成、董事薪酬和独立董事五个维度，设置评价董事会治理质量的指标体系。

对董事与董事会的道德评价，我们主要设计以下两个方面四个指标。

（1）独立董事的道德评价：①独立董事独立性；②独立董事勤勉尽责程度。

（2）董事会道德状况：①董事忠诚度；②董事信誉度。

（三）监事与监事会的道德评价

我国上市企业的监事会作为企业内部的专职监督机构的基本职能是以董事会和总经理为主要监督对象，监督企业的一切经营活动以及财务状况。在监督过程中，随时要求董事会和经理人员纠正违反企业章程的越权行为。对监事会参与治理的评价应该以"有效监督"为目标，注重监事的能力保证性和监事会运行的有效性。其中监事能力保证性包括监事会成员的独立性、监督的积极性等；监事会运行的有效性包括规模上的有效性、结构上的有效性、监督权力的有效性等。

对监事与监事会的道德评价，我们主要设计以下两个指标。

①监事会独立性；②监事的胜任能力程度。

（四）经理层的道德评价

企业的社会责任使得企业经理层不仅仅要为股东的利益服务，而且要为更广泛的利益

相关者服务。为了促使经理层能够有效地行使其职责，一个最基本的前提条件是要选拔优秀的经理人员。在此基础上，给予经理人员充分的权力以及有效的激励与约束都是提升其效率的关键。在中国转轨时期，经理人市场的作用极为有限，市场的选拔机制以及激励机制的作用程度很低，对经理人的选拔以及激励约束主要应通过内部治理机制实现。目前中国上市企业经理层治理实质上要解决两方面的问题：一要使经营层有能力并积极地通过自身利益的实现来最大化利益相关者的利益，从而解决管理无力和管理腐败的问题，这可以通过良好的激励与约束机制实现；二是要尽可能使有能力的经理层作出有利于企业长远发展的科学决策，这可以通过恰当的任免机制和执行保障机制实现。对企业经理层的道德评价，我们主要设计以下三个指标。

①经理人操守；②经理忠诚度；③经理信誉度。

（五）信息披露的道德评价

上市企业信息披露评价主要包括四项内容：一是财务信息，包括使用的会计准则、企业的财务状况、关联交易等；二是审计信息，包括注册会计师的审计报告、内部控制评估等，审计及信息披露评价当前比较注重审计关系本身的合规性、独立性；三是披露的商业伦理信息是否符合相关规定，目前虽具有较高的定性标准，但缺乏具体的量化标准；四是信息披露的及时性等。其中信息透明度是核心，具体要从完整性、真实性以及及时性三个方面衡量信息披露的质量。其中信息披露的真实性是信息的生命，要求企业所公开的信息能够正确反映客观事实或经济活动的发展趋势，而且能够按照一定标准予以检验；信息披露的及时性要求企业应在信息失去影响决策的功能之前提供给决策者。主要是由于投资者、监管机构和社会公众与企业内部管理人员在掌握信息的时间上存在差异，为解决获取信息的时间不对称性可能产生的弊端，上市企业应在规定的时期内依法披露信息，以增强企业透明度，降低监管难度；信息的披露完整性要求上市企业必须提供企业完整的信息，不得忽略、隐瞒重要信息，使信息使用者能够全面了解商业伦理结构、财务状况、经营成果、现金流量、经营风险及风险程度等。公开所有法定项目的信息，使投资者足以了解企业全貌、事项的实质和结果，披露的完整性包括形式上的完整和内容的完整。

对信息披露的道德评价，我们主要设计三大方面五个指标。

（1）完整性披露（相关性披露）。

（2）真实性披露（可靠性披露）。

（3）及时性披露（信息披露的公信力）：①会计报表诚信度；②审计报告诚信度；③信息披露的社会接受程度。

（六）利益相关者的道德评价

我们根据利益相关者在商业伦理中的地位与作用，并且考虑到评价指标的科学性与可行性，主要从利益相关者参与商业伦理和利益相关者关系的和谐角度设置反映利益相关者的评价指标。利益相关者参与方面主要评价其参与商业伦理的程度，较高的利益相关者参与程度意味着企业对利益相关者权益保护程度和科学决策的可能性的提高；利益相关者和谐方面主要考察企业与由各利益相关者构成的企业生存和成长环境的关系协调程度，包括企业员工参与程度、社会责任履行状况、企业投资者关系管理、企业和监督管理部门的关系、企业诉讼与仲裁事项等评价内容。

对信息披露的道德评价，我们主要设计五大方面十七个指标。

（1）企业社会责任履行状况：①税收贡献率；②企业就业率；③企业残疾人就业率；④社区融洽度；⑤社会美誉度。

（2）企业投资者关系管理：企业对投资者忠诚度。

（3）企业与购销客户的关系：①企业对顾客忠诚度；②供销稳定度；③产品价格满意度；④产品质量满意度；⑤客户服务满意度。

（4）企业诉讼与仲裁事项：企业遵纪守法程度。

（5）企业员工参与程度：①企业对员工忠诚度；②员工对企业忠诚度；③员工的敬业程度；④企业对退休员工的关心程度；⑤员工满意度。

具体对股东权益与控股股东行为道德评价、董事与董事会道德评价、监事会道德评价、经理层道德评价、信息披露道德评价以及利益相关者道德评价的一级指标、二级指标、三级指标所形成的指标体系、指标说明与评价标准如表 10-1 所示。

表 10-1　商业伦理道德评价指标体系与评价标准表

一级指标	二级指标	三级指标	指标说明	评价标准
股东权益与控股股东行为	（1）关联交易	①同行联系度	考核企业横向联系水平	与同行企业保持良好关系
		②融资资信度	考核企业诚信水平	按时按量履行还款义务
	（2）股东道德状况	①股东忠诚度	衡量股东是否长期持有该企业股票	持有期限
		②股东信誉度	评价股东对承诺的履行程度	按时按质履行
董事与董事会	（1）独立董事道德状况	①独立董事独立性	考核独立董事职责履行的保障状况	有关规定
		②独立董事勤勉尽责程度	考核独立董事的工作成果	企业有关章程
	（2）董事道德状况	①董事忠诚度	考核董事对企业利益的维护程度	有效保障企业利益
		②董事信誉度	考核董事履行承诺的程度	有效履行承诺
监事与监事会	监事会道德状况	①监事会独立性	考核监事会工作客观独立	监事会能独立履行职能
		②监事的胜任能力程度	考核监事工作能力	监事具备专业素质履行职能
经理层	经理道德评价	①经理人操守	经理个人道德水平	具备综合的个人修养
		②经理忠诚度	考核经理对企业的忠诚	对股东利益一贯性的维护
		③经理信誉度	考核经理对承诺的履行	能按时按质履行承诺

一级指标	二级指标	三级指标	指标说明	评价标准
信息披露	（1）完整性披露（相关性披露）			
	（2）真实性披露（可靠性披露）			
	（3）及时性披露 信息披露的公信力	①会计报表诚信度 ②审计报告诚信度	考核上市企业信息披露是否真实公允	应真实披露企业财务信息
		③信息披露的社会接受程度	考核公众对财务信息的接受程度	公众对企业财务信息有较大认可度
利益相关者	（1）企业社会责任履行状况	①税收贡献率	企业对纳税义务的履行	企业越及时足额纳税越好
		②企业就业率	考核企业对社会就业的贡献	企业吸纳就业人数占总人口的比率
		③企业残疾人就业率	考核企业对社会公益事业的贡献	吸纳就业的残疾人人数
		④社区融洽度	考核企业对社区文化的贡献	对社区其他成员利益的考虑
		⑤社会美誉度	考核企业的社会责任履行程度	对整个社会公益的关心
	（2）企业投资者关系管理	企业对投资者忠诚度	考察企业对投资者的关心程度	企业对投资者利益的维护水平
	（3）企业与购销客户的关系	①企业对顾客忠诚度	考察企业对顾客的关心程度	企业对顾客利益的考虑
		②供销稳定度	考察企业产销链是否成熟	产销链是否正常运营
		③产品价格满意度	产品的定价是否合适	产品的性价比越高越好
		④产品质量满意度	产品的质量是否可靠	产品安全可靠
		⑤客户服务满意度	考核企业提供服务的质量	服务是否及时有效
	（4）企业诉讼与仲裁事项	企业遵纪守法程度	考察企业对法律法规的遵守度	企业接受起诉和处罚的次数
	（5）企业员工参与程度	①企业对员工忠诚度	考核企业提供服务的质量	服务是否及时有效
		②员工对企业忠诚度	员工对企业利益的维护	员工是否一贯维护企业利益
		③员工的敬业程度	考察员工对工作的认真度	员工是否一贯认真完成工作任务
		④企业对退休员工的关心程度	考察企业对退休员工的关心度	企业是否关心退休员工利益的维护
		⑤员工满意度	企业对员工利益的保障	企业对员工个人的综合利益考虑

六、包括商业伦理道德评价在内的公司治理综合评价模型及指数等级划分

（一）包括商业伦理道德评价在内的公司治理综合评价模型

在建立评价指标体系，确定评价标准以及评价指标重要性系数的基础上，采用综合指数法对公司治理质量进行综合评价。基本模型为：

$$CCGI^{NK} = \alpha_1 CCGI_{BDS}^{NK} + \alpha_2 CCGI_{BOD}^{NK} + \alpha_3 CCGI_{BOM}^{NK} + \alpha_4 CCGI_{TOM}^{NK} +$$
$$\alpha_5 CCGI_{ID}^{NK} + \alpha_6 CCGI_{SH}^{NK} + \alpha_7 CCGI_{CE}^{NK}$$

式中：$CCGI^{NK}$ 代表南开治理指数；α_i（i=1，2，3，4，5，6，7）代表各评价要素的重要性系数；$CCGI_{BDS}^{NK}$ 表示股东会与上市企业独立性评价指数；$CCGI_{BOD}^{NK}$ 表示董事会治理评价指数；$CCGI_{BOM}^{NK}$ 表示监事会治理评价指数；$CCGI_{TOM}^{NK}$ 代表经理层治理评价指数；$CCGI_{ID}^{NK}$ 表示信息披露评价指数；$CCGI_{SH}^{NK}$ 表示利益相关者治理评价指数；$CCGI_{CE}^{NK}$ 表示企业伦理道德状况评价指数。

（二）包括商业伦理道德评价在内的公司治理指数等级划分

按照上述过程编制的上市公司治理指数采用百分制形式，最高值为 100，最低值为 0。具体评价的等级如下。

$CCGI^{NK}$ I：治理指数 90～100。

$CCGI^{NK}$ II：治理指数 80～90。

$CCGI^{NK}$ III：治理指数 70～80。

$CCGI^{NK}$ IV：治理指数 60～70。

$CCGI^{NK}$ V：治理指数 50～60。

$CCGI^{NK}$ VI：治理指数 < 50。

关键术语

自律　商业伦理道德自律　他律　商业伦理道德他律　商业伦理道德评价

复习思考题

1. 道德自律的含义。

2. 商业伦理道德自律建设内容。

3. 商业伦理道德评价包括哪些内容？

4. 商业伦理道德自律与他律的辩证关系。

案例分析　　　　　即测即练

自学自测　　　　　扫描此码

第十一章　商业伦理道德范畴构建

经典名言

孟子见梁惠王。王曰："叟不远千里而来，亦将有以利吾国乎？"

孟子对曰："上下交征利而国危矣。王亦曰仁义而已矣，何必曰利？"

尊德乐义，则可以嚣嚣矣。故士穷不失义，达不离道。

穷不失义，故士得己焉。达不离道，故民不失望焉。

古之人，得志，泽加于民，不得志，修身见于世。

老吾老以及人之老，幼吾幼以及人之幼。

天将降大任于是人也，必先苦其心志，劳其筋骨，饿其体肤，空乏其身，行拂乱其所为，所以动心忍性，增益其所不能。

生，亦我所欲也，义，亦我所欲也，二者不可得兼，舍生而取义者也。

穷则独善其身，达则兼济天下。

富贵不能淫，贫贱不能移，威武不能屈。

——《孟子》

学习目标

1. 了解商业伦理道德范畴的含义、作用及组成。
2. 明确商业伦理道德义务与商业伦理道德良心的内容。
3. 掌握商业伦理道德荣誉的激励及评价方式。
4. 理解商业伦理道德节操与商业伦理道德品质的培育和发展。

导读

弘扬企业家精神，承担社会责任

一、保护和激发市场主体活力

改革开放以来，我国逐步建立和不断完善社会主义市场经济体制，市场体系不断发展，各类市场主体蓬勃成长。到 2019 年底，我国已有市场主体 1.23 亿户，其中企业 3 858 万户，个体工商户 8 261 万户。这些市场主体是我国经济活动的主要参与者、就业机会的主要提供者、技术进步的主要推动者，在国家发展中发挥着十分重要的作用。新冠肺炎疫情发生以来，在各级党委和政府领导下，各类市场主体积极参与应对疫情的人民战争，团结协作、攻坚克难、奋力自救，同时为疫情防控提供了有力物质支撑。借此机会，我向广大国有企业、民营企业、外资企业、港澳台资企业、个体工商户为疫情防控和经济社会发展作出的贡献，表示衷心的感谢！

......

二、弘扬企业家精神

改革开放以来，一大批有胆识、勇创新的企业家茁壮成长，形成了具有鲜明时代特征、民族特色、世界水准的中国企业家队伍。企业家要带领企业战胜当前的困难，走向更辉煌的未来，就要在爱国、创新、诚信、社会责任和国际视野等方面不断提升自己，努力成为新时代构建新发展格局、建设现代化经济体系、推动高质量发展的生力军。这里，我提几点希望。

第一，希望大家增强爱国情怀。企业营销无国界，企业家有祖国。优秀企业家必须对国家、对民族怀有崇高使命感和强烈责任感，把企业发展同国家繁荣、民族兴盛、人民幸福紧密结合在一起，主动为国担当、为国分忧，正所谓"利于国者爱之，害于国者恶之"。爱国是近代以来我国优秀企业家的光荣传统。从清末民初的张謇，到抗战时期的卢作孚、陈嘉庚，再到新中国成立后的荣毅仁、王光英等，都是爱国企业家的典范。改革开放以来，我国也涌现出一大批爱国企业家。企业家爱国有多种实现形式，但首先是办好一流企业，带领企业奋力拼搏、力争一流，实现质量更好、效益更高、竞争力更强、影响力更大的发展。

第二，希望大家勇于创新。创新是引领发展的第一动力。"富有之谓大业，日新之谓盛德。"企业家创新活动是推动企业创新发展的关键。美国的爱迪生、福特，德国的西门子，日本的松下幸之助等著名企业家都既是管理大师，又是创新大师。改革开放以来，我国经济发展取得举世瞩目的成就，同广大企业家大力弘扬创新精神是分不开的。创新就要敢于承担风险。敢为天下先是战胜风险挑战、实现高质量发展特别需要弘扬的品质。大疫当前，百业艰难，但危中有机，唯创新者胜。企业家要做创新发展的探索者、组织者、引领者，勇于推动生产组织创新、技术创新、市场创新，重视技术研发和人力资本投入，有效调动员工创造力，努力把企业打造成为强大的创新主体，在困境中实现凤凰涅槃、浴火重生。

第三，希望大家诚信守法。"诚者，天之道也；思诚者，人之道也。"人无信不立，企业和企业家更是如此。社会主义市场经济是信用经济、法治经济。企业家要同方方面面打交道，调动人、财、物等各种资源，没有诚信寸步难行。由于种种原因，一些企业在经营活动中还存在不少不讲诚信甚至违规违法的现象。法治意识、契约精神、守约观念是现代经济活动的重要意识规范，也是信用经济、法治经济的重要要求。企业家要做诚信守法的表率，带动全社会道德素质和文明程度提升。

第四，希望大家承担社会责任。我说过，企业既有经济责任、法律责任，也有社会责任、道德责任。任何企业存在于社会之中，都是社会的企业。社会是企业家施展才华的舞台。只有真诚回报社会、切实履行社会责任的企业家，才能真正得到社会认可，才是符合时代要求的企业家。这些年来，越来越多的企业家投身于各类公益事业。在防控新冠肺炎疫情的斗争中，广大企业家积极捐款捐物，提供志愿服务，作出了重要贡献，值得充分肯定。当前，就业压力加大，部分劳动者面临失业风险。关爱员工是企业家履行社会责任的一个重要方面，要努力稳定就业岗位，关心员工健康，同员工携手渡过难关。

第五，希望大家拓展国际视野。有多大的视野，就有多大的胸怀。改革开放以来，我国企业家在国际市场上锻炼成长，利用国际国内两个市场、两种资源的能力不断提升。过去10年，我国企业走出去步伐明显加快，更广更深地参与国际市场开拓，创建了越来越多的世界级企业。近几年，经济全球化遭遇逆流，经贸摩擦加剧。一些企业基于要素成本和贸易环境等方面的考虑，调整了产业布局和全球资源配置。这是正常的生产经营调整。同时，我们应该看到，中国是全球最有潜力的大市场，具有最完备的产业配套条件。企业家要立足中国，放眼世界，提高把握国际市场动向和需求特点的能力，提高把握国际规则能力，提高国际市场开拓能力，提高防范国际市场风险能力，带动企业在更高水平的对外开放中实现更好发展，促进国内国际双循环。

三、集中力量办好自己的事

我在今年全国"两会"上讲过，面向未来，我们要逐步形成以国内大循环为主体、国内国际双循环相互促进的新发展格局。主要考虑是：当今世界正经历百年未有之大变局，新一轮科技革命和产业变革蓬勃兴起。以前，在经济全球化深入发展的外部环境下，市场和资源"两头在外"对我国快速发展发挥了重要作用。在当前保护主义上升、世界经济低迷、全球市场萎缩的外部环境下，我们必须充分发挥国内超大规模市场优势，通过繁荣国内经济、畅通国内大循环为我国经济发展增添动力，带动世界经济复苏。要提升产业链供应链现代化水平，大力推动科技创新，加快关键核心技术攻关，打造未来发展新优势。

我多次强调，中国开放的大门不会关闭，只会越开越大。以国内大循环为主体，绝不是关起门来封闭运行，而是通过发挥内需潜力，使国内市场和国际市场更好联通，更好利用国际国内两个市场、两种资源，实现更加强劲可持续的发展。从长远看，经济全球化仍是历史潮流，各国分工合作、互利共赢是长期趋势。我们要站在历史正确的一边，坚持深化改革、扩大开放，加强科技领域开放合作，推动建设开放型世界经济，推动构建人类命运共同体。

从明年开始，我国将进入"十四五"时期，这是在全面建成小康社会基础上开启全面建设社会主义现代化国家新征程的第一个五年，意义十分重大。党中央对制定"十四五"规划十分重视，相关准备工作正在进行。今天，大家对制定"十四五"规划提出了很多有价值的意见和建议，请有关方面认真研究吸收。相信通过共同努力，广大企业和个体工商户一定能在我国社会主义现代化进程中发挥更大作用、实现更大发展。

资料来源：习近平在企业家座谈会上的讲话，节选，人民日报，2020-07-21.

商业伦理道德范畴是反映企业领域职业活动中最普通、最本质的道德关系和道德行为调节方面的基本概念。商业伦理道德原则和商业伦理道德规范对商业伦理道德范畴起约束作用，制约商业伦理道德范畴的重要内容和主体要求。

商业伦理道德范畴主要有商业伦理道德义务、商业伦理道德良心、商业伦理道德荣誉、商业伦理道德节操和商业伦理道德品质五个基本范畴。商业伦理道德义务是从道德角度体现企业受托责任的要求。商业伦理道德良心则是商业伦理道德原则和商业伦理道德规范体现为企业员工内心的道德观念、道德情感、道德意志和道德信念的一种自我审度的能力。

商业伦理道德荣誉是人们与社会对商业伦理道德行为的价值所作出的公认的客观评价和主观意向。商业伦理道德节操要求企业员工廉洁奉公、洁身自爱，培养高尚的商业伦理道德品质，始终不为私利所动，坚持为人民、为国家服务。商业伦理道德品质是商业伦理道德原则和商业伦理道德规范在企业员工的个人思想以及企业行为中的体现，是商业伦理道德义务、商业伦理道德良心、商业伦理道德荣誉、商业伦理道德节操的最佳组合体，是一系列商业伦理道德行为中所表现出来的比较稳定的特征和倾向。

第一节　履行商业伦理道德义务

一、道德义务与其他义务的关系

义务指的是人们在道义上应当履行的对社会、集体与他人的责任。社会是一个相互联系的整体，个人离开与社会、与他人的联系就不可能生存。因此，从社会角度讲，每个人都有对社会、对集体、对他人应承担的责任。凡有人群存在的地方，就有必要、也应该承担这种责任义务。由于人类社会存在的关系错综复杂，人们在社会生活中承担着种多样的义务，如政治义务、法律义务、经济义务、道德义务等。本节介绍的是企业员工在企业行为中的道德义务。

什么是商业伦理道德义务呢？商业伦理道德义务是指企业员工在一定的内心信念和商业伦理道德责任感的支配下，在企业行为中自觉履行的对社会、对他人的责任，是社会主义商业伦理道德原则和规范对企业员工的要求。在道德关系中，道德义务是不可缺少的因素，通常与使命、职责、责任有同等的含义。而道德义务是由社会物质生活条件和人们在社会关系中所处的地位决定的。在阶级社会里，道德义务总是和一定的阶级利益相联系；在同一社会的不同历史发展阶段，道德义务所包含的内容不尽相同。

道德义务与政治义务、法律义务既有区别，也有联系。从联系角度看，它们都反映了对他人、对国家、对社会的责任；从区别角度看，首先，在政治、法律等义务总是与一定的权利相联系，尽一份义务就可以享受一份权利，也就是平常我们所说的：没有无义务的权利，也没有无权利的义务。道德义务是不以享受某种权利为前提，而以或多或少地牺牲个人利益为前提，道德义务是一种有利于他人或社会的行为。

其次，政治义务与法律义务是靠一定的强制力发生作用的，拒绝尽义务就受组织纪律和相应法律的追究。而尽道德义务则是自觉自愿的，不需要外力的强制作用。在现实生活中，一部分道德义务同政治、法律义务是重合的，从而使这一部分道德义务和一定的权利相联系。对于有道德的人来说，尽管社会在他履行一定的道德义务之后，可能会给他一定的权利，但他决不会为追求一定的权利才去履行某种道德义务。如果一个企业员工为了追求某种私利去履行某种道德义务，那么他的行为本身就不道德。

二、商业伦理道德义务的重要作用

企业员工自觉履行道德义务，在调节与他人、集体和社会的关系上发挥重要作用，主要表现在以下几个方面。

（1）商业伦理道德义务的加强，就会把实行科学管理、讲究经济效益视为义不容辞的责任。这样，就能够使自己的管理工作从过去的守业型变为创业型，进而在自己的工作岗位上更加努力学习和更新自己的专业管理知识，熟练地掌握现代化的管理工作。加强商业伦理道德义务感，有助于企业员工把当前的企业改革视为己任，欢迎改革、拥护改革、参与改革，积极开动脑筋，研究新问题，解决新矛盾，探索新路子。尽管改革本身会给企业员工的习惯性工作方法和工作秩序带来冲击，对企业员工来说也会有一个不适应的过程。但有商业伦理道德义务感的企业员工始终不会因此而成为改革的阻力。这种道德义务感能促进企业员工自觉地抵制那股趁企业改革之机，为个人或小集团谋利益，慷国家之慨，占国家便宜的不正之风。企业员工的性质决定了他们对不正之风抵制的作用和影响是非常重大的。

（2）商业伦理道德义务感能够促使企业员工正确处理个人专业兴趣、愿望和商业伦理道德之间的矛盾。在目前以及今后一段相当长的时期内，我们的社会需要、个人志愿和兴趣爱好，还不能完全一致，这使得某些企业员工的实际工作和个人的专业爱好和愿望之间产生一些矛盾。即使社会组织的安排使一些企业员工的专业基本对口，也会出现安排的工作与本人的兴趣特长不一致，存在着矛盾的地方。尽管这些情况通过人事制度的改革会逐步改善，但应看到，因为社会不可能很快就具备消除上述矛盾现象的物质条件和手段，即使经过了企业改革，这种矛盾现象也不可能完全消除。因此，无论现在还是将来，我们企业员工对待具体工作的安排上都要把服从社会需要、工作需要作为自己的道德义务放在首位，并在实践中努力培养自己的兴趣和爱好，使个人愿望与应尽的义务统一起来，可见，义务在处理一些矛盾时的作用是显而易见的。

当然，改变自己的兴趣或工作方向，把工作需要作为义务，就需要作出一定的牺牲。从这一角度讲，它又具有重大的道德价值。而当自己的工作安排得不合理，在同一单位又有合适的去向时，也可大胆说明自己的思想，提出合理的建议，亦可毛遂自荐。这样做，非但与尽义务不相矛盾，反而是在间接地为建设和改革尽义务。而社会、单位则应尽量避免让人们去做这些无谓的牺牲。具体地说，管理部门和企业经理应尽量了解企业员工的兴趣、爱好和专业特长，了解他们的意向，尽最大努力安排得当，因才适用，使他们能以更大的积极性贡献自己的聪明才智。用人之长，安排得当，也是这些部门和同志的道德义务，设身处地地为他人着想，本身就是一种美德。那些不尊重企业科学，不爱惜企业人才，自己又不懂专业，又不去了解具体情况，胡乱安排，在别人提出合理安排时，还要固执己见，以不安心工作的帽子压制人才，则是缺乏对革命事业和本职工作承担道德义务的行为。

（3）在商业伦理道德行为选择中，商业伦理道德义务起着指令作用。商业伦理道德义务观念同企业员工的道德感情、信念和意志等联系在一起，特别是要同企业员工的职业良心、内心需要结合在一起。企业员工在企业行为中尽义务是发自内心的要求，如果不尽义务，就会受良心的谴责；尽了义务，就会感到内心的满足。从这个意义讲，义务又是发自内心的"道德指令"。对于企业员工来说，为了保持自己企业行为的道德性，在内心发生某种义务指令之前，首先应对实际情况进行一番理智的思考，而不能不假思索地绝对信奉上级和别人的旨意，且将其当作义务盲目行为。否则，就会使自己成为精神上的奴隶和不道德行为的工具。例如，企业员工在办理本单位奖金发放时，就把明显是违反有关政策规定的只属于个别领导的决定当作义务去执行，结果肥了个人，却损害了国家、集体的利益。这样做，不仅不能获取道德上的自由，反而要为自己不抵制行为承担道德上的责任。

三、履行商业伦理道德义务的内容要求

商业伦理道德义务的内容是客观的，它所表现的是社会不断发展的客观上已经成熟的需要。即使这种客观需要在初期不能被人们广泛、自觉地意识到，但它仍然是客观存在的，并必将为后人所认识、所理解。社会主义商业伦理道德义务，本质上是社会主义社会对企业员工的行为提出的客观要求。这种客观要求只有被企业员工自觉、正确地认识以后，才能变成真正意义上的商业伦理道德义务。作为社会主义道德义务的内容，包括以下几个方面的要求。

（1）努力学习马列主义、毛泽东思想、邓小平理论、三个代表重要思想、科学发展观、习近平新时代中国特色社会主义思想，学习党的路线、方针、政策和各项决议，并结合经济理论的学习，着重研究社会主义经济建设和企业改革中的新情况、新问题，积极投身改革。

要建设中国特色的企业理论和方法体系，需要学习的知识很多，这要求我们努力针对新情况，掌握马列主义基本原理，以提高解决新问题的本领，加强工作中的原则性、系统性、预见性和创造性。我们必须牢记马克思主义理论从来不是教条，而是行动的指南，它要求人们根据它的基本原则和基本方法，不断结合变化着的实际，探索解决新问题的答案，从而发展马克思主义理论本身。党在社会主义建设中，根据实际情况提出的一系列方针、政策，是对马克思主义的丰富和发展，是指导企业当事人职业行动的政策依据，应结合商业伦理的实际情况学习、领会；同时，应在贯彻中不断有所创新，有所发展。

（2）刻苦学习现代商业伦理知识，掌握和应用现代化商业伦理手段。以便在企业工作实践中广泛应用。

（3）尽职尽责，全心全意为人民理财，坚持人民的利益高于一切，个人利益服从集体利益，局部利益服从全局利益，克己奉公，勤俭理财。对于企业员工来说，尽职尽责地对待企业工作是最起码的道德义务，如果做不到这一点，就不可能履行其他义务。

（4）遵守党纪国法，严守国家机密。特别是自觉遵守和维护财经纪律及企业制度，不泄露企业信息和经济机密。

总之，商业伦理道德的义务范畴，反映了社会发展的必然性。企业员工只有认识了这种必然性，自觉地适应社会发展要求去履行自己的职责，才可能获得自由，成为道德高尚的人。

第二节　培育商业伦理道德良心

良心是指人们在履行对社会、对他人的义务的过程中形成的道德责任感和自我评价能力，是一定的道德观念、道德情感、道德意志和道德信念在个人意识中的统一。所谓商业

伦理道德良心指的是企业员工在企业行为中，履行对社会、对单位、对他人的义务过程中形成的商业伦理道德责任感和自我评价能力，它是商业伦理道德观念、商业伦理道德情感、商业伦理道德情绪在企业员工意识中的内在统一，是商业伦理道德原则、商业伦理道德规范体现为企业员工内心的动机、信念和情感的一种自我审度的能力。

一、培育商业伦理道德良心的内容

商业伦理道德良心的基本内容包括以下几个方面。

（1）商业伦理道德良心和商业伦理道德义务紧密相连。商业伦理道德义务是企业员工对他人、对社会应尽的责任；商业伦理道德良心则是企业员工对自己行为应有的道德责任感，形成并表现在尽义务的过程中。商业伦理道德良心有自觉性，是内心的道德活动，不是外部强加的影响。企业员工的伦理道德良心表现在发自内心的尽心尽力为社会、为企业创造财富。当舆论评价自身行为符合义务和责任时，就会感到道德良心上的满足；一旦企业工作出现差错和失误，内心就会对自己的行为进行谴责并忏悔不安，会自觉地改正错误的行为。

（2）商业伦理道德良心是企业员工对自己的道德要求的集中表现。相对于客观世界而言，商业伦理道德良心是主观的东西，而其内容是客观的，是一定的社会关系和生活实践在企业员工意识上的反映，是社会对企业员工的义务要求转化为企业员工内心的道德要求，并体现在自己的职业生活中而成为个人品德的结果。

（3）在阶级社会中，商业伦理道德良心是有阶级性的。这是因为人们在一定的社会关系中所处的地位不同。人类历史告诉我们：一切剥削阶级的良心，都以维护自己财产和特权为界限的，是"财产化""特权化"了的良心。社会主义社会的商业伦理道德良心以维护人民财产利益为界限，是无产阶级的良心并以社会主义商业伦理道德的基本原则为自我评价的出发点。凡是自己的职业行为符合商业伦理道德原则，就会感到良心上的满足和欣慰；反之，就要受到良心的谴责，会感到内疚和不安。还应看到，商业伦理道德良心客观存在于企业员工的意识之中。正如马克思所说的："良心是由人的知识和全部生活方式来决定的。"企业员工的商业伦理道德良心，是在商业伦理的实践活动及所处的社会地位中，在学习科学文化、接受教育的过程中逐渐形成的。

在社会主义社会中，企业员工的职业道德良心是无产阶级的良心。正因为这样，企业员工的商业伦理道德良心不仅包括无产阶级的是非感，以及自珍、自爱、自重等，而且包括对党，对共产主义事业的态度和感情，还包括对管理事业的热爱感和努力搞好商业伦理工作的使命感。列宁曾明确指出："我们相信党，我们把党看作我们时代的智慧、荣誉和良心。"作为一个企业员工，如果没有对党、对社会主义、对自己所从事的商业伦理工作的真挚热爱，就不会树立起码的商业伦理道德良心观念。

二、商业伦理道德良心的功能作用

商业伦理道德良心在商业伦理道德活动中具有十分重要的功能作用。它主要表现在以下几个方面。

（1）商业伦理道德良心是商业伦理道德行为选择的尺度。在企业工作中，当企业员工作出某种行为之前，商业伦理道德良心将依据商业伦理道德义务的要求对行为动机进行自我检查，严肃反复地思考"我的企业行为将引起什么后果""假如我处在他人的位置上，对此会有什么看法"等问题，经过慎重的权衡，对符合商业伦理道德要求的动机予以肯定，对不符合商业伦理道德要求的动机加以否定。因为企业员工的职业道德良心是不允许自己的行为违背自己的商业伦理道德观念的。具有高尚商业伦理道德的企业员工，在商业伦理道德良心的支配下，必然会促进他对本职工作产生强烈的责任感，以及为国家、为人民理财的使命感，自觉承担对社会、对他人应尽商业伦理道德义务。

（2）商业伦理道德良心对所进行的商业伦理行为发挥监督作用。商业伦理道德良心对符合商业伦理道德要求的商业伦理道德情感、商业伦理道德意志、商业伦理道德信念予以坚持和激励，对不符合商业伦理道德要求的情感、意志和冲动予以克服。特别是对企业行为进行过程中产生的异常情感、私欲邪念，良心能及时制止，作出行为方向的改变，避免产生不良后果，造成不良影响。这种监督作用就是我们所说的"良心的发现"。对企业员工来说，这种"良心的发现"，可以使自己的商业伦理道德品质达到较高的商业伦理道德境界。

（3）商业伦理道德良心对企业员工的行为后果和影响起评价作用。由于道德观念不同，对行为的内心体验和评价就不同。作为一名社会主义的企业员工，当他意识到自己的企业行为履行了商业伦理道德义务，符合了商业伦理道德要求，其结果提高了社会经济效益，给人民带来幸福和利益的时候，就会感到良心上的满足；反之，就会感到羞愧和不安，受到良心的谴责，因而产生一种强烈的、持久的要求改变自己行为表现方向的内在欲望。商业伦理道德良心上满足，能够给企业员工带来安宁，而商业伦理道德良心的谴责，则会给他们带来痛苦。

培养企业员工的商业伦理道德良心感，就是要把社会主义商业伦理道德原则、商业伦理道德规范变成内心商业伦理道德信念，并且用这种内心商业伦理道德信念自觉指导自己在企业行为中的言行。把外在要求变成内在信念，变成个人内在商业伦理道德品质的结果。社会主义企业员工之所以遵从商业伦理道德责任视为理所当然的义务，变成自己道德良心的需要，正是因为他们深信自己所从事的工作是社会主义建设事业的一部分，具有正确性和正义感。

目前，企业员工应把建设社会主义现代化强国的历史使命变成自己内心的商业伦理道德信念，并以此指导自己的商业伦理道德行为，审查、评价企业领域中的是非善恶，是培养企业员工无产阶级良心的现实可行途径。

第三节　珍惜商业伦理道德荣誉

一、商业伦理道德荣誉的含义、内容与形式

荣誉一般包括以下两方面的内容。

（1）荣誉指一定社会或阶级用以评价人们行为的社会价值的尺度，即对履行社会义务的道德行为的公认和褒奖。

（2）荣誉指个人对行为的社会价值的自我意识，即在良心中所包含的知耻和自尊的意向。上述荣誉范畴所包括的两方面内容是相互联系、相互影响的。前者即从荣誉范畴的客观角度讲，荣誉是道德行为的价值体现或价值尺度；后者，即从荣誉范畴的主观角度讲，荣誉是人们良心中的知耻心、自尊心、自爱心、进取心的表现。可见，关于荣誉的社会舆论是荣誉的客观基础，个人的知耻和自尊的主观意向是人们在内心对社会舆论、评价的感受和反映。一个人在受到社会或他人的赞扬、褒奖时，会感到光荣、自豪；而受他人的谴责、唾弃时，就感到羞耻、自卑。一般来说，人们会自觉地按照社会的要求去履行义务，甚至作出牺牲，以维护自己的尊严，争取和保持社会给予的荣誉，追求人格的完善。因此，所谓荣誉，就是人们对道德行为的社会价值所作出的公认的客观评价和主观意向。

社会主义商业伦理道德荣誉，是共产主义道德的一般荣誉范畴在商业伦理道德方面的体现和补充，它与一般荣誉范畴的关系是共性和个性的关系。作为商业伦理道德荣誉同样具有两个方面的内容：一方面是党和人民对企业员工的职业行为的社会舆论，也就是对企业员工在企业行为中履行了社会义务的公认和奖赏；另一方面是企业员工在工作中的自我意向，也就是由于履行了企业工作中的社会义务所产生的道德感情上的满足和自我意识。商业伦理道德荣誉对衡量和调节企业员工在商业伦理道德实践中的行为、培养和发扬共产主义思想品德，具有十分重要的作用。只有树立正确的商业伦理道德荣誉观，才能更好地判别在商业行为中什么言论和行为是正确的、光荣的，什么言论和行为是错误的、可耻的，并坚持和发扬正确、光荣的方面，反对和改正错误、可耻的方面。

与其他荣誉表现形式一样，商业伦理道德荣誉有物质奖励和精神奖励两种表现形式。商业伦理道德荣誉的这种表现形式是由荣誉的客观基础决定的。社会舆论是社会对企业员工的道德行为的公认和褒奖。商业伦理道德行为的社会价值尺度，是荣誉的客观基础。而社会对商业伦理道德行为的公认、褒奖与价值尺度的表现形式是可以区分的。因此，从这一角度讲，商业伦理道德荣誉有物质的和精神的两种表现形式——物质奖励和精神奖励。以前，我们有时自觉和不自觉地不承认或不敢承认荣誉有这两种表现形式。而长期只认为荣誉仅有精神奖励的一种形式，不承认或不敢承认物质奖励也是荣誉的重要表现形式之一，把物质奖励视为物质刺激，并错误地加以批判、放弃。历史的经验表明：不承认或忽视荣誉两种表现形式中的任何一种都是片面的、有害的。两种形式相互联系、相互依赖、相互促进、共同提高。

荣誉的标准在不同的时代、不同的社会、不同的阶级或阶层，由于各自社会性质和阶级利益的不同有着不同的质的规定性。在奴隶社会，奴隶主阶级以拥有奴隶的多少、特权的大小为衡量荣誉的标准。在封建社会，封建贵族的荣誉标准是他们的门第权势。在资本主义社会，资产阶级则以财产、金钱的多寡决定荣誉的大小。总之，一切剥削阶级荣誉观是把个人特权和利益放在首位，看作荣誉的主要内容。

无产阶级荣誉观是同社会主义、共产主义事业相联系的反映共产主义道德水平。无产阶级衡量的标准不是财产、权势和门第，而是对人民、对国家、对党的事业的无私奉献。作为社会主义的企业员工，应把全心全意为人民理财，促进经济繁荣，为发展企业科学作出贡献看作最大的荣誉。因为，这些无私的奉献必然会受到党和人民的赞扬、尊重，自己也会得到良心上的满足和欣慰。当前，"全国每个地区、每个部门、每个单位以至个人，他们工作的评价和应得的荣誉，都要以对现代化建设直接间接所作的贡献如何，作为衡量的标准"。而企业改革的成败关系着现代化能否顺利实现。因此，企业员工衡量荣誉的标准是看对企业改革所作贡献的大小。

二、商业伦理道德荣誉发挥着鼓励和社会评价作用

一方面，商业伦理道德荣誉通过社会舆论力量表现社会对企业员工职业行为的愿望与要求，明确表示支持什么，反对什么，使他们对自己的企业行为所造成的社会后果加以关注。它迫使企业员工通过调整自己的职业行为，从社会评价中得到肯定和赞扬，避免受否定或责备。它要求企业员工树立正确的荣誉观，争取荣誉、珍惜荣誉，努力按照社会主义商业伦理道德的基本原则和规范支配自己的行为，绝不弄虚作假，不择手段地骗取个人荣誉。在实际工作中，剥削阶级以财富和特权为主要标准的荣誉观在一部分人中还有影响，毒害他们的思想。所以，发挥商业伦理道德荣誉的社会评价作用就成为企业员工树立正确的荣誉观，自觉地与剥削阶级荣誉观进行斗争的有力措施。

另一方面，商业伦理道德荣誉是一种巨大的精神力量，它对社会物质生产的发展具有积极的或消极的影响。社会主义商业伦理道德所表现的荣誉感是以集体主义思想为基础的，体现着企业员工对人民工作的高度责任感，是一种发自内心深处的强烈自爱心。作为一名具有共产主义道德荣誉感的企业员工能够忠实地、全心全意地在商业伦理工作中履行自己对社会、对集体、对人民的义务，注重集体和个人的荣誉，勤奋工作，作出成绩，必将会受到社会的赞扬和肯定。而社会对他们的赞扬和肯定又会激发他们的光荣感和自豪感，从而进一步激励他们奋发努力的工作，为社会主义经济建设贡献力量。因而，商业伦理道德荣誉就成为商业伦理工作中的一种巨大的精神力量，成为企业员工履行商业伦理道德义务的强大动力。

对于商业伦理道德荣誉，每一个企业员工都有一个怎样正确对待的问题。毫无疑问，每个企业员工应该努力争取获得荣誉，争取广大群众的更多信任，领导和组织的更多褒奖。因为，这有利于企业工作，有利于促进社会生产和方便人们生活。过去，在"左"的思想影响下，人们把争取荣誉和讲道德对立起来，认为两者是矛盾的。实践证明，这种观点是错误的，它不利于提高企业员工对社会的责任感和自尊心，理论上更说不通，因为荣誉是企业伦理道德范畴之一。企业员工崇高的荣誉感和高尚的道德品质从来都是紧密联系的。

三、集体商业伦理道德荣誉和个人商业伦理道德荣誉的关系

企业员工要正确认识集体商业伦理道德荣誉和个人商业伦理道德荣誉的关系问题。商业伦理工作是国民经济管理工作的重要组成部分，企业各岗位的管理工作则组成整个商业伦理系统，而其中的个人工作融于集体工作之中。不过它们各自所取得的荣誉，不仅是人民和集体对其商业伦理道德行为的赞赏和奖励，而且也为整个商业伦理事业增添了新的荣誉。

一般来说，企业工作员工的个人荣誉和集体荣誉是一致的、相统一的。商业伦理道德

中个人荣誉和集体荣誉的关系反映了个人利益和集体利益的关系。在社会主义条件下，个人荣誉和集体荣誉从主要方面看是一致的，也有不一致的情况。当个人荣誉与集体荣誉发生矛盾时，企业员工必须按照社会主义商业伦理道德原则的要求牺牲个人荣誉，服从集体荣誉。对集体荣誉和个人荣誉的认识，使企业员工不仅应关心集体利益和荣誉，而且也应该关心个人利益和荣誉。从荣誉的精神形式上讲，企业员工要视其他同志的荣誉为自己的荣誉。集体的荣誉要自觉地帮助维护，而不应该嫉妒、挖苦、讽刺、打击、损害他人的荣誉。在荣誉面前，要讲究"礼让"的风气，要有豁达的态度。从商业伦理道德荣誉的物质形式上讲，结合商业伦理工作的实际，企业员工应通过自身的努力，坚决实行按劳分配的原则，打破平均主义的分配、奖励制度，关心别人的劳动绩效、贡献大小和劳动所得，促进整个社会劳动生产的发展，荣誉程度的提高。

企业员工还应明确商业伦理道德荣誉感和虚荣心的界限。荣誉感和自尊心是一种积极的心理品质，是推动企业员工在本职工作中履行商业伦理道德义务的巨大精神力量。它们使企业员工把履行一定的道德义务变成内心信念和自觉要求，并促使其转化为相应的商业伦理道德行为，从而在商业伦理工作中发挥巨大的作用。虚荣心则是一种不良的心理品质，是个人主义的表现。虚荣心作为内在的心理品质，企图不通过自己的艰苦努力和出色工作也能获取荣誉，驱使人去干沽名钓誉、欺世盗名、损人利己的勾当，诱使个别人走上违法乱纪的道路。虚荣心在企业实践中的突出表现是企业工作上的浮夸自吹和企业信息上的弄虚作假。这方面我们国家有过惨痛的历史教训，国家和人民的财产也因此遭受了相当大的损失，而对荣誉感和虚荣心界限的正确辨别，能使企业员工在荣誉面前树立正确的态度，并能表现出极大的积极性、主动性和创造性。企业员工要主动发挥创造性，发扬拼搏精神，积极争取商业伦理道德荣誉，努力维护商业伦理道德荣誉。无论是集体荣誉还是个人荣誉，企业员工对它们的争取都意味着对社会、对国家作出更大的创造性的贡献，服务于社会主义初级阶段市场经济的建设。

第四节　商业伦理道德节操

"节操"一词可先分字加以解释。节就是气节、品质，是人们的道德行为中表现出来的较稳定的特征和倾向；操就是操守、操行，是人们的道德行为中一贯坚持的原则规范。所谓节操指的就是人们在政治行为上、道德行为上的坚定性和勇敢性。

节操是一个历史范畴。不同的社会，不同的阶级有不同的节操思想。我国奴隶社会、封建社会的剥削阶级把忠、孝、仁、义作为节操的主要内容。而每个剥削阶级在上升时期，他们的代表人物似乎也曾提出过进步意义的节操观，例如孟子所说的"富贵不能淫，贫贱不能移，威武不能屈"的节操思想。

无产阶级的节操，是共产主义商业伦理道德觉悟和品质的集中表现。它为社会主义商业伦理道德规范体系中的节操范畴确定了方向，规定了范围。商业伦理道德节操，就是企业员工在企业工作中表现出来的政治上的坚定性和高尚的道德品质。从一般意义上讲，能够扎根企业岗位，立足企业实践，热爱企业工作，投身企业改革，努力建设有中国特色的企业体系，就是企业员工在本职工作中体现的最高节操。社会主义商业伦理道德规范体系中的节操充分体现了无产阶级节操的特征。

一、商业伦理道德节操表现的几个方面

具体来说，企业员工高尚的商业伦理道德节操应表现在以下几个方面。

（1）有坚定正确的政治信仰。就是要坚持四项基本原则，坚信社会主义制度的优越性。它要求企业员工明确认识到商业伦理工作是社会主义事业的重要组成部分。对于企业员工来说，有了坚定正确的政治信仰，就有了行动的方向和准则，也就是在企业行为中自觉履行对社会的义务，坚持并实现为人民理财这一原则。

（2）体现着强烈的爱国主义精神。在改革开放的今天，商业伦理道德节操的爱国主义精神有了新的内容。从对内工作看，具有高尚商业伦理道德节操的企业员工能充分发挥主人翁精神，以国家利益为重，以社会主义现代化建设大局为重，注重管理的经济效益，为祖国的繁荣富强、文明昌盛贡献自己的商业伦理才能。在涉外工作中，具有高尚商业伦理道德节操的企业员工，一定要保持民族气节，维护民族尊严。特别要注意在涉外谈判、贸易、账务结算等活动中，与行贿、受贿、索贿、大收回扣、慷国家之慨，利用工作之便谋取私利等丧失国格、丢人格、失节操的行为进行坚决的斗争。同时，要切实提高涉外工作的水平和质量，维护国家和人民的利益。

（3）包含有高尚的商业伦理道德品质。这里指要有商业伦理道德的坚定性，要坚持廉洁奉公的原则和刚正不阿的精神。企业工作岗位与钱物相联系。但具有高尚节操的企业员工不会为钱物所引诱而动私心，他们始终以毫不利己的动机，坚持为人民的利益和社会主义建设服务，做到"吃苦在前，享乐在后"。在企业工作中，那种"近水楼台先得月"的行为是不道德的，那种"常在河边走，哪有不湿鞋"的思想是不健康的，是有失社会主义商业伦理道德节操的表现。

还要看到，商业伦理道德节操具有时代特征。在不同的时代，商业伦理道德节操的表现和要求也会有所不同。例如，20世纪五六十年代，我国企业员工在工作中不贪污就是有商业伦理道德节操的表现。而在今天，企业员工的商业伦理道德节操不仅要不贪污，而且有讲究科学管理，参与决策，提高经济效益等要求，还要求他们有勇气、有胆量，不畏权势的压力和打击、不怕落后意识的干扰和阻挠、不怕错误潮流的冲击，为民理财，廉洁奉公，自始至终讲求实效。

二、商业伦理道德节操在商业伦理道德行为选择中的重要作用

商业伦理道德节操在商业伦理道德行为的选择中的重要作用有以下两点。

（1）商业伦理道德节操能够调整企业员工的行为方向，使他们在企业实践活动中保持清醒的头脑。

（2）商业伦理道德节操还能通过内心信念，使企业员工自觉地贯彻商业伦理道德原则、规范，加强商业伦理道德修养，抵制各种错误思想、行为，提高商业伦理道德境界，全心全意地做好企业工作。

三、商业伦理道德节操的培养

商业伦理道德节操的作用十分重大，每个企业员工都应该具备良好的商业伦理道德节操。那么，如何培养企业员工的商业伦理道德节操呢？

1. 坚持四项基本原则

四项基本原则是企业员工树立高尚节操的首要前提和根本保证。因为，坚持四项基本原则就反映了企业员工在政治上和道德上的坚定性，是商业伦理道德节操的根本表现和培养商业伦理道德节操的最根本的要求。

2. 在企业实践活动中逐步锤炼商业伦理道德节操

对于企业员工来说，培养和树立高尚商业伦理道德节操必须紧密结合企业实践活动。离开了具体的企业实践活动，商业伦理道德节操不仅是空洞的，而且是脆弱的。特别是当前的企业改革中，将会出现过去从未出现过的新情况和新问题，而这正是培养、锻炼高尚商业伦理道德节操的好机会。企业员工必须联系企业改革实践，不怕流言蜚语，冲破种种束缚，坚持开拓创新，不断完善并锤炼商业伦理道德节操。

3. 坚持商业伦理道德修养

这里要求企业员工必须联系企业改革实践活动中始终按照商业伦理道德原则、规范的要求，自觉地、经常地进行反省、自我解剖和自我批评，培养和提高商业伦理道德品质，选择商业伦理道德行为。只有这样，企业员工才能树立培养高尚的商业伦理道德节操，在物质文明和精神文明建设中发挥积极作用，作出较大的贡献。

第五节　锤炼商业伦理道德品质

一、商业伦理道德品质的定义与特点

商业伦理道德作为人们企业行为原则和规范的总和，不仅体现在商业伦理道德关系中，还表现在社会成员的个人品质方面，形成个人的商业伦理道德品质。商业伦理道德品质同商业伦理道德行为一样，都是商业伦理道德评价的对象。商业伦理道德品质具有稳定性和一贯性，表现为行为习惯或习性，但习惯和习性并不都具有道德意义。因此，考虑企业员工的商业伦理道德品质，不仅要看商业伦理道德行为的某一方面的表现，还要看其各个方面的表现；不仅要看其一时一事个别商业伦理道德行为的倾向，还要看其一系列的商业伦理道德行为所表现出来的一贯倾向。从而全面把握企业员工的商业伦理道德品质，揭示商业伦理道德品质的基本特征和发展规律。

如何定义商业伦理道德品质呢？所谓商业伦理道德品质是商业伦理道德原则和规范在企业员工的个人思想以及企业行为中的体现，是一系列商业伦理道德行为中所表现出来的比较稳定的特征和倾向。商业伦理道德品质具有以下几个特点。

1. 商业伦理道德品质是客观存在的商业伦理道德行为的综合表现

商业伦理道德行为是商业伦理道德品质的外在表现，商业伦理道德品质是商业伦理道德行为的内在动因。离开一定的商业伦理道德行为就不能体现商业伦理道德品质。商业伦理道德行为持续不断地进行，形成一定的商业伦理道德习惯，就表现为商业伦理道德品质，商业伦理道德品质只有通过商业伦理道德行为才能表现出来。商业伦理道德品质是商业伦理道德心理、商业伦理道德意识和商业伦理道德行为的统一。

2. 商业伦理道德品质是一种自觉的商业伦理道德习惯或习性

商业伦理道德品质不仅仅是一种商业伦理道德习惯或习性，还是一种自觉的意志行动过程，是审慎地凭借意志的选择而得到的习性。在企业行为的每一个场合和每一个时期，都能凭借一定的判断、选择和自觉意志控制，处理感情和企业行为的结果，是企业员工的自觉意志的凝结。这是商业伦理道德品质不同于一般习惯、习性的突出特点。

3. 商业伦理道德品质具有稳定特征和倾向

商业伦理道德品质是在商业伦理道德行为整体中表现出来的稳定特征和倾向。这里"商业伦理道德行为整体"有两方面的含义：一方面它是构成个别商业伦理道德行为的主观和客观两方面的统一，是商业伦理道德意志和由这种商业伦理道德意志所支配的商业伦理道德行为的统一；另一方面，它是指一系列商业伦理道德行为的统一，是某一时期或某一活动阶段的行为，乃至一生全部商业伦理道德行为的综合。企业员工的商业伦理道德品质不仅体现在某一个持续进行的企业行为中，而且更充分地体现在其一系列行为所构成的企业行为整体中。黑格尔曾深刻指出，"人就是他的一串行为所构成的""主体就等于他的一连串的行为"，这两句话阐述了商业伦理道德行为和商业伦理道德品质的深刻的辩证思想，它表现了商业伦理道德品质不仅是企业员工的内部意志和外部行为的统一，而且也是个别行为和整体行为的统一。因此，可以这样说，商业伦理道德品质就是企业员工的一连串企业行为，是企业员工在商业伦理道德行为整体中表现出来的稳定特性和一贯的倾向。

二、商业伦理道德品质的形成和发展

商业伦理道德品质，从其构成内容来讲，包括商业伦理道德认识、商业伦理道德情感、商业伦理道德意志、商业伦理道德信念和商业伦理道德习惯等基本要素。它们相互联系、相互依存、相互促进所构成的整体就是商业伦理道德品质。那么，商业伦理道德品质是如何形成和发展的呢？一方面，商业伦理道德品质是商业伦理道德现象在企业员工身上的表现，是现实社会关系和商业伦理道德关系的反映，因而它的形成和发展必然要受一定社会的环境和物质生活条件的制约；另一方面，商业伦理道德品质绝不是对客观物质生活条件的具体企业环境的消极适应的结果。它是在企业实践的基础上，经过个人的主观努力所形成的。对于企业员工来说，它是一个自觉认识和行为选择的过程，是逐步提高商业伦理道德认识、培养商业伦理道德情感、锻炼商业伦理道德意志、树立商业伦理道德信念和养成商业伦理道德习惯的综合过程。具体有以下几点内容。

1. 提高商业伦理道德认识

有目的、有组织、有计划地向企业员工传授社会主义道德知识，提高他们对社会主义商业伦理道德认识。企业员工的任何道德行为都是对其个人与他人、与社会之间的关系的自觉认识和自由选择的结果。企业员工的道德认识越全面深刻，就越能指导他们正确处理和解决各种道德矛盾，形成明确的道德判断，增强履行社会主义商业伦理道德义务的自觉性，进行自觉的商业伦理道德行为选择。在现实生活中，少数企业员工之所以作出违反商业伦理道德要求的事情，往往与他们的糊涂认识有关。因此，确立和提高商业伦理道德认识是培养商业伦理道德品质的第一步，也是最关键的一步。

2. 培养商业伦理道德情感

重视培养企业员工高尚的社会主义商业伦理道德情感。商业伦理道德情感就是企业员工按照一定的商业伦理道德观念，在心理上对商业伦理道德要求和商业伦理道德义务所产生的各种体验，所抱有的善恶态度的情绪。可以说，没有商业伦理道德情感，就没有也不可能有履行商业伦理道德原则和商业伦理道德规范的自觉行为。因为，企业员工从理论上认识了一定的商业伦理道德义务后，并不一定就能按其行动。当商业伦理道德认识转化为商业伦理道德情感时，才会对企业员工的行为和举止产生深刻的影响，推动企业员工主动趋善避恶，追求自己情感所向往的美德，拒绝情感上所不能接受的恶行。同时，商业伦理道德情感较商业伦理道德认识具有更大的稳定性。有了这种商业伦理道德情感，企业员工就能正确对待企业职业，热爱企业工作，正确处理与同事的关系、与集体的关系，摆正个人利益与国家利益的位置，认清自己肩负的责任，顺利完成国家和人民交给的企业核算和监督的任务。

3. 锻炼商业伦理道德意志

商业伦理道德意志是指企业员工为了履行商业伦理道德义务而克服各种困难和障碍的能力和毅力。商业伦理道德意志突出体现了商业伦理道德行为的意图，表现了商业伦理道德行为中的坚韧不拔的精神，它是在精神上对企业员工行为的指导和支持，比商业伦理道德情感更进一步。商业伦理道德认识和商业伦理道德情感的结合，如果没有商业伦理道德意志的支撑，就不能巩固和持久。当企业员工具有坚强的商业伦理道德意志，就会忠于职守，秉公理财，不徇私情，不计较个人得失，克服各种困难，搞好本职工作。如果没有商业伦理道德意志，就不能抵制某些领导和群众违反纪律的行为，就不可能忠实地履行职责。所以，培养和锻炼商业伦理道德意志，是企业员工践行道德行为的重要条件，是形成商业伦理道德品质的重要环节。

4. 树立商业伦理道德信念

商业伦理道德信念是企业员工发自内心的对商业伦理道德义务和道德理想的真诚信仰和强烈责任感。相对于商业伦理道德认识、商业伦理道德情感和商业伦理道德意志来说，商业伦理道德信念具有综合性、稳定性和持久性的特点。商业伦理道德信念表现为坚定地相信社会主义商业伦理道德原则和商业伦理道德规范的正确性，坚定地相信社会主义商业伦理道德原则和商业伦理道德规范行为的正义性。一旦当某个企业员工树立了商业伦理道德信念时，他就能自我调动、自我命令，长期、自觉、全面地根据自己的信念选择企业行为，从事企业工作。可以说，商业伦理道德信念是商业伦理道德品质的核心。

5. 形成商业伦理道德习惯

所谓商业伦理道德习惯，是根植于企业员工心中的一种行为。它已经成为企业员工内心的需要，成为一种定型化的自然行为。养成商业伦理道德习惯的目的是使企业员工对商业伦理道德原则和规范真正深入到我们的血肉里去，真正地、完全地成为生活的组成部分，变成企业员工性格特征。可见，养成良好的商业伦理道德品质是商业伦理道德教育的归宿。只有当企业员工养成了商业伦理道德习惯，才能说他具备了商业伦理道德品质。

在商业伦理道德教育过程中，以上五个环节是相互影响、有机联系的，构成了一个整体。其中，商业伦理道德认识是前提，商业伦理道德情感和商业伦理道德意志是两个必要条件，商业伦理道德信念是核心，商业伦理道德习惯是归宿。由商业伦理道德认识转化为商业伦理道德品质，不是简单地、自然地进行的，而是由商业伦理道德认识、情感、意志、信念和习惯在发展水平或发展方向方面不断地由不平衡到平衡，由不适应到相互适应的矛盾运动过程。同时，由于社会经济和劳动生产率不断向前发展，必然向企业员工提出新的道德要求，这就客观上要向企业员工进行商业伦理道德教育。必须持之以恒，反复不断地解决构成商业伦理道德品质各要素之间的矛盾，才能促进社会主义商业伦理道德不断向前发展和商业伦理道德品质的形成。

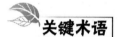

关键术语

商业伦理道德范畴　　商业伦理道德义务　　商业伦理道德良心
商业伦理道德荣誉　　商业伦理道德节操

复习思考题

1. 什么是商业伦理道德范畴？有何作用？怎样组成的？
2. 如何理解商业伦理道德义务的作用与内容？
3. 怎样珍惜商业伦理道德良心？其有何功能？
4. 商业伦理道德节操的表现内容、功能及培育方式是什么？
5. 如何开展商业伦理道德荣誉的激励及社会评价与协调？
6. 商业伦理道德品质有哪些特点？怎样锤炼商业伦理道德品质？

案例分析　　　　　　　即测即练

自学自测　　　　　扫描此码

第十二章

商业伦理道德实践活动

经典名言

"六项精进"是搞好企业经营所必须的最基本条件，同时也是我们度过美好人生必须遵守的最基本条件。如果我们每天都能坚持实践这"六项精进"，我们的人生必将更加美好，甚至超乎我们自己的想象。我自己的人生就是如此。

所谓"六项精进"，指的是：①付出不亚于任何人的努力；②要谦虚，不要骄傲；③要每天反省；④活着，就要感谢；⑤积善行、思利他；⑥忘却感性的烦恼。

——［日本］稻盛和夫

学习目标

1. 明确商业伦理道德行为的本质、特性、激励模式与选择思路。
2. 了解商业伦理道德教育的特征与方法。
3. 掌握商业伦理道德修养的实践原则与方法。
4. 理解企业快乐指数、商业伦理道德境界的层次与升华。

导读

新征程号角：想人民之所想，行人民之所嘱

2022 年 10 月 27 日，习近平总书记带领中共中央政治局常委赴陕西延安瞻仰革命纪念地。"全党同志要站稳人民立场，践行党的宗旨，贯彻党的群众路线，保持党同人民群众的血肉联系，自觉把以人民为中心的发展思想贯穿到各项工作之中，扎实推进共同富裕，让现代化建设成果更多更公平惠及全体人民。"

党的二十大闭幕不到一周，习近平总书记带领中共中央政治局常委李强、赵乐际、王沪宁、蔡奇、丁薛祥、李希，专程从北京前往陕西延安，瞻仰延安革命纪念地，重温革命战争时期党中央在延安的峥嵘岁月，缅怀老一辈革命家的丰功伟绩，宣示新一届中央领导集体赓续红色血脉、传承奋斗精神，在新的赶考之路上向历史和人民交出新的优异答卷的坚定信念。

一、人民，是党执政兴国的最大底气

一路走来，我们紧紧依靠人民交出了一份又一份载入史册的答卷。面向未来，我们仍然要依靠人民创造新的历史伟业。

"我们要始终与人民风雨同舟、与人民心心相印，想人民之所想，行人民之所嘱，不断把人民对美好生活的向往变为现实。"10月23日，习近平总书记在同采访中共二十大的中外记者亲切见面时强调。掷地有声的誓言，直抵亿万人民心中。

"延安时期，党提出全心全意为人民服务的根本宗旨并写入党章，强调共产党'这个队伍完全是为着解放人民的，是彻底地为人民的利益工作的'，要求党的干部'把屁股端端地坐在老百姓的这一面'，形成了'只见公仆不见官'的生动局面。"10月27日，习近平总书记在延安革命纪念馆参观时强调。

党的二十大报告字里行间同样诠释着什么是对人民"言必信、行必果"——"站稳人民立场、把握人民愿望、尊重人民创造、集中人民智慧""紧紧抓住人民最关心最直接最现实的利益问题，坚持尽力而为、量力而行""使人人都有通过勤奋劳动实现自身发展的机会"……

站在北京金秋的阳光下，党的二十大代表张桂梅讲述了她的新梦想："原来我们是让孩子们能读得到书、人人有书读，这次我看到了更高远的目标——让孩子们读好书！"

"我的这个梦想是和总书记在报告中提及的全面推进乡村振兴和实施科教兴国战略紧密联系在一起的。"张桂梅兴奋地告诉学校老师，总书记在二十大报告里指出加快义务教育优质均衡发展和城乡一体化，以后山乡里的学校、学生一定会发展得更好。

近日，陕西延安的果园里，果农们正忙着采摘装箱，一派丰收的喜人景象。

过去10年，延安苹果种植面积增加了85万亩，产量增加了120万吨，产值由86.3亿元增加到219.1亿元，增长了153.9%。苹果产业标准化建设，狠抓技术管理，提高果品质量……如今，苹果已成为对延安农民增收贡献最大的特色产业。

二、陕西延安果农喜获丰收

中国社会科学院马克思主义研究院副院长龚云表示，党的二十大报告中关于"民生"的篇章，是每一个中国人都格外关注的部分，"人民生活品质"首次被写入其中。从党的十九大报告提出"提高保障和改善民生水平"，到二十大报告提出"增进民生福祉，提高人民生活品质"，既有一以贯之、始终不渝的人民立场和为民初心，更有根据新发展阶段的新特点而提出的新要求、部署的新举措，描绘出人民美好生活的新图景。

"不断把人民对美好生活的向往变为现实"，这是一个马克思主义政党的初心使命，更是世界上最大执政党正在进行的"民生行动"。

"当前最重要的任务，就是撸起袖子加油干，一步一个脚印把党的二十大作出的重大决策部署付诸行动、见之于成效。"10月17日，习近平总书记在参加党的二十大广西代表团讨论时强调。

在网络留言板上，一位网友记录下了自己的感受——"我是一名普通的维修钳工，在新时代伟大进程中逐步成长为'全国五一劳动奖章'获得者，对此有深深共鸣。10年来，社会对技术工人给予越来越多的认可和尊重，让我们这些奋战在一线的蓝领更加自信，也更有底气静下心来钻研技术。感谢新时代为我们创造的机遇。走向每一个新的明天，要拼、要干、要奋斗！"

资料来源：新征程号角丨想人民之所想　行人民之所嘱，2022-10-30，央视新闻，https://baijiahao.baidu.com/s?id=1748071434419885996&wfr=spider&for=pc.

商业伦理道德实践活动是总结商业伦理道德理论的基础平台与工作范围。商业伦理道德行为、商业伦理道德检查与评价、商业伦理道德教育、商业伦理道德品质锤炼和商业伦理道德修养是组织商业伦理道德实践活动所必须研究的重要课题。

商业伦理道德行为、商业伦理道德检查与评价、商业伦理道德教育、商业伦理道德品质锤炼和商业伦理道德修养是商业伦理道德实践活动的五种形式。商业伦理道德行为，也称企业伦理行为，是在一定的商业伦理道德意识支配下发生的有利或有害于他人和社会的，涉及企业员工个人利益与他人利益、个人利益与社会整体利益之间关系的并能进行商业伦理道德检查与评价的行为。商业伦理道德检查与评价是企业伦理道德基本原则和商业伦理道德规范得以贯彻并转化为商业伦理道德行为的保证。商业伦理道德教育是铸造企业员工高尚道德品质的熔炉，是形成良好的商业伦理道德风尚的重要条件，而商业伦理道德行为是商业伦理道德品质的表现，商业伦理道德品质则是商业伦理道德行为发展和积累的结果，两者相互作用，相互联系且相互依存，共同构成商业伦理道德修养的客观基础。商业伦理道德修养是企业员工进行自我道德教育的特殊课堂，它直接关系企业员工自身道德品质形成和商业伦理道德行为的履行。

第一节　商业伦理道德行为的选择

一、行为的本质和一般规律

"行为"，长期以来有多种解释。按中国古代通行的说法，"行"指的是走，"为"指的是做。《墨子》把"行""为"二字连同，认为行即是为，"行，为也""志行而悬于欲谓之为"，明确指出人的行为受欲望和意志支配。荀子说："虑积焉，能习焉而后成谓之为。"其认为行为是人经过思考之后，在理智指导下通过做而实现的活动。被称为"行为科学鼻祖"的亚里士多德指出："人的行为是根据理性原则而具有的理性生活。"这里的"理性生活"是指"人的心灵遵循着或包含着一种理性原则的主动作用"，也就是有目的有意志的"具有主动意义的生活"。这种阐述有其合理因素。一些资产阶级伦理学家用生理学、生物学理论去解释人类行为。他们把人的行为看成生物对外界刺激作出的反射动作，是生物的本能活动。美国著名行为家毕尔生说："行为的改变要根据刺激——反应情景来研究，完全不需要涉及意识伴随物和精神学假设。"这种行为观显然是有失偏颇的。

马克思主义伦理学认为，人的行为是在改造周围环境的社会实践中发生的，通过一定的社会关系表现出来的能动活动，是人类特有的生存方式。由于人是社会的人，不能脱离社会而存在，人的行为就要受到包括自然需要在内的社会需要的目的和意志的支配。人类在不断改变自己所处环境的过程中得以生存和发展。人类的行为就由此产生，并在这一过程中通过实践活动表现出来。没有改造客观世界的实践活动，就不会有人的行为。在阶级社会里，人的实践活动是受一定阶级关系的制约，表现为一定阶级利益和要求的倾向性。

影响人们行为的因素有哪些呢？美国社会心理学家卢因（K. Lewin）提出一个著名的公式：

$$B = f(P \cdot E)$$

(12-1)

式中：B(behavior)代表行为；P(person)代表人；E(environment)代表环境；ƒ代表函数符号。

卢因认为，人的行为是人与环境交互作用的函数，是人的内在需要以及与环境影响的结果。美国著名行为科学家麦格雷戈（D. Megregor）提出另一个公式，指出人的工作绩效是个人特性和环境特性两个变量影响的结果，是这两个变量的函数。公式为

$$P = f(Ia、Ib、Ic、Id、\cdots，Em、En、Eo、Ep) \tag{12-2}$$

式中：P(performance)代表工作绩效；E(environment)代表环境特性；I(Individual)代表个人特性；a、b、c、d 等反映个人特性的具体因素；m、n、o、p 等反映环境特性的具体因素。

上述两个公式概括了人们行为的一般规律，具有普遍的适用性。

具体地说，影响人们个体行为的因素不外乎五个方面：生理因素、心理因素、文化因素、自然因素和社会因素。人的行为是很复杂的，是在理智指导下由很多因素共同作用的结果。

二、商业伦理道德行为的特性

人的行为有复杂的表现形式和多重的层次结构，性质特点各不一样。依据人类社会实践活动的主要形式，人的行为可划分为经济行为、政治行为、法律行为、艺术行为、道德行为、日常生活行为等。上述每类行为还可划分为若干层次的行为类型，分别由不同的科学或学科进行研究。本书研究的是人类社会行为中商业伦理道德行为以及各种社会行为的商业伦理道德意义。

任何企业行为按照道德标准可划分为商业伦理道德行为和商业伦理不道德行为两大类。前者是一种有利于他人集体及社会的行为，是善行；企业不道德行为，简称企业败德行为，是一种有害于他人、集体及社会的行为，是恶行，企业假账就是典型的企业败德行为。在今天的企业实践活动中，企业行为绝大多数表现为商业伦理道德行为，商业伦理败德行为也时有发生，前文已专门分析介绍。商业伦理道德行为的基本特征在于它是企业员工对他人与社会的利益关系的自觉认识和自由选择的表现。揭示企业职业道德行为、商业伦理道德品质形成及发展规律性，是科学培养企业员工的社会主义商业伦理道德品质的理论基础，也是丰富和完善社会主义商业伦理道德规范，正确进行商业伦理道德检查与评价、商业伦理道德教育的必要前提。商业伦理道德行为有以下几种特性：

（一）自觉性

商业伦理道德行为是基于企业员工对他人和社会的利益关系的自觉认识而表现出来的行为。不管这种认识是正确的认识还是错误的认识，它们都是构成企业行为的前提。当企业员工对上述利益关系的正确认识或为支配他们行为的商业伦理道德意识付诸行动，就表现为商业伦理道德的行为；而如果他们对这种利益关系有了错误的认识，这种错误的认识就会支配他们的商业伦理道德意识，一旦付诸行动，就表现为企业败德行为。

（二）自愿性

商业伦理道德行为是企业员工在其商业伦理道德意识支配下所作出的抉择，是经过他们自愿选择的结果。这是道德行为区别于其他行为的重要特征。只要是道德行为，不管在任何时候、任何情况下就一定要受道德意识的支配，否则就没有道德意义。商业伦理道德行为也不例外。在行为之前，商业伦理道德意识的活动主要表现为对动机的确立，对行为方案的选择和决定；在行为之后，商业伦理道德意识的活动则表现为行为主体对自身行为的检查与评价和对社会检查与评价所采取的态度。

（三）坚定性

一个具有高度商业伦理道德责任感和义务感的企业员工，选择和践行自己的行为时，无论面临多么艰难险恶的环境，都会坚持商业伦理道德观念，不屈服于外来压力，泰山压顶而不弯腰，始终对自己应尽的商业伦理道德义务高度负责。

三、商业伦理道德行为的激励和选择

为了激励商业伦理道德的行为，必须懂得激励理论。国外学者，尤其是美国学者对激励理论做了大量深入的研究。其中，影响最大的当推美国心理学家马斯洛（A. H. Maslow）。1943 年他在"人的动机理论"一文中提出"需要层次论"，马斯洛认为人有五种基本需要：①生理需要；②安全需要；③爱的需要；④尊重的需要；⑤自我实现的需要。

1954 年马斯洛在《激励与个性》一书中补充了两个层次，即在"尊重的需要"之后，增加"求知的需要"和"求美的需要"。

麦格雷戈于 1970 年在其名著《企业的人事方面》一书中对马斯洛"需要层次论"做了进一步发挥，他提出人的基本需要层次如下。

生理的需要——层次虽低，但重要性却极大。

安全的需要——针对危害、威胁和剥削等的保护的需要。

社交的需要——包括归属、结社、为他人接受，接纳、友谊和爱的需要。

自我的需要——自尊的需要（包括自重、自信、自主、成就、具有能力和知识的需要）和声望的需要（包括地位、赞颂、赏识与受人尊重的需要）。

自我实现的需要——包括个人潜力发挥，不断自我发展及发挥创造性的需要。

我国学者冬青在上述"需要层次论"的基础上，结合我国情况，提出了"C 型需要层次图"。

在我国，企业员工的生理需要、安全需要基本上得到满足。作为商业伦理道德行为，是满足企业员工社交需要的手段，获得尊重的前提，达到自我实现需要的途径，最终以理想社会实现需要为方向和目的。

如何激励商业伦理道德的行为，充分调动企业员工的积极性和创造性呢？一方面，社会、政府、领导和组织对企业员工要热忱关心，应用激励理论，尽量满足他们的五种基本需要；另一方面，通过商业伦理道德检查与评价、商业伦理道德教育和商业伦理道德修养，促使员工提高思想认识，将实现崇高理想作为自己的目标，并终身为之奋斗，两者结合就是企业员工积极性充分发挥的最佳模式。我们称为"商业伦理道德的行为激励模式图",如图12-1所示。

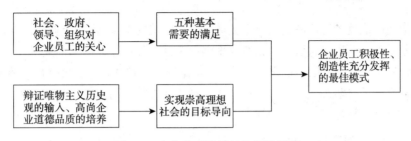

图 12-1 商业伦理道德行为激励模式

分析商业伦理道德行为的选择问题,应明确商业伦理道德行为选择的自由与必然的联系。

根据马克思主义伦理学原理,我们知道商业伦理道德的行为选择,虽然表面上看起来是主观随意的,实际上总在受客观必然性的制约。企业员工不可能超越客观环境提供的可能性,去随心所欲地选择商业伦理道德的行为。首先应该看到,客观必然性对人们的商业伦理道德的行为选择起制约作用,客观必然性制约着人们行为的动机,也制约着人们商业伦理道德的行为选择的标准和内容,还规定着企业行为的道德责任。其次也应该看到,人们在选择商业伦理道德的行为时有相对的自由,人的主观能动性在商业伦理道德行为中发挥着重要作用。

商业伦理道德的行为选择自由,是指人们对于以商业伦理道德必然性形式出现的历史必然性的认识而获得的决定采取某种商业伦理道德行为的能力。商业伦理道德必然性则是指人们应当遵守的那些符合历史发展要求的商业伦理道德原则和商业伦理道德规范。总而言之,人们对商业伦理道德行为的选择,应谨慎细心,要对自己的行为负责。

第二节　开展商业伦理道德教育

青少年是人类的希望和祖国的未来。同样,企业的希望和未来也在于对青少年的企业教育,尤其是商业伦理道德教育。因此,商业伦理道德建设首先应该以商业伦理道德教育为切入点。商业伦理道德教育是企业教育的关键与核心,决定着企业教育的方向和前途。

商业伦理道德教育是根据企业工作的特点,有目的、有组织、有计划地对企业员工施加系统的商业伦理道德影响,促使企业员工形成商业伦理道德,履行商业伦理道德义务的活动。商业伦理道德教育的作用在于它把社会意识中得到反映和论证的一定的商业伦理道德原则、商业伦理道德规范和商业伦理道德观念灌输在企业员工的意识之中,引导企业员工既能够实行自我监督,调整自身行为,又能够参与社会行为的调整过程;对其他企业员工提出商业伦理道德要求和进行商业伦理道德评价。商业伦理道德教育是商业伦理道德职能作用得以发挥的重要途径。企业员工的道德品质需要商业伦理道德教育来培养,社会道德风尚也需要包括商业伦理道德教育在内的整个社会道德教育来造就。可见,开展商业伦理道德教育,有利于提高企业员工的道德水平,促使企业员工形成商业伦理道德品质,进行商业伦理道德实践活动。

一、商业伦理道德教育的特征

商业伦理道德教育是塑造或改造企业员工道德面貌的工作。由于企业员工与社会实践、生产经营等活动有广泛的联系，而且有高度的自觉性和能动性，因此商业伦理道德教育过程是一个极为复杂的矛盾运动过程。但是，商业伦理道德教育并非不可捉摸、无规律可循。根据优秀企业员工的感人事迹，结合其商业伦理道德思想和商业伦理道德行为，我们可以看出商业伦理道德教育具有以下特征。

（一）商业伦理道德教育的整体性

由于商业伦理道德品质是商业伦理道德认识、商业伦理道德情感、商业伦理道德意志、商业伦理道德信念和商业伦理道德习惯等基本因素有机统一的集合体，因此商业伦理道德教育不能机械地确定一个序列，而必须注意各个基本要素的整体培养。整体性要求把商业伦理道德教育看作有机的体系，做到各要素间齐头并进，相互协调，共同发展。也就是说，我们应该在提高企业员工道德认识的同时，培养企业员工的道德情感和道德意志；在教育企业员工确立、坚定和增强自己道德信念的同时，教育企业员工养成自然而然地实践商业伦理道德原则和规范行为的习惯。当然，在进行商业伦理道德教育的时候，是可以而且应该根据实际情况侧重于其中的某个方面。但是，切不可因有侧重点而不同时兼顾其他方面。总之，整体性是由商业伦理道德本身形成和发展的客观过程所决定的，也是构成企业品质中各要素相互依赖、相互制约的必然要求。

（二）商业伦理道德教育的针对性

商业伦理道德教育要着眼于构成企业员工道德品质诸要素的平衡，使其全面发展，因而要对各要素施加积极的道德影响，但在现实的企业工作中往往难以达到各个要素发展的完全平衡，各要素在发展方面和发展水平上常常不一致。这是因为每个企业员工的生活经历、教育程度、知识水平和实践状况的不同，他们的社会公德素质和职业道德素质的不同，客观上企业员工的职业活动又与许多方面发生关系。这种情况决定了进行商业伦理道德教育不能采取整齐划一的形式，死扣一环，只从一个固定不变的模式出发，而是要从实际出发，在充分调查的基础上，针对不同的教育对象，选择最需要、最迫切、最能见效的方面进行商业伦理道德教育。例如，对刚参加工作的企业员工，由于他们对商业伦理道德知识知之甚少，因而就应该从商业伦理道德认识着手；对某些意志薄弱的企业员工，就要从增强商业伦理道德意志入手；对空谈商业伦理道德而不实行者，就要从要求言行一致开始。总之，商业伦理道德教育要因人而异，灵活多样。这种商业伦理道德的针对性，是商业伦理道德教育灵活性和生动性的体现。

（三）商业伦理道德教育的复杂性

培养商业伦理道德品质是一个极为艰巨复杂的过程，需要不断地反复进行。即使是比较单纯地传授商业伦理道德知识，也必须经过反复教育才能逐步为企业员工所了解和掌握。

相比之下，商业伦理道德感情的培养，商业伦理道德意志的锤炼，商业伦理道德观念的树立和商业伦理道德习惯的养成还要困难得多、艰巨得多、深刻得多，不可能一蹴而就，一次生效。例如，就培养商业伦理道德情感来说，真正要使企业员工做到爱憎分明，从善如流，嫉恶如仇，是很不容易的。这种情感必须在实践的基础上经过反复认识，长期熏陶才能产生，要使其稳定，还需要更长期的教育。可见，复杂性是商业伦理道德教育的又一规律性的特征，它表明商业伦理道德教育是一项长期的艰巨性的工作。

（四）商业伦理道德教育的实践性

商业伦理道德本身就是知和行的统一，商业伦理道德离开了实际的商业伦理道德行为就会变得毫无意义。不仅商业伦理道德认识、商业伦理道德情感、商业伦理道德信念和商业伦理道德习惯需要在社会实践中培养和训练，而且由"知"转化为"行"，必须在实践基础中实现。商业伦理道德教育的实践性意味着这种教育既要从企业实际工作出发，适应社会的实践情况和实际需要；同时，又要引导企业员工遵循商业伦理道德规范。实践是进行商业伦理道德教育的基础，也是检查商业伦理道德成效的唯一标准。离开了实践，商业伦理道德教育就会变成美妙的空谈和说教，也就不能称为商业伦理道德教育。

（五）商业伦理道德教育的渐进性

企业员工的道德品质不是先天就有的，也不是自发产生的，而是经过后天的长期学习和反复磨炼才能形成。企业员工这种反复的磨炼过程实际上也是商业伦理道德品质形成的渐进过程。荀子云："积土成山，风雨兴焉；积水成渊，蛟龙生焉；积善成德，而神明自得，圣心备焉。故不积跬步，无以至千里；不积小流，无以成江海。"此话表明，一种良好的品质要经历积小善为大善的长期过程，只有通过平时的积累，才能达到道德面貌的根本变化。刘备在《遗诏敕后主》中明确："勿以恶小而为之，勿以善小而不为。"因此，商业伦理道德教育不能操之过急，急于求成，而要循序渐进，日积月累。商业伦理道德教育要给企业员工以道德理想，要达到这种理想必须经过无数的阶梯。只有立足企业实践，从自我做起，千锤百炼，才有可能成为一名具有高尚道德情操的企业员工。

商业伦理道德教育是一个培养和塑造企业员工灵魂的系统工程，特别需要遵循商业伦理道德教育的客观规律。作为企业教育工作者要不断地研究各种新的企业问题，总结新经验，揭示新规律，使商业伦理道德教育更丰富、生动、深刻、更富有成就。

二、商业伦理道德教育的方法

商业伦理道德教育的方法是以商业伦理道德教育的客观过程特征及其规律性为依据的，是商业伦理道德实践经验的总结。商业伦理道德教育究竟应采取怎样的方法，只能根据商业伦理道德本身的特点和教育对象的实际情况来确定。主要有以下几种方法。

（一）传授商业伦理道德知识与进行道德锻炼相结合的方法

传授商业伦理道德知识，就是向企业员工通过讲授商业伦理道德规范等知识，帮助企业员工提高商业伦理道德认识，并在职业生活中自觉进行商业伦理道德实践。但对商业伦理道德知识的深入理解，离不开企业实践的锻炼和商业伦理道德的锤炼。企业员工只有亲身实践，通过自身的锻炼体验和总结，才能更深刻，更全面地认识、理解商业伦理道德知识，更自觉地从事企业实践活动。可以说，传授商业伦理道德知识和进行商业伦理道德锤炼，是加强商业伦理道德教育的两个同等重要的方面。

（二）个人示范和集体影响相配合的方法

个人示范，其一，要求企业领域的各级负责人在企业工作中，以身示范，以身作则，严格要求自己，成为全体企业员工的表率；其二，要求表彰先进模范人物，树立正气，抨击不良倾向。通过个人示范起到影响大众的作用。同时，要加强集体教育，扩大集体影响。集体是许多个别成员集合组成的。集体影响一般表现为集体成员的相互学习、相互激励、相互监督和相互促进等过程。发挥每个成员的长处，克服自身的不足，促进大家共同提高道德水平，起到良好的商业伦理道德教育效果。

（三）典范诱导和舆论扬抑相统一的方法

榜样的力量是无穷的。企业领域的榜样，是指在企业工作中作出了巨大成就的英雄模范人物。他们具有高尚的商业伦理道德品质，善于从日常小事做起，不断对自己进行道德品质的锻炼，全心全意地为国家、为人民、为集体工作。他们闪光的行为和事迹，对其他企业员工起潜移默化的作用；加之他们在社会上，尤其在企业领域的道德风尚，恰当地、实事求是地运用榜样的力量，可以启发诱导和激励企业员工履行商业伦理道德。与此同时，还要重视舆论作用。舆论对企业员工的道德行为起扬抑作用。在企业领域中，只有形成了扬正抑邪，褒善贬恶的社会舆论，商业伦理道德教育才能收到好的效果。

商业伦理道德教育的方法除了上述几种以外，还有其他多种，如说服教育的方法、道德行为反馈的方法等。具体运用商业伦理道德教育方法时，要视商业伦理道德教育的任务、内容和教育对象的实际情况而定。

第三节　商业伦理道德修养实践原则与方法

商业伦理道德修养是企业员工进行自我道德教育的课堂，它直接关系商业伦理道德品质的形成和提升。

一、商业伦理道德修养的意义

修养是一个含义广泛的概念，通常是指人们在政治、道德、学术以及各种技艺方面所进行的勤奋刻苦学习和涵养锻炼的功夫，也是人们经过长期的努力所达到的能力和思想品质。修养一般包括思想意识修养、道德品质修养和科学文化修养三个方面。商业伦理道德修养是商业伦理道德品质的一个部分，主要是指企业员工的思想意识、道德品质方面的"自我教育"和"自我改造"，包括按照一定的商业伦理道德管理原则、规范所进行的自我批评和自我解剖，也包括在实践中所形成的商业伦理道德情操和所达到的境界。其任务是企业员工通过对商业伦理道德管理原则、规范的认识和体验，使自己形成稳定的、正确区别企业工作中的善良与丑恶、光荣与耻辱、高尚与卑鄙、诚实与虚伪等方面的内在信念。企业员工有了正确的内心信念，就能在本职工作中自觉调节个人行为，使其符合商业伦理道德规范。

进行商业伦理道德修养，具有重大的意义。这种意义可以从商业伦理道德修养同商业伦理道德检查与评价、商业伦理道德教育的区别和联系中加以说明。

商业伦理道德修养和商业伦理道德检查与评价是紧密相连的。商业伦理道德修养要通过自我商业伦理道德检查与评价的方式来实现，商业伦理道德检查与评价的展开可促进商业伦理道德修养的提高。在商业伦理道德修养中，检查与评价的因素往往是与道德理想的选择、追求紧密联系在一起的，并且始终服从于这种选择和追求。因而，检查与评价在这里仅仅表现为一般的"良心"的谴责，而且还从被动状态中解脱出来，成为一种克服障碍、达到个人道德完善的积极的力量。这就表明，在商业伦理道德修养中，商业伦理道德检查与评价的广泛性、深刻性得到了充分发挥，它不仅成为企业员工思想和行为的隐蔽的监督者，而且成为他们思想和行为内在的鼓舞者。商业伦理道德修养把义务、良心、荣誉、幸福等观点集于一身，推动企业员工为获取更高的道德价值、实现崇高的道德境界而自我反省、自我解剖和自我锻炼。所以，如果说商业伦理道德检查与评价是商业伦理道德规范的捍卫者，是形成企业员工道德品质的重要杠杆，那么其作用的实现关键在于提高企业员工道德修养的自觉性。

商业伦理道德修养和商业伦理道德教育是相辅相成的。商业伦理道德教育是社会进行的道德活动，商业伦理道德修养是企业员工个人自觉地进行道德活动。这两者的区别是社会和个人之间的关系在商业伦理道德活动中的表现。它们之间可能存在着矛盾和斗争，但两者又是紧密联系的。商业伦理道德教育要取得成效，关键是企业员工进行商业伦理道德修养的自觉性。因为在商业伦理道德修养中，企业员工的道德积极性和主动性可以得到充分发挥，商业伦理道德教育所提出的道德要求能够转化成企业员工内心的深刻信念，且将该信念付诸商业伦理道德行为，凝结成商业伦理道德品质。从这个意义上讲，商业伦理道德修养是商业伦理道德要求体现在企业员工行为和生活方式中所达到的程度，是对商业伦理道德要求的认识同这些要求在行为中的体现的统一，是商业伦理道德财富同个人独特的生活经验的统一。因此，可以说，没有商业伦理道德修养也就没有企业员工道德品质的形成和发展。

总之，商业伦理道德修养是商业伦理道德的职能和社会作用得以顺利实现的重要基础，是商业伦理道德教育的内在课堂，是商业伦理道德教育的重要目标。一个企业员工一旦掌握了商业伦理道德修养就能将自己在社会实践中、在商业伦理道德检查与评价和商业伦理道德教育中所形成的道德观念、道德信念和道德理想转化为道德行为，凝结成相应的道德品质。其实，一个企业员工的高尚商业伦理道德品质，都是其刻苦地进行商业伦理道德修养的结果。

二、商业伦理道德修养的实践原则

首先，要明确商业伦理道德修养的目的。我国商业伦理道德修养受以公有制为基础的社会主义生产关系的制约，同共产主义道德体系紧密相联，其目的是提高企业员工在社会主义市场经济中的商业伦理道德管理水平，培养企业员工的共产主义道德觉悟，造就一代新型商业伦理员工，为实现祖国振兴和共产主义而奋斗。

为了实现这一目的，商业伦理道德修养一刻也离不开企业工作的实践。只有在企业实践活动中进行商业伦理道德修养，才能使自身的道德品质不断提高。这就是商业伦理道德修养的原则，这也是它和历史上一切旧的商业伦理道德修养的根本区别。古代的伦理学家强调的是脱离实践活动的唯心主义修养方法。

商业伦理道德修养之所以强调实践原则，主要有以下几点原因。

（1）人们只有在实践过程中才能改造自己的主观意识。企业员工只有在开展工作过程中，通过与服务对象的接触和联系，才能意识到自己的行为哪些是道德的、哪些是不道德的，从而进行商业伦理道德修养。

（2）商业伦理道德修养只能在实践中得到检验和提高。商业伦理道德原则和规范对商业伦理道德修养提出了明确的目标。这些道德原则和规范必须运用到企业实践中去，通过实践效果检验商业伦理道德修养是否符合商业伦理道德原则的规范和要求，对照、检查、改正以至清除自己思想、言行中一切与上述原则和规范相违背的东西，从而不断提高商业伦理道德修养水平。

（3）商业伦理道德修养是一个人从实践到认识，再由认识到实践的不断循环往复的运动过程。这一过程不是简单的重复，而是不断向上发展的，只有反复实践和反复认识，才能使企业员工的道德修养不断升华，从而达到一个又一个新的境界。

三、商业伦理道德修养的方法

商业伦理道德修养的方法是多种多样的。由于每个企业员工的社会实践、工作环境、生活经历、文化素质、性格特征各不相同，所以修养的方法就不能完全是一个格调。总的要求是从实际出发，循序渐进，扎扎实实，持之以恒。具体方法主要有以下几种。

（一）进行两种商业伦理道德观念的斗争

自觉进行两种商业伦理道德观念的斗争，这是企业员工道德修养能否成功的关键。企业员工不能离开社会进行企业实践活动。在当今社会，还存在着封建思想、资本主义思想和各种旧的道德思想，通过各种渠道冲击、影响企业员工的思想和行为。两种商业伦理道德观念的斗争在一个较长时期存在着。企业员工在进行商业伦理道德修养时要正确地针对这一客观实际情况，严肃认真地培养自己扬善弃恶的道德感情，以商业伦理道德规范为尺度，客观把握自己在企业工作实践中的言行，对各种旧的商业伦理道德思想进行严厉的批判和斗争，在斗争中不断提高商业伦理道德修养水平。

（二）开展自我批评，严于解剖自己

有道是："金无足赤，人无完人。"每个企业员工，由于各种原因难免会有这样那样的弱点、缺点和错误。正确的做法是要敢于正视自己的不足，开展批评和自我批评，严于解剖自己，而这也成为商业伦理道德修养高低的重要标志。

由于企业工作的性质，决定了企业员工要直接或间接地与金钱和财产物资打交道。企业领域是充满"诱惑力"的地方。目前社会上广为流行着"向钱看"的思想，不健康思想意识和生活方式会通过各种途径影响人们，企业领域更是"渗透"的重点。

为此，企业员工要始终保持清醒的头脑，不为各种"香风毒雾"所迷惑，不被各种"糖衣炮弹"所击中，而是需要经常不断的自我批评、自我反省和自我警惕。企业员工要紧密结合本职工作实际，经常进行自我反省检查，用社会主义商业伦理道德原则和规范严格解剖自己，找出自己在道德问题上的不足，逐步提高自身商业伦理道德修养水平。在开展自我批评、自我解剖的过程中，对自己要有正确的估价，开展自我改造，培养并逐步形成社会主义商业伦理道德情感和观念。为了更好地开展自我批评，自我解剖，自我检查与评价，还必须有"闻过则喜"的精神，能够虚心地听取不同意见。因为一个人往往不容易发现自己的缺点、不足，即使发现了，认识也不一定深刻。正如俗语所言，"目能见几里之外，而不自见其眉睫""当局者迷，旁观者清"。企业员工要善于接受领导、同事和其他同志的批评，接受他们的监督，虚心、诚恳地听取别人的意见，做到有则改之，无则加勉。

可以说，商业伦理道德修养过程同时也就是企业员工不断地开展批评和自我批评、由不成熟到成熟、由不完善到完善的过程。但这一过程永无尽头。正如周恩来同志所说的："世界上没有完人，永远不会有完人，共产主义社会也还有缺点。"

（三）"慎独"

"慎独"作为商业伦理道德修养的方法，是指企业员工必须严格要求自己，努力培养强烈的商业伦理道德感情和坚定的商业伦理道德信念，并且坚持在"隐"和"微"处狠下功夫，在履行职责时不管在人前人后，有人无人的情况下，都能一丝不苟，认真负责，恪尽职守。所以，在商业伦理道德修养中，要从小处、从无人之处着手，努力把好"隐""微"的关口，才能收到预期的效果。"慎独"，作为修养应达到的境界，是指一种无须外来任何监督和强制而习以为常的行为方式。要达到这一境界是很不容易的，要有一个由不自觉到自觉的过程，要经历长期的、甚至是痛苦的实际锻炼。但必须努力争取达到这种境界，否则，商业伦理道德修养就不能深入，甚至夭折。企业员工为了达到"慎独"的境界，关键在于提高商业伦理道德修养的自觉性。企业员工要深刻认识企业工作的目的和意义，树立强烈事业心，明确商业伦理道德修养的方向。

第四节　商业伦理道德境界层次与升华

境界这一概念，在我国西汉时期就开始使用，首先是指"疆界""地域"的意思，以后引申为人们所处的境况。"境界"作为一个思想修养的概念，始于佛教传入中国以后，佛教

把境界理解为每个人对佛经的造诣和理解的不同程度。所谓"斯义宏深，非我境界"，就是这个意思。魏晋时期人们开始把诗文的立意和造诣的高低、深浅也称为境界。"境界"这一概念就被广泛运用于文学、艺术、政治和伦理道德等各个领域。

商业伦理道德境界，就是指企业员工在社会生活和企业实践工作中，按照商业伦理道德规范去行动所形成的道德觉悟水平，以及处于这种道德觉悟水平所表现出来的思想感情和精神情操。由于每个企业员工所受教育程度和自我修养水平不同，他们所达到的道德境界也会存在较大的差别。

一、企业快乐指数的设计

我们设计了一个诚信与快乐相联系的关系指数，即企业快乐指数：

$$T \times M = H^2 \tag{12-1}$$

式中：H(happiness)为快乐指数，T(trust)表示诚信，M(market)表示市场。上式说明，企业讲求诚信，在此基础上不断发展壮大市场，就可以获得快乐；有些新上马的企业，新产品问世可能市场开始较小，但只要讲求诚信，终究会日益壮大，赢得市场与快乐；而那些不讲求诚信的企业，肯定会失去市场，何谈快乐！

《孟子·告子上》告诫后人："生亦我所欲也，义亦我所欲也；二者不可得兼，舍生而取义者也。生亦我所欲，所欲有甚于生者，故不为苟得也；死亦我所恶，所恶有甚于死者，故患有所不辞也。"值得我们深思与仿效。

二、商业伦理道德培养

根据企业员工对待本职工作的不同态度，参照不同级次的企业快乐指数，商业伦理道德境界大致可分为以下三个层次。

1."雇佣型"的境界

在雇佣型的商业伦理道德境界下，企业员工用雇佣观点来对待自己的企业工作，看待本职工作中的人与人之间的关系。他们一般将从事企业工作看作谋生的手段，不主动发挥自己的知识和技能，只求得到理想的工作和报酬，道德上也就满足了，此时他们处于初级快乐指数层次，亟待提高。在雇佣型企业员工的道德意识和行为中，社会的道德检查与评价和道德自我检查与评价存在着矛盾。社会对企业员工的道德期望较高，而企业员工对自身的道德要求容易满足。

2."尽职型"的境界

处在"尽职型"道德境界的企业员工以做好分派给自己的企业工作为最高的追求。他们缺乏远大的道德理想，不能自觉地认识到自己从事的工作是共产主义事业的一部分。当个人利益与国家、人民的整体利益一致时，他们会认真工作；一旦两者利益出现矛盾，就会动摇、退却，这时就可检验他们商业伦理道德修养的深浅程度。"尽职型"企业员工在开展商业伦理道德自我检查与评价时，会考虑人民利益，但更多则考虑个人利益，他们会尽可能做到对自我的道德要求符合社会的道德要求，并且力争其个人的企业行为受社会道德检查与评价的肯定、鼓励和表扬，这类企业员工处于中级快乐指数层次，有待提高与升华。

3."献身型"的境界

所谓"献身型"是指企业员工在本职工作中始终做到工作第一，他人第一，全心全意为人民服务。在这种道德境界下，企业员工能从大局出发，能摆正并正确处理个人与集体的关系，能从他人和社会利益出发，提出商业伦理道德的自我要求，整个身心全面投入企业工作，自觉地使自己商业伦理道德行为符合社会和人民大众的要求。在这里，商业伦理道德的自我检查与评价和社会检查与评价达到统一，商业伦理道德教育收到成效，这些企业员工处于高级快乐指数层次，他们的商业伦理道德修养达到完美的境界。

以上分析表明，三个层次的商业伦理道德境界是递进的，而不是并列的。每个企业员工都可以从较低层次的道德境界向较高层次的道德境界转化。商业伦理道德检查与评价、教育和修养的目的是推进企业员工从"雇佣型"境界向"尽职型"境界转化，从"尽职型"境界向"献身型"境界转化、升华。

商业伦理道德境界是有止境的，又是无止境的。因为一方面它要受历史条件和企业实践的限制；另一方面又要随历史条件、社会生产力和企业实践的不断发展而发展。因此，每个企业员工都不能满足已经达到的道德境界，要在社会生活和企业实践中不断提高自己的商业伦理道德修养的自觉性，向更高的商业伦理道德境界迈进。

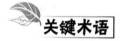 **关键术语**

商业伦理道德教育　　商业伦理道德修养　　企业快乐指数　　商业伦理道德境界

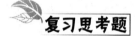 **复习思考题**

1. 商业伦理道德行为有哪些特性？怎样激励与选择企业的道德行为？
2. 商业伦理道德教育有何特征？商业伦理道德教育有哪些方法？
3. 什么是企业快乐指数？商业伦理道德境界有多少层次？如何升华商业伦理道德境界？
4. 怎样组织商业伦理道德实践活动？
5. 商业伦理道德修养为什么要坚持实践原则？

案例分析　　　　　　　即测即练

自学自测　　　　　　　扫描此码

第十三章

企业资源环境责任与美丽中国建设

经典名言

　　君子曰：学不可以已。

　　青，取之于蓝而青于蓝；冰，水为之而寒于水。

　　吾尝终日而思矣，不如须臾之所学也；吾尝跂而望矣，不如登高之博见也。登高而招，臂非加长也，而见者远；顺风而呼，声非加疾也，而闻者彰。

　　积土成山，风雨兴焉；积水成渊，蛟龙生焉；积善成德，而神明自得，圣心备焉。故不积跬步，无以至千里；不积小流，无以成江海。骐骥一跃，不能十步；驽马十驾，功在不舍。锲而舍之，朽木不折；锲而不舍，金石可镂。

　　故学至乎礼而止矣。夫是之谓道德之极。

——《劝学》

学习目标

　　1. 了解全球环境的现状以及资源紧缺的严峻形势，明确妥善处理好资源环境约束与经济发展之间矛盾的重要性。

　　2. 理解全国范围的 451 份资源环境责任问卷调查分析情况。

　　3. 把握企业履行资源环境责任的严峻挑战与历史机遇的真正意义。

　　4. 明确企业履行资源环境责任实现可持续发展的内在动力与政策建议。

　　5. 践行商业诚信文化，努力建设美丽中国。

绿水青山就是金山银山

　　建设生态文明是关系人民福祉、关乎民族未来的大计，是实现中华民族伟大复兴中国梦的重要内容。2013 年 9 月 7 日，习近平总书记在哈萨克斯坦纳扎尔巴耶夫大学发表演讲并回答学生们提出的问题，在谈到环境保护问题时他指出："我们既要绿水青山，也要金山银山。宁要绿水青山，不要金山银山，而且绿水青山就是金山银山。"生动形象表达了我们党和政府大力推进生态文明建设的鲜明态度和坚定决心。要按照尊重自然、顺应自然、保护自然的理念，贯彻节约资源和保护环境的基本国策，把生态文明建设融入经济建设、政治建设、文化建设、社会建设各方面和全过程，建设美丽中国，努力走向社会主义生态文明新时代。

1. 良好生态环境是最普惠的民生福祉

生态文明是人类社会进步的重大成果。人类经历了原始文明、农业文明、工业文明，生态文明是工业文明发展到一定阶段的产物，是实现人与自然和谐发展的新要求。建设生态文明，不是要放弃工业文明，回到原始的生产生活方式，而是要以资源环境承载能力为基础，以自然规律为准则，以可持续发展、人与自然和谐为目标，建设生产发展、生活富裕、生态良好的文明社会。

人与自然的关系是人类社会最基本的关系。自然界是人类社会产生、存在和发展的基础和前提，人类则可以通过社会实践活动有目的地利用自然、改造自然，但人类归根结底是自然的一部分，在开发自然、利用自然的过程中，人类不能凌驾于自然之上，人类的行为方式必须符合自然规律。人与自然是相互依存、相互联系的整体，对自然界不能只讲索取不讲投入、只讲利用不讲建设。保护自然环境就是保护人类，建设生态文明就是造福人类。

历史地看，生态兴则文明兴，生态衰则文明衰。古今中外这方面的事例众多。恩格斯在《自然辩证法》一书中就深刻指出，"我们不要过分陶醉于我们人类对自然界的胜利。对于每一次这样的胜利，自然界都对我们进行报复"，"美索不达米亚、希腊、小亚细亚以及其他各地的居民，为了得到耕地，毁灭了森林，但是他们做梦也想不到，这些地方今天竟因此而成为不毛之地"。历史的教训，值得深思！

习近平总书记指出："良好生态环境是最公平的公共产品，是最普惠的民生福祉。"保护生态环境，关系最广大人民的根本利益，关系中华民族发展的长远利益，是功在当代、利在千秋的事业，在这个问题上，我们没有别的选择。必须清醒认识到保护生态环境、治理环境污染的紧迫性和艰巨性，清醒认识到加强生态文明建设的重要性和必要性，以对人民群众、对子孙后代高度负责的态度，加大力度，攻坚克难，全面推进生态文明建设，实现中华民族永续发展。

2. 保护生态环境就是保护生产力

2013 年 5 月，习近平总书记在中央政治局第六次集体学习时指出，"要正确处理好经济发展同生态环境保护的关系，牢固树立保护生态环境就是保护生产力、改善生态环境就是发展生产力的理念"。这一重要论述，深刻阐明了生态环境与生产力之间的关系，是对生产力理论的重大发展，饱含了尊重自然、谋求人与自然和谐发展的价值理念和发展理念。

我们只有更加重视生态环境这一生产力要素，更加尊重自然生态的发展规律，保护和利用好生态环境，才能更好地发展生产力，在更高层次上实现人与自然的和谐。要克服把保护生态与发展生产力对立起来的传统思维，下大决心、花大气力改变不合理的产业结构、资源利用方式、能源结构、空间布局、生活方式，更加自觉地推动绿色发展、循环发展、低碳发展，决不以牺牲环境、浪费资源为代价换取一时的经济增长，决不走"先污染后治理"的老路，探索走出一条环境保护新路，实现经济社会发展与生态环境保护的共赢，为子孙后代留下可持续发展的"绿色银行"。

3. 以系统工程思路抓生态建设

习近平总书记强调，环境治理是一个系统工程，必须作为重大民生实事紧紧抓在手上。要按照系统工程的思路，抓好生态文明建设重点任务的落实，切实把能源资源保障好，把环境污染治理好，把生态环境建设好，为人民群众创造良好生产生活环境。

4. 实行最严格的生态环境保护制度

建设生态文明是一场涉及生产方式、生活方式、思维方式和价值观念的革命性变革。实现这样的根本性变革，必须依靠制度和法治。我国生态环境保护中存在的一些突出问题大多与体制不完善、机制不健全、法治不完备有关。习近平总书记指出："只有实行最严格的制度、最严密的法治，才能为生态文明建设提供可靠保障。"必须建立系统完整的制度体系，用制度保护生态环境、推进生态文明建设。

资料来源：绿水青山就是金山银山——关于大力推进生态文明建设，《经济日报》，http://paper.ce.cn/jjrb/html/2014-07/11/content_207255.htm，2014-7-11 节选。

中国改革开放 40 多年来取得了重大成就，我国经济多年来高速发展，GDP 总量已跃居排名世界第二，中国的崛起令世人瞩目，然而支撑起 GDP 这令人瞩目的高增长是靠以高投入、高消耗、高污染"三高"为特征的传统工业经济发展模式取得的，这就不可避免地造成了日益严重的资源环境问题。而企业作为带动经济增长的主体，就应该积极履行自身的资源环境责任以实现可持续发展。同时，资源环境责任的履行也是企业可持续发展的主观能动性要求，积极履行自身的资源环境责任的企业能更好地面对来自外界的挑战，变挑战为机遇，实现可持续发展，推进和谐社会建设。

第一节　企业保护环境与经济同步发展

环境是一个国家生存、繁衍、发展的基本前提和基础。一旦国家的环境遭到破坏，失去生存条件的将是整个国家和民族。一旦环境破坏超过"临界值"，恢复生态平衡就需要付出防治代价的十倍、百倍甚至大自然就不会再给人类纠正错误、"重新选择"的机会。所以，环境保护不能走先污染、后治理的老路，而应该以预防为主，防治结合。

另外，环境问题最容易引发企业与当地公众利益之间的矛盾，也容易引起国际社会的关注。近年来，全球环境的污染和破坏已成为威胁人类生活和发展的世界性重大问题，世界各国已经逐渐把保护生态环境、实现可持续发展的问题提上了议事日程。因此，企业在环境问题上的做法将直接影响到企业的形象。企业在经营过程中，必须考虑企业行为对人类命运和生态环境的影响。企业必须遵循环境保护与经济发展同步的原则，不能以牺牲环境换取经济增长，而应当合理、有效开发资源，开发环保技术，为社会提供绿色产品。企业应该以保护环境优化经济增长，在保护环境中求发展，实现经济和环境的双赢。

一、全球环境现状

由联合国列出的威胁人类生存的全球十大环境问题如下。

（1）全球气候变暖。

（2）臭氧层的耗损与破坏。

（3）生物多样性减少。

（4）酸雨蔓延。

（5）森林锐减。

（6）土地荒漠化。

（7）大气污染。

（8）水污染。

（9）海洋污染。

（10）危险性废物越境转移。

我们只有一个地球。我们虽然拥有比较丰富的自然资源，但它并不是取之不尽、用之不竭的。"坐吃山空"的现象正在我们身边不断地演绎着。日渐枯竭的资源已经给世界敲响了刺耳的警钟，以下这一组数据也许会让我们惊骇不已。人们赖以生存的水，据有关资料报告，将越来越成为制约人类生活的重要问题。到 2025 年，全世界将有 2/3 的人口受用水短缺的影响。作为具有经济建设和社会生活血液之称的石油，据有关资料显示，可供人类开采的原油储藏量不足 2 万亿桶，开采时间不超过 95 年。而之后全球经济的发展将更多地依赖于煤炭，但十分遗憾的是，具有"黑色乌金"之称的煤炭，最多到 2500 年左右将消耗殆尽，矿物燃料将出现山穷水尽的可怕情景。与人们生活、生命息息相关的森林，其存量到 20 世纪末已经消耗过半，而今还在以每年 1 600 万公顷的速度减少，严重地威胁着大量野生动植物的生存。

人类进入 21 世纪以来，全球气候整体变暖，各种自然灾害频繁，旱涝热浪饥饿贫困交替，因资源引发的地区国家间战事冲突不断，地震海啸飓风台风此起彼伏，特别是 2011 年春天的日本地震海啸导致核电站爆炸、瘫痪进而引起大范围核泄漏与核辐射，对人民生活与地球安全产生严重影响。

作为 2020 年唯一实现经济正增长的主要经济体，中国担负引领世界经济"绿色复苏"的大国重任。2015 年应对气候变化的《巴黎协定》的签订，开启了人类携手共同应对气候变化的新篇章。按照《巴黎协定》规定，2020 年是各缔约方更新国家自主贡献目标和通报面向 21 世纪中叶的长期温室气体低排放发展战略的关键一年。在后新冠肺炎疫情时代，通过全方位低碳转型实现"绿色经济复苏"越来越成为广泛共识。中国提出碳达峰碳中和目标愿景向其他国家发出了明确的信号，为全球应对气候变化和绿色复苏注入了新的活力。

2020 年 9 月 22 日，国家主席习近平在第七十五届联合国大会上宣布，中国力争 2030 年前二氧化碳排放达到峰值，努力争取 2060 年前实现碳中和目标。

2021 年 5 月 26 日，碳达峰碳中和工作领导小组第一次全体会议在北京召开。

2021 年 10 月 24 日，中共中央、国务院印发的《关于完整准确全面贯彻新发展理念做好碳达峰碳中和工作的意见》发布。作为碳达峰碳中和"1+N"政策体系中的"1"，意见为碳达峰碳中和这项重大工作进行了系统谋划、总体部署。

2021 年 10 月，《关于完整准确全面贯彻新发展理念做好碳达峰碳中和工作的意见》以及《2030 年前碳达峰行动方案》，这两个重要文件的相继出台，共同构建了中国碳达峰、碳中和"1+N"政策体系的顶层设计，而重点领域和行业的配套政策也将围绕以上意见及方案陆续出台。

2022 年 8 月，科技部、国家发展改革委、工业和信息化部等 9 部门印发《科技支撑碳达峰碳中和实施方案（2022—2030 年）》（以下简称《实施方案》），统筹提出支撑 2030

前实现碳达峰目标的科技创新行动和保障举措，并为 2060 年前实现碳中和目标做好技术研发储备。

长期以来，人类传统的价值观只强调人类对自然的权利，而忽视对自然的义务，把自然界当作取之不尽并可肆意挥霍的材料库和硕大无比可以乱掷污物的垃圾桶。对自然资源进行疯狂地掠夺和挥霍，加剧了自然资源的危机，致使人类陷入当前的生态困境。严峻的资源紧缺形势必须引起我们的警惕，必须妥善处理好资源环境约束与经济发展之间的矛盾。

二、企业应承担保护环境的责任

企业对环境的污染和消耗起了主要作用，是环境问题的主要责任者。遍布世界各地的大小企业每天都在吞噬着自然资源，排放着有害废弃物。当今世界的大多数环境问题，如不可再生资源的耗竭、可再生资源的衰减、环境污染加剧、生态平衡的破坏等，都与企业活动有关系。因此，作为环境问题的主要责任者，企业为了与环境和谐发展，更为了自身的可持续发展，应当主动承担生态责任。企业生态责任与企业社会责任紧密相连，前者是后者的组成部分。企业生态责任包括三个方面，即企业对自然的生态责任、对市场的生态责任和对公众的生态责任。对自然的生态责任是指企业应当克服传统价值观只强调人类对自然的权利而忽视对自然的义务的缺陷，自觉地保护自然，向自然奉献。对市场的生态责任是指企业要以市场为导向，生产绿色产品，严格遵守环保措施和制度，提供满足市场需求的健康产品，走高效能、低污染、低能耗的产品生产之路。对公众的生态责任是指企业要强调机会、利益均等，维护"代际公平"，不能以牺牲后代人的利益来满足当代人的利益。

从长远来看，保护环境最明智的办法就是减少和阻止环境恶化。事实上，企业在承担保护环境责任方面，应该采取主动寻变的方式，而不是被动反应。比起等到问题已经非常严重时才动手解决的方式来说，主动寻变（预测并着手处理）更具有实际意义，而且代价较小。水污染就是一个典型的例子。好多年来，企业对清理河水、湖泊和其他水道的问题不够重视，现在水污染已经严重危及了人类的健康，企业就不得不花费大量人力、物力和财力去解决这类事情。

三、企业应积极发展循环经济

循环经济就是遵照生态学的规律，充分利用自然资源的新的经济模式。由传统的资源－产品－污染排放的单向线性开放式经济过程转向资源－产品－再资源－再产品的闭环反馈式循环过程。循环经济以自然资源的节约、保护和完全利用为宗旨，充分考虑可耗竭资源和可再生资源的有效配置，最大限度地提高资源的利用率，其本质就是一种生态经济。它遵循的基本原则是 3R 原则，即减量化、再使用和再循环。其中减量化原则属于输入端方法，要求用较少的原料和能源特别是无害于环境的资源投入来达到既定的生产和消费目的，即对废物的产生是通过预防的方法而不是末端治理的方式来加以避免。再使用原则属于过程性方法，要求制造的产品和包装容器能够以初始的形式被反复利用，要求制造商尽量延长产品的使用期，呼吁抵制一次性用品。再循环原则属于输出端方法，要求生产出来的物品在完成其使用功能后能重新变为可以利用的资源，而不是不可恢复的垃圾，强调废品的回收和废物的综合利用。

循环经济就是要借助于对生态系统和生物圈的认识，特别是产业代谢的研究，找到能使经济体系与生物生态系统正常运行相匹配的可能的革新途径，最终就是要建立理想的经济生态系统。

国际社会在 20 世纪 90 年代确立了可持续发展战略，一些国家继之把发展循环经济、建立循环社会作为实施可持续发展战略的重要途径。目前，循环经济的发展正方兴未艾，已经波及人类社会的各个领域，成为一股世界性的潮流和趋势。

第二节　全国范围的 451 份资源环境责任问卷调查分析

20 世纪 80 年代以后，企业履行资源环境责任与可持续发展[①]的关系成为企业战略管理研究中的重要问题。早期一些研究得出的基本结论是，企业履行资源环境责任必然会导致企业成本增加，从而必然会降低企业经济效益，进而削弱企业的竞争力，不利于企业可持续发展。换句话说，企业履行资源环境责任与可持续发展二者之间是负相关关系。这个观点得到了很多人的认同，其中也包括相当多的中国企业家。这就从很大程度上形成了中国当今的发展局面：在一批企业家富了的同时，过去曾是"山清水秀、蓝天白云"的环境也变成了现在的"山秃水臭、灰天黑云"。

事实上，人们普遍认为的企业履行资源环境责任会加重企业负担、不利于企业可持续发展的这一观点单纯从短期的经济效益来看是有一定道理的。然而，当我们从企业长期的整体效益来综合考量企业履行资源环境责任对企业可持续发展的影响时，我们便能发现企业履行资源环境责任对企业可持续发展能力的积极影响。

本章试图探析企业履行资源环境责任与可持续发展能力提高之间正相关的联系。为了得到社会大众对企业履行资源环境责任与企业可持续发展相关问题的意见，笔者采用了问卷调查的方法。问卷由 28 道选择题及 1 个收集被调查者相关信息的表格组成。问卷内容主要涉及被调查者对我国资源环境现状的看法和对企业履行资源环境责任现状、问题与对未来的反思。

笔者进行了广泛的问卷调查，在 2010 年 12 月到 2011 年 3 月的 4 个月内的时间里通过纸质、网络媒介向外发放调查问卷共计 500 份，回收有效问卷 451 份，有效问卷率达 90.2%。笔者还专程前往河北，河南开封，湖北武汉、黄冈、蕲春与福建厦门等地了解企业履行资源环境责任现状，获得不少感性认识。

本次调查资料具有较强的代表性和广泛性。从被调查者地域分布来看，地域涵盖北京、

---

① 可持续发展是指满足当代的需求而不危及后代满足他们自身需求能力的发展。可持续发展是关于高质量的生活和健康、社会公正、繁荣和维持地球生物多样性供给能力的综合目标。社会、经济和环境的这些目标相互联系并相互支持。可持续发展可以视为表达社会整体更为广泛的期望的一种方式。2010 年 11 月 1 日，国际标准化组织（ISO）在瑞士日内瓦国际会议中心举办了主题为"共担责任，实现可持续发展"的 ISO 26000（社会责任指南标准）发布仪式，参见孙继荣. ISO 26000 的形成过程及核心内容[J]. WTO 经济导刊，2010（11）。

上海、天津、重庆四大直辖市，香港与澳门及深圳、厦门特区和全国各省（除西藏、台湾省）省会及部分地级市，地域覆盖广；从被调查者的年龄分布来看，年龄区间为 18 岁以下、18~25 岁、26~30 岁、31~40 岁、41~50 岁、51~60 岁、60 岁以上，各年龄段分布比例分别为 2%、34%、22%、22%、14%、4%、2%；从被调查者的学历分布来看，学历从低到高比例分别是高中占 12%、专科占 17%、本科占 47%、研究生占 22%、博士占 2%，中高等学历占大多数；从被调查者的社会身份来看，有 56%的企业人士和 44%的非企业人士，在企业人士中董事占 6%、总经理占 10%、部门经理占 31%、普通员工占 53%，在非企业人士中学校师生占 51%、公务员占 32%、农业人员占 14%、离退休人士占 3%，各社会身份基本都有涵盖，体现广泛的代表性；从被调查者单位规模看，100 人以下占 26%、101~500人占 28%、501~1 000 人占 14%、1 001~3 000 人占 10%、3 001 以上占 22%，较为均匀地涵盖了不同规模的单位。

本次问卷具体问题及各问题选项选择百分比如下表 13-1 所示。

表 13-1　"企业履行资源环境责任与可持续发展"调查问卷统计表

问　　题	A	B	C	D	E
1. 面对日趋强化的资源环境约束，必须增强危机意识，树立绿色、低碳发展理念，以节能减排为重点，健全激励和约束机制，加快构建资源节约、环境友好的生产方式和消费模式，增强可持续发展能力。您对此的态度是：	非常赞同 58%	赞同 26%e	比较赞同 11%	没有明确态度 3%	反对 2%
2. 保护环境、节约资源是事关人类长久生存与企业可持续发展的头等大事，您对此：	非常赞同 58%	赞同 26%	比较赞同 13%	没有明确态度 2%	反对 1%
3. 1972 年《增长的极限》作者认为由于世界人口增长、粮食生产、工业发展、资源消耗和环境污染等是指数增长而非线性增长，全球增长将会因为粮食短缺和环境破坏于 21 世纪某个时段内达到极限。要避免人类的"灾难性的崩溃"的最好方法是限制增长，即"零增长""低增长"。您对此：	非常赞同 20%	赞同 29%	比较赞同 19%	没有明确态度 13%	反对 19%
4. 根据代际公平理论即代内的横向公平与世代的纵向公平，前者应该给与世界各国以公平的发展权、公平的资源和环境使用权；后者表明人类赖以生存的自然资源与环境是有限的，当代人不能因为自己发展与需求"竭泽而渔"而损害后一代人，要给后一代人以公平享用自然资源与清洁环境的权利。您对此：	非常赞同 45%	赞同 35%	比较赞同 15%	没有明确态度 4%	反对 1%
5. 现在我国人均耕地面积只有世界人均水平的 1/3 左右，人均淡水资源不到世界人均水平的 1/4，人均原油量只有世界人均水平的 8.6%左右，我国是一个资源非常贫乏国家，节约资源不宜延迟。然而我国单位产值耗能是世界平均水平的 4.8 倍，而能源利用率只有世界平均水平的 30%左右。故而我国企业资源消耗型的粗放经营转向节约型的集约经营是当务之急，您对此：	非常赞同 46%	赞同 34%	比较赞同 17%	没有明确态度 2%	反对 1%

问　题	A	B	C	D	E
6. 全世界钢产量的 45%、铜产量的 62%、铝产量的 22%、铅产量的 40%、锌产量的 30%、纸制品的 35% 都来自再生资源的回收利用，而我国同类资源回收利用的情况则要差得多，故我国应大力发展循环经济（如再生资源回收和垃圾分类回收制度、推进资源再生利用产业化—开发应用源头减量、循环利用、再制造、零排放和产业链接技术等），您对此	非常赞同 49%	赞同 31%	比较赞同 18%	没有明确态度 2%	反对 0%
7. 与世界的发达及发展中国家和地区相比，我国的水、空气与食品质量，您觉得:	好 9%	一样 14%	差 45%	很差但没办法 24%	没有比较 8%
8. 您认为目前我们国家环境污染与资源浪费的问题:	非常严重 37%	严重 40%	有一定问题 17%	存在问题，但不大 5%	没有问题 1%
9. 您认为我国当前食品安全（水果蔬菜与鱼肉家畜污染、保健品与饮料奶粉质量）问题:	非常严重 37%	严重 41%	一般 14%	有一定问题 7%	没有问题 1%
10. 坚持生态保护与环境保护优先和自然恢复为主，从源头上扭转生态环境恶化趋势。您对此:	非常赞同 43%	赞同 39%	比较赞同 13%	没有明确态度 4%	反对 1%
11. 有专家认为，资源粗放使用与环境污染会严重制约经济发展，不能以环境污染与低效使用资源发展经济，况且唯有生存（如淮河污染已经危及沿河 1.6 亿居民生活），方谈发展。您对此:	非常赞同 38%	赞同 40%	比较赞同 17%	没有明确态度 4%	反对 1%
12. 有人认为，企业要发展难免会造成环境污染，只能边发展边污染边治理，您对此说法:	非常赞同 18%	赞同 25%	比较赞同 16%	没有明确态度 12%	反对 29%
13. 您自己的资源环境保护意识如何，比如您在工作和家庭生活中会不会重复利用水与纸张:	强，工作和家庭中会多次重复利用 28%	比较强，工作和家庭中会简单重复利用 49%	一般，工作中不重复利用，家庭中重复用 18%	没意识到，都不会 5%	
14. 您在工作和生活中有没有观察到浪费资源与污染环境的人或事:	经常 37%	有 51%	没有注意 10%	基本没有 2%	没有 0%
15. 当您在工作和生活中面临浪费资源与污染环境的人或事的时候，您会:	反对，并制止 23%	反对，但不会去制止 65%	无所谓 10%	可以理解 2%	
16. 您认为当前造成环境污染与资源浪费问题首要原因与次要原因分别是什么:	政府监管不力 39%	企业追求经济利益 35%	缺乏先进技术 11%	社会缺乏环保意识 15%	
17. 您认为企业应对环境负多大程度的责任:	非常重大 25%	重大 60%	一般 12%	可有可无 2%	无责任 1%

问　　题	A	B	C	D	E
18. 您是否觉得现阶段中国企业只重视经济利益，而忽略了自身的企业环境责任：	全部如此 13%	大部分如此 67%	一般如此 17%	小部分如此 3%	不是如此 0%
19. 作为消费者，您在选购商品时，是否会将生产此商品企业的环境责任声誉作为一个选择依据：	每次都会 7%	经常会 38%	偶尔会 32%	很少会 20%	从不会 3%
20. 您在选购商品时，有环保产品和非环保产品供您选择，质量一样，但环保产品比非环保产品贵，您会考虑环保产品吗：	无论价格贵多少都会 14%	稍微超出可接受范围也会 44%	在可接受范围会 40%	不会 2%	
21. 您对我国企业履行企业环境责任的情况满意吗：	非常满意 5%	满意 22%	不满意 57%	非常不满意 14%	无所谓 2%
22. 您觉得跨国公司与国内企业在企业环境责任方面总体来说谁做得好些：	跨国公司 40%	国内企业 51%	差不多 5%	都不好 2%	无所谓 2%
23. 您认为积极履行企业环境责任对提升企业声誉有没有益处：	非常有益 40%	有一定益处 51%	没有益处 5%	没有联系 2%	不知道 2%
24. 您认为积极履行企业环境责任对企业提高竞争力有没有益处：	非常有益 33%	有一定益处 54%	没有益处 8%	没有联系 4%	不知道 1%
25. 您认为积极履行企业环境责任会增加企业成本吗：	严重增加成本，且没什么收益 14%	短期看会增加成本，长期看收益大于成本 76%	企业非但不会增加成本，反而可减少成本 6%	不知道 4%	
26. 企业履行环境责任好坏并由此可能带来对企业声誉的影响是否会影响到您工作的心情与动力：	非常有影响 17%	有一定影响 55%	不确定 19%	没有 5%	无所谓 4%
27. 您觉得以下能使企业履行环境责任的首要因素与次要因素分别是什么：	消费者环境意识的提高和绿色消费需求的扩大 34%	社会公众和投资者对企业环境表现愈益关注 33%	政府的环境法规日臻完善 27%	经济全球化的发展和绿色贸易壁垒的兴起 6%	
28. "十二五"规划中提到将"建设资源节约型、环境友好型社会，大力发展循环经济"作为工作的重要着力点，您如何看待中国建设资源节约型、环境友好型社会与大力发展循环经济的前景：	非常乐观 12%	乐观 31%	谨慎乐观 42%	不乐观 13%	很悲观 2%

第三节　企业履行资源环境责任的严峻挑战与历史机遇

一、有效应对绿色贸易壁垒的兴起，推进企业国际化进程

（一）各国资源环境保护与隐性关税——"绿色贸易壁垒"

随着经济全球化的理念不断深入人心、全球经济一体化发展的不断深入，传统的贸易保护主义政策——设置关税壁垒受到国际社会的广泛批评并被越来越多的国家所放弃，其对国际贸易的影响也越来越弱。然而，另一种"隐形"贸易保护政策——利用环境概念设置"绿色壁垒"以保护本国企业却被越来越多的国家所采用。起初，全球特别是发达国家民众资源环境意识的觉醒使"绿色消费"成为一种主流消费习惯，正是这种消费习惯促使很多国家设置"绿色壁垒"以保护自然资源环境，然而到了后期，"绿色壁垒"的作用慢慢变了味，逐渐成为某些国家对本国贸易保护、对他国贸易进行隐蔽制裁的一种手段。在全球资源环境问题日益严峻的今天，越来越多的国家以诸如防止全球变暖、保护生物多样性、保护本国生态环境、保护本国资源等为名，对进口产品采取强制性绿色标志制度、绿色技术标准、绿色反倾销、绿色包装制度、烦琐的绿色卫生检疫制度、绿色关税和市场准入这六类手段，已达到限制某些外国商品的进口甚至阻止某些外国商品的进口从而保护本国产品的目的。

（二）资源环境短板导致我国企业在国际贸易中深受其害

2022 年 1 月 17 日上午，国新办举行新闻发布会，国家统计局局长宁吉喆介绍 2021 年国民经济运行情况。宁吉喆表示，我国货物进出口快速增长，贸易结构持续优化。全年货物进出口总额 391 009 亿元，比上年增长 21.4%。其中，出口 217 348 亿元，增长 21.2%；进口 173 661 亿元，增长 21.5%。进出口相抵，贸易顺差 43 687 亿元。一般贸易进出口增长 24.7%，占进出口总额的比重为 61.6%，比上年提高 1.6 个百分点。民营企业进出口增长 26.7%，占进出口总额的比重为 48.6%，比上年提高 2 个百分点。12 月份，货物进出口总额 37 508 亿元，同比增长 16.7%。其中，出口 21 777 亿元，增长 17.3%；进口 15 730 亿元，增长 16.0%。进出口相抵，贸易顺差 6 047 亿元。[①]

我国企业广泛参与国际经济合作，与全球经济联系日益紧密，为国际经济的繁荣作出了杰出的贡献。然而，我国的多数企业参与的是国际产业链的下游分工——制造。一方面没有核心竞争力——技术专利，更多地依靠劳动力价格、运输和原材料价格等方面的制造成本优势占据国际市场；另一方面资源环境经营落后，获得资源环境认证的产品很少。也正因如此，当越来越多的国家设置"绿色壁垒"时，用严格的环境技术标准，烦琐的检验审批程序来对我国出口商品设置出口障碍时，大量企业因无力适应新标准而破产，少数企业为了适应新的标准，不得不在生产的各个环节重新投入大量的人力物力，由此企业成本大大提高，价格优势不再，失去大量国际市场份额，给我国企业带来巨大打击。

---

① https://www.sohu.com/a/517112790_115865，2022-11-06。

（三）国际视角下的企业履行资源环境责任机遇与挑战并存

越来越多的"绿色壁垒"对企业来说既是挑战也是机遇。一方面，"绿色壁垒"从客观上来看要求企业积极履行资源环境责任，可以说，国际社会对企业履行资源环境责任状况越来越重视使企业履行资源环境责任已成为企业参与国际贸易的通行证，从这个角度看，这是想依靠国际市场发展壮大的企业无法回避必须承担的责任，这是挑战。另一方面，对于积极履行自身资源环境责任取得"通行证"的企业来说，这是相对于没有取得"通行证"企业决定性的竞争优势，这就是履行自身资源环境责任企业的机遇。

2010 年 11 月 1 日，国际标准化组织（ISO）在瑞士日内瓦国际会议中心举办了主题为"共担责任，实现可持续发展"的 ISO 26000（社会责任指南标准）发布仪式，ISO 9000 到 ISO 14000，再到 ISO 26000)，从防止污染、资源可持续利用、缓和并适应气候变化、保护环境——生物多样性和恢复自然生存环境，对全球企业履行资源环境责任提出高标准与新要求。

二、转变经济发展方式，建设资源节约型与环境友好型社会

2010 年 10 月 15 日至 18 日在北京召开的党的十七届五中全会上审议通过的《中共中央关于制定国民经济和社会发展第十二个五年规划的建议》中明确提出：要以科学发展为主题，以加快转变经济发展方式为主线，坚持把建设资源节约型、环境友好型社会作为加快转变经济发展方式的重要着力点。这是党中央从国际形势的新变化以及我国发展的新特征出发，作出的科学判断和战略决策。这一重要论断，指明我国将继续把建设资源节约型、环境友好型社会作为转变发展方式、实现科学发展的重要抓手，推动我国经济社会切实走上节约发展、清洁发展、安全发展、可持续发展的道路。[1]

本章问卷调查第 1 题："十二五"提出面对日趋强化的资源环境约束，必须增强危机意识，树立绿色、低碳发展理念，以节能减排为重点，健全激励和约束机制，加快构建资源节约、环境友好生产方式和消费模式，增强可持续发展能力，受调查者对此的态度是非常赞同占 58%，赞同占 26%。而本章问卷调查第 2 题：保护环境、节约资源是事关人类长久生存与企业可持续发展的头等大事，受调查者对此的态度是非常赞同占58%，赞同占 26%。两题调查结果相当一致。

然而，现实情况是我国资源严重短缺与浪费惊人；我国环境持续恶化，社会经济的科学发展可能难以为继；严重的资源环境问题可能会引发严重的社会问题。可以说，严重的资源环境问题不仅成为制约当前发展的障碍，还成了埋在后人生存发展道路上的一颗定时炸弹。我们必须引起高度关注。

（一）我国资源严重短缺与浪费惊人

我国资源方面的问题，用一句话概括就是"先天严重不足，后天浪费严重"。我国资源总量丰富但人均匮乏：我国人均占有土地不到世界人均水平的 1/3；我国水资源总量为

---

[1] 新华社. 加快转变经济发展方式的重要着力点——从建设资源节约型环境友好型社会看"十二五"发展布局，2010-10-16.

28 100 亿立方米，人均淡水资源量仅为 257 立方米，仅为世界水平的 1/4，在世界银行连续统计的 153 个国家中居第 88 位，作为世界 21 个贫水国之一的中国，全国 600 多座城市中，缺水的就有 300 多座；现有森林面积约占世界森林面积的 4%，人均森林面积仅为 0.12 公顷，人均蓄积量 8.9 立方米，分别仅及世界人均值的 1/6 和 1/8；据报道，我国石油资源可采储量为 130 亿～150 亿吨，仅占世界总量的 3%左右，但国内石油需求与日俱增，2020 年达 4 亿吨，人均原油量只有世界人均水平的 8.6%左右；矿产资源方面，虽然总量比较丰富，但人均不足，仅为世界人均水平的 58%。同时又存在三个突出问题：一是支柱性的矿产(如石油、天然气、富铁矿等)后备储量不足，储量较多的则是部分用量不大的矿产；二是小矿多、大型特大型矿床少，贫矿多、富矿少，开采利用难度大；三是资源分布与生产力布局不匹配，西部蕴藏的矿产需要较高成本运到急需矿产的东部。

在资源短缺的同时，资源浪费又非常突出。资源的产出率、回收率和综合利用率低，生产、流通和生活消费方面的浪费惊人。如现有用水资源和技术落后，水资源利用率低，我国工业万元产值用水量为 103 立方米，美国为 8 立方米，日本为 6 立方米，我国工业用水的重复利用率为 55%左右而发达国家平均为 75%～85%。我国单位产值耗能是世界平均水平的 4.8 倍，而能源利用率只有世界平均水平的 30%左右；全世界钢产量的 45%、铜产量的 62%、铝产量的 22%、铅产量的 40%、锌产量的 30%、纸制品的 35%都来自再生资源的回收利用，而我国同类资源回收利用的情况则要差得多。

本章问卷调查第 5 题：现在我国人均耕地面积只有世界人均水平 1/3 左右，人均淡水资源不到世界人均水平 1/4，人均原油量只有世界人均水平的 8.6%左右，我国是一个资源非常贫乏国家，节约资源不宜延迟。然而我国单位产值耗能是世界平均水平的 4.8 倍，而能源利用率只有世界平均水平的 30%左右。故而我国企业资源消耗型的粗放经营转向节约型的集约经营是当务之急，受调查者对此态度是非常赞同的占 46%，赞同占 34%。而本章问卷调查第 6 题：全世界钢产量的 45%、铜产量的 62%、铝产量的 22%、铅产量的 40%、锌产量的 30%、纸制品的 35%都来自再生资源的回收利用，而我国同类资源回收利用的情况则要差得多，故我国应大力发展循环经济（如再生资源回收和垃圾分类回收制度、推进资源再生利用产业化—开发应用源头减量、循环利用、再制造、零排放和产业链接技术等），受调查者对此态度是非常赞同的占 49%，赞同占 31%。两题调查结果相当接近。

（二）我国环境持续恶化，社会经济的科学发展可能难以为继

我国环境方面的问题也十分严峻。自然环境污染破坏严重。本问卷调查第 8 题表明，受调查者认为目前我们国家环境污染与资源浪费的问题非常严重占 37%，严重占 40%，令世人担忧。

1. 水污染触目惊心

据环保部 2010 年 5 月 31 日发布的 2009 年《中国环境状况公报》显示，我国淡水环境状况"全国地表水污染依然较重""湖泊（水库）富营养化问题突出"。可以这样说，水污染是目前中国正面临的最可怕的环境危机之一。根据《公告》，2009 年全国废水排放总量为 589.2 亿吨，比上年增加 3.0%；全国 26 个国控重点湖泊（水库）中，营养状态为重度富

营养为 1 个，占 3.8%，中度富营养为 2 个，占 7.7%，轻度富营养为 8 个，占 30.8%，其他均为中营养，占 57.7%；城市用水监测结果表明，重点城市年取水总量为 217.6 亿吨，达标水量为 158.8 亿吨，占 73.0%；不达标水量为 58.8 亿吨，占 27.0%。

2. 大气污染严重威胁居民健康

关于 2009 年我国大气环境状况，该公报作了以下表述："全国城市空气质量总体良好，比上年有所提高，但部分城市污染仍较重；全国酸雨分布区域保持稳定，但酸雨污染仍较重。"

我国大气污染主要有二氧化硫污染烟尘粉尘污染和机动车排气污染。

（1）二氧化硫污染。我国以煤炭为主要能源，煤炭消耗量随着经济快速增长而不断增加，二氧化硫排放总量也因此急剧上升，由二氧化硫排放引起的酸雨污染范围在不断扩大，酸度在不断增强，直接造成我国土壤、水体的大范围酸化，农业减产。全世界三大酸雨区，其中之一就在我国的长江以南地区，而全国酸雨面积占国土资源的 30%。该公报显示，在监测的 488 个城市（县）中，出现酸雨的城市 258 个，占 52.9%；酸雨发生频率在 25% 以上的城市有 164 个，占 33.6%；酸雨发生频率在 75% 以上的城市有 53 个，占 10.9%。据表二显示，发生较重酸雨（降水 pH 值<5.0）的城市比例达 21.3%，发生重酸雨（降水 pH 值<4.5）的城市比例达 8%。

二氧化硫对人体健康危害很大。长期暴露于二氧化硫浓度较高的空气中，可以引起人体呼吸系统疾病，改变肺的防病机制，加重心血管疾病患者或慢性肺部疾病患者的病情，甚至造成死亡。

（2）烟尘和粉尘污染。火力发电厂和工业锅炉是烟尘和粉尘的主要排放源，目前我国许多电厂使用的多为低效除尘器，烟尘和粉尘排放量因此居高不下，严重危害了大气环境。

（3）机动车排气污染。受经济高速增长的影响，我国机动车数量十几年来迅猛增长，汽车排放的氮氧化物、一氧化碳和碳氢化合物排放总量也因此逐年上升。

3. 固体废弃物污染日益突出

我国固体废物产量持续增长，2009 年，全国工业固体废物产生量为 204 094.2 万吨，比上年增加 7.3%，另外，我国固体废物处置能力严重不足，2009 年固体废物处置率仅为 23.3%。其中大部分的危险废弃物仅处于低水平综合利用或简单储存的状态。严峻的形势是，已经有的固体废物造成的环境问题尚未得到解决，新的问题就接踵而来：以废弃电器产品为代表的新型固体废物不断增长，农村固体废物污染问题也日益突出。据统计资料显示，全世界垃圾年均增长速度为 8.42%，而中国垃圾增长率达 10% 以上，中国已成为世界上垃圾包围城市最严重的国家之一，我国 2/3 的城市已经被工业垃圾、生活垃圾包围了。

（三）严重的资源环境问题可能会引发严重的社会问题

据统计，2005 年严重的污染问题在中国引发了 51 万起公开争执事件，不少对资源环境不满的居民正通过示威抗议的方式表达他们的不满，同时，与资源环境问题有关的抗议示威等大规模群体事件正以平均每年 29% 的速度增加，日益恶化的环境问题可能直接威胁中国的社会稳定。

本章问卷调查第 4 题显示，根据代际公平理论即代内的横向公平与世代的纵向公平，前者应该给世界各国以公平的发展权、公平的资源和环境使用权；后者表明人类赖以生存的自然资源与环境是有限的，当代人不能因为自己发展与需求"竭泽而渔"而损后代人，要给后代人以公平享用自然资源与清洁环境的权利，受调查者对此的态度是非常赞同占 45%，赞同占 35%。

可以这样说，如果现在还走通过"拼资源、拼环境"发展经济的老路，我国经济将陷入发展的瓶颈，从更深远的角度看，这将导致严重的社会问题。故而建设资源节约型、环境友好型社会已迫在眉睫，"十二五"提出"要以科学发展为主题，以加快转变经济发展方式为主线，坚持把建设资源节约型、环境友好型社会作为加快转变经济发展方式的重要着力点"正是在这种背景下对中国经济过往走过道路反思的结果。

（四）国家视角下的企业履行资源环境责任机遇与挑战并存

企业应该意识到，在国家战略确定将建设"资源节约型、环境友好型社会"作为加快转变经济发展方式的重要"着力点"大背景下，企业积极承担自身资源环境责任已是大势所趋。

国家层面的决策对企业来说既是挑战也是机遇。一方面，国家对资源环境的高度重视代表了社会的价值取向，这就要求企业要以更加积极的态度投入更多的精力来履行自身的无法回避的、必须承担的资源环境责任。违反国家相关法律存在被关停风险，所以企业必须调整自己，以适应社会价值取向的转变，这是挑战。而从另一方面看，对于积极履行自身的资源环境责任的企业来说，不断提高的资源环境准入制度将淘汰不履行资源环境责任的企业，拒无法履行资源环境责任的企业于行业之外——法律层面上不断加深的行业壁垒，从市场竞争的角度看，这是履行自身资源环境责任企业的机遇。

2009 年，以环保部为主的两次行动很好地说明了这一点。如 2009 年环境保护部联合国务院九部门开展了重金属污染企业专项检查，共检查企业 9 123 家，查处环境违法企业 2 183 家，取缔关闭 231 家，停产整治 641 家。又如全国电解锰行业专项环境整治工作从 6 个方面制定 19 项统一的整治标准。有力地促进了电解锰行业落后产能的淘汰，向经济部门移交移送拟关闭取缔的 24 条不符合产业政策的生产线案件，淘汰产能共计 5 万吨；全面推动了环保部门对电解锰行业的监管，对 16 家企业补办了环评、"三同时"手续，对 34 家企业进行了停产整治；投入 3.4 亿元整治资金，明显提升了电解锰企业环境管理水平。

宏观层面上企业可能更多的是出于外部压力被动地履行自身资源环境责任，而当我们站在微观经济效益层面分析企业履行自身资源环境责任对企业可持续发展的影响时，我们能发现企业持续主动履行资源环境责任的内在动力。

第四节　企业履行资源环境责任的内在动力与政策建议

一、降低能耗与成本，节约资源，优化管理，增强竞争力

人们普遍认为企业履行环资源境责任会给企业带来成本负担，削弱企业竞争力。然而，

当我们仔细研究之后，我们会发现企业履行社会责任其实有助于企业降低能耗，节约资源，减少企业成本，优化企业管理，增强竞争力。

从理论上来看，美国著名管理学家迈克尔·波特认为："恰当设计的环境规制可以激发被规制企业创新，产生效率收益，相对于不受规制的企业，这可能会导致绝对竞争优势；相对于规制标准较低的国外竞争者而言，环境规制通过刺激创新可对本国企业的国际市场地位产生正面影响。"

（一）资源节约责任与企业可持续发展

扩展阅读 13-1：社会责任能够引领企业持续发展

企业履行资源责任包括利用技术创新，升级、引入节约资源、可循环的生产技术、生产方式和生产工艺，开展资源综合利用，开发可再生资源，建立起低消耗量、高利用率、可循环的生产流程，可以有效地节约资源和能源、有效地利用原材料和回收利用废旧物资、最大限度地利用资源，通过循环利用企业副产品或废弃物取得经济效益减少各项资源费用，获得了"创新补偿"，企业成本明显降低，进而获得经济效益。

（二）环境保护责任与企业可持续发展

企业履行环境责任包括提高企业的环境管理水平，对传统的生产方式进行改造，实现清洁生产（使用清洁的能源与原材料、通过清洁的生产过程、生产出清洁的产品），获得了"创新补偿"；更好地遵守国内及国外的环境法律、法规，获得进入国际市场的"通行证"，获得了"先动优势"，促使企业节约能源，利用再生废弃物，将废弃物转化为可利用的资源，减少污染，降低经营成本，变事后处理为源头预防；迎合了"绿色消费"理念，有助于树立企业形象，提高企业的知名度，增强利益相关者对企业发展前途的信心及支持力度；最终达到增强企业竞争力、提升盈利能力、实现企业可持续发展的目标。

本章问卷调查第 17 题提出，您认为企业应对环境负多大程度的责任？被调查者对此的态度认为该负非常重大责任占 25%，负重大责任占 60%。本章问卷调查第 21 题问及被调查者对我国企业履行企业环境责任的情况满意吗？回答结果是不满意占 57%，非常不满意占 14%。

二、满足绿色消费主张，扩大市场份额，提升市场占有率

随着公众资源环境意识的觉醒，绿色 GDP 概念的深入人心，低碳生活的兴起，环保主义的实践，消费者越来越倾向于绿色消费。企业履行环境责任水平日益成为消费者购买产品或服务时考虑的重要因素之一。

一方面，消费者越来越注重选择符合无害于身体健康、节约资源、保护生态环境的产品。符合节约资源、环境友好要求的产品越来越受消费青睐，消费者按自己的购物喜好投票，关心资源环境愿意为此类商品支付较高价格的消费者越来越多，从而使积极履行资源环境责任的企业获得溢价的机会。本章调查问卷的第 20 题很好地体现了这一点。第 20 题

的问题是"您在选购商品时，有环保产品和非环保产品供您选择，质量一样，但环保产品比非环保产品贵，您会考虑环保产品吗？"

如图 13-1 所示，98%的被调查者表示自己愿意为环保产品支付溢价，绿色消费深入人心，这表明企业生产的环保产品不会因价格偏高而受到绿色消费者冷落。企业履行环保责任、生产环保产品大有市场。

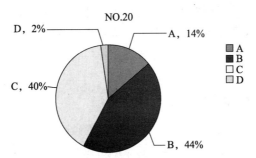

A. 无论价格贵多少都会接受 B. 即使稍微超出可接受范围也会接受
C. 在可接受范围会接受 D. 不会接受

图 13-1　调查问卷第 20 题调查结果

另一方面，当积极履行资源环境责任的企业得到更多关注，政府、社会公众、消费者肯定企业为积极履行资源环境责任所作出努力时，企业市场形象得以提高。

本章问卷调查第 23 题也证明了这一点，当被调查者被问到"您认为积极履行企业资源环境责任对企业提升企业声誉有没有益处"，91%的被调查者认为有益处。

更进一步地，在本章调查问卷第 19 题中，当被调查者被问到"作为消费者，您在选购商品时，是否会将生产此商品企业的环境责任声誉作为一个选择依据"时，如图 13-2 所示，7%和38%的被调查者分别表示"每次都会"和"经常会"。

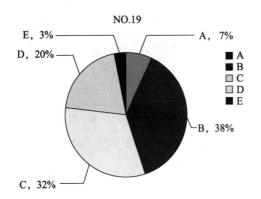

A. 每次都会　B. 经常会　C. 偶尔会　D. 很少会　E. 从不会

图 13-2　调查问卷第 19 题调查结果

随着公众对企业履行资源环境责任认识的不断加深，履行资源环境责任水平低的企业市场份额将会被履行资源环境责任水平高的企业所代替。高涨的"绿色"需求带来的收益完全可以弥补企业履行资源环境增加的成本。

三、取得众多相关方支持，形成多赢局面

在激烈的微观市场竞争中，企业积极履行资源环境责任的意义不仅在于对内降低自身经营成本，对外迎合消费者消费主张，还在于企业可以有效地避免或化解企业经营中资源环境方面的风险。企业通过发布相关资源环境责任履行报告可以增强包括商业活动的利益相关者，内部员工及供应链上下游合作者对企业可持续发展的信心及支持力度，形成多赢局面。

（一）降低融资成本，繁荣资本证券市场

对于企业商业活动的利益相关者，诸如提供企业保险的保险机构、提供企业贷款的银行、提供企业实收资本的投资者，越来越看重企业履行资源环境责任的情况。其本质原因在于企业积极履行资源环境责任能降低能耗、节约资源、减少企业生产成本、优化企业管理，在降低企业资源环境风险的同时、增强企业竞争力从而带来更高的、更持久的财务价值。

（二）以人为本，提高人力资源效率

当被调查者在本章调查问卷的第 26 题被问到"企业履行资源环境责任好坏并由此可能带来对企业声誉的影响是否会影响到您工作心情与动力"时，如图 13-3 所示，17%的被调查者表示"非常有影响"，55%的被调查者认为"有一定影响"，这表明当企业积极履行资源环境责任时能鼓舞员工士气，反之，若企业声誉因企业没有履行资源环境责任而受损害时，对士气的打击也是不能忽视的。

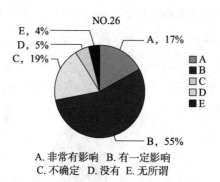

A.非常有影响　B.有一定影响
C.不确定　D.没有　E.无所谓

图 13-3　调查问卷第 26 题调查结果

积极履行资源环境责任的企业也更容易吸引人才并激发员工的工作热情和工作效率。清洁的环境、优秀的企业文化以及良好的企业形象更能吸引高素质的人才加盟。

（三）更好融入产业链，优化生产结构，实现绿色生产

积极履行环境责任的企业也更易受到供应链上下游合作者的支持。处在产业链核心地位的企业，越来越重视其供应链上下游各方履行资源环境责任的情况。越来越多的零售商、

分销商只向履行资源环境责任的供应商或厂商购货：近年来，沃尔玛、家乐福、雅芳、通用电气等超过 50 家跨国公司巨头开始在订单中加上社会责任的条款，其中很重要的部分就是资源环境责任的履行情况，要求企业必须通过相应的审核才能进入其电子订单系统。可以预见，未来随着公众资源环境意识的日益高涨、绿色消费的日益流行，这种由市场力量推动的节约资源保护环境的压力肯定会进一步增大。企业只有很好地实施资源环境管理，才能成为产业链核心企业的供应商或分销商，否则大额订单将会流失。

综上所述，企业履行资源环境责任是国家、社会的客观要求和企业可持续发展的主观能动，可能初期成本会大于收益，然而从长期看企业发展，谁能积极履行资源环境责任，提前采取绿色战略，谁就更能在未来竞争格局中取得主动、赢得先机。企业与其被动被要求承担资源环境责任，还不如主动履行资源环境责任。

四、企业成为履行资源环境责任的主力军

（一）高度重视资源环境责任履行

企业作为履行资源环境责任义务的主体，在明晰履行资源环境责任的积极意义之后，首先应把履行资源环境责任上升到宏观经营管理战略层面的高度。把自身成长与社会、环境的可持续发展联系起来制定企业宏观经营管理战略，进行长期环境投资，使自身与社会、环境持续健康协调发展，达到天人合一的企业文化新局面。

有了宏观战略层面的重视，需要的是在微观战术层面设置相应的组织体制并将其贯彻实施。具体在战术操作层面，可设立环境专职部门。其工作职能主要有负责收集信息、执行环保标准、组织开展环保活动、制定相关环境保护计划并对外披露资源环境责任报告。

从产品的设计、制造、包装、运输、销售一直到售后等各个生产流通环节，才是真正检验企业履行环境责任情况的关键。

（二）在资源节约上下硬功夫，运用低碳技术，大幅提高资源利用效率

从企业资源环境责任的资源节约角度看。首先，在控制资源成本上上功夫。利用技术创新，升级、引入节约资源的生产技术、生产方式和生产工艺，开展资源综合利用，开发可再生资源，建立起低消耗量、高利用率的生产流程。其次，做好资源的循环使用。企业在产品设计生产阶段就应该遵循如何能让资源尽量循环的思路来做，大力开展产品创新以提高旧产品可回收性、资源可重复利用性。

（三）在环境保护上花大力气，生产环保商品，提供环保服务

从企业环境责任的资源环境保护角度看。一个可行的思路是在企业原有管理系统中引入按 ISO 14001 标准建立起来的环境管理体系，同时建立环境信息披露制度。ISO 14001 系列标准是由国际标准化组织制定的环境管理体系标准。是针对全球性的环境污染和生态破坏越来越严重，臭氧层破坏、全球气候变暖、生物多样性的消失等重大环境问题威胁着人类未来的生存和发展，顺应国际环境保护的发展，依据国际经济贸易发展的需要而制定的。它融合了工业发达国家环境管理的先进经验，可操作性强，可以实现从产品的设计、制造、包装、运输、销售一直到报销处理全过程的环境管理控制。在企业原有管理系统中引入 ISO

14001 标准可以提高企业的环境管理水平，实现清洁生产（清洁的能源与原材料、清洁的生产过程、清洁的产品），更好地遵守国内及国外的环境法律、法规，获得进入国际市场的"通行证"，促使企业节约能源，利用再生废弃物，降低经营成本，变事后处理为源头预防，迎合了"绿色消费"理念，有助于树立企业形象，提高企业的知名度，增强利益相关者对企业发展前途的信心及支持力度，最终达到增强企业竞争力、提升盈利能力、增加价值、实现企业可持续发展的目标。实施环境信息披露制度，即通过施行环境会计与发布环境影响的报告书的方式进行企业环境信息披露。施行环境会计，计量、记录企业经营活动与环境保护的关系，企业的污染指标、环境防治、开发利用成本费用，评估企业的环境绩效及环境经营活动对财务成本的影响等；发布环境影响报书，对外阐述企业履行环境责任的指导方针、环保目标、措施、取得的成果、作出的努力和企业活动对环境带来负荷等信息，向社会展示企业积极履行环境责任的良好形象。

（四）开展节约资源保护环境公益活动，成为优秀负责任的"企业公民"

开展有关节约资源保护环境的公益活动也有助于提升企业形象。企业通过和政府、社会的合作开展有关节约资源保护环境的公益活动，本身就是企业积极履行资源环境责任的一种体现，满足了政府、社会的期望，同时也是对企业形象的一种有效宣传，为企业直接或间接地带来了更多的客户和发展机会，为企业自身的发展创造了良好的外部环境。对内加强了员工节约资源保护环境的意识，营造了良好的企业氛围，同时企业形象的提升有助于员工产生归属感，能激发员工的工作热情和提高工作效率。

五、政府是推动企业履行资源环境责任实现可持续发展主导力量

一方面，这与《中华人民共和国国民经济和社会发展第十四个五年规划和 2035 年远景目标纲要》（以下简称"十四五"规划）提出的"实施可持续发展战略，完善生态文明领域统筹协调机制，构建生态文明体系，推动经济社会发展全面绿色转型，建设美丽中国"是相符的。另一方面，作为一个社会主义国家，公有制经济在我国所有制结构中占主体，而政府作为公有制经济的管理者，责无旁贷应该成为推动企业履行资源环境责任的主导力量。

政府主导推进企业履行资源环境责任应当"从主要用行政办法保护环境转变为综合运用法律、经济、技术和必要的行政办法解决环境问题"[①]，这表明政府部门应该将更多的精力投入到运用法律、经济、技术和必要的行政手段建立起一个长效的、有利于企业积极履行资源环境责任的平台的任务当中去。

借鉴发达国家政府的先进经验，我国政府可从以下几个方面着手推进企业履行资源环境责任。

（一）转变发展观念，切实贯彻节约资源保护环境的基本国策

2018 年 5 月 18 日至 19 日，全国生态环境保护大会在北京召开。习近平总书记出席会

---

① 温家宝. 2006 年 4 月 17 日—18 日第六次全国环境保护大会讲话。

议并发表重要讲话。他强调，要自觉把经济社会发展同生态文明建设统筹起来，充分发挥党的领导和我国社会主义制度能够集中力量办大事的政治优势，充分利用改革开放40年来积累的坚实物质基础，加大力度推进生态文明建设、解决生态环境问题，坚决打好污染防治攻坚战，推动我国生态文明建设迈上新台阶。生态文明建设是关系中华民族永续发展的根本大计。中华民族向来尊重自然、热爱自然，绵延5 000多年的中华文明孕育着丰富的生态文化。生态兴则文明兴，生态衰则文明衰。党的十八大以来，我们开展一系列根本性、开创性、长远性工作，加快推进生态文明顶层设计和制度体系建设，加强法治建设，建立并实施中央环境保护督察制度，大力推动绿色发展，深入实施大气、水、土壤污染防治三大行动计划，率先发布《中国落实2030年可持续发展议程国别方案》，实施《国家应对气候变化规划（2014—2020年）》，推动生态环境保护发生历史性、转折性、全局性变化。

（二）采取措施对企业履行资源环境责任予以支持

企业履行资源环境责任初期投入往往大于收益，这就需要政府在政策、经济、舆论和影响消费者方面予以大力支持。在政策方面，建立和完善企业履行环境责任激励机制，引入市场机制。例如，美国推行的排污权交易值得借鉴，市场是资源配置的最优方式，将"排污权"变成一种资源，积极履行环境责任的企业可以省下多余的"排污权"出售给"排污权"不够的企业，获得利益，这样不仅激励积极的企业做得更好，也会促使没做好的企业努力改善。如此一来，企业就会在价值规律作用下自觉履行环境责任。在经济方面，在企业履行环境责任的初期给予企业融资、税收、土地等经济优惠，帮助企业降低初期成本。在舆论和影响消费者方面，政府应大力倡导公众绿色消费和环境保护理念，引导消费者形成科学的消费观念，为绿色产品开辟市场。对积极履行资源环境责任的企业进行表彰和宣传，并帮助提高此类企业美誉度，调动企业积极性。

（三）扶持环保产业，发展循环经济

现阶段对于大多数我国的中小企业来说，要求企业靠自身引进昂贵的环保、资源循环的设备来履行资源环境责任既不实际也无必要。不实际指大多数中小企业缺乏引进昂贵的环保、资源循环设备的资金；不必要指每个中小企业都拥有一套自己的昂贵的环保、资源循环设备，从资源配置角度看是一种浪费。一个更好的方式是由专业化的环境产业公司来为企业履行资源环境责任提供专业化的服务。一方面中小企业不用占用自有资金引进昂贵的环保、资源循环设备，另一方面也形成了规模效应，避免了重复建设。专业化提供了更好的服务，专业化的环境产业公司提供的服务包括环境保护和资源循环使用。环境保护一方面包括环保设备的生产与经营，主要有水污染治理设备、大气污染治理设备、固体废弃物处理处置设备、噪声控制设备、放射性与电磁波污染防护设备、环保监测分析仪器、环保药剂等的生产和经营；另一方面包括环境服务，指为环境保护提供技术、管理与工程设计和施工等各种服务。资源循环主要是指资源综合利用，指利用废弃资源回收的各种产品——如废渣、废液、废气、废旧物资等的综合利用。两种服务对应就要求国家在宏观层面上扶持环保产业，发展循环经济，扶持并帮助发展一大批从事专业化环境产业的公司。在政策上，颁布相关的法律政策措施，这方面可以借鉴日本政府出台的《环境基本法》《推进建立循环

型社会基本法》和相关的专项法规，尽快建立和完善我国的相关法律，使得相关产业发展有章可循。在经济上，给予环境产业企业优惠的融资条件，通过财政投入支持环境产业技术研究，鼓励民间资本进入环境产业，完善政府、企业、社会多元化环境保护投融资机制。

（四）建设引导发挥公民的责任意识和监督作用

通过本章调查问卷的第1题至第12题，我们发现，大部分被调查者对我国严峻的资源环境现状有着清晰的认识并赞成针对此的改进。同时，第13题、第14题也表明大部分被调查者具有良好的节约资源保护环境的意识。

但在本章调查问卷第15题中，当被调查者被问到"当您在工作和生活中面临浪费资源与污染环境的人或事的时候，您会"，如图13-4所示，仅有23%的被调查者选择"反对，并制止"，有高达65%的被调查者选择"反对，但不会去制止"，这表明节约社会公众资源保护环境的主人翁责任意识有待加强。

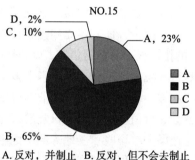

A.反对，并制止　B.反对，但不会去制止
C.无所谓　D.可以理解

图13-4　调查问卷第15题调查结果

为了更好地发挥社会公众的主人翁意识，政府应支持社会建立起一套有效的资源环境监督体系，充分调动社会的力量。支持建立环境NGO（非政府组织），让公众更广泛地参与到资源环境监督当中；建立一项有效的资源环境问题举报制度，鼓励和发动民众对有关浪费资源、破坏环境行为进行举报，支持引导资源环境公益诉讼。对涉及公众资源环境权益的发展规划和建设项目，要利用听证会、论证会或社会公示等各种形式，听取公众意见，强化社会监督。

"十四五"规划中提到"实施可持续发展战略，完善生态文明领域统筹协调机制，构建生态文明体系，推动经济社会发展全面绿色转型，建设美丽中国"。2022年3月5日李克强总理在第十三届全国人大五次会议上所做的《政府工作报告》提出，巩固蓝天、碧水、净土保卫战成果。推动化肥农药减量增效和畜禽养殖废弃物资源化利用。持续推进生态保护修复重大工程，全面实施长江十年禁渔。可再生能源发电装机规模突破10亿千瓦。出台碳达峰行动方案。启动全国碳排放权交易市场。积极应对气候变化。

2022年10月27日上午，在生态环境部10月例行新闻发布会上，发布了《中国应对气候变化的政策与行动2022年度报告》。该报告包括中国应对气候变化新部署、积极减缓气候变化、主动适应气候变化、完善政策体系和支撑保障、积极参与应对气候变化全球治理五个方面。报告指出：2021年以来，中国积极落实《巴黎协定》，进一步提高国家自主贡献力度，围绕碳达峰碳中和目标，有力有序有效推进各项重点工作，取得显著成效。中国已建立起碳达峰碳中和"1+N"政策体系，制定中长期温室气体排放控制战略，推进全国碳排放权交易市场建设，编制实施国家适应气候变化战略。经初步核算，2021年，单位国内生产总值（GDP）二氧化碳排放比2020年降低3.8%，比2005年累计下降50.8%，非化石能源占一次能源消费比重达到16.6%，风电、太阳能发电总装机容量达到6.35亿千瓦，单位GDP煤炭消耗显著降低，森林覆盖率和蓄积量连续30年实现"双增长"，全国碳排放权交易市场启动一周年，碳市场碳排放配额（CEA）累计成交量1.94亿吨，累计成交金额84.92亿元。

积极应对气候变化是我国实现可持续发展的内在要求，也是推动构建人类命运共同体的责任担当。我国于2020年宣布"二氧化碳排放力争于2030年前达到峰值，努力争取2060年前实现碳中和"目标，更新国家自主贡献，作出一系列新部署新安排，采取更加强有力的一揽子政策和措施。这一重大决策具有深远意义。

如图13-5所示，43%的被调查者对中国建设资源节约型、环境友好型社会与大力发展循环经济的前景表示非常乐观（见本章调查问卷统计表第28题），42%的被调查者则谨慎地乐观，不乐观达13%，很悲观达2%。故而企业履行资源环境责任是国家、社会的客观要求。从企业自身看发展，谁积极履行资源环境责任，提前采取"绿色"战略，谁就更能在未来竞争格局中取得主动、赢得先机。企业与其被动地被要求承担资源环境责任，还不如主动履行资源环境责任，实现可持续发展。

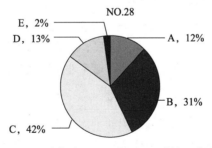

A.非常乐观　B.乐观　C.谨慎地乐观
D.不乐观　E.很悲观

图 13-5　调查问卷第28题调查结果

第五节　商业诚信文化与建设美丽中国

一、和谐社会与和谐企业

和谐意识是中国文化精神的一项重要内容，它包含了人与自然的关系和谐。作为企业还应包含员工与企业之间关系的和谐，以及企业与企业、企业与社会之间的关系和谐，只有实现全面的和谐，企业才能健康的发展，实现构建和谐企业与和谐社会的崇高目标。

（一）和谐社会基本内容

党的十六届四中全会首次提出"构建社会主义和谐社会"的执政理念后，胡锦涛总书记在省部级主要领导干部提高构建社会主义和谐社会能力专题研讨班开班式上，对社会主义和谐社会的基本特征作了进一步阐述："我们所要建设的社会主义和谐社会，应该是民主法治、公平正义、诚信友爱、充满活力、安定有序、人与自然和谐相处的社会"。

社会主义和谐社会，应当是人与自然和谐相处的社会。自然界向人类提供的资源是不可再生的，人类需求的增长与自然界所能提供的各类资源必须相适应。人与自然的和谐发展，这是基于人类社会可持续发展的必然要求。

（二）和谐社会与和谐企业的关系

企业作为国民经济的基本元素和单元细胞，承载着构建和谐社会的重要使命，它在享受和谐社会带来巨大利益的同时，必须以科学发展观为指导，处理好自然、社会、企业发展的关系，实现自然、社会、企业的和谐发展。构建和谐社会，对于企业来说，就是构建和谐企业。

构建和谐企业与构建和谐社会之间是相辅相成、互相促进的辩证关系。构建和谐企业，培养高素质员工，足以促进和谐社会的构建；而构建和谐社会作为目标模式激励引导企业在构建和谐社会系统中开阔眼界，积极进取，再筑新的辉煌。

扩展阅读 13-2：建设与营造文明和谐的社会环境

（三）构建和谐社会要求创建和谐企业

构建和谐社会是全社会的共同责任，需要全体社会民众的共同参与。企业和企业家，无论是社会组织和公民，都应积极参加构建和谐社会，并且承担创建和谐企业的历史使命和时代责任。创建和谐企业是时代的需要。

1. 创造和谐企业是构建和谐社会的需要

社会是一个复杂的系统，由众多的组织和个体组成。企业是国民经济的细胞，也是社会的有机组成部分。物质资料的生产是社会的基本条件。而企业正是物质资料生产的载体和现代生产力的综合体现者。社会产品由企业生产，社会财富由企业创造，社会就业大量由企业吸纳，社会科技进步主要来自企业的实践，社会人才很多由企业培植，企业是社会的物质文明、精神文明和政治文明的基础。因此，人们视企业为社会的"四梁八柱"，并不为过。进一步地说，构建社会主义和谐社会，这个"和谐"是多元的，它涉及的方方面面都与企业息息相关，诸如活力问题、公正问题、有序问题、人与自然关系问题等，都需要在企业中得到回应，得到落实。这就要把企业的创业发展纳入构建和谐社会的体系中去，形成与和谐社会相协调的和谐企业。

2. 创建和谐企业是企业可持续发展的需要

由于和谐社会为民营企业的发展提供了良好的环境，所以民营企业得以快速发展，在整个国民经济中的地位、作用日益凸显。然而，我国民营企业的平均寿命短于美国和日本的企业。差距产生的原因是多方面的，如：急于求成，企业发展盲目提速；立业未稳就盲目扩张和多元化；投资关系复杂，短贷长投现象频出；没有将主要精力放在企业核心竞争力的培育上；缺乏诚信，法规意识淡漠以及企业的各种矛盾激化导致分裂式瓦解等。我们从中得出一个基本认识：创建和谐企业，和谐创业是民营企业创新发展的成功之路。

3. 创建和谐企业是企业和企业家的社会责任

在和谐社会的构建中，企业可以说是"一身二任"。作为一个社会组织，是社会的"细胞"；作为企业家，是社会公民。无论是作为社会组织还是作为社会公民，都享有国家法律保护合法权益的权利，都享有和谐社会提供的良好创业发展环境。当然，权利与义务是对等的，公民与企业对构建和谐社会都有义不容辞的社会责任，而最直接、最能体现尽心尽责之举便是创建和谐企业。

二、塑造先进商业诚信文化，创建和谐企业，加快美丽中国建设

在建设和谐社会的背景下，建设和谐企业，把企业做大做强，同样需要先进文化的支撑和推动，塑造先进的商业诚信文化已成为企业发展的迫切需要。

商业诚信文化是一个生态系统，是和谐共生的，应该是可以发展创新的，应该是具有自我调节功能的。现在我国正在为构建和谐社会而努力，要求进行商业诚信文化创新，塑造先进的商业诚信文化。

（一）先进商业诚信文化建设在推动企业和谐发展中的重要作用

1. 塑造先进商业诚信文化是适应市场经济的内在要求

文化是经济发展的推动力，经济活动往往是经济、文化一体化的动作。在对外开放和经济全球化的背景下，经济的发展比任何时候都需要文化的支持。美国哈佛商学院通过对世界各国企业的长期分析研究得出结论："一个企业特定的商业诚信文化，是当今影响企业本身业绩的深层次原因。"用文化手段促进国际经济贸易，已经成为西方发达国家的国际营销艺术。

2. 塑造先进商业诚信文化是企业和谐发展的客观需要

相对于企业的其他资源因素如产品、技术、资金、商业伦理者及管理方式而言，先进的商业诚信文化是最能稳定发挥作用的因素。研究表明，真正影响企业长期发展的不是技术也不是资金，而是文化。商业诚信文化在未来相当一段时间内将成为决定企业兴衰的关键因素。

3. 塑造先进商业诚信文化是提升企业品牌的有效手段

企业品牌涵盖了企业的产品质量、创新能力、管理水平。企业信誉和社会形象等内容，是人们区别和选择商品或服务的一个重要标志。可口可乐、通用电器、松下等这些耳熟能详的企业，都已历经百年而势头强劲。事实证明，企业的品牌价值是无穷的，品牌的文化价值越高，对顾客吸引力越强，企业生命力就越旺盛。

（二）塑造以人为本的先进商业诚信文化是引领企业和谐发展的内在要求

1. 坚持把打造以人为本的商业诚信文化作为商业诚信文化建设的核心内容

企业职工是企业物质文化和精神文化的创造者、建设者和发展者。因此，在商业诚信文化建设过程中，无论是企业宗旨、制度建设还是生产过程中劳动者的行为准则都要确立人的中心地位，最大限度地发挥人的主观能动性。企业要切切实实把职工当作企业发展的最重要资源，不但要全面提高职工的工资福利、民主管理权利、家庭生活条件，还要给职工提供进修培训机会和事业成长空间，保证职工在企业建设中的生力军地位。企业坚持以人为本，还要在尊重职工个性、视职工为利益主体的前提下，引导职工树立企业需要的价值观，进而指导、规范他们的行为，培养职工"以企业为家"的情感，倡导履行社会责任，创建和谐的商业诚信文化环境。

2. 塑造企业的团队精神是推动企业和谐发展的基础条件

要把企业成千上万名职工凝聚起来，只靠金钱是不够的，企业必须具备共同的价值观、目标和信念。对共同价值的认同会使职工产生稳定的归属感，从而吸引和留住人才。事实证明，企业只有形成了优秀的商业诚信文化，才能打造一支战无不胜的职工队伍。要鼓励广大干部职工融入比学习、比工作、比干劲、比业绩，互相学习、取长补短、互相团结、共同进步，互相宽容、互不计较的情感之中，从而化解各种矛盾和冲突，心往一处想，劲往一处使，产生良好的凝聚力和归属感，这种凝聚力和归属感反过来又可以转换成强大的战斗力，推动企业发展。要充分发挥企业的团队协作精神，还需要企业内部形成上下一致的价值观。这就意味着企业在塑造以人为本的先进文化推动企业发展的同时，必须注重企业与社会的和谐，也就是注意承担企业的社会责任。企业的社会责任主要有两项内容：一是为社会提供物质财富；二是为社会造就高素质的社会人。而承担好这两大责任，则要求企业在文化建设中坚持以人为本，进一步调动职工的积极性、主动性、创造性。

（三）坚持商业诚信文化创新是推动和谐发展，建设美丽中国的不竭动力

1. 企业内部凝聚力和外部竞争力的形成需要商业诚信文化的不断创新

以先进商业诚信文化推动企业和谐发展，就是要最大限度地发挥商业诚信文化的导向凝聚功能、整合创新功能，全面提升企业综合素质和核心竞争力，使企业在强劲而深厚的文化动力中获得持续、健康发展。随着经济全球化进程的加快，企业之间的竞争已经转变为人才、品牌和文化的竞争，说到底就是商业诚信文化的竞争。在社会主义市场经济条件下，需要建设符合社会主义先进文化前进方向的先进商业诚信文化，积极从商业诚信文化的土壤里吸取养分，不断增强企业的凝聚力，增强产品的竞争力，为企业长远发展打造永不枯竭的动力之源。

2. 创建先进的商业诚信文化是实现企业和谐发展的必然要求

随着当代经济社会的发展，创新已成为关键环节，而创新与风险相伴而行，这就需要营造一种鼓励创新、积极向上的开拓性商业诚信文化，以形成不畏风险、与时俱进的良好

氛围。商业诚信文化的核心是诚信的思想观念，它决定着企业成员的思维方式和行为方式，能够激发员工的士气，充分发掘企业的潜能。一个好的商业诚信文化氛围建立后，它所带来的是群体的智慧、协作的精神、新鲜的活力，这就相当于在企业核心装上了一台大功率的发动机，为企业的创新和发展提供源源不断的精神动力。商业诚信文化是内在的约束，制度安排是外在的约束。因此，商业诚信文化建设必须与企业的创新有机结合起来，为企业和谐发展提供适宜的环境和充足的营养，助力建设美丽中国。

 **关键术语**

资源环境责任　　循环经济　　可持续发展

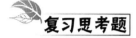 **复习思考题**

1. 企业忠诚管理与诚信文化的关系如何？如何实施忠诚管理，怎样进行企业的诚信文化建设？

2. 什么是循环经济？如何建设绿色商业诚信文化，实现企业可持续发展？

3. 怎样理解和谐社会相关概念与要求？如何通过创建和谐企业，达到构建和谐社会的目标？

4. 简述核心竞争力内涵、核心竞争力的内容与特征。

5. 构建和谐社会与创建和谐企业的关系如何？在构建和谐社会的过程中，如何进行商业诚信文化建设？

6. 商业诚信文化与企业核心竞争力有何关系？如何通过商业诚信文化建设来增加企业核心竞争力？

案例分析　　　　　　　　即测即练

自学自测　　　　　　　　扫描此码

参考文献

一、中文部分

[1] 魏杰. 中国经济之变局[M]. 北京：中国发展出版社, 2009.

[2] 国务院. 落实科学发展观加强环境保护决定[M]. 北京：人民出版社, 2005.

[3] 刘梦辉. 浅析城市环境污染及治理对策[J]. 改革与开放, 2010-11-25.

[4] 刘清. 低碳经济下的废弃物管理[J]. 经营与管理, 2010.

[5] 韩保江. 视中国经济可持续发展面临的挑战[N]. 中国经济时报, 2004-02-16.

[6] 全国工商管理硕士教育指导委员会. 商业伦理学教学大纲[M]. 北京：机械工业出版社, 2011.

[7] 评论员. 国务院关于落实科学发展观加强环境保护的决定[N]. 人民日报, 2006.

[8] 项锦联. HSE 管理体系推进企业安全文化建设研究[D]. 南京：南京理工大学, 2010.

[9] 叶陈刚. 推行职业道德守则　提升注册会计师公信力[J]. 中国注册会计师, 2010(6).

[10] 叶陈刚. 公司内部治理机制研究述评与启示[J]. 审计与经济研究, 2011(1).

[11] [美]保罗・A. 萨缪尔森, 威廉・D. 诺德豪斯. 经济学：上, 下[M]. 高鸿业, 译, 12 版. 北京：中国发展出版社, 1992.

[12] [美]博特赖特. 金融伦理学[M]. 静也, 译. 北京：北京大学出版社, 2002.

[13] 叶陈刚. 企业风险评估与控制[M]. 北京：机械工业出版社, 2009.

[14] 谢永珍. 董事会治理评价研究[M]. 北京：高等教育出版社, 2006.

[15] 陈少峰. 中国伦理学名著导读[M]. 北京：北京大学出版社, 2004.

[16] 陈工孟. 公司治理概论[M]. 北京：清华大学出版社, 2003.

[17] 叶陈刚. 公司治理层面的伦理结构与机制研究[M]. 北京：高等教育出版社, 2006.

[18] 崔永东. 道德与中西法治[M]. 北京：人民出版社, 2002.

[19] 杜莹, 等. 企业家的社会地位与社会责任[J]. 道德与文明, 2005(2).

[20] 葛家澍. 上市公司财务舞弊案剖析丛书[M]. 北京：中国财政经济出版社, 2003.

[21] 周祖城, 等. 企业社会责任相对水平与消费者购买意向关系的实证研究[J]. 中国工业经济, 2007(9).

[22] [德]赫尔穆特・施密特. 全球化与道德重建[M]. 柴方国, 译. 北京：社会科学文献出版社, 2001.

[23] 李维安. 公司治理学[M]. 北京：高等教育出版社, 2005.

[24] 李维安. 公司治理评价与指数研究[M]. 北京：高等教育出版社, 2005.

[25] [美]戴维・J. 弗里切. 商业伦理学[M]. 杨斌, 石坚, 郭阅, 译. 北京：机械工业出版社, 1999.

[26] 厉以宁. 超越市场与超越政府——论道德力量在经济中的作用[M]. 北京：经济科学出版社, 1999.

[27] 刘峰. 信息披露：实话实说[M]. 北京：中国财政经济出版社, 2003.

[28] 刘智峰. 道德中国——当代中国道德伦理的深重忧思[M]. 北京：中国社会科学出版社, 2001.

[29] 马连福. 公司内部治理研究[M]. 北京：高等教育出版社, 2005.

[30] 曾仕强. 胡雪岩的启示[M]. 西安：陕西师范大学出版社, 2008.

[31] 罗伯特・蒙克斯, 尼尔・米诺. 公司治理[M]. 李维安, 周建, 译. 北京：中国财政经济出版社, 2004.

[32] [美]乔治·恩德勒. 国际经济伦理[M]. 北京：北京大学出版社, 2003.

[33] [美]乔治·斯蒂纳, 约翰·斯蒂纳. 企业、政府与社会[M]. 北京：华夏出版社, 2002.

[34] 宋希仁. 西方伦理思想史[M]. 北京：中国人民大学出版社, 2004.

[35] 苏勇. 现代管理伦理学[M]. 北京：石油工业出版社, 2006.

[36] [美]沃尔特·J. 萨蒙, 等. 公司治理[M]. 孙经纬, 高晓晖, 译. 北京：中国人民大学出版社, 2004.

[37] [英]托尼·兰顿, 约翰·瓦特肯森. 公司董事指南——职责、责任和法律义务[M]. 李维安, 牛建波, 译. 北京：中国财政经济出版社, 2004.

[38] 王学义. 商业伦理学[M]. 成都：西南财经大学出版社, 2004.

[39] 王辉. 企业利益相关者治理研究[M]. 北京：高等教育出版社, 2005.

[40] 叶陈刚. 商业伦理与商业诚信文化[M]. 北京：清华大学出版社, 2007.

[41] [英]亚当·斯密. 国民财产的性质和原因的研究[M]. 郭大力, 王亚南, 译. 北京：商务印书馆, 1979.

[42] 于东智, 池国华. 董事会规模、稳定性与公司绩效：理论与经验分析[J]. 经济研究, 2004(4).

[43] 赵汀阳. 论道德金规则的最佳可能方案[J]. 中国社会科学, 2005(3).

[44] 周祖城. 商业伦理学[M]. 北京：清华大学出版社, 2005.

[45] 刘军, 黄少英. 儒家伦理思想与现代商业伦理 [M]. 北京：科学出版社, 2010.

[46] 刘光明. 新商业伦理学[M]. 北京：经济管理出版社, 2008.

[47] 叶陈刚, 周珊一. 企业社会责任信息实证研究的归纳及优化[J]. 管理学家, 2011(7): 37-47.

[48] 叶志伟. 企业履行资源环境责任与可持续发展[J]. 企业经济, 2011(7): 143-147.

[49] 叶陈刚, 王亮. 欧洲主权债务的违约风险及其对银行业的影响[J]. 经济与管理研究, 2012(6): 27-31.

[50] 叶陈刚, 萧蔚. 信息不对称对我国上市公司定向增发选择的影响研究[J]. 审计与经济研究, 2013(1): 87-94.

[51] 叶陈云, 叶陈刚. 企业集团公司内部审计战略规划体系构建研究[J]. 审计研究, 2013(2): 67-74.

[52] 叶陈刚, 王孜. 社会责任、绩效评价与市场反应[J]. 软科学, 2013(6): 1-6.

[53] 叶陈刚, 马德芳. 社会责任视角下企业科技创新与文化创新协同效应研究[J]. 科技进步与对策, 2014(6): 20-22.

[54] 叶陈刚, 张炜. C2C 电子商务税收征管问题研究[J]. 税务研究, 2014(10): 68-70.

[55] 叶陈刚. 会计人生当以诚信为本[J]. 财会学习, 2015(2): 74-75.

[56] 武剑锋, 叶陈刚. 环境绩效、政治关联与环境信息披露[J]. 山西财经大学学报, 2015(7): 99-110.

[57] 叶陈刚, 肖韵, 陈霄. 土地资本化对经济增长的作用[J]. 北京工商大学学报, 2016(1): 120-126.

[58] 叶陈刚, 冯银波, 王孜. 国家治理结构与审计制度变革[J]. 中国审计评论, 2017(2): 12-19.

[59] 刘猛, 叶陈刚, 武剑锋. CEO 变更、社会信任与审计师认知[J]. 山西财经大学学报, 2017(7): 72-83.

[60] 丘邦翰, 叶陈刚, 宫颖. 私募股权投资对企业 IPO 及绩效的影响——基于天能重工案例研究[J]. 中国审计评论, 2018(1): 33-43.

[61] 叶陈刚, 刘猛. 分析师关注、产权性质与盈余管理路径[J]. 中南财经政法大学学报, 2018(3): 33-42.

[62] 叶陈云, 叶陈刚. 基于国家审计视角的国家监察委员会制度创新的动因、障碍与路径研究[J]. 审计与经济研究, 2018(2): 8-18.

[63] 冯银波, 叶陈刚. 控制权性质、审计师行业专长与审计定价[J]. 北京理工大学学报(社会科学版), 2018: 1-12.

[64] 叶陈刚, 吴永民. 资本市场[M]. 郑州：河南人民出版社, 2018.

[65] 叶陈刚, 王克勤, 黄少英. 商业伦理学[M]. 北京：清华大学出版社出版, 2013.

[66] 叶陈刚. 审计理论与实务[M]. 北京：中信出版社, 2016.

[67] 叶陈刚. 商业伦理与企业责任[M]. 北京：高等教育出版社, 2016.

[68] 叶陈刚. 商业伦理[M]. 大连：东北财经大学出版社, 2014.

[69] 叶陈刚, 王孜. 企业风险评估与控制[M]. 北京：机械工业出版社, 2013.

[70] 叶陈刚. 企业伦理与社会责任[M]. 北京：中国人民大学出版社, 2012.

[71] 叶陈刚. 企业文化[M]. 北京：外语教学与研究出版社, 2012.

[72] 叶陈刚. 内部控制与风险管理[M]. 北京：对外经济贸易大学出版社, 2011.

[73] 叶陈刚. 企业伦理与会计道德[M]. 大连：东北财经大学出版社, 2011.

[74] 叶陈刚. 商业伦理[M]. 大连：东北财经大学出版社出版, 2020.

[75] 叶陈刚. 商业伦理与会计职业道德[M]. 北京：清华大学出版社出版, 2020.

[76] 叶陈刚. 会计审计职业道德[M]. 大连：东北财经大学出版社, 2021.

[77] 叶陈刚. 会计职业道德[M]. 北京：经济科学出版社, 2022.

二、英文部分

[78] Anctil Regina M, John Dickhaut, Chandra Kanodia et al. Information transparency and coordination failure: theory and experiment[J]. *Journal of Accounting Research*, Vol. 42, No.2, 2004: 159-195.

[79] Bushman, Robert, Qi Chen, et al. Financial accounting information, organizational complexity and corporate governance systems[J]. *Journal of Accounting and Economics*, Vol. 37, 2004: 167-201.

[80] Coase R H. The nature of the firm[J]. *Economic*, 1937(4): 386-405.

[81] Kostova Tatiana and Kendall Roth. Social capital in multinational corporations and a micro-macro model of its formation[J]. *The Academy of Management Review*, 2003, 28(2): 297-317.

[82] Nam. Corporate Governance of Banks: Review of Issues. ADBI Working Papers, 2004.

[83] OECD (Organization for Economic Cooperation and Development). OECD Principles of Corporate Governance, www.oecd.org, 2005.

[84] Wilks, T. Jeffrey and Mark F. Zimbelman. Using game theory and strategic reasoning concepts to prevent and detect fraud[J]. *Accounting Horizons*, Vol. 18, No.3, 2004: 173-184.

[85] Ye Chengang. Discussion on Accounting Revolution in the time of Network[J]. *International Finance and Accounting*, Feb, 2001: 28-35.

[86] Ye Chengang. Research on Guarding against Financial Fraud of Enterprise's Branches[J]. *USA-China Business Review*, Feb, 2002: 24-27.

[87] Ye Chengang. Research on the Evaluation System of CPA's Social Responsibility[J]. *5th International Symposium for Corporate Governance*, 2009-10-23, ISTP.

[88] Bushra Komal1, Ye Chengang1 and Bilal2. Challenges in the transition from China-Made to China-Innovation[J]. *Elixir International Journal*, 2017(110): 48113-48117.

[89] Fahmida Laghari1, Ye Chengang. Are Stock Markets and Foreign Exchange Markets Cointegrated? [J]. *An Empirical Analysis, International Journal of Managerial Studies and Research* (IJMSR), Volume 5, Issue 12, December2017: 1-10

[90] Yasir Shahab, Chengang Ye. Corporate social responsibility disclosure and corporate governance: empirical insights on neo-institutional framework from China. Int J Discl Gov, https://doi.org/ 10.1057/ s41310-018-0038-y, Received: 5 March 2018, Macmillan Publishers Ltd., part of Springer Nature 2018.

教师服务

感谢您选用清华大学出版社的教材！为了更好地服务教学，我们为授课教师提供本书的教学辅助资源，以及本学科重点教材信息。请您扫码获取。

≫ 教辅获取

本书教辅资源，授课教师扫码获取

≫ 样书赠送

企业管理类重点教材，教师扫码获取样书

 清华大学出版社

E-mail: tupfuwu@163.com
电话：010-83470332 / 83470142
地址：北京市海淀区双清路学研大厦 B 座 509

网址：http://www.tup.com.cn/
传真：8610-83470107
邮编：100084